KB245752

중국공산당
(CCP)
1921~2011

중국공산당 (CCP) 1921~2011

공봉진 지음

이담 Books

중국공산당! 6·25전쟁 때 전쟁에 개입하여 한반도 분단에 중대한 영향을 주었고, 한민족에게 크나큰 아픔을 주었으며, 1992년 한중수교 이전까지만 해도 괴뢰국가로 여겼던 중국을 냉전시기의 우리는 알려 하지 않았다.

이데올로기 대립 시기에 우리는 중국을 중공이라 불렀다. 중공은 중국공산당을 의미한다. 그런데 1980년 후반 북방정책과 1992년 한중수교 이후, 중국공산당 체제의 중국은 한국의 주요 무역대상국이 되었다. 2008년 5월 28일 양국은 전략적협력동반자관계를 맺었고, 이 협력관계로 인해 한국은 중국과 더욱 가까워졌다는 생각이 들었다. 그러나 이러한 생각은 단지 한국의 일방향일 따름이다. 특히 역사와 문화적 방면에서 중국은 중화민족주의적 본색을 드러내며 역사와 문화 방면에서 제국주의적 행태를 드러내었다. 그리고 현재 중국은 한국의 역사와 문화를 왜곡하거나 중국의 것으로 탈바꿈하고 있다.

우리나라에서는 중국의 역사와 문화 제국주의적 행태에 제대로 대처하지 못하고 있다. 이는 우리가 여전히 중국을 제대로 잘 알지 못하고 있기 때문에 나타나고 있는 현상이다.

오늘날 중국을 제대로 잘 알고 이해하려면 가장 선행해야 할 것이 중국공산당과 중화민족주의에 대한 이해이다. 특히 신중국의 근간이라 할 수 있는 중국공산당을 알아야 한다.

2011년 7월 1일은 중국공산당이 창당된 지 90년이 되는 날이다. 이를 기념하기 위한 중국의 모습을 보면 외형적으로 홍색물결로 가득 차 있다. TV에선 7월부터 3개월간 애정드라마나 오락프로그램 등을 방송하지 못하도록 하였고, 도시마다 홍색관광 열풍이 일어났다. 그리고 기념우표 발행과 홍가(紅歌, 혁명 노래) 부르기 대회 등으로 중국 사회가 홍색 축제인 듯하다.

하지만 다른 한편에는 민족갈등이 생겨났고, 인권운동이 벌어지며, 관료들의 부정부패가 터져 나오고, 빈부격차와 지역격차에 대한 불만이 터져 나오는 등 중국 사회변동을 예고하고 있다.

중국공산당과 정부는 중국이 직면하고 있는 민족문제와 사회문제 등을 해결하기 위해 여러 정책을 시행하고 있다. 그중에서도 가장 많이 언급되고 중요하게 여기는 것이 바로 중국공산당의 변화이다. 중국공산당이 변하지 않고, 죽은 마르크스만을 찾고 현실을 외면한다면 노동자와 농민을 중심으로 한 아래로부터의 혁명이 일어날 수 있다.

역사적으로 한 국가의 근간이 무너지면 그 국가는 오래가지 못하였다. 중국공산당이 있었기에 신중국이 있다(沒有共産黨, 就沒有新中國)고 하였듯이, 오늘날 중국의 근간은 중국공산당에 있다.

1949년 10월 1일 중국공산당에 의해 신중국이 탄생하였다면, 1978년 12월 18일 개혁개방 천명으로 신중국 속에서의 '새로운 중국'을 탄생시켰다. 개혁개방천명으로 시장메커니즘이 도입되면서 중국의 정치와 경제 사회 등 여러 방면이 변하기 시작하였다. 특히 매우 빠르게 발전한 중국경제는 중국 사회를 변하도록 하였고, 중국인의 인식을 바꾸어 놓았다. 게다가 결국 중국공산당을 변하도록 하였다. 중국사회는 이제 더 이상 사상과 이념을 강조하던 강력하고 절대적인 중국공산당 중심의 사회는 아니다. 중국공산당이 변(變)하면서 인민중심의 사회로 바뀌어 가고 있다. 그래서 '변(變)'이라는 단어가 오늘날 중국공산당의 모습에 가장 적합한 단어라 할 수 있겠다.

그렇지만 여전히 중국인들에게 각광을 받는 이가 있으니 바로 모택동(毛澤東)과 등소평(鄧小平)이다. 중국신문망은 2011년 중국 문화 아이콘 10가지를 보도했는데, 이에 "한자, 공자(孔子), 서예, 만리장성, 오성홍기, 중의, 모택동, 고궁(故宮), 등소평, 병마용(兵馬俑)"이 꼽혔다. 이 중 모택동과 등소평은 중국공산당의 주요 지도자이자 신중국을 이끌었던 지도자였다. 모택동은 신중국 건국의 중심된 인물이고, 등소평은 개혁개방을 이끈 지도자이다.

이 책에서는 중국공산당의 기원과 역사, 주요 회의, 주요 인물과 사상, 소수민족, 양안관계, 중국공산당의 변화 등 총 10개 항목으로 분류하여 정리하였다. 상당 부분 중국공산당의 시각에서 정리되어 있다. 그래서 다소 객관적인 사실보다는 중국공산당의 관점에서 정리된 내용을 소개한 것도 많다. 그리고 우리나라와 중국에도 알려지지 않은 내용들도 일부 소개하고 있다. 예를 들어, 1920년 3월 12에 건립된 사천성중경공산주의조직은 기존의 중국공산당 역사에서 언급되지 않았던 내용이다.

제1장은 중국공산당의 현재와 과거에 대해서 정리하였다. 2011년 7월 1일 중국공산당 창당 90주년 행사에서 총서기 호금도가 언급하였던 주요 내용과 중국공산당을 이해하기 위한 주요 용어, 역사상 등장하였던 주요 구호, 주요 역사일지와 전환점, 역대 전국대표대회 및 역대 최고지도자 등을 간략하게 정리하였다.

제2장은 중국공산당에 대한 개괄적인 소개 부분이다. 중국공산당 창당, 당기와 당 휘장, 주요 기구와 조직도, 당헌(당장)과 규약, 중국공산당 주요 근거지를 살펴보았다.

제3장은 중국공산당 역사를 다루었다. 중국공산당 역사는 곧 중국현대사라 할 수 있다. 1921년을 기점으로 하여 대장정, 항일전쟁, 국내전 등 건국 이전의 역사와 건국 이후의 문화대혁명, 1989년 천안문사건 등을 다루었다. 역사를 통해 중국 지도자의 세대구분, 사상과 이론 등을 알 수 있다.

제4장은 중국공산당의 주요 회의를 정리하였다. 공산당 창당 이후부터 2011년까지의 주요 회의와 공산당 문건에 대해서 살펴보았다. 특히 건국 이전의 주요 회의는 중국공산당이 중국대륙을 차지하는 데 중요한 영향을 주었다. 그리고 신중국 이후에 개최되었던 주요 회의는 중국공산당의 역사, 사상에 대해서 평가하거나 미래 중국에 대한 주요 안건을 제시하였다. 그래서 주요 회의를 안다는 것은 중국공산당의 변화를 이해하는 데 많은 도움이 될 것이다.

제5장은 중국공산당의 주요 사상과 이론에 대해서 정리하였다. 이 장에서는 모택동사상, 등소평이론, 강택민 3개 대표 사상, 호금도의 과학발전관 외에 주요 지도자들의 주요 사상과 이론을 살펴보았다.

제6장은 중국공산당 창당 이후부터 현재까지의 주요 인물을 다루었다. 중국공산당 창당과 신중국 이후 주요 인물들이 많지만, 특히 중요한 인물과 많이 알려져 있진 않지만 알아두어야 할 인물들을 시기별로 정리하였다. 또 주자파, 태자당, 상해방 등 주요 파벌에 대해서도 정리하였다.

제7장은 중국공산당의 문예활동과 역사인식, 교육 및 중국홍색열풍에 대해서 살펴보았다. 연안시기의 문예강화, 강청의 문예정풍운동, 개혁개방시기의 문예에서 나타난 현상을 살펴보았다. 또 중국공산당의 애국주의교육과 간부교육, 그리고 중국공산당의 역사인식과 중화민족주의를 살펴보았다. 특히 중화민족주의는 오늘날 중국정부의 국가정책방향에 중요한 영향을 미쳤기 때문에 꼭 알아두어야 할 부분이다. 그리고 중국의 홍색도시와 홍색열풍을 정리하였다. 중국공산당 혁명의 성지라고 불리는 몇몇 도시와 현재 중국에서 일고 있는 홍색열풍과 그것을 바라보는 시선을 정리하였다.

제8장은 중국공산당의 군에 대해서 정리하였다. 2010년의 국방백서와 군의 성격 변화 및 군의 변천사를 살펴보았다.

제9장은 중국의 통일정책과 소수민족을 정리하였다. 이 장에서는 양안관계의 변화를 살펴보고, 중국의 주요 통일정책을 간략하게 정리하였다. 그리고 중국 건국 이전 중국공산당의 소수민족정책과 건국 이후의 민족상황과 주요 지도자의 소수민족관 및 중국 당국의 민족식별정책, 민족구역자치법 등을 살펴보았다.

제10장은 중국공산당의 변화와 반중국공산당을 정리하였다. 현재 중국에 일고 있는 변화를 살펴보았고, 중국공산당에 도전하는 여러 현상 및 08헌장과 09상서 등을 정리하였다.

이 책은 1921년 이후 중국대륙에서의 중국공산당 역사를 알 수 있게 하고, 정치와 민족 및 역사 등의 내용을 소개하는 '入門'적 성격을 띠고 있다. 특히 1949년 이전의 역사와 주요 회의 부분은 공산당의 시각에서 적혀 있으므로, 용어가 다소 어색할 수 있기는 하지만, 이 또한 오늘날 중국을 알기 위해서는 필요하다. 그리고 중국의 역사관은 우리가 반드시 알아야 한다. 한국의 역사와 문화에 대한 영향을 주고 있기 때문에, 중국의 중화민족관과 애국주의에 대해서는 간과해서는 안 될 것이다. 마지막으로 출판에 도움을 주신 한국학술정보(주), 실무를 맡으신 권성용 님과 김매화 님께 감사드린다.

2011. 7. 1. 墨兒중국연구소에서

清靜 孔鳳振(孔珉奎)

沒有共産黨 就沒有新中國
공산당이 없으면 신중국도 없다

21세기 현재와 미래

공산당이 변해야 중국도 있다
온포와 소강, 전면적 소강사회
그리고 대동
사회주의 화해사회

'총신(군사력)에서 정권이 나온다(槍杆子裏出政權)'

권력은 총구에서 나온다

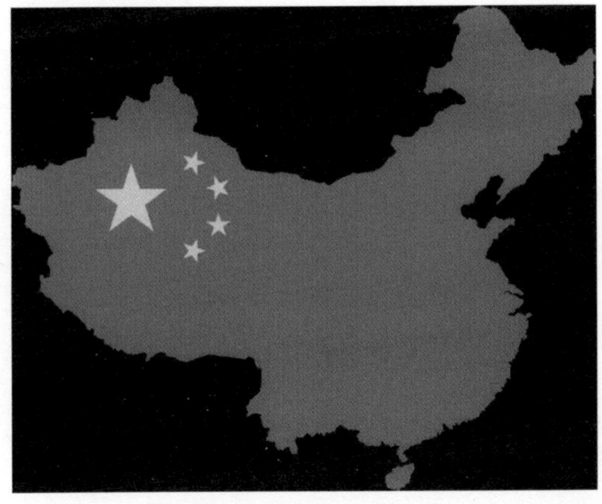

<중국혁명의 3대 법보: 당건설 무장투쟁 통일전선>

1939.10. 毛澤東의 『공산당인(共産黨人)』 발간사

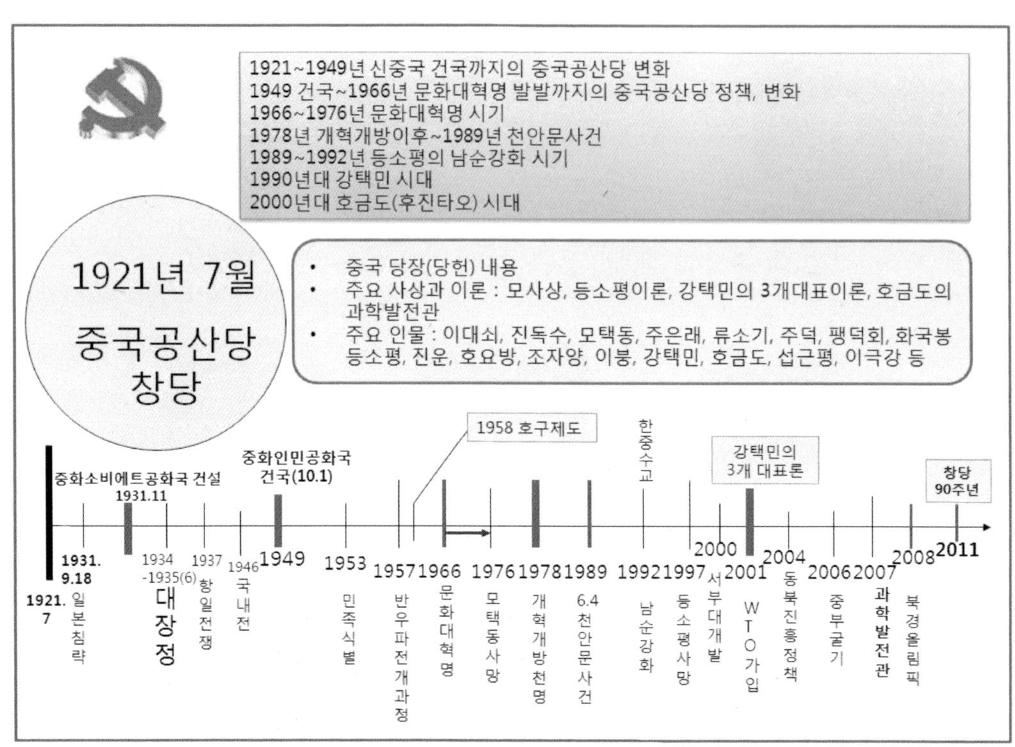

1921~1949년 신중국 건국까지의 중국공산당 변화
1949 건국~1966년 문화대혁명 발발까지의 중국공산당 정책, 변화
1966~1976년 문화대혁명 시기
1978년 개혁개방이후~1989년 천안문사건
1989~1992년 등소평의 남순강화 시기
1990년대 강택민 시대
2000년대 호금도(후진타오) 시대
1921년 7월 중국공산당 창당
중국 당장(당헌) 내용
주요 사상과 이론 : 모사상, 등소평이론, 강택민의 3개대표이론, 호금도의 과학발전관
주요 인물 : 이대쇠, 진독수, 모택동, 주은래, 류소기, 주덕, 팽덕회, 화국봉 등소평, 진운, 호요방, 조자양, 이붕, 강택민, 호금도, 섭근평, 이극강 등
1958 호구제도
한중수교
강택민의 3개 대표론
창당 90주년
중화소비에트공화국 건설
1931.11
중화인민공화국 건국(10.1)
2000
1931. 9.18
1934 -1935(6)
1937
1946
1949
1953
1957
1966
1976
1978
1989
1992
1997
2001
2004
2006
2007
2008
2011
1921. 7
일본침략
항일전쟁
국내전
대장정
민족식별
반우파전개과정
문화대혁명
모택동사망
개혁개방천명
6.4 천안문사건
남순강화
등소평사망
서부대개발
WTO가입
동북진흥정책
중부굴기
과학발전관
북경올림픽

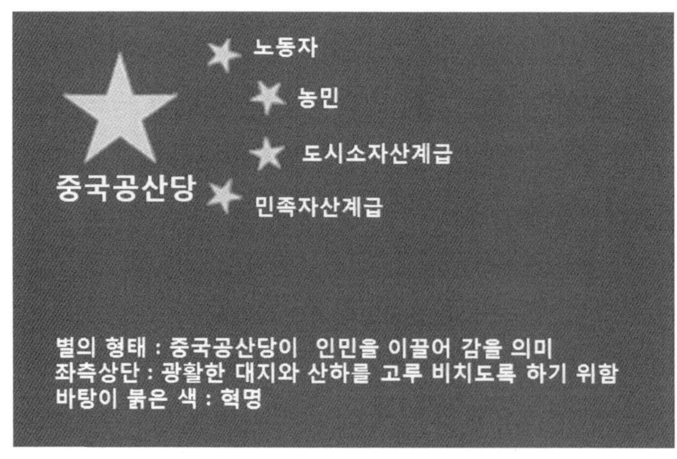

노동자
농민
도시소자산계급
민족자산계급
중국공산당
별의 형태 : 중국공산당이 인민을 이끌어 감을 의미
좌측상단 : 광활한 대지와 산하를 고루 비치도록 하기 위함
바탕이 붉은 색 : 혁명

✪ 2011년 중국 개황

중국공산당 창당일	1921년 7월 1일	1941년 6월, 당 성립 20주년 때 정함(실제로는 7월 23일 이후 창당)
건국일	1949년 10월 1일	
수도	북경	
국치일	1931년 9월 18일	국민방위교육의 날로 정함
면적(㎢)*	9,598,100㎢	한반도 면적의 43.45배, 남한 면적의 약 96.66배에 해당, 세계 4위
인구(명)	13억 4,737만 4,752명	2010.11.1 (13억 7,053만 6,875명. 대만 포함)
동서 길이	5,200㎞	하바로프스키 ↔ 파미르고원
남북 길이	5,500㎞	남사군도 ↔ 흑룡강
국경선 총길이	20,280㎞	북한, 러시아, 몽골, 중앙아3국, 아프가니스탄, 파키스탄, 인도, 네팔, 부탄, 미얀마, 라오스, 베트남 등 14개 국가와 육지 접경
한국과 수교일	1992년 8월 24일	이후부터 중공을 중국이라 부르기 시작 대만과는 외교 단절 ＊＊2008년 5월 27일. 한중관계: 전략적협력동반자관계

참조: 러시아 17,075,000㎢, 캐나다 9,970,000㎢, 미국 9,629,100㎢, 중국 9,598,100㎢

* 총인구는 13억 7,053만 6,875명으로 집계. 31개 성(省)·자치구(自治區)·직할시(直轄市) 및 현역군인을 포함한 인구는 모두 13억 3,972만 4,852명. 홍콩 특별행정구역 인구는 709만 7,600명, 마카오 특별행정구역 인구는 55만 2,300명. 대만 인구는 2,316만 2,123명(2010.11.1)

✪ 중국공산당이란?

1) 중국의 모든 정치권력의 핵심은 공산당에게 있어 중국공산당이 입법, 사법, 행정의 정(政)과 군(軍)까지 모두 주도하는 공산당 1당 독재체제이다.

2) 정부보다도 당(黨)이 우선이며, 당(黨)이 정치를 영도한다(以黨領政).

3) 노동자계급의 선봉대 → 노동자계급의 선봉대임과 동시에 중국인민, 중화민족의 선봉대(16차 전국대표대회): 공산당 계급정당에서 중국 전체를 대표하는 전민정당.

4) 중국공산당은 **중국노동계급의 선봉대**이며, 동시에 **중국인민과 중화민족의 선봉대**이고 중국특색이 있는 사회주의 사업을 영도하는 핵심이다(제17차 전국대표대회).

5) 중국공산당은 중국선진생산력의 발전요구를 대표하고 중국선진문화의 전진방향을 대표하며 중국의 가장 광범위한 인민의 근본이익을 대표한다. 당의 최고이상과 최종목표는 공산주의를 실현하는 것이다.

6) 중국공산당은 **마르크스 · 레닌주의, 모택동사상, 등소평이론과 (강택민의) 3개 대표**

의 중요사상을 자신의 행동지침으로 삼는다.

7) **과학발전관**은 마르크스·레닌주의, 모택동사상, 등소평이론 및 (강택민의) 3개 대표 중요사상과 일맥상통하면서 시대와 더불어 전진하는 과학적 이론이며 중국에서 경제와 사회를 발전시킴에 있어서 중요한 지도방침으로, 중국특색의 사회주의를 발전시킴에 있어서 반드시 견지하고 관철해야 하는 중대한 전략적 사상이다.

8) 공산당 붕괴·인민이 일어선다(2011. 6. 사천성 성도)

9) 중국에 홍색 열풍이 일어나고 있으나, 다른 한편에는 노동 분규가 일어나고, 개인 인권 보장을 위한 운동을 하고 있다.

10) 중국에도 재스민혁명이 일어날 것인가?

▌중국공산당 당원 수

2010년 말 8026만 9,000명(중국인 17명당 1명은 공산당원)
2010년 새로 입당한 당원은 307만 명, 2010년 탈당하거나 출당한 사람은 3만 2,000명
당원 중 여성은 1,803만 명으로 전체의 22.5%, 소수민족은 533만 8,000명으로 전체의 6.6%
35세 이하가 1,951만 1,000명으로 전체의 24.3%, 60세 이상은 259만 5,000명으로 전체의 25.7%
직업별: 농·목·어민이 2,442만 7,000명으로 가장 많음
기업 및 사업단위 관리인원과 전문기술인력이 1,841만 3,000명, 은퇴자가 1,485만 2,000명, 노동자 698만 9,000명, 당정기관 공무원 681만 2,000명, 기타 직업 623만 6,000명의 순

✪ 중국공산당 입당 선언문

중국공산당 규약 6조에 입당선서 내용이 있다.

▌나는 중국공산당에 가입을 지원한다.

나는 당강령을 수호하며 당규약을 준수하며 당원의 의무를 이행하며 당결정을 집행하며 당기율을 엄수하며 당의 비밀을 지키며 당 앞에 충성하고 사업을 적극적으로 할 뿐만 아니라 공산주의를 위해 종신토록 분투하면서 시시각각 당과 인민을 위해 모든 것을 희생할 각오를 하고 영원토록 당을 배반하지 않겠다.

✪ 중국 지도부 흐름도

1세대지도부(1949-1976)

모택동 주은래 유소기 등

혁명 : 대약진운동, 문화대혁명

2세대지도부(1976-1990)

등소평 진운 호요방 조자양 등

실용주의 : 개혁개방, 도광양회, 흑묘백묘론

3세대지도부(1990-2003)

강택민 교석 이붕 주용기 등

3개대표론 : 선진생산력, 선진문화, 군중대변

4세대지도부(2003, 3-2012)

호금도 온가보 등

화해사회, 과학발전관 : 이인위본(以人爲本), 균부론

5세대지도부(2013-   )

습근평 이극강 왕양 등

✪ 중국 건국 이전의 중국공산당 주요 회의

주요 회의	내 용
제1차 전국대표대회 1921.7.23.~30.	중국공산당 창당 선포
남호회의(南湖會議) 1921.7.31.~8.2.	당의 명칭 확정 등
제2차 전국대표대회 1922.7.16.~23.	최고 강령과 최저 강령
서호회의(西湖會議) 1922.8.29.~30.	공산당원 국민당 가입 결정 내정
제3차 전국대표대회 1923.6.12.~20.	국공합작 결정. 공산당원 개인 자격으로 국민당 가입
8·7회의(八七會議) 1927.8.7.	진독수의 우경투항주의
고성회의(古城會議) 1927.10.3.	정강산 정착 결정
고전회의(古田會議) 1929.12.28.~29.	'당 군대 영도' 결정
피두회의(陂頭會議) 혹은 2·7회의(二七會議) 1930.2.7.~9.	≪토지법≫ 반포
남양회의(南陽會議) 1930.6.11.~13.	≪부농문제(富農問題)≫와 ≪떠돌이문제(流氓問題)≫ 통과
공남회의(贛南會議) 1931.11.1.~5.	당과 홍군에 대한 모택동 영도 배척 시작
중화소비에트공화국 제1차 전국대표대회 1931.11.7.	헌법대강, 토지법, 노동법, 부녀법 등 통과
영도회의(寧都會議) 1932.10.3.~8.	모택동 직위 박탈
통도회의(通道會議) 1934.12.10.	장정 중 최초 회의. 혁명실패에 관한 내용
여평회의(黎平會議) 1934.12.18.	홍군의 진군 노선문제 토론
후장회의(猴場會議) 1935.1.1.	홍군의 전략 변경
준의회의(遵義會議) 1935.1.15.~17.	모택동 지도권 확립
찰서회의(紮西會議) 1935.2.5.~9.	홍군진군방향과 부대편제 문제
회리회의(會理會議) 1935.5.12.	기동작전 주장
양하구회의(兩河口會議) 1935.6.26.~28.	장국도 의견 무시
로화회의(蘆花會議) 1935.7.21.	4방면군 역사경험 총결
사와회의(沙窩會議) 1935.8.4.~6.	소수민족 자결권 승인

모아개회의(毛兒蓋會議) 1935.8.20.	장정 방향 모택동의 의견 따름
파서회의(巴西會議) 1935.9.	북상하여 천섬감근거지 건립
아계회의(俄界會議) 1935.9.12.	장국도의 반당분열활동 비판
방라진회의(榜羅鎭會議) 1935.9.27.	섬북이 중국영토의 대본영
오기진회의(吳起鎭會議) 1935.10.22.	장정 종결 선포
와요보회의(瓦窯堡會議) 1935.12.17.~25.	항일전선 결정
낙천회의(洛川會議) 1937.8.22.~25.	지구전 강조
제7차 전국대표대회 1945.4.23.~6.11.	모사상 삽입
중경담판 1945.8.29.~10.10.	≪국민당 대표와 중국공산당 회담 기요≫(쌍십협정)가 조인
정전협정 1946.1.10.	≪중공중앙의 국내군사충돌정치에 관한 통고≫를 공표
정치협상회의 1946.1.10.~31.	"정부조직안, 평화건국강령, 군사문제안, 국민대회안과 헌법초안" 통과
미지현회의(米脂縣會議) 1947.12.25.~28.	빈농 지도적 역할 강조
7차 2중전회 1948.3.5.~13.	도시가 농촌을 지도
중앙정치국 회의 1948.9.	통합집권의 강화의 필요성
인민정치협상회의 1949.9.21.~30.	중국 국명, 국기, 국가 및 수도 결정

✪ 중국공산당 지도자 특징

모택동(毛澤東, 1세대)과 호금도(胡錦濤, 4세대)

모택동과 호금도의 공통점은 농촌과 농민을 위주로 한 정치를 강조하였다는 점이다. 중국 건국의 중심에 있었던 모택동은 공산당 창당 이후부터 농촌 중심·농민 위주의 혁명노선을 강조하였다.

호금도는 개혁개방 이후 상대적으로 낙후되었던 농촌을 현대화하기 위해서 사회주의 신농촌건설 운동을 추진하였다. 특히 2004년 이래로 중국공산당 중앙1호 문건에서 삼농 문제를 강조하였다.

모택동은 분배와 정의실천을 강조하였고, 호금도는 공동부유론(균부론)으로 분배 강조 하였다.

등소평(鄧小平, 2세대)과 강택민(江澤民, 3세대)

등소평과 강택민의 공통점은 개혁과 개방을 앞세운 선부론 정책을 펼쳤다는 점이다. 두 사람은 경제발전 우선 논리로 도시중심정책을 펼치면서 중국의 고성장을 주도하였다.

1978년 개혁개방을 천명한 뒤, 등소평은 동부 연해를 중심으로 한 불균형발전전략을 통해 경제성장을 주도하였다. 1989년 이후 강택민은 등소평의 경제발전 정책을 이어받았다.

등소평은 남순강화로 1989년 천안문사건 이후 주춤했던 경제발전 속도를 강조하였고, 강택민은 광동강화로 자본가의 공산당 입당허용 등 자본주의를 강조하였다.

그러나 지역 차별 발전 전략을 펼치다 보니, 지역 간, 계층 간, 도농 간, 민족 간의 빈부 격차가 심해졌다.

2012년 이후 등장할 5세대 지도자가 해결해야 할 과제

티베트, 신강위구르, 내몽고 등 민족자치구에서 발생하는 민족문제를 어떻게 해결할 것 인가?

호적제도로 인해 발생하였던 개인 인권문제를 어떻게 해결할 것인가?

이미 심각해진 지역 간, 계층 간, 도농 간, 민족 간의 빈부격차를 어떻게 해결할 것인가?

강조되어지는 정치개혁을 중국공산당은 어떻게 받아들이고, 어떻게 변화할 것인가?

간부들의 부정부패, 기업인들의 부정부패를 어떻게 줄여 나갈 것인가?

노사분규, 농민공문제, 고학력 취업문제, 흑구(黑口)문제, 1가구1자녀 정책의 문제 등을 어떻게 해결할 것인가?

✪ 중국공산당의 '變': 사상해방 논쟁

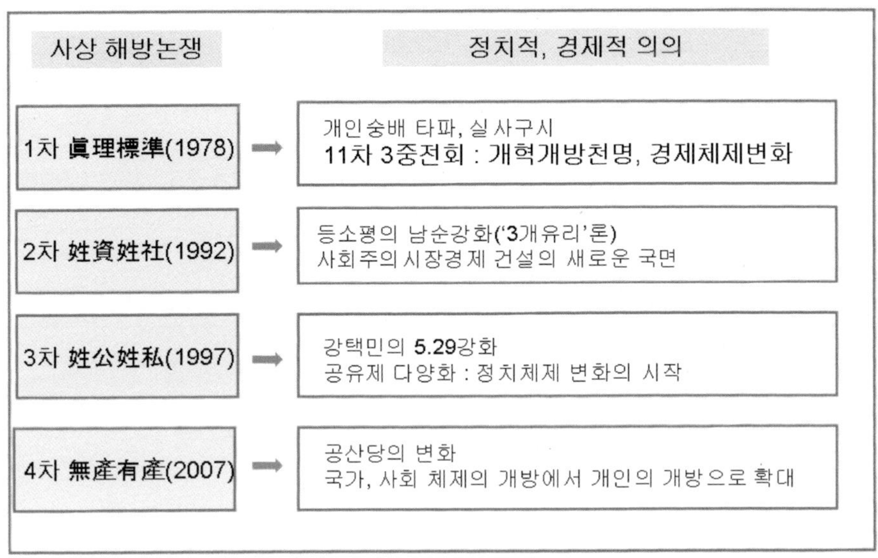

　　제1차는 '진리표준' 문제를 둘러싼 '범시파'와 '실무파' 간의 사상해방 논쟁이다. 그 결과로 '양개범시(兩個凡是)'의 사상적 속박에서 벗어나 '解放思想, 實事求是, 堅持實踐'이 진리를 검증하는 유일한 표준적인 사상노선임을 확립하였다.

　　제2차 사상해방은 1989년 전후 '자원배치' 문제를 둘러싼 논쟁으로 '성자성사(姓資姓社) 논쟁'으로 알려져 있다. 1992년 등소평의 남순강화는 사상해방논쟁의 종지부를 찍는 역할을 하였고, 사회주의시장경제를 실시하는데 더욱 박차를 가하였다.

　　제3차 사상해방은 소유제 구조문제를 둘러싼 논쟁으로, 주요 쟁점은 '사회주의 본질에 대한 인식'이었다. '성공성사(姓公姓私)'의 이론적 오류를 타파하여 전통적인 '공유제' 이론에 대한 수정을 가하였다.

　　제4차 사상해방은 2001년 이래로 발생하였다. 논쟁의 주요 내용은 당을 더욱 강화하고 개진하는 문제를 둘러싼 것으로, '무산유산(無産有産)'의 이론한계를 타파하여 공산당내외 지도자들이 관심을 갖고 있는 중대한 이론과 실제 문제를 과학적으로 해결하려 하였다. 제4차 사상해방 논쟁의 주요 논지는 중국 사회와 정치적 발전에 관한 것이고, 개인에 관한 것이라 할 수 있다. 엄격히 말해 4차 사상해방은 여전히 진행 중이다.

✪ 중국공산당 내 좌파와 우파

1980대 이전의 중국공산당의 좌파와 우파

좌파	우파
혁명파(革命派)	주자파(자본주의를 좇는 당권파)
무산계급의 대표라 여김. 즉, 공농의 이익	좌파에 의해 자본계급을 찬성하고, 지지하는 것으로 여김
건국 이전에 폭력혁명을 주장. 어떠한 타협도 거절	건국 이전에 국민당과 합작 주장, 의회투쟁(議會鬪爭)
절대적인 공유화(公有化)	상대적으로 사유재산과 개인자유 보호
정치적으로 공산당에 대한 무한 충성, 어떠한 이의(異議)도 불허	서로 다른 의견도 제출 가능
소련을 향한 일변도. 후에 자력갱생 선양	구미에게서 배우고 참조하자고 주장
중점: 혁명이룩(抓革命)	중점: 생산촉진
모택동, 사인방 등	예) 왕실미(王實味), 마인초(馬寅初), 류소기(劉少奇)

1980대 이후의 중국공산당의 좌파와 우파

좌파	우파(右派)
보수파	자유파
경향: 계획경제(計劃經濟)	주장: 시장경제(市場經濟)
공유제(公有制) 견지, 어떤 형식이라도 사유화 반대	기업사유화(企業私有化)
예) 등력군(鄧力群) 혹은 신좌파(新左派): 최지원(崔之元), 호안강(胡鞍鋼) 등	자유시장경제와 사유화 지지자

Contents

제1장

들어가며: 중국공산당 현재와 과거

1. 2011년 7월 1일 중국공산당 창당 90주년 말! 말! 말!
2. 중국공산당 이해를 위한 주요 용어(가나다 순)
3. 중국공산당 주요 구호와 어록
4. 중국공산당 역사와 주요 전환점
5. 중국공산당 역대 전국대표대회
6. 중국공산당 역대 최고지도자
7. 중화인민공화국 건국 이후 대행정구

창당 이전	1920.3.12. **최초로 사천성중경공산주의조직(四川省重慶共産主義組織) 설립**
창 당	1921.7.1.(7.23.~)
기본성격	중화인민공화국의 집권당 중국노동계급의 선봉대이며 동시에 중국인민과 중화민족의 선봉대이고 중국특색이 있는 사회주의사업을 영도하는 핵심
지도이념	마르크스·레닌주의, 모택동사상, 등소평이론, 3개 대표론, 과학발전관
조 직	중앙조직과 지방 각급 조직으로 구성
주요기구	전국대표대회, 중앙위원회, 중앙위 상무위원회, 중앙정치국, 중앙군사위원회, 중앙기율검사위원회

1. 2011년 7월 1일 중국공산당 창당 90주년 말! 말! 말!

2011년 7월 1일 오전 북경 인민대회당에서 개최되었던 중국공산당 창당 90주년 기념식에서 총서기 호금도는 '**실사구시**'와 '**혁신을 통한 전진**'을 강조하였다. 그리고 최근 증가하고 있는 정부 관료의 부정부패 행위에 대한 경각심을 거듭 일깨웠다.

중국공산당의 역사 평가에서는 공과와 문제점을 모두 거론하였는데, 그 내용을 살펴보면 다음과 같다.

- 90년 전에 중국공산당을 창당한 것은 역사적 필연이었으며 중화민족 발전역사에서 천지개벽 같은 대사변이었다고 평가하였다.

- 90년 이래 중국공산당은 단결하여 인민을 이끌어 중국이라는 아주 오래된 땅 위에 인류발전 역사상 하늘과 땅이 놀라고 귀신이 눈물을 흘릴 정도의 장엄한 서사시를 써내려왔다.

- 세 가지 큰 일을 완성했고 추진했다.
  첫째, 인민들에 의지하여 신민주주의혁명을 완성했고 민족독립을 실현하였고, 인민해방을 이루었다.
  둘째, 인민들에 의지하여 사회주의혁명을 완성했고, 사회주의 기본제도를 확립했다.
  셋째, 인민들에 의지하여 개혁개방이라는 새로운 위대한 혁명을 진행하여, 중국특색의 사회주의를 개창하고 견지하고 발전시켰다.

- 민주가 없으면 사회주의도 없다.

- 아직 완전하지 않은 중국 민주제도를 계속 발전시켜 나가야 한다.

- 90년 이래 중국공산당이 이룩한 성취는 모두 인민에 의지하여 함께 분투한 결과다. 인민이 진정한 영웅이다. 이 점을 영원히 잊어선 안 된다.

- 금세기 상반기에 우리 당은 단결하여 인민을 이끌고 두 가지 위대한 목표를 완성해야
  한다. 이는 중국공산당 성립 100주년이 되는 때에 십 수억 인구를 보다 높은 수준의
  소강사회 혜택이 미치도록 해야 한다. 신중국 성립 100주년이 될 때까지 부강·민주
  ·문명·조화의 사회주의 현대화 국가를 건설해야 한다.

- (공산당) 장기 집권을 위해서는 부패 척결과 깨끗한 정치가 절실하다. 반부패 투쟁을
  끝까지 해나가겠다.

- 우리는 당에 대한 인민의 지지와 당의 생존을 위협하는 부정부패를 없애기 위해 총력
  을 기울여야 한다.

- 인민에 귀속된 모든 국가권력은 민주주의를 실행할 제도를 개선하고, 민주주의 형태
  를 다양화하는 한편 그 채널을 확대하고, 민주선거에의 인민 참여를 보장하고 법에
  따른 감시가 이뤄져야 한다.

- 개혁은 인민이 스스로 운명을 결정하고 당과 국가의 생명력을 증진하고 인민의 자주
  성을 고양시키는 근본적인 목적을 겨냥해야 한다.

- 사회주의 민주정치를 발전시키려면 공산당은 반드시 중국특색 사회주의 체제의 가치
  를 높여야 한다.

- 공산당은 부정부패의 위험과 심각성에 대해 진지하게 각성해야 한다면서 이를 소홀
  히 할 경우 우리는 국민들로부터 외면당할 것이다.

- 공산당은 항상 인민의 이익을 다른 무엇보다 앞에 둬야 한다.

- 모든 공산당원은 법률에 의거해 국민들의 경제와 정치·문화·사회적 권리와 이익을
  보호해야 한다.

- 모든 공산당원과 정부 관료는 항상 국민들과 가까운 자리에서 그들의 관심사에 대해 주의를 기울여야 한다.

- 모든 공산당 동지들은 법 앞에서 만인이 평등하다는 것을 명심해야 한다.

> **▌중국공산당 중앙기율검사위원회(2010년 통계)**
>
> 부정부패 사례: 총 13만 9,621건
> 기율검사위는 총 14만 6,517명의 당원을 적발
> 뇌물수수 등 범죄와 관련된 5,373명에 대해서는 사법처리
> 오옥량(吳玉良) 기율검사위 부서기는 "정부 관료와 당원의 횡령과 뇌물 수수, 관기문란과 법규 위반 등을 면밀히 주시하고 있다"면서 "심각한 대형사고로 이어지는 권력 남용과 부패를 뿌리 뽑을 것"이라고 다짐

2. 중국공산당 이해를 위한 주요 용어(가나다 순)

- 1개 중심·2개 기본점(一個中心·兩個基本點): 한 개의 중심은 경제건설이고, 두 개의 점은 개혁·개방과 4항 기본원칙을 일컫는다.

- 1화3개조(一化三改造): 사회주의 공업화, 공업·수공업·자본주의 상공업의 사회주의적 개조를 일컫는다.

- 3개의 큰 산(三座大山): 삼좌대산(三座大山)이라 하는데, '봉건통치·제국주의·관료자본주의'를 가리킨다.

- 3대 규율: 홍군의 규율로, "모든 행동은 반드시 지휘에 따른다. 인민으로부터 바늘 하나 실 한 오라기라도 얻지 않는다. 토호로부터 몰수한 것은 모두의 것으로 한다"이다.

- 삼반오반운동(三反五反運動): 3반 운동은 1951년 12월 당과 국가기관 내부에서 시작되었다. 공산당 정부공작원의 부정(不正)·낭비(浪費)·관료주의(官僚主義)의 3해(三害)를

없애고, 3해와 결탁한 자본가·상인·지주를 제거하려는 것이 '3반(三反)'이다. 5반 운동은 1952년 1월 자본주의 상공업자를 대상으로 시작되었다. 5반은 뇌물(贈收賄, 증수회), 탈세(脫稅), 국가 자재의 횡령(橫領), 원료와 급료의 사기·착복 및 국가 경제정보의 누설 등 5해(五害)를 없애자는 것이다.

- 4류분자: '지주, 부농, 반혁명분자, 악질의 자녀'를 농촌에서는 4류분자라고 하였다.

- 4항 기본원칙: 사회주의 견지, 인민민주주의 무산계급독재, 공산당의 지도, 마르크스·레닌주의와 모택동사상 견지를 일컫는다(1979년 3월 30일 북경에서 열린 '工作根本問題研究會議'에서 제기).

- 8대 주의: 홍군의 8대 주의는 "1. 가옥으로부터 떠날 때는 모든 문짝을 제 위치에 복귀시켜 놓을 것. 2. 잠자고 난 뒤의 명석은 개어서 원래의 위치에 놓을 것. 3. 인민들에게 공손할 것이며 가능한 한 모든 힘으로 그들을 도와줄 것. 4. 빌린 물건은 모두 반납할 것. 5. 손상된 물품은 고쳐서 원상회복시킬 것. 6. 농민들과의 거래 시에는 정직할 것. 7. 물건을 살 때에는 반드시 대금을 지불할 것. 8. 위생처리에 주의하며, 특히 화장실은 인민의 주거지로부터 안전거리를 유지할 것"이다.

- 8로(老)와 신8로: 중국공산당 조직부문에서 정하는 '8로' 명단은 당·정·군 원로들에 대한 일종의 경계선과 같은 것이다. 그동안 여러 차례 명단과 서열이 바뀌었다. 가장 일반적인 것이 1986년 말 중국노동지생활회(中國老同志生活會)에 참석한, 호요방(胡耀邦) 당총서기를 퇴진시킨 ① 등소평 ② 진운(陳雲) ③ 이선념(李先念) ④ 등영초(鄧穎超) ⑤ 팽진(彭眞) ⑥ 양상곤(楊尙昆) ⑦ 왕진(王震) ⑧ 박일파(薄一波)의 명단이다. 중국공산당이 1996년 1월 공식 확정한 8로의 서열은 ① 등소평 ② 진운 ③ 팽진 ④ 양상곤 ⑤ 만리(萬裏) ⑥ 송평(宋平) ⑦ 박일파 ⑧ 송임궁(宋任窮)의 순이다. '신8로'라고 할 수 있는 명단에는 1995년 4월 10일 사망한 진운이 그대로 포함되어 있고, 송임궁의 이름이 공식적으로 처음 들어갔다.

- 간당(奸黨)·이당(異黨)·간군(奸軍): 1938년 7월 국민참정회를 소집했는데, 외형적으

로는 공산당이 합법적임을 공개적으로 승인하면서도 국민당 내부문서에 중국공산당을 '간당'·'이당'이라 하였고, 팔로군을 '간군'이라 지칭하였다.

- 교조주의(教條主義): 교조주의는 주어진 이념 노선과 원칙을 실천적 검증없이 신봉하려는 태도를 말한다. 특히 공산주의 운동에서 마르크스·레닌주의의 원칙을 역사적 정세에 창조적으로 적용하는 것을 거부하거나 무시하고, 옛 소련 공산당이나 중국공산당의 경험 노선 주장을 맹신해 그것을 기계적·무비판적으로 모방하는 편향 등을 말한다. 소련은 중국이 국제정세를 정확하게 판단하지 않고, 사회주의의 원칙에만 충실하고자 한다며 교조주의라고 비판하였다. 마르크스주의에 있어서 수정주의(修正主義)의 상대적 개념이다. 교조주의 시비는 중·소 이념논쟁에서 부각되었다.

- 구린내 나는 아홉째(臭老九): '臭老九'는 '구린내 나는 아홉째'라는 뜻으로 1960~70년대 중국지식인을 지칭하는 용어이다. '臭老九'는 봉건사회 및 문혁(文革) 시기의 지식인에 대한 멸칭이다. 당시 지식인은 "지주(地)·부농(富)·반혁명분자(反)·악당(壞)·우파(右)·반역자(叛徒)·간첩(特務)·주자파(走資派)"의 뒤에 놓여 있어서 이름이 붙여졌다. 이 용어는 원나라 시기에도 있었다. 당시에는 첫째 관원(官), 둘째 하급관리(吏), 셋째 승려(僧), 넷째 도사(道), 다섯째 의사(醫), 여섯째 노동자(工), 일곱째 수렵인(獵), 여덟째 창녀(娼), 아홉째 지식인(儒), 열째 거지(丐)의 순이었다.

- 구삼학사(九三學社, 구삼): 1944년 결성되었고, 성원은 주로 과학기술계의 고중급 지식인들이다. 1945년 9월 3일 항일 전쟁과 세계 반파시스 전쟁의 승리를 기념하기 위하여 9·3학사로 개칭하였다. 1946년 5월 4일에 정식으로 발족했으며, 성원은 주로 과학기술계의 중·고급 지식인층이다.

- 구추백(瞿秋白)의 좌경맹동(左傾盲動)노선: 구추백은 도시를 점령해야만 공산당이 승리한다고 주장하였다가 광주기의가 실패함에 따라 이후 실각했다. 구추백 노선을 '좌경맹동노선'이라 부른다.

- 군중운동: 어느 특정 정책이나 정강에 대한 찬성 혹은 반대를 위해 군중의 지지를 동원하기 위한 목적으로 군중이 집단적으로 적극 참여하는 것을 장려, 촉진시키는 최고의 운동이라고 정의하고 있다.

- 기층조직: 기업·농촌·기관·학교·과학연구원·인민해방군의 중대 및 기타 기층단위로서 3명 이상의 정식 당원을 가진 모든 곳에 형성되어 있다.

- 남니만정신(南泥灣精神): 1941년 전후 일본제국주의와 소탕과 국민당 반동파의 봉쇄포위 및 심각한 자연재해로 인해 항일근거지는 매우 힘든 국면에 처했다. 중국공산당은 "경제를 발전시켜 공급을 보장한다(發展經濟, 保障供給)"는 방침을 세웠고, 대생산운동을 전개하였다. 팔로군 359여단은 산서성 남니만 개간지로 가서 황무지를 개간하였고, 어렵고 힘든 투쟁을 거쳐 남니만을 섬북의 '강남'으로 만들었다. 이를 '남니만정신'이라 부른다.

- 단간풍(單幹風): 혼자서 처리하는 풍조를 가리킨다. 당시 어떤 지역에 농촌 생산력 발전수준에 맞춰 나타난 포산도호(包産到戶) 형식 등의 책임생산제와 몇몇 지역에서 나타난 분전단간(分田單幹)을 말한다.

- 단위(單位): 단위는 '근무처(직장)'라는 뜻으로 국유기업·대학·연구소 등과 같은 국가 소유의 직장을 의미하며, 도시의 기본적인 생활조직이었다. 단위를 통해 중국인들의 일상생활 전반을 통제하였다. 단위는 직원들의 종신고용을 보장하였기 때문에 실업의 위험이 없었다. 또한 임금지불·자녀교육·임대주택분배·사회보장(의료보험 및 퇴직보험) 등의 혜택을 제공하였다. 단위는 중국인들이 취업을 할 수 있는 유일한 선택이었고, 신분 결정과 호구·사회보험·출생·혼인승낙 등에서 막강한 권한을 가

졌다. 중국에서는 '집을 떠나서는 살 수 있어도 단위가 없는 생활은 상상할 수 없다'
는 말이 나올 정도였다.

- 대동(大同)사회: 오늘날 중국공산당은 경제적인 발전을 통한 경제적으로 발전하여 중
진국 사회를 목표를 하고 있으면서, 이를 대동사회라는 용어로 표현하기도 한다. 대
동사회는 대도(大道)가 행해지고 천하가 공정함을 이룬 사회라는 의미로 유토피아를
말하는 것이라 할 수 있다. 어떤 면에서는 공산당이 말하는 공산사회의 다른 모습이
라 볼 수 있다. 중국은 2020년 전면적 소강사회를 거쳐 2050년 사회주의 현대화, 즉
대동사회를 목표로 삼고 있다.

- 대만민주자치동맹(대맹): 1947년 홍콩에서 발족하였고, 성원은 민주화 운동을 추진한
주로 대륙에 거주하는 대만동포이다.

- 대명대방(大鳴大放): 당 간부와 대중의 단결을 강화하기 위해 생각하는 바를 자유롭게
발언하는 것을 말한다[대명(大鳴): 자신이 말하고자 하는 바를 말할 수 있는 것, 대방
(大放): 자신의 생각을 자유롭게 말하다].

- 대변론(大辯論): 농촌에서 휴식시간을 이용하여 생산 향상에 대해 토론하고 간부와 대
중의 관계를 긴밀화하기 위해 진행한 토론을 대변론이라 한다(서로 다른 관점을 지닌
사람과 자기의 관점을 논하는 것).

- 대자보(大字報): 비판 및 자기비판을 위한 벽신문을 말한다(자기의 관점을 큰 종이 위
에 쓸 수 있도록 하여 바깥에 붙여 군중에 보도록 하고 평하도록 하는 것이다).

- 대혁명: 1924년에서 1927년에 이르기까지 국공합작 영도하에 진행되었던 중국인민의
반제 반봉건적 혁명투쟁을 말한다.

- 덕선생(德先生): 'Democracy'의 음역글자인 '德莫克拉西'을 가리키며, 즉 민주주의, 민주
제, 사회적 평등, 민주 정치, 민주 정체(政體) 등을 말한다.

- 마르크스·레닌주의(맑스·레닌주의): 마르크스·레닌주의는 마르크스주의와 레닌의
  혁명사상을 결합한 사회주의 실천사상을 일컫는 말이다. 즉, 공산주의 건설에 관한 실
  천이론으로 노동자계급과 전위당인 공산당의 세계관이다. 마르크스·레닌주의라는
  용어는 G. E. 지노비예프와 I. V. 스탈린에 의해 '레닌주의'라는 호칭이 공식적으로 사
  용되다가 스탈린에 의해 '마르크스·레닌주의'로 정식화되었다. **모택동은 마르크스·
  레닌주의 무산계급 폭력혁명론과 군사조직론을 지표로 강조**하였다. 마르크스는 프롤
  레타리아 무장혁명론, 즉 무산계급에 의한 새로운 군대를 조직하여 인민전쟁을 수행
  해야 한다고 제기하였다. 그리고 레닌은 역사적 조건과 무산계급 군대를 체계적으로
  결합하여 무산계급 정당의 군대와 사회주의 국가의 군 조직원리를 제시하였다. 레닌
  은 "마르크스주의는 노동자계급 내부에서 자연적으로 발생할 수 없기에 반드시 외부
  에서 주입해야 한다"라고 말했다.

- 모주석어록(毛主席語錄, 간칭 '모어록'): 모택동의 저작이나 연설에서 발췌한 문장을
  모아 놓은 모주석어록은 1964년 1월 5일에 출판되었을 때 23개의 장, 200조로 되어
  있어서 제목도 『모주석어록200조(毛主席語錄200條)』였다. 이후 증보할 때 이름을 『모
  주석어록』으로 바꾸었고, 25장으로 되어 있으며, 267조 어록이 수록되어 있다. 현재
  『모주석어록』은 33장으로 이루어져 있다. 원래는 중국공산당의 정신적 단결을 목적
  으로 한 군사용이었다. 가장 유행한 판본은 홍색으로 포장하였고, 또 공산당 영수의
  경전 언사이기 때문에, 문화대혁명 시기 홍위병들은 '홍보서(紅寶書)'라고 불렀고 홍
  위병의 교과서가 되었다. 『모주석어록』은 임표(林彪)가 만든 것으로 알려져 있다.

- 모택동선집(毛澤東選集, 간칭 '毛選'): 『모택동선집』은 모택동의 개인저작선집이다. 인
  민출판사에서 발행을 하였고, 모두 5권이 발행되었다. 1925년에서 1957년까지의 각종
  저작과 연설문 등 229편에서 발췌하였으며, 모택동사상이 집중적으로 수록되어 있다.
  『모택동선집』(晉察冀日報社 편)이 최초로 발행된 시기는 1944년 5월이다. 제1권은
  1951년 10월 12일 정식으로 출판되었다.

- 무한정부(武漢政府, 무한국민정부): 1926년 광동의 국민정부는 북벌에 나서서 성과를
  거두었다. 11월에는 무한으로 수도를 옮기기로 결정하였다. 1927년 1월 1일 국민정부

는 무한을 수도로 삼았고, 이 국민정부는 통상 무한국민정부라고 불린다. 장개석(蔣介石)이 쿠데타를 일으켜 남경에 국민정부를 수립하면서 국민정부는 무한과 남경으로 나뉜다. 7월 15일 왕정위(汪精衛)가 남경 국민정부로 합류하면서 두 개의 정부는 하나로 합쳐지게 된다. 이를 '영한합류(寧漢合流, 영은 남경을 가리킨다)'라고 부른다.

- 민족자산계급: 민족자산계급(순수 민족자본으로 사업하는 사람)은 제국주의와 봉건주의로부터 억압과 속박을 받고 있어서 혁명역량의 한 세력으로 보았다.

- 민주당파: 중국에서 중국공산당을 제외한 8개 참정당(參政黨)을 가리키는 통칭이다. 이들은 중국국민당혁명위원회, 중국민주동맹, 중국민주건국회, 중국민주촉진회, 중국농공민주당, 중국치공당(中國致公黨), 9·3학사(九三學社), 대만민주자치동맹으로 구성되어 있다.

- 번안풍(飜案風): '이미 결정된 것을 뒤엎는 풍조'를 일컫는다. 주로 1962년 팽덕회(彭德懷)의 서신과 7,000인 대회에서 그가 반당소집단을 조직하여 당권침탈을 음모하고 외국과 내통했다는 비판에 대해 정확하게 정당한 변호와 반론을 한 것을 가리킨다.

- 백구(白區): 제2차 국내 혁명전쟁 시기의 국민당통치구역에 대한 명칭으로, 중국공산당이 국민당통치구역 내에 건립한 조직이다. 당시에는 백구당(白區黨)이라 불렀다. 일본군이 강력히 주둔하고 있어서 공산군과 비밀 연락대와 정보 부대만 있을 수 있는 지역을 '백구(白區)'라 불렀다.

- 변구(邊區): 중국공산당이 국공내전 및 항일전쟁 시기에 일부 성에 세웠던 혁명 근거지를 일컫는다.

- 분전단간(分田單幹): 밭을 작게 나누어 부분적으로만 책임지고 생산하던 것을 가리킨다.

- 4개 현대화: 농업·공업·국방·과학기술의 현대화를 가리킨다. 통상 '사화(四化)'라고 약칭한다. 1964년과 1975년에 열린 전국인민대표대회에 대한 주은래(周恩來)의 정

부보고에서 제기되었고, 1982년 12월에 제정된 신헌법 전문에도 명시되어 있다.

- 사농(四農)문제: 삼농(三農)문제(농민·농촌·농업)에다가 '농민공(農民工)' 문제를 더
한 것이다.

- 사청(四淸): '정치, 사상, 조직, 경제'를 쇄신하는 것을 말한다.

- 사대(四大: 大鳴·大放·大字報·大辯論): 많은 사람이 의견을 내고, 모두가 크게 토론하
며, 벽 신문에 쓰고 또 크게 논쟁을 벌이라는 뜻의 약칭이다. 1957년 모택동이 반우파
전개과정을 펼칠 때, 대명과 대방을 이용하였다. 대자보와 대변론은 문혁기간 중에 모
택동과 4인방이 류소기(劉少奇) 등 실권파를 주자파로 규정하고 숙청하는 조반운동에
서 이용하였다.

- 삼면홍기(三面紅旗): 총노선·대약진·인민공사를 말한다.

- 삼지양군(三支兩軍): 군대로써 세 가지 부류(좌파군중·농민·노동자)를 지원하고, 군
대로써 행정을 장악하며 학생들도 군사훈련을 시행하라는 것을 가리킨다.

- 상산하향(上山下鄕): 1968년 12월 모택동은 "지식청년들이 농촌으로 가서 다시 배우
자"고 주장하였는데, 이를 '상산하향'이라 부른다. 여기서 말하는 지식청년은 도시에
서 중학교를 졸업한 사람을 가리키며, 농촌에서 육체노동을 하도록 지시를 받았다.

- 새선생(賽先生): 'Science'를 중국어로 표기한 '賽因斯'를 가리키며, '과학'을 의미한다.

- 서백파정신(西柏坡精神): 서백파정신은 중공중앙이 서백파 시기에 만든 것이다. 일종
의 중국혁명의 역사성이 변화하는 시대에 요구되었던 혁명정신이다. 기본적인 함의
는 "'양개감어(兩個敢於, 투쟁할 용기를 갖고 승리할 용기를 갖는다)'의 혁명의 진취적
정신, '양개견지(兩個堅持, 군중에 의지하여 단결을 견지하고, 통일을 위해 단결을 견
지한다)'의 민주정신, '양개선어(兩個善於, 구세계를 파괴하는 것을 잘하고, 신세계 건

설을 잘한다)’는 과학정신, ‘양개무필[兩個務必, 반드시 동지들이 계속해서 겸허·근신 (勤愼)·겸손(不驕)·느긋함(不躁)의 작품을 유지하게 하고, 반드시 동지로 하여금 고 군분투하여 작품을 유지하도록 한다]’은 계속적인 창업정신”이다.

- 소강사회: 식품·의복·주택·교통 등 물질조건, 공기·수질·녹화 등 생활환경, 사 회질서·안전·사회도덕풍기 등 사회환경 등이 일정 수준에 오른 상태를 말한다.

- 소자산계급: 광범위한 지식인(청년학생 포함), 소상인, 수공업자 및 자유직업자들을 포함한다. 소자산계급은 제국주의 봉건주의 및 대자산계급의 억압을 받고 있기 때문 에 중국혁명원동력이 될 수 있다고 보았다.

- 수정주의: 수정주의는 마르크스주의(마르크스·레닌주의)의 학설에서 혁명적 정치방 침, 전략 전술을 수정한 것을 말한다. 그 입장은 마르크스주의에 적대적이면서도 노 동자 계급의 혁명 운동에 있어 마르크스주의를 가장하고 있다. 소련이 미국과의 대결 을 피하고 평화를 원하는 타협적인 자세를 보이는 것에 대해서 중국은 소련이 사회 주의 순수성을 포기하였다면서 수정주의 노선이라고 비판하였다.

- 쌍규(雙規)처벌: 지정된 장소, 지정된 시각에 조사를 받는다는 것으로 사법 처리 여부 를 결정하기 전, 당 차원의 조사다. 이는 곧 ‘숙청’을 의미한다.

- 양보일간(兩報一刊): 인민일보(人民日報), 해방일보(解放一步)의 두 신문과 홍기(紅旗)라 는 잡지를 가리킨다.

- 연안정신(延安精神): 연안정신은 중국공산당이 연안정풍운동과 대생산운동 중에 형성 되었다. 연안정신은 힘들고 어렵게 투쟁하는 정신, 성심성의를 다하여 인민을 위해 봉사하는 정신, 이론을 실제와 연계하고 끊임없이 혁신을 하는 정신, 실사구시의 정 신이다. 1942년 12월, 모택동은 섬감녕(陝甘寧) 변구의 고급간부회의에서 처음으로 연 안정신을 제안하였다.

- 온포(溫飽): 옷을 따뜻하게 입고 따뜻한 집에서 살며 식사를 푸짐하게 할 수 있는 생활
  을 일컫는다.

- 왕명(王明, 진소우)의 좌경기회주의노선: 왕명의 영도하에 중국공산당은 도시폭동을
  일으켰다. 도시 노동자를 중심으로 한 러시아식 혁명 노선을 따라 하다가 실패하였다.

- 우경투항주의: 주도권을 부르주아에게 두 손으로 갖다 바치는 것이다(모택동의 왕명
  에 대한 비판).

- 유소파(留蘇派): 소련지향적인 공산주의자들. 모택동과 유소파 사이의 갈등은 1942~1943
  년의 '정풍운동'에서 표면화되었다.

- 이립삼(李立三)노선: 주요 도시에서 무장폭동을 조직화하며, 국민당군을 공격하기 위
  하여 적군(赤軍)을 집중시킨다는 노선이다. 왕명과 박고는 1931년 9월에 몇 개 성에
  적군에 의한 주요 도시 장악을 주장했다.

- 이문림식(李文林式) 근거지: 모택동은 동고근거지(東固根據地)와 정강산(井岡山)·공동
  북(贛東北) 및 상악서(湘鄂西) 등의 혁명근거지를 동일하게 논하면서 이를 이문림식
  근거지라 불렀다. 이문림식 할거의 주요 특징은 비밀할거와 공개적인 유격전이 서로
  결합한 것이지만, 고정된 지역에서의 할거와 끊임없이 변동하는 유격의 결합이다. 그
  러나 비밀할거에 한정하는 것만 아니었다. 비밀할거와 공개적 유격활동이 결합을 실
  행하여 비밀에서 점차적으로 공개하였고, 모든 것은 당조직의 명령에 따랐다.

- 인민공사: 1958년에 삼면홍기의 정책의 하나로 몇몇 고급농업생산합작사(고급농업생
  산협동조합)를 연합하여 만든 조직이다. 인민공사는 삼급(人民公社·生産大隊·生産隊)
  소유제를 채용하였고, 생산대를 기본 채산단위로 삼았다. 인민공사는 정사합일(政社合
  一, 정치권력과 경제조직의 일체화)의 조직으로서 중국 농촌의 기층행정단위가 되었
  다. 농민들은 **다섯 가지(식량, 의복, 주택, 의료, 교육)**의 보장을 받게 되었다. 인민공
  사는 1978년 12월, 11차 3중전회에서 폐지하기로 결정한 뒤 해체되었다.

- 장정정신(長征精神): 1934년 10월부터 1936년 10월까지, 공농홍군이 설산을 넘고 초원을 지났던 고도의 혁명영웅주의를 표현하였다.

- 정강산정신(井岡山精神): 1928년 4월 주덕(朱德)과 모택동이 영도하는 공농혁명군이 정강산에 모여 정강산혁명근거지를 건립하였다. 근거지 군민이 일심단결하여 힘겨운 투쟁을 통해 여러 차례 국민당의 포위토벌작전을 분쇄하였다. 이렇게 하여 정강산정신이 형성되었다.

- 정돈삼풍(整頓三風): **학풍 · 당풍 · 문풍**의 세 가지를 바로잡으려는 운동으로서 1942년 4월, 모택동이 연안에서 발동한 제1차 정풍운동의 슬로건이다.

- 제2조노선(第二條戰線): 해방전쟁시기의 국민당이 통치하던 지역에서 애국학생, 노동자, 시민 및 기타계층 인민이 중국공산당 영도 하에 미군폭행에 반대하고 장개석 정권의 내전과 독재 및 매국정책에 반대하는 애국민주운동이다. 중국공산당이 영도하는 인민무장에 상대적으로 국민당 군대의 군사투쟁전선에 반대하여서 '제2조노선'이라 부른다.

- 제2차 국내혁명전쟁(1927~1937): '10년 내전' 또는 '토지혁명전쟁(土地革命戰爭)'으로도 불리는데, 1927년부터 1937년까지 중국인민이 중국공산당의 영도하에 진행한 국내혁명투쟁을 말한다. 중국공산당이 주도한 무장기의는 약 100여 차례로 14개 성, 140여 개 현(시)에서 일어났다. 기의(起義, 봉기)에 참가한 공농군중과 혁명군인은 약 수백만 명에 달하였다.

- 제1차 국내혁명전쟁(1924~1927): 제1차 국내혁명전쟁은 북벌전쟁(北伐戰爭)으로, '제1차 대혁명'이라고도 부른다. 국공합작 하에 진행되었던 반제 · 반봉건적 혁명투쟁을 가리킨다. 책에서 자주 보이는 대혁명 실패는 제1차 대혁명을 말한다.

- 조반파(造反派, 문혁을 지지하는 모임): 공작조와 연관된 홍위병을 '노(老)홍위병' 또는 '보황파(保皇派)'로 부르고, 이에 대립하여 결성된 홍위병을 '조반파'라 불렀다.

- 주자파(走資派): 중국공산당 내에서 자본주의노선을 주장하는 파를 말한다. 문화대혁명 때 문혁파에 의하여 공산당 내에서 자본주의 노선을 추구하는 실권파(實權派)로 지목되어 숙청되었다가 1967년 이후 복권된 간부들 중 여전히 자본주의 노선을 지향하였던 자를 말한다. 실권파는 공산당의 당기관, 중앙·지방의 정부기관 및 기업과 단체의 지도·관리부문에서 정치지도상 및 행정상의 권한을 장악하고, 그를 통하여 자본주의 노선으로 지도함으로써 공산당과 사회주의 노선에 반대한다는 비판을 받았다.

- 중국국민당 혁명위원회(민혁): 1949년 홍콩에서 발족하였고, 장개석의 독재에 반대하는 국민당 내의 혁신파가 결성하였으며, 성원은 주로 원래의 국민당 인사 및 국민당과 역사적 연계가 있는 인사들이다. 대만·티베트를 제외한 30개 성·자치구·직할시에 성급 조직을 설립하였다.

- 중국농공민주당(농공): 1930년에 결성된 중국 국민당 임시 행동 위원회가 전신이며, 성원은 주로 의약, 위생계와 과학기술, 문화교육계의 중고급 지식인들이다.

- 중국민주건국회(민건): 1945년에 결성하였고, 성원은 주로 경제계 인사 및 관련 전문 학자들이다. 대다수가 경제계와 기타 방면의 대표적 인사이다.

- 중국민주동맹(민맹): 1941년 홍콩에서 발족하였고, 민주정부 동맹이 전신이며, 성원은 주로 문화 교육계의 중상층 지식인들이다.

- 중국민주촉진회(민진): 1945년에 결성하였고, 성원은 주로 문화·교육·출판·과학과 기타 직무에 종사하는 지식인들이다.

- 중국치공당(치공): 1925년 미국 샌프란시스코에서 발족하였고, 화교의 정치 결사였다. 1949년 이후에는 해외 활동을 중지했다. 성원은 주로 귀국 화교와 귀국 해외동포 가족들이다.

- 중앙 1호문건: 중국공산당 중앙위원회에서 매년 맨 처음으로 내 놓는 문건을 일컫는

다. 이 문건을 통해 당해 중국정부의 주요 정책 과제가 무엇인지를 알 수 있다. 2004
년부터 2011년까지 8년 연속으로 삼농(三農: 농업, 농촌, 농민) 문제를 1호문건의 주제
로 채택하였다. 7년간(2004~2010)의 주제가 삼농이라고 명시되었는데, 2011년에는 삼
농을 중심에 두고 국가 사회 전반에 걸쳐 있는 '수리(水利)문제'를 채택하였다.

- 좌경관문주의(關門主義): 동맹자를 쟁취해야 한다는 것을 이해하지 못하고 고립주의적
  정책을 취함으로써 실제로 프롤레타리아 계급의 주도권을 없애는 것이다(왕명에 대
  한 모택동의 비판).

- 지청(知靑)과 지청문학: '지식청년(知識靑年)'의 준말이다. '지청문학'은 상산하향운동
  속에서 창작된, 지식청년의 이에 대한 객관적 재현, 역사적 회고, 반성과 그것에 스스
  로의 평가를 가한 작품이다. '상흔문학' 이후 초기 '지청문학'에는 '문혁'이 끝난 후에
  홍위병이었던 사람들의 방황하는 모습이 묘사되었다.

- 진독수의 우경투항주의: 진독수가 국민당에게 투항하는 행태를 보여주면서 비판을
  받았다. 그는 마일사변(馬日事變) 등으로 인해 농협의 폐쇄를 당했을 때 오히려 우경
  적 입장에서 농민운동이 심해서 발생했다고 단정했고, 무한정부가 노동자 제재와 농
  민협회 해산을 명령하였을 때 동의하였다. 그리고 무한 노동자규찰대의 총기와 탄약
  을 국민당에게 주었기 때문에, 우경투항주의자로 낙인찍혔다.

- 총노선: 사회주의 건설 총노선은 중국 경제 문화의 낙후된 면모를 하루빨리 일신하여
  번영과 행복 속에 강대한 사회주의 중국을 하루빨리 건설하고자 하는 것이다. 주요
  내용으로는 '모든 적극 분자를 동원하여 인민 내부의 모순을 정확하게 처리한다', '사
  회주의 전민소유제와 집단 소유제를 강화하고 발전시킨다', '계속적으로 기술혁명과
  문화혁명을 실현한다', '집중적 영도와 전면적 계획 및 분업 협동 생산의 조건하에 중
  앙 공업과 지방 공업, 그리고 대기업과 중소기업을 동시에 진흥한다', '우선적인 중공
  업 발전의 조건하에 공업과 농업을 동시에 진흥한다'는 것이다.

- 추수주의(追隨主義, 尾巴主義): 아무런 비판을 가하지 않고 맹목적으로 남의 뒤만 따르

는 태도나 경향을 말한다. 옛 소련에 대한 무조건적인 추종주의를 뜻한다.

- 코민테른(Comintern. Communist International): 레닌의 발기에 의해 1919년 3월 창설되었는데, 3월 2일부터 6일 사이에 모스크바에서 30개 나라의 35개 공산당, 좌익정당 및 그룹에서 52명의 대표가 참가하였다. 그리고 1943년 5월 15일 해체될 때까지 7차례의 대회를 가졌다. 국제공산당의 목적은 각국 공산당들 사이의 연계를 강화하고 그들의 활동을 통일적으로 지도함으로써 자본주의제도를 전복하고 프롤레타리아 독재를 세우며 사회주의와 공산주의를 건설하는 것이었다. 그러나 대체적으로 공산주의 운동에 대한 소련의 통제 기관으로 기능했다.

- 테크노크라트(기술관료, Technocrat): 테크노크라트는 과학적 지식이나 전문적 기술을 가지고 사회와 조직의 주요 의사결정, 정책결정 등의 과정에 참여하여 중요한 영향력을 행사하는 관료이다. 중국의 3, 4세대 지도자 계층을 가리키는 용어로 자주 사용되었다. 사전상으로는 '기술관료(技術官僚)'라고 하는데, 보통은 '과학기술정치 관료'라고 부르기도 한다.

- 포산도호(包産到戶): 개별 농가에 농지 경영의 청부를 주어, 생산책임량의 초과분은 개인 소유로, 부족분은 벌금을 내도록 하는 제도를 말한다.

- 하방(下放)운동: 당원과 국가공무원을 농촌과 공장에 보내 노동에 종사케 하였다. 그리고 도시의 학교 졸업생들을 변경지방에 배치해 정착게 함으로써 정신노동자와 육체노동자의 벽을 헐고 지식인집단으로 하여금 낙후된 변경지방의 농촌 근대화에 참여하도록 독려한 운동이다.

- 하향(下鄕)운동: '향(鄕)'은 '농촌'이란 뜻으로, 하향운동이란 농촌으로 돌아가는 운동이다. 즉, 도시의 학생이나 지식인들이 농촌으로 가서 농촌 대중과 함께 대중을 위한 문화를 구축하려는 것을 말한다.

- 하해(下海): 돈벌이와는 관계없는 직업에 종사하던 사람들이 시장경제원칙 도입에 자

극받아 벌이가 좋은 직업으로 전직하는 것을 의미한다. 외국어·국제금융·국제경제·국제법·무역 등을 전공한 전문 인력으로 특히 석·박사 출신의 고급 인력이 돈을 벌기 위해서 기업으로 전직하는 현상이다.

- 학습소조(學習小組): 전역에 걸쳐 기관의 간부, 공장의 노동자, 인민공사의 농민, 학교의 학생, 군대의 군인, 도시의 주민들 모두가 소조로 구성되어 있다. 소조는 보통 공장, 기관, 인민공사의 최하위 조직단위에 구성되어 있다. 일반적으로 1개 학급의 소조가 있고, 농민협회, 공회, 공청단과 같은 군중단체의 경우에는 소조대표가 있으며, 이들은 당의 최하 단위의 당위원회와 함께 이들 소조를 조직 운영한다. 소조의 가장 중요한 활동은 역시 정치학습이다.

- 항일전쟁(1937.7.~1945.8.): 중국인민이 일본제국주의 침략에 반항하여 8년간 진행한 민족혁명전쟁을 말한다. 또한 100여 년 동안 대외 적들의 침입을 반대하는 전쟁에서 중국인민이 완전히 승리를 이룩한 첫 번째 민족해방전쟁을 말한다.

- 해방전쟁시기(1945.8.~1949.9.): 제3차 국내혁명전쟁이라고도 부른다. 중국 측에서는 중국인민해방군(中國人民解放軍)이 중국공산당의 영도와 인민군중의 지원하에 국민당 통치를 전복하여 전 중국을 해방하기 위해 진행하였던 전쟁으로 본다. 반면 중국국민당은 '항공위국감란전쟁(抗共衛國戡亂戰爭)'이라고 부른다. 공산당과 국민당 잔당세력 간의 전쟁은 1950년 6월까지 계속되었다.

- 혁명근거지(革命根據地): 중국공산당 및 영도하는 군대가 제2차 국내혁명전쟁 항일전쟁시기와 해방전쟁 시기에 건립한 근거지이다.

- 홍(紅)과 전(專): 홍(紅)은 정치사상 등 정치적 태도, 전(專)은 과학기술 등을 의미한다. 중국 권력 구조의 특성과 노선은 지도층의 갈등과 연합에 따라 변화를 거듭했다. 좌와 우, 보수와 개혁의 양면을 완급의 속도로 왕래했고, '혁명(紅)'과 '발전(專)'이라는 두 목표의 우선순위에 따라 대립과 갈등 속에 자리바꿈이 이어졌다.

- 홍구(紅區): 홍구는 제2차 국내혁명전쟁시기의 공산당이 건립한 농촌근거지를 말한다.

- 홍오류(紅五類): "혁명군인(革命軍人)·혁명간부·공인(工人)·빈농(貧農)·하중농(下中農)", "혁명간부·혁명군인·혁명열사·노동자·빈하중농 가족의 자녀"를 가리킨다. 실제 주도 세력은 고급 당간부의 자식들이다.

- 홍위병: 1960년 중국공산당의 청년운동에 가담한 학생들로 이루어진 모택동을 지지하고자 투쟁한 준군사적인 조직의 대학생 및 고교생 집단을 가리킨다. 홍위병은 "조반유리(造反有理)"라는 구호를 높이 외쳤다. 홍위병 명칭이 최초로 보이는 것은 청화부중학생(淸華附中學生) 장승지(張承志)의 필명이다. 락소해(駱小海)와 송백림(宋柏林)의 회고에 따르면 장승지의 최초 필명이 '홍위사(紅衛士)'이다. 의미는 '모택동의 홍색위병(紅色衛兵)'이다. 1966년 5월 29일 청화부중예과(淸華附中預科) 651반이 붙인 대자보에서 사용하기 시작하였다. 홍위병은 통일된 조직의 명칭은 아니고, 파벌이 많았으며, 서로 예속하지 않았다. 홍위병의 최대특징은 통일된 조직이 없다는 점이다. 시간과 출신 및 정치주장에 따라 대체적으로 다음과 같이 분류한다. 노홍위병(老紅衛兵)은 '노병(老兵)'이라 부르는데, 최초의 홍위병이다. 간부자제로서, 혈통과 출신을 따졌다. 문혁 이후에 매우 빠르게 세력을 잃었다. 보수파(保守派)는 노홍위병의 모방자이고, 대부분 출신이 좋다. 지방당조직과 공작조에 의지하였다. 조반파는 홍위병운동의 주류이다. 성분이 복잡하고 조반을 주장하며, 혁명위원회에 들어갔다. 극좌파(極左派)는 신사조로서, 기본적으로 정치와 사회제도를 비판하였다. 양희광(楊曦光)의 "중국은 어디로 가는가?(中國向何處去)"가 대표적인 예이다.

- 화해사회(和諧社會, 조화사회): '화해사회' 건설은 중국정부가 이루고자 하는 중요한 목표 중의 하나이다. 중국식 명칭은 '화해사회'이지만, 한국에서는 주로 '조화사회'로 부르고 있다. 화해사회라는 용어는 2004년 9월, 호금도가 16차 4중전회에서 공동부유를 기본으로 하는 '사회주의 조화사회' 건설을 제시하면서 본격적으로 등장하였다.

- 흑암풍(黑暗風): 모택동이 북대하 중앙공작회의에서 말한 것이다. 당시 중국정세가 암담하게 되었다고 생각하던 풍조를 지칭한 것이다. 사상이 혼란되고 신념을 잃어 빛을

보지 못하던 자들의 사업풍토를 일컫는다.

- 흑오류(黑五類, 5류분자): "우파와 지주, 부농, 반혁명, 악당", "구지주, 구부농, 반혁명
분자, 악질분자, 우파분자의 자녀"를 일컫는다. 홍오류의 주된 공격대상이었으므로
이들 중 많은 수가 조반파에 참여하였다.

- AB단(AB團, Anti-Bolshevik 반볼셰비키단): 'AB단'은 'AB반적단(反赤團)'의 약칭이고,
AB는 'Anti-Bolshevik'의 영문약자이다. 1927년 1월 강서에서 건립되었던 국민당 우파조
직으로, 목적은 공산당과 국민당 좌파를 공격하는 것이다. AB단의 목표는 '련아(聯俄),
련공(聯共), 부조공농(扶助工農)의 3대 정책을 반대하고, 민주주의를 없애는 것이었다.

3. 중국공산당 주요 구호와 어록

1) 중국공산당 창당(1921)~중국 건국(1949)

- 공산당 만세: 1922년 제2차 당대회에서 당원들에게 희망을 주는 구호

- 권력은 총구로부터 나온다(槍杆子裏出政權): 1927년 무한에서 개최된 당 중앙위원회 특
별회의에서 모택동

- 병사와 백성은 승리의 근본: 1938년 연안(延安)에서 전면적 항일전쟁을 두고 나온 구호

- 군벌타도, 열강타도: 북벌 전쟁 시기의 구호

- 내전을 정지시키고 민주를 쟁취하고 항전을 실현하자: 1935. 8. 1.

- 무한에 군대가 모여 장강을 마시자: 1930년 여름

- 민병은 승리의 근본이다: 1938.5. 모택동의 『지구전론』

2) 건국 이후~개혁개방(1978)

- 공산당이 없으면, 신중국은 없다(沒有共産黨, 就沒有新中國): 1943년 국민당 정부가 "국민당이 없으면, 중국은 없다"고 강조한 것에 대응한 구호

- 중국인들이 일어섰다(中國人民站起來了): 1949년 10월 1일 천안문에서 모택동[1949년 9월 21일 전국정협회의 제1차 전체회의 개막식 중 모택동이 천안문 망루에서 중화인민공화국의 성립을 선포하면서 '중국인민들이 일어섰다(中國人民站起來了)!'라는 연설의 제목을 말하였다. 정협회의 연설에서는 "일어섰다(站起來了, 站起來了)"라는 표현을 두 차례 사용했다]

- 오직 사회주의만이 중국을 구할 수 있다: 1957. 모택동

- 염라대왕궁을 타도하라, 공산당원을 죽여 없애라: 1957년 대명대방운동

- 뢰봉동지를 따라 배우자(向雷鋒同志學習): 1963년 이후 모택동

- 3할의 천재(天災)에 7할의 인재(人災): 1962년 1월 류소기 대약진, 인민공사화의 실패를 두고 한 말

- 위대한 지도자, 위대한 영수, 위대한 원수, 위대한 조타수 모 주석 만세: 1966, 모택동에 대한 4개의 '위대한' 수식어는 개인숭배 조장

- 사령부를 포격하라: 1966년 8월 5일 모택동(모택동은 정적이었던 류소기와 등소평을 '주자파'로 명명, 홍위병들로 하여금 그들을 처단할 것을 선동한다. 그리고 그 선동문이 바로 "사령부를 포격하라"이다.)

- 수탈계급의 모든 낡은 사상, 낡은 문화, 낡은 풍속, 낡은 관습(四舊)을 깨뜨려 버리자:
임표, 1966. 8. 18. 무산계급문화대혁명 경축 1백만인 대회

- 조반유리(造反有理, 반란을 일으키는 데에는 다 이유가 있다) : 1968년

- 모택동의 삼요삼불요(三要三不要): 마르크스주의여야 하고 수정주의여서는 안 된다.
단결해야지 분열돼서는 안 된다. 광명정대해야지 음모를 획책하면 안 된다(1971. 8.
중순~9. 12. 남방순시)

- 모 주석이 결정한 정책은 우리 모두 결연히 옹호해야 한다(凡是毛主席作的決策, 我們都
堅決擁護), 모 주석의 지시는 우리 모두 시종일관 변함없이 따라야 한다(凡是毛主席的指
示, 我們都始終不渝的遵循): 화국봉, 1977년 2월 중국 3대 잡지에 공동사설에서 양개범
시 주장

3) 개혁개방(1978)~현재(2011)

- 모택동사상의 기본관점은 실사구시이며, 그리고 마르크스·레닌주의의 보편원리를
중국혁명의 구체적 실천과 함께 결합시키는 것: 1978년 12월 제11차 3중전회

- 빈곤은 사회주의가 아니다. 기회를 잡아 스스로 발전하자: 등소평, 1978년 11차 3중전
회 개혁개방 천명

- 통일 후에도 대만은 자본주의로 남고, 대륙도 사회주의로 남는다. 다만 그것은 통일된
하나의 중국이다. 하나의 중국, 두 개의 제도인 것이다: 등소평, 1984. 2.

- 개혁의 내용은 우선 당·정이 분리되어야 하는 것이고, 당이 어떻게 이끌어 나가며, 어
떻게 훌륭하게 지도해 갈 것인가 하는 문제를 해결하는 것이다. 이것이 관건이다. 나는
당·정 분리를 가장 우선적이 문제를 삼아야 한다고 생각한다: 등소평, 1986. 9. 13.

- 제1세대의 핵심은 모택동 동지였고, 제 2세대의 핵심은 나였으며, 제3세대의 핵심은
  강택민 동지가 될 것이다: 등소평, 1989. 6.

- 삼년불쟁론(三年不爭論, 3년간 논쟁금지): 등소평, 1989년 천안문사건 이후

- 검은 고양이든 흰 고양이든 쥐만 잘 잡으면 좋은 고양이다(不管黑猫白猫, 捉到老鼠就是
  好猫): 등소평, 1992년 1월 남순강화

- 빈부격차가 너무 심해지면 혁명이 일어난다: 등소평

- 중국에서 문제가 생긴다면, 역시 공산당 내부에서 생긴다(中國要出問題, 還是出在共産黨
  內部): 등소평, 1992년 1월 남순강화

- 사회주의에 시장이 있으며 자본주의에도 계획이 있다: 등소평, 1992년 1월 남순강화

- 엄하게 당을 다스린다(從嚴治黨): 강택민, 2000년 1월 당 중앙기율검사위원회에서 행
  한 연설

- 치국에는 반드시 치당이 선행되어야 하고, 치당은 반드시 엄격해야 한다(治國必先治黨,
  治黨務必從嚴): 강택민, 2000년 1월 당 중앙기율검사위원회에서 행한 연설

- 3개 대표는 당건설의 근본이고, 집정의 기초로서, 역량의 원천이다: 강택민, 2001년

- 기업가도 공산당에 입당할 수 있다: 강택민, 2001. 7. 1. 강화

- 티베트 사건은 인권문제가 아니다: 호금도, 2008년 4월 12일에 개최된 보아오포럼

- 등소평은 당 원로 중에서도 항상 독재적 수단을 강조하는 사람이었다. 등소평의 민주
  화에 대한 개념은 공허한 말일 뿐이다: 조자양, 2009, 국가의 죄수

- 사회주의 정치제도를 발전시켜 인민이 주도권을 갖도록 보장해야 한다. 인민의 알권리, 참여권, 표현권, 감독권을 보장해야 한다. 사회주의 민주 확대와 사회주의 법치국가건설, 민주선거, 민주적 정책 결정 등을 실행해야 한다: 호금도, 2010년 9월 6일 심수(深圳) 경제특구 성립 30주년 경축대회

- 공산당을 신격화하지 말라: 조사림(趙士林), 2011년 6월 29일 당 지도부에 보낸 공개서한

- 지속적인 개혁개방을 추진해야 하며 공산당도 신중하지만 적극적으로 정치구조 개혁을 추진해야 한다: 호금도, 2011. 7. 1.

- 공산당의 리더십과 국가의 주인으로서 인민의 위상, 법치제도가 잘 통합되는 것이 중요하다: 호금도, 2011. 7. 1.

- 중국공산당이 장기 집권을 하는 상황 속에서 부패가 자생할 위험이 있다. 부패를 적극 처벌하고 효과적으로 예방하는 것은 당의 존망과 직결돼 있다: 호금도, 2011. 7. 1.

4. 중국공산당 역사와 주요 전환점

1920. 3. 사천성중경공산주의조직 건립

1921. 7. 23. 중국공산당 창당

1922. 5. 공청단 제1차 대회 광주에서 거행. 정식으로 중국사회주의청년단(中國社會主義青年團) 성립

1922. 호남, 강서 경계의 안원광구(安源礦區)에서 중국공산당은 첫 번째 소년아동혁명조직인 안원아동단(安源兒童團)을 결성[1949년. 10. 13. 통일된 전국 중국소년아동선봉대(中國少年兒童先鋒隊) 결성 결정]

1923. 6. 광주에서 열린 3전대회(全大會)에서 중국공산당의 독립성을 유지하며 국민당가입(제1차 국공합작)

1927. 7. 1차 국공합작 결렬. 국민당 1차 국공내전 돌입

1927. 8 · 7회의 진독수의 우경투항주의 착오를 바로잡음

1927. 12. 11. **중국 광주 소비에트 수립, 최초 홍색정권 수립, 삼일천하**

1928. 8. 1. 남창봉기. 인민해방군 창건일로 지정

1929. 고전(古田)회의. 당이 군대를 영도하는 사실을 결정한 회의

1931. 서금 소비에트공화국 수립

1931. 9. 18. 일본 만주공격

1934. 10.~1935. 10.(1936.10.) 대장정

1935. 준의(遵義)회의. 모택동, 왕명 등 군사상 좌경모험주의 잘못을 고침

1937. 7. 7. 중일전쟁 발발

1941. 6. 당 성립 20주년을 맞이하여, 중공중앙발문에서 7월 1일이 당이 탄생한 기념일
로 정함

1942. 연안정풍운동으로 좌경착오를 없앰

1945.~1949. 국내전

1949. 10. 1. 중국공산당이 중심이 된 중화인민공화국 건국

1949. 12. 7. 국민당 대만으로 중화민국 정부 이주

1953. 민족식별작업: 중국 소수민족의 민족성분 분류와 민족명칭 확정

1957. 반우파 전개과정

1958. 호구제도 실시. 50년 동안 인구이동 통제의 역할뿐 아니라 의료, 주택, 교육 등
모든 면에서 이원화 구조를 주도해 농촌호구와 비농촌호구 → 현재 발생하고 있
는 중국인 인권문제와 관련. 특히 농민공문제

1966. 5. 청화대학에서 최초의 홍위병 조직
6월, 10월 인민일보 사설에서 '프롤레타리아 문화대혁명'이란 말이 처음 사용

1966. 5.16.~1976. 10. 문화대혁명

1971. 10. 25. UN 가입

1976. 9. 9. 모택동 사망

1978. 12. 18. 제11차 3중전회 개최. 개혁개방 천명

1986. 9. 13. 중앙재정, 경제지도자 모임: 개혁의 내용은 우선 당·정이 분리되어야 하는
것이고, 당이 어떻게 이끌어 나가며, 어떻게 훌륭하게 지도해 갈 것인가 하는 문
제를 해결하는 것이다. 이것이 관건이다. 나는 당·정 분리를 가장 우선적이 문제

를 삼아야 한다고 생각한다(등소평).

1989. 6. 4. 천안문사건

1992. 1. 등소평의 남순강화

1992. 8. 24. 한국과 수교

1997. 2. 19. 등소평 사망

2001. 12. 11. WTO 가입(2001.11. 10. 카타르. WTO 제4차 각료회의에서 승인)

2002. 11. 호금도 당총서기 선출

2002. 3개 대표이론

2007. 3. 16. 물권법 통과

2008. 3. 14. 티베트민족주의운동

2008. 8. 8. 북경올림픽 개최

2009. 7. 5. 신강위구르족 민족주의 운동

2010. 5. 1.~10. 31. 상해엑스포

2010. 10. 18. 습근평 중앙군사위원회 부주석으로 선출

2011. 5. 10. 내몽고 몽골족 시위

2011. 7. 1. 중국공산당 창당 90주년

5. 중국공산당 역대 전국대표대회

1차(1921.7.23.~8.2. 상해, 가흥) 대표 13명. 중국공산당 창당, 50여 명

2차(1922.7.16.~22. 상해) 대표 12명. 진독수 중앙집행위원장 선출, 제3인터내셔널 가입
결의 195명

3차(1923.6.12~20. 광주) 대표 약 40명. **국공합작**, 혁명통일전선논의 420명

4차(1925.1.11.~22. 상해) 대표 20명. 진독수 중앙총서기 당선, 혁명운동에서 농민지위강
조 994명

5차(1927.4.27.~5.9. 무한) 대표 82명. 진독수 총서기 당선, 정치형세와 당의 임무 결의,
57,967명

6차(1928.6.18.~7.11. 모스크바) 대표 142명. 향충발, 중앙정치국 주석 당선, 소비에트 집

권조직 결의, 4만 명

7차(1945.4.23.~6.11. 연안) 대표 755명. 모택동, 중앙정치국 주석 당선, 당헌에 모택동사
상 삽입, 121만 명

8차(1956.9.15.~27. 북경) 대표 1,026명. 사회주의제도 기반확립, 국민경제 제2차 5개년
계획 통과, 사회생산력 발전과 공업화 강조, 대약진운동과 문화대혁명제기 1,073만 명

9차(1969.4.1.~24. 북경) 대표 1512명. 대다수 대표, 문혁으로 불참, 문화혁명 전면지지,
2,200만 명

10차(1973.8.24.~28. 북경) 대표 1,249명. 임표축출, 당헌에서 임표 관점 삭제, 2,800만 명

11차(1977.8.12.~18. 북경) 대표 1,510명. 문화대혁명종결선언, 등소평 복권, 당헌에 4개
현대화 삽입 3,500만 명

12차(1982.9.1.~11. 북경) 대표 1,545명. 문혁 당시 좌파 잘못 인정, 중국특색의 사회주의
건설 채택, 3,965만 명

13차(1987.10.25.~11.1. 북경) 대표 1,936명. 사회주의초급단계론 제기, 무당파, 기자 첫
방청허용, 경제건설유지 개혁개방 견지 4,600만 명

14차(1992.10.12.~18. 북경) 대표 2,000명. 강택민 총서기 등장, 사회주의시장경제론 제
기, 현대화 건설가속화 다짐, 5,100만 명

15차(1997.9.12.~18. 북경) 대표 2,074명. 등소평이론, 당헌 삽입 5,900만 명

16차(2002.11.8.~14. 북경) 대표 2,120명. 강택민 총서기 퇴진, 3개 대표 중요사상, 당헌
삽입, 6,600만 명

17차(2007.10.15.~21. 북경) 대표 2213명. 호금도 총서기 등장, 과학발전관 당헌 삽입,
7,400만 명

18차(2012.10. 북경)

6. 중국공산당 역대 최고지도자

1) 중국공산당 최고지도자 역사

현재 중국공산당 최고지도자는 중국공산당 중앙위원회 총서기이다.

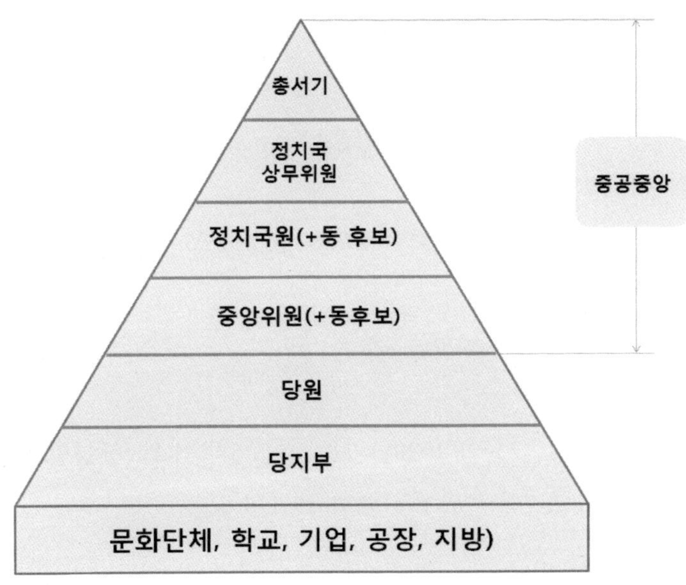

중국공산당 최고지도자의 공식 명칭은 역대로 몇 차례 변화가 있었다. 제1차 전국대표 대회에서는 **중앙국 서기**라 하였고, 제2차와 제3차 전국대표대회에서는 **중앙집행위원회 위원장**이라 하였으며, 제4차 전국대표대회에서는 **중앙집행위원회 총서기**라 하였다. 제5 차와 제6차 전국대표대회에서는 **중앙위원회 총서기**라 하였다(일설에 의하면 제6차 때는 중앙위원회 주석이라 하였다고도 한다).

1943년 3월 20일부터 제11차 전국대표대회 때까지는 '**중앙위원회 주석**'이라 하였고, 제 12차 전국대표대회 이래로 현재에 이르기까지 '**중앙위원회 총서기**'라 한다. 원래의 명칭 은 '중국공산당 중앙위원회 총서기'이며, 간단히 줄여서 '중공중앙 총서기' 또는 '중국공 산당 총서기', '중공 총서기'라고 하였다. 제8차 전국대표대회 시기와 1980년 2월 제11차 5중전회부터 1982년 9월 제12차 전국대표대회 때까지도 총서기가 있기는 하였지만 최고 지도자는 아니었다.

중앙국 서기 – 중앙집행위원회 위원장 – 중앙집행위원회 총서기 – 중앙위원회 주석 – 중앙위원회 총서기

① 중앙국 서기

진독수(陳獨秀): 1921년 7월 중공 1차 대회~1922년 7월 중공 2차 대회

② 중앙집행위원회 위원장

진독수: 1922년 7월 중공 2차 대회~1925년 1월 중공 4차 대회

③ 중앙집행위원회 총서기

- 진독수: 1925년 1월 중공 4차 대회~1927년 7월. 1927.5 중공 5차 대회에서 중앙위원회 총서기로 개칭
- 장국도(張國燾): 1927년 7월~1927년 8월 8·7회의. 중공중앙 임시정치국 상위회 업무 주관
- 구추백: 1927년 8월 8·7회의~1928년 7월 중공 6차 대회. 중앙임시정치국 책임자
- 향충발(向忠發): 1928년 7월 중공 6차 대회~1931년 6월. 1930년 9월 전 중공중앙 선전부장 이립삼이 실권 장악

  1930.9.~1931.1. 중앙정치국위원 구추백이 실무 주관

  1931.1. 6차 4중전회 후 실권은 국제파 진소우 등이 장악

  1931.6. 향충발 체포 후 처형
- 왕명[王明, 진소우(陳紹禹)]: 1931년 6월~9월. 직함은 중앙정치국위원
- 박고[博古, 진방헌(秦邦憲)]: 1931년 9월~1935년 1월 준의회의: 박고는 1931년 9월 소련으로 가서 중공주제3인터내셔널 대표 단장을 역임한 진소우를 대신하여 중국공산당 실제 최고지도자가 되었다.
- 낙포[洛甫, 장문천(張聞天)]: 1935년 준의회의 얼마 후~1943년 3월. 낙포의 직함은 부총책(負總責). 모택동은 준의회의에서 중공중앙상위를 역임, 중국공산당 실제 최고지도자가 되어 실권을 장악

④ 중앙위원회 주석

· 모택동: 1943년 3월 중앙정치국회의~1976년 9월
· 화국봉(華國鋒): 1976년 10월~1981년 6월. 중공11차 6중전회. 화국봉은 1977년 7월 중
  공 10차 3중전회에서 중공중앙 주석으로 추인되었다가, 1981년 6월 사임
· 호요방: 1981년 6월~중공 11차 6중전회
  1982년 9월 중공 12차 대회
  등소평은 1978년 12월 중공 11차 3중전회 후 중국공산당 실제 최고지도자가 됨.
  1989년 사임한 후 중공중앙군사위 주석직만 역임하였지만 당내에서 그의 핵심적인
  지위가 언제까지 계속되었는지는 확실하지 않음

⑤ 중앙위원회 총서기

· 호요방: 1982년 9월 중공 12차 대회~1987년 1월 중공중앙 정치국 확대회의. 호요방
  은 1987년 1월 사임
· 조자양(趙紫陽): 1987년 1월 중공중앙정치국 확대회의~1989년 6월. 6 · 4 천안문사건
  으로 해임
· 강택민: 1989년 6월 중공 13차 4중전회~2002년 11월 중공 16차 1중전회. 상해방 등장
· 호금도: 2002년 11월 중공 16차 1중전회

　중국의 특수한 정치체제하에서 중국공산당의 명의상 최고지도자와 실제 최고지도자가
반드시 일치하는 것은 아니었다. 예를 들면, 향충발은 명의상 총서기(1928.7.~1931.6.)였고,
실제 권력은 이립삼(1928.7.~1930.9.), 구추백(1930.9.~1931.1.), 왕명(1931.1.~1931.6.)이 장
악하고 있었다. 호요방(1981.6.~1987.1.), 조자양(1987.1.~1989.6.) 등이 중공중앙 총서기를
역임하였을 때에도 그들은 명의상 중국공산당 최고 지도자였을 뿐 실제 최고지도자는 등
소평이었다.
　현재에 이르기까지 중국대륙은 당(黨) · 정(政) · 군(軍)이 결합되어 있어 **실질적인 당 ·
정 · 군 분리를 실현하지 못하였고, 중국인민해방군은 중국공산당과 중화인민공화국에 동
시에 충성을 다 바치기 때문에, 기본적으로 중국공산당의 실질적인 최고지도자는 바로 중
국공산당 중앙군사위원회 주석이라 할 수 있다.**

2) 당 주석과 총서기

　총서기(1921~1935. 준의회의)−총서기(1935~1945. 실권은 당주석)−당주석(1945~1965. 총서기 폐지)−총서기제 부활(1956)−총서기제 폐지(문혁기간)−총서기[1980. 당주석제폐지(1982)]−총서기

　창당 이후 1935년 준의회의까지는 **총서기**가 최고지도자였고, 1935~1945년까지는 총서기제가 존재했으나 실권은 **당주석**에게 있었으며, 1945~1956년까지는 총서기제는 공식적으로 폐지되었다.

　1949년 중화인민공화국 수립 이후 1982년까지는 모택동과 류소기가 국가주석을 역임한 시기를 제외하면 **중국공산당 주석**이 중화인민공화국 최고지도자였다. 등소평도 총서기를 역임한 적이 있었지만 당시에 최고지도자는 아니었다.

　1956년 8대에서 총서기제가 부활되어 당 행정상의 실무조정을 책임지는 최고위직이 되었지만 직책의 중요성은 그 이전보다 줄어들었다. 문화대혁명 이전까지는 계속되었으나 문화대혁명 기간에는 이 직위가 폐지되었다.

　당 최고지도권은 1945년 이후 계속해서 당 주석에게 있었고, 총서기는 행정상의 업무만을 담당했을 뿐이었다. 1982년 12대에서 당 주석제가 폐지됨으로써 1980년 부활된 총서기가 당 최고지도자가 되었다. **당 주석제의 폐지는 과거 문화대혁명의 발생이 어느 특정인에 권력이 과도하게 집중된 결과에서 연유한 점을 감안하여, 개인 숭배의 가능성을 배제하려는데 주 목적이 있었다.**

7. 중화인민공화국 건국 이후 대행정구

　1949년 중국 건국 후 행정구역은 '대행정구·성·전구·현·향' 5급제로 획분되었고, 이어 '성·지구·현·향' 4급으로 변하였다.

　신중국 성립 이후, 처음엔 5대 행정구를 설치. 1952년 11월, 중앙인민정부는 '화북행정위원회(華北行政委員會)'를 증설하여 화북을 제6대 행정구로 획정하였다.

① 화북대행정구(華北大行政區): 하북성, 찰합이성(察哈爾省), 수원성(綏遠省), 산서성, 평
　원성(平原省), 북경시, 천진시

② 동북대행정구(東北大行政區): 요동성, 요서성(遼西省), 길림성, 송강성(松江省), 흑룡강
　성, 열하성(熱河省), 심양시(沈陽市), 장춘시(長春市), 합이빈시(哈爾濱市, 하얼빈), 여대
　시(旅大市), 안산시(鞍山市), 무순시(撫順市), 본계시(本溪市)

　정부 소재지: 심양시, 주석: 고강(高崗)

③ 화동대행정구(華東大行政區): 산동성, 절강성, 복건성, 대만성, 소북구(蘇北區), 소남구
　(蘇南區), 환남구(皖南區), 환북구(皖北區), 상해시, 남경시

　정부 소재지: 상해시, 주석: 요수석(饒漱石)

④ 중남대행정구(中南大行政區): 호북성, 호남성, 하남성, 강서성, 광동성, 광서성, 무한시
　(武漢市), 광주시(廣州市)

　정부 소재지: 한구시(漢口市), 주석: 임표

⑤ 서북대행정구(西北大行政區): 섬서성, 감숙성, 청해성, 영하성(寧夏省), 신강성(新疆省),
　서안시(西安市)

　정부 소재지: 서안시, 주석: 팽덕회

⑥ 서남대행정구(西南大行政區): 서강성(西康省), 운남성, 귀주성, 서장지방(西藏地方), 천
　동구(川東區), 천서구(川西區), 천남구(川南區), 천북구(川北區), 중경시(重慶市)

　정부 소재지: 중경시, 주석: 류백승(劉伯承)

제2장

중국공산당 개황

　　중국공산당은 중국의 집권정당이고, 중국 민족과 인민의 이익을 대표하며 중국 사회주의 권력의 핵심이다.

▌중국공산당원 수

- 2010년 말 8,026만 9,000명
- 중국인 17명당 1명은 공산당원
- 2010년 새로 입당한 당원은 307만 명
- 2010년 탈당하거나 출당한 사람은 3만 2,000명
- 당원 중 여성은 1,803만 명으로 전체의 22.5%
- 소수민족은 533만 8,000명으로 전체의 6.6%
- 35세 이하가 1,951만 1,000명으로 전체의 24.3%
- 60세 이상은 259만 5,000명으로 전체의 25.7%
- 직업별: 농·목·어민이 2,442만 7,000명으로 가장 많고, 기업 및 사업단위 관리인원과 전문기술인력이 1,841만 3,000명, 은퇴자가 1,485만 2,000명, 노동자 698만 9,000명, 당정기관 공무원 681만 2,000명, 기타 직업 623만 6,000명의 순

1. 중국공산당 창당

1) 중국공산당 창당(1921.7.23.~8.2.): 제1차 전국대표대회

현재는 중국공산당 창당일을 7월 1일로 정하여 기념하고 있지만, 실질적으로는 1921년 7월 23일부터 8월 2일까지 상해와 가흥에서 개최되었던 중국공산당 제1차 전국대표대회(전대)에서 창당되었다.

> 제1차 전국대표대회는 상해의 프랑스 조계 망지로(望志路) 106호[오늘날 홍업로(興業路) 76호]에 있는 이서성(李書城) 이한준(李漢俊) 두 형제의 집에서 비밀리에 정식으로 개막되었다.

이 대회에 공산당 대표 13명과 코민테른 대표 2명이 참석하였고, 57명의 당원으로 출발하였다. 참석한 대표를 살펴보면 다음과 같다.

상해(上海) 대표: 이한준(李漢俊), 이달(李達)
북경(北京) 대표: 장국도(張國燾), 류인정(劉仁靜)
광주(廣州) 대표: 진공박(陳公博),
무한(武漢) 대표: 동필무(董必武), 진담추(陳潭秋)
장사(長沙) 대표: 모택동(毛澤東), 하숙형(河叔衡)
제남(濟南) 대표: 왕진미(王盡美), 등은명(鄧恩銘)
일본　　　 대표: 주불해(周佛海)
진독수 委에서 파견: 포혜승(包惠僧)

그런데 진독수와 이대쇠(李大釗)는 공무로 전국대표대회에 참석하지 못하였다. 그렇지만 이들은 여전히 당의 주요 창시자이고 영수였다. 그리고 마링(Maring)과 니콜스키(Nikorusky)도 회의 진행 고문 자격으로 참석하였다.

대표들은 7월 24일에 제2차 회의를 개최하였고, 이틀을 쉰 뒤 27, 28, 29일 3일 동안 연속해서 회의를 개최하였다. 회의에서 이전에 기초한 강령과 결의를 집중적으로 토론하였으나, 약간의 문제로 결정짓지 못하였다. 7월 30일 밤, 정해진 당의 강령과 결의를 통과시키고, 중앙기구를 선거할 예정이었으나 프랑스 경찰의 급습으로 회의는 중단되었다.

상해에서 회의를 진행할 수 없다고 여긴 대표들은 다른 지역으로 가서 회의를 끝내기로 하였다. 당시 이달 부인인 왕회오(王會悟)가 자신의 고향인 가흥(嘉興) 남호(南湖)로 가서 회의를 열자고 제안하였다. 이에 모두 찬성하였고 가흥으로 갔다. 남호에서 개최되었던 회의를 '**남호회의**'라고 부른다.

남호회의에서는 상해에서 진행하지 못하였던 의제를 다루었다. 먼저 ≪中國共産黨的第一個綱領≫을 통과시켰는데, 강령은 15조 700자로 간단하였다. 그리고 **당의 명칭과 투쟁목표, 기본정책을 확정하였으며, 당원 확대와 지방과 중앙기구 등 조직제도 건립에 대해 제안하였다.** 당 강령과 당장은 당의 첫 번째 정식문헌이었다.

끝으로 중앙영도기구를 선출해야 하였지만, 당원이 적었을 뿐만 아니라 지방조직도 완전하게 구축하지 못하였기 때문에 중앙위원회를 설립하지 않았다. 하지만 3인으로 구성된 중앙국을 먼저 설립하였는데, 이때 진독수가 서기로 임명되었고, 장국도는 조직주임, 이달은 선전주임으로 임명되었다. 이렇게 하여 당의 첫 번째 중앙기구가 구성되었다. 회의에서 "제3국제만세(第三國際萬歲)", "중국공산당만세(中國共産黨萬歲)"를 크게 외친 뒤 폐막하였다.

2) 7월 1일이 중국공산당 창당일로 확정된 유래

제1차 전국대표대회가 7월 23일에 개최되었지만, 7월 1일을 창당기념일로 삼고 있는 이유는 무엇 때문인가? 기록에 의하면, 이날을 창당일로 삼자고 언급하였던 최초의 사람은 모택동이었다. **1938년 『론지구전(論持久戰)』**에서 모택동은 "금년 7월 1일은 중국공산당 창당 17주년이 되는 기념일이다"라고 하였다. 이는 중국공산당 지도자 중 처음으로 '7월 1일'을 중국공산당의 창당기념일로 제안하였던 것이다.

당시 연안에 있던 사람 중 제1차 전국대표대회에 참가하였던 사람은 모택동과 동필무뿐이었다. 두 사람은 7월에 개최하였던 것을 기억하였으나 개최 날짜를 정확하게 기억하지 못하였다. 그리고 기록의 부족으로 고증할 방법도 없었다. 그래서 7월 1일이 중국공산당의 탄생일로 확정되었던 것인데, 7월 23일에 개최하였다는 사실은 이후에 알게 되었다.

'7월 1일'이 중국공산당의 창당기념일로 정해졌다는 **최초의 기록은 1941년의 중국공산당 중앙문건**이다. 당시 1941년 6월 30일 ≪중국공산당 탄생 20주년 및 항일 4주년 기념에 관한 지시(關於中國共産黨誕生二十周年, 抗日四周年紀念指示)≫라는 문건에서 중공중앙의 이름으로는 처음으로 '7월 1일'을 중국공산당 창당기념일로 삼았다.

2. 당기(黨旗)와 당 휘장(徽章)

중국공산당을 상징하는 당기는 붉은색 바탕에 황금색의 당 휘장 도안을 수 놓은 붉은 기이다.

중국공산당 당기는 초기 소련공산당(볼셰비키)의 당기를 모방했었다. 그러다가 연안에서 처음으로 중국공산당 당기가 탄생했다. 그리고 **1942년 4월 28일**, 중공 중앙정치국에서 중국공산당 당기의 양식을 결정하였다.

1996년 9월 21일, 중공중앙 판공청은 ≪중국공산당 당기, 당휘장 제작과 사용에 관한 약간의 규정≫을 발표했다. ≪규정≫에서 당기와 당휘장은 중국공산당의 상징이고 표징이라고 하였다.

중국공산당 당 휘장은 바탕색이 붉은색이고 그 위에 노란색의 망치와 낫이 교차되어 있다.

붉은색은 혁명을 상징하고, 노란색의 망치와 낫은 노동자와 농민의 노동도구를 대표한다. 이는 중국공산당이 중국노동계급의 선봉대이고 노동계급과 광범한 인민군중의 근본 이익을 대표한다는 것을 상징한다.

3. 중국공산당 주요 기구와 조직

1) 중국공산당 중앙조직도

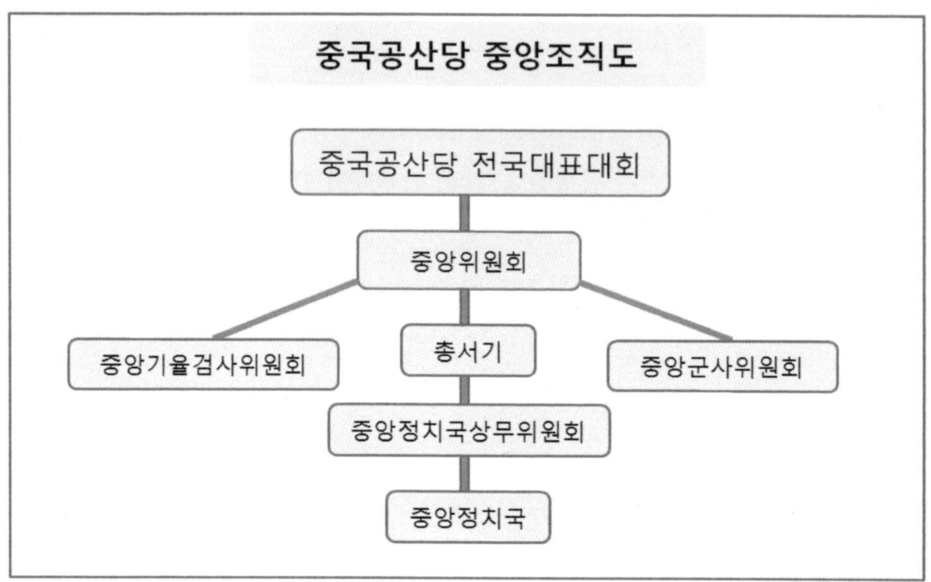

중국공산당의 주요기구로는 전국대표대회, 중앙위원회, 중앙정치국상무위원회, 중앙기율검사위원회, 중앙군사위원회, 중앙정치국이 있다. 이 중에서 **중앙정치국 상무위원회의 위원이 당대 최고 권력을 쥔 사람들이다.**

(1) 전국대표대회(全大)

당 전국대표대회는 5년에 1회 개최하며 중앙위원회가 이를 소집한다. 중앙위원회가 필요하다고 인정하거나 3분의 1 이상의 성급조직이 요구할 경우에는 전국대표대회를 앞당겨 개최할 수 있으며 비상시가 아닐 경우에는 연기하여 개최하지 못한다.

전국대표대회의 대표수와 대표선거방법은 중앙위원회가 결정한다. 전국대표대회의 직권은 "(1) 중앙위원회의 보고를 청취심사한다. (2) 중앙기율검사위원회의 보고를 청취심사한다. (3) 당의 중대한 문제를 토의결정한다. (4) 당규약을 개정한다. (5) 중앙위원회를 선거한다. (6) 중앙기율검사위원회를 선거한다"이다. 그리고 전국대표대회의의 직권은 중대한 문제를 토의결정하며 중앙위원회와 중앙기율검사위원회의 성원 일부를 조절·증선하는 것이다.

(2) 중앙위원회

중앙위원회는 전국대표대회 폐회기간에 전국대표대회의 결의를 집행하며 당의 전반사업을 지도하며 대외적으로 중국공산당을 대표한다. 당중앙위원회의 임기는 5년이다. 전국대표대회를 앞당겨 개최하거나 연기하여 개최할 경우에는 임기도 그에 따라 변경된다.

중앙위원회 위원과 후보위원은 당력이 5년 이상이어야 한다. 중앙위원회 위원수와 후보위원 수는 전국대표대회가 결정한다. 중앙위원회 위원들 중에 결원이 생겼을 경우에는 중앙위원회 후보위원들 가운데서 득표 수에 따라 차례로 보충한다. 중앙위원회 전체회의는 중앙정치국이 소집하며 1년에 1회 이상 개최한다.

(3) 중앙정치국 · 정치국상무위원회

중앙정치국과 그 상무위원회는 중앙위원회 전체회의 폐회기간에 중앙위원회의 직권을 행사한다. 당과 국가의 중요한 정책을 결정하는 막강한 권한을 가진다. 주요 정책결정 과정은 비밀리에 이루어지고, 전국대표대회와 각 중앙위원회 전체회의에서 이루어지는 주요 정책결정과 인사변동 등은 중앙정치국과 정치국상무위원회에서 대부분 결정된다.

중앙정치국이란 공산당이나 유사한 성격을 가진 정당에서만 있는 독특한 권력기관으로 당과 국가의 정책을 결정하고 책임지며 집행한다. 중앙정치국은 중앙위원회 전체회의에 사업을 보고하며 그의 감독을 받는다.

정치국 상무위원회는 정치국의 핵심이며, 임무는 정치국과 같으나 당과 국가의 중대사를 집중적으로 연구하고 토의한다. 정치국 상무위원회는 중남해에서 사무를 본다. 정치국 상무위원회는 찬반투표 시 가부 동수를 방지하기 위해 홀수로 운영된다. 위원 수는 7명(15대) 또는 9명(16, 17대) 선을 유지한다. **정치국상무위원회는 독자적으로 정책을 결정하는 등 중국정치를 좌지우지하는 최고 실력자 그룹**이다. 그래서 보통 '**영도 핵심**'이라 부른다.

(4) 중앙서기처

중앙서기처는 중앙정치국과 그 상무위원회의 사무기구이다. 그 성원은 중앙정치국 상무위원회가 인선을 제의하고 중앙위원회 전체회의에서 통과한다.

(5) 중앙위원회 총서기

1982년 당주석제가 폐지됨에 따라 중앙위원회 총서기가 당의 최고지도자가 됐다. 총서기는 중앙정치국 회의와 중앙정치국 상무위원회 회의를 책임지고 소집하며 중앙서기처의 사업을 조직 지도한다. 중앙위원회 총서기는 반드시 중앙정치국 상무위원회 위원 가운데서 선출되어야 한다.

(6) 중앙기율검사위원회

중앙기율검사위원회는 당중앙위원회의 지도 밑에서 사업한다. 주요 임무는 당규약 및 기타 당내 법규를 수호하고 당의 노선·방침·정책·결의의 집행상황을 검사하며 당위원회를 협조하여 당기풍 건설을 강화하고 부패척결사업을 조직·조율하는 것이다.

(7) 중앙군사위원회

당중앙의 최고 군통수기구로서 인민무장력의 최고 통수권을 갖고 있으며, 주석·부주석·위원으로 구성된다. 이들은 모두 중앙위에서 선출된다. 헌법상 전국의 무장역량을 지원하는 것으로 돼 있는 국가중앙군사위원회는 같은 멤버로 구성돼 사실상 동일한 기구다. **통상 당중앙군사위가 군을 영도하고 국가중앙군사위는 군을 지원한다고 개념화되어 있다.**

중앙군사위원회의 정치사업기관은 중국인민해방군 총정치부이다. 총정치부는 군대내의 당사업과 정치사업을 책임지고 관리한다. 군대 내의 당조직 체계와 기구는 중앙군사위원회가 규정한다.

2) 기타 주요 조직과 주요 장소

중국공산당을 구성하는 기타 주요조직으로 중국소년선봉대, 중국공산주의청년단, 중앙당교, 중앙편집국 등이 있다.

(1) 중국소년선봉대(中國少年先鋒隊, 1922~)

중국소년선봉대는 공산주의를 학습하는 학교이고, 사회주의건설과 공산주의건설의 예비대이다. 중국소년선봉대의 기풍은 '성실(誠實)·용감(勇敢)·활발(活潑)·단결(團結)'이다.
중국소년선봉대의 간칭은 '소선대(少先隊)'이다. 현재 전국에 약 1억 3,000만 명 소선대원이 있다. 그리고 만 7세부터 14세까지의 어린이들이 가입할 수 있다.

소년선봉대 조직은 전국적인 위원회와 지방위원회 등 중앙집권 지도체계를 구성하였을 뿐만 아니라 학교 내에서도 군부대의 조직구성과 유사한 대대·중대·소대 등의 조직을 형성하였다. 그에 해당하는 간부들을 대대장·중대장·소대장으로 임명하여 어린이들을 통솔하는 역할을 하게 하였다. 중국소년선봉대의 역사를 살펴보면 다음과 같다.

1922년, 중국공산당은 호남성과 강서성의 경계지역에 있는 안원광구(安源礦區)에서 첫 번째 소년아동혁명조직인 안원아동단(安源兒童團)을 조직하였다.

1924~1927년 북벌전쟁 시기, 중국공산당은 상해·무한·천진·당산(唐山)·광동·호남·강서·해남도 등지에 노동동자단(勞動童子團)을 건립하였고, 아동조직을 이끄는 임무를 청년단(靑年團)에게 위탁하였다.

1927~1936년 토지혁명 시기, 중국공산당은 각 혁명근거지에 노동동자단을 회복 발전시켰고, 이후에 공산주의아동단(共産主義兒童團)으로 명칭을 바꾸었다.

1937~1945년 항일전쟁 시기, 중국공산당은 각 항일근거지에 항일아동단조직(抗日兒童團組織)을 발전시켰다.

1946~1949년 해방전쟁 시기, 공산당 영도하에 해방구에는 아동단(兒童團)이, 국민당통치구역에는 지하소선대(地下少先隊)가 건립되었다.

1949년 10월 13일, 중국공산당이 창립한 통일된 전국 소년아동조직인 '중국소년아동대(中國少年兒童隊)'가 설립되었다. 그리고 1950년, 제1차 전국소년아동공작간부대회(全國少年兒童工作幹部大會)를 개최하였다.

1953년 8월 21일, '중국소년선봉대(中國少年先鋒隊)'로 명칭을 바꾸었다. 1954년 6월 1일,

청년단 중앙은 ≪중국소년선봉대 대장(中國少年先鋒隊隊章)≫을 공포하였다. 문혁기간에 '홍소병(紅小兵)'으로 불렸다가 1978년 10월 공청단(共靑團) 10차 1중전회에서 '중국소년선봉대(中國少年先鋒隊)'라는 원래 명칭을 회복하기로 결정하였다.

▍선서문

　나는 중국 소년 선봉대 대원이다. 나는 붉은 기 아래에서 선서한다. 나는 중국공산당의 지휘를 받들고 학습을 잘하고 맡은 바 업무를 잘 수행하며 노동을 잘하여 공산주의 사업을 위하여 나의 모든 것을 바칠 것을 선서하는 바이다.

　3반5반(1951년 12월~1952년) 투쟁기간에 소년대원은 '세 가지는 해야 하고, 세 가지는 해서는 안 된다(三要三不要)'를 펼쳤다.

・ 三要: 공물(公物)을 아끼고 보호해야 하고, 시간을 소중하게 생각해야 하고, 고생하며 검소해야 한다.
・ 三不要: 남에게 손해를 끼치고 자신의 이익을 꾀하여서는 안 되고, 낭비하여서는 안 되며, 눈앞의 작은 이익을 탐하거나 다른 사람의 물건을 가져가서는 안 된다.

　한편, 1963년 당중앙과 모택동은 "뢰봉동지에게 배우라(向雷鋒同志學習)"라는 구호를 발표하였다. 전국소년대는 보편적으로 "뢰봉 아저씨에게 배우라(向雷鋒叔叔學習)"라는 활동을 전개하였다.

▍소년선봉대 대원의 노래

　"우리는 공산주의 계승자, 혁명선배들의 우수한 전통을 계승하고 조국을 사랑하고 인민을 사랑하자. 붉은 넥타이가 우리의 가슴에서 날린다. 난관을 두려워하지 말고 적들을 두려워하지 말자. 완강하게 학습하고 과감히 투쟁하여 승리를 향하여 용감히 전진하자. 우리는 공산주의 계승자."

　소선대 전국대표회는 5년에 한 번씩 개최하며, 전국소공위(全國少工委)를 선출한다. 제1차 전국소공위는 1984년에 건립되었으며, 역대 전국소공위 주임으로는 호금도・이원조(李源潮)・이극강(李克强)・원순청(袁純淸)・류붕(劉鵬)・파음조로(巴音朝魯)이다.

(2) 중국공산주의청년단(中國共産主義靑年團, 1920~)

중국공산주의청년단은 중국공산당이 영도하는 선진청년의 군중조직이다. 1982년에 공청단은 공산당의 예비역량이라고 규정하였다.

중국공산주의청년단을 간칭하여 '공청단(共靑團)'이라 부른다. 그리고 역사적으로는 '중국사회주의청년단(中國社會主義靑年團)'·'중국신민주주의청년단(中國新民主主義靑年團)'이라 불렀다.

중·고등학생들을 위주로 한 만 14세부터 만 28세 이하에 이르는 청년들을 중심으로 중국공산주의청년단을 구성하였다. 28세가 되면 간부직을 맡지 않는 한 공청단을 떠나야 한다. 공청단 역사를 살펴보면 다음과 같다.

공청단은 1920년 중국공산당 발기조가 상해에서 창립할 때, **상해사회주의청년단**으로 출발하였다. 그리고 1922년 5월 중국사회주의청년단이 정식으로 건립되었고, 1925년 1월에는 중국공산주의청년단(中國共産主義靑年團)으로 개명하였다.

항일전쟁 승리 이후인 1946년에 신민주주의청년단(新民主主義靑年團)으로 불리다가 1949년 4월 18일 중국신민주주의청년단(中國新民主主義靑年團)이라는 이름으로 정식 성립하였다. 그러다가 **1957년 5월 다시 중국공산주의청년단으로 명칭을 바꾸었다.**

공청단은 『중국청년보(中國靑年報)』라는 기관보와 『중국청년(中國靑年)』이라는 잡지를 간행하고 있다. 공청단은 조직·활동 등 전반적으로 공산당과 같은 공산당의 예비조직으로, 가입 후 활동상은 당안(檔案)으로 남아 장래에 영향을 미칠 뿐만 아니라 공산당원이 되는 데에도 많은 영향을 주었다.

(3) 중국공산당 중앙당교(中央黨校, 1933)

중국공산당 중앙당교는 **중국공산당 간부를 양성하는 교육기관**이다. 줄여 '중앙당교'라 부른다.

1933년 3월 칼 마르크스 사망 50주년을 기념하여 강서성 서금에 **마르크스공산주의 학교**를 세웠다. 1935년 11월 중국공산당 중앙당교로 이름을 바꾸었다.

한 학기에 약 1,600명의 학생을 선발하는데, 학생은 고급 당간부, 청년 소수민족 간부, 석사·박사 학위자로 구분된다. 현재는 민영기업가와 중국내 다국적기업의 경영인들에게도 수업을 들을 수 있는 기회를 주고 있다. 중앙당교의 기관지인 ≪학습시보(學習時報)≫ 등의 간행물을 통해 권력자들은 자신의 치국 방침과 정책 등을 발표한다. 교훈은 모택동이 정한 실사구시이다.

(4) 중앙편집국(中央編譯局, 1953)

중공중앙직속기구인 중앙편집국의 주요 임무는 마르크스주의 경전저작을 편역하고 연구하며 당과 국가의 중요한 문헌과 지도자의 저작을 번역하는 것이다. 중국특색의 사회주의 이론과 실천을 중심에 두고 마르크스주의 기본이론과 당대의 발전을 연구하며, 세계사회주의운동의 역사와 현상 그리고 이론과 실천을 연구한다. 또 마르크스주의와 사회주의 연구영역의 문헌정보자료를 수집하고 정리한다.

1953년에 성립된 중앙편집국은 번역·연구·정보와 편집 인재를 보유하고 있다. 그리고 영어·독일어·프랑스어·스페인어·러시아어·일본어 등 외국전문가를 초빙하여 업무를 협조하도록 한다. 국내외 많은 관련 조직과 기구와 광범위하게 합작을 하며 학술교류 영역을 끊임없이 넓히고 있다.

기구로는 마르크스·엥겔스·레닌 저작편집부, 중앙문헌번역부, 당대마르크스주의연구소, 세계사회주의연구소, 마르크스주의문헌정보부(馬列主義文獻信息部), 인사부(기관당위), 판공청(辦公廳), 중앙편역출판사 등이 있다.

주관하는 학술단체로는 중국마르크스엥겔스연구회(中國馬克思恩格斯研究會), 중국국제공산주의운동사학회(中國國際共産主義運動史學會), 중국색인학회(中國索引學會)가 있다. 그리고 발행하는 간행물로는『경제사회체제비교(經濟社會體制比較)』,『마르크스와 현실(馬克思主義與現實)』,『당대세계와 사회주의(當代世界與社會主義)』,『국외이론동태(國外理論動態)』가 있다.

(5) 중공중앙통일전선공작부(中共中央統一戰線工作部, 1937.12.)

중공중앙통일전선공작부는 당중앙이 주관하는 통일전선공작의 직무 부서이다. 그리고 당중앙 통전공작(統戰工作)의 참모와 조수이다. 중국공산당이 설립한 전문적인 통전공작기구(統戰工作機構)는 항일민족통일전선 형성 후에 시작되었다.

1937년 12월, 중공중앙정치국회의에서 국민당통치지역인 **무한에 중공대표단을 조직하**기로 결정하였고, 국민당과 연계함에 있어 담판공작을 할 책임을 지게 하였는데, 이것이 최초의 통전(統戰)공작성의 기구이다. 이후 중공중앙파견기구와 몇몇 성위는 계속해서 통일전선공작부를 세웠다

1938년 중국공산당 6차 6중전회에서 통과한 ≪각급 당위 잠행조직기구에 관한 결정(關於各級黨委暫行組織機構的決定)≫에서, 구위(區委) 이상 그리고 각급 당위 이하에 통일전선공작부를 설립할 수 있게 하였다. **1939년 1월 5일 중앙서기처회의에서 중앙통일전선부를** 조직하는 것을 결정하였고, **왕명**을 책임자로 삼았다.

동년 3월 20일 중앙서기처의 ≪통전공작에 관한 지시(關於統戰工作的指示)≫의 요구에 각국, 각 성위, 각 특위에 반드시 신속하게 성립하도록 하였다. **당시의 통전부 책임은 각 당파, 군대 및 소수민족의 상황을 조사하고 연구하는 것이었다.**

1943년 3월, 당중앙은 중앙영도기구를 조정·축소하기로 결정하였다. 중앙정치국과 서기처하에 설립된 중공중앙조직위원회는 중앙통전부와 기타 몇 개 부문의 공작을 통괄하였고, 류소기가 서기를 맡았다.

1944년 5월부터 1945년 4월까지 중국공산당은 연안에서 개최하였던 6차 7중전회에서 **중앙도시공작부 성립을 결정**하였고, **주요 임무는 점령지역의 항일민족통일전선공작을 영도하는 것이었다.** 중앙성공부(中央城工部) 부장은 팽진이 겸임하였고, 부부장은 류효(劉曉)와 류장승(劉長勝)이 맡았다. 항일전쟁승리 이후 각급 성공부는 공작을 중지하였다.

1946년 말, 중공중앙은 도시공작부를 다시 회복하기로 결정하였다. 그 임무는 중앙규정의 방침하에 장개석 관할지역의 모든 공작을 연구하고 계획하고 운영하는 것이다[농공청부(農工青婦) 포함]. 이러한 공작의 간부를 배양하고 훈련하며, 부서 내에 당무(黨務)·통전·농촌·문교(文敎)·완군(頑軍)의 5개 조로 나누었다. 부장은 주은래가 겸임하였고, 이유한(李維漢)이 부부장을 맡았다.

1948년 9월 24일과 26일에, 중공중앙은 중앙도시공작부를 **중앙통일전선공작부**로 개명하였다. 중앙통일전선공작부는 국민당통치지역의 공작을 관리하였고, 국내 소수민족공작·정권통전공작·화교공작 및 동아시아 형제당의 연락공작을 관리하였다. 게다가 새로운 정협을 준비하는 공작 책임을 맡았는데, 중앙통일전선공작부 부장은 이유한이 맡았다.

중국 건국 이후에 중공중앙과 지방급의 사업단위 당위에서 계속해서 통전부를 설립하였다. 당중앙은 통전부문을 위해 "상황의 이해, 정책 장악, 관계 조정, 인사 안배"의 기본 직능을 확정하였다. 경제건설이 중심이 된 새로운 역사시기에 애국통일전선은 한층 더 공고와 발전을 이루었고, 통전 부문의 기본직능의 의미는 더욱 심해졌고 내용도 풍부해졌다.

(6) 중국공산당중앙위원회선전부(中國共産黨中央委員會宣傳部, 1921)

중국공산당중앙위원회선전부는 간칭하여 '중선부(中宣部)' 혹은 '중공중앙선전부(中共中央宣傳部)'라고 불린다. 중앙선전부 전신은 1921년 중공 1대 후에 성립한 중앙선전국(中央宣傳局)의 선전부이다.

1924년 5월 중앙선전국 기구 내에 정식으로 중앙선전부(中央宣傳部)를 두었다. 동시에 중앙조직부(中央組織部)와 중앙공농부(中央工農部)를 두었다. 그리고 중앙은 정식으로 선전·조직·공농 등의 부서를 분설하기로 결정하였으며, 라장룡(羅章龍)이 중앙선전부 부장이 되었다. 선전부는 문화대혁명 기간에 폐지되었다가 1977년 10월 11차 전대에서 회복되었다.

중공중앙선전부는 중공중앙이 의식형태방면의 종합적인 직능 부문을 주관한다. 예를 들면, 주요 직무는 의식형태와 신문출판 및 교육방침을 관리한다. 중국에 대한 매체, 인터넷과 문화전파와 관련이 있는 각종 기구의 감독과 신문 출판 및 텔레비전과 영화에 대한 심사를 한다.

(7) 중공중앙대외연락부(中共中央對外聯絡部, 1951)

1951년에 성립된 중공중앙대외연락부는 간칭하여 '중련부(中聯部)'라 불린다. 중련부는 공산당 차원에서 6자회담, 한반도문제, 북한 노동당관련, 국제정세 관련 정책을 조정하고 전략을 수립하는 핵심 부서이다.

(8) 중남해(中南海, 1949~)

신중국 선언 4개월 전부터 당 중앙과 주요 간부들이 중남해에 거처하며 집무를 보기 시작하였다. 1949년부터 중국공산당 중앙위원회와 국무원 청사로 사용되고 있다.

중남해 주변에 중국공산당 당사를 비롯하여 주요 정부기관들이 있어서 일반인들의 출입이 금지되어 있다. 북쪽에 있는 북해와 중해는 금나라 때부터 있었던 자연호로 금나라와 원나라 때 개발되었다. 반면 중남해는 명대 초기에 완성된 인공호로서, 만수산의 곤명

호에서 물길을 끌어들였다.

(9) 북대하(北戴河, 1953~): 여름 북경

북대하는 북경에서 동쪽으로 280㎞ 떨어진 발해만에 접한 휴양지이다. 대하(戴河) 북쪽
에 위치한다고 해서 '북대하'라 부른다. 중국의 중요한 정책은 북대하에서 결정하는데, 5
년마다 열리는 전국대표대회를 앞두고 지도부 개편이 비밀리에 이루어지는 곳이기도 하
다. 그래서 북대하를 '여름 북경'이라 부르기도 한다.

북대하 회의는 거의 비밀리에 진행되는데, **1953년부터 당과 정부 군사 최고지도자들이
이곳에 모여 국가중대사를 결정하였다.** 회의는 대체적으로 7~8월에 열리는데, 권력 서열
1~9위인 공산당 정치국 상무위원들이 참여하여 의견을 조율한다.

3) 중국공산당 신문, 잡지 등

(1) 초기 공산당 기관지 『향도(嚮導)』(1922.9.13.)

중국공산당은 1922년 9월 13일 상해에서 진독수가 공산당 기관지로 만들었던 『신청년』
의 후신으로 영향력 있는 당 기관지 『향도』 주간을 발간했다. 『향도』의 첫 번째 주편은
채화삼(蔡和森)이다. 『향도』는 마르크스이론을 운용하여 형세를 분석하고 사람들의 주의
력을 통일전선으로 이끌어내었으며, 반제·반봉건의 혁명투쟁이라는 목표하에 진행되었다.

1925년 10월 이후, 팽술지(彭述之), 구추백이 주편을 맡았다. 주로 정치이론의 글과 중국
공산당의 민족혁명강령과 국공합작 중심의 통일전선전술을 집중적으로 선전하기 위한 글
이 실렸다. 진독수와 팽술지의 우경기회주의 영향하에 잘못된 선전을 하였다는 이유로
『향도』는 1929년 7월에 정간되었다.

(2) 신화일보(新華日報, 1938.1.11.~1947.2.28., 1949~)

≪신화일보≫는 중국공산당이 창간한 첫 번째 전국성을 띤 기관보였다. 중국신문사상 중요한
지위를 차지하며 현재 강소성위 기관보이다.

≪신화일보≫는 1938년 1월 11일부터 1947년 2월 28일까지 항일전쟁 후 공산당이 국민

당 통치지역에서 합법적으로 간행한 신문이었다. 1938년 1월 11일 무한에서 창간되었고, 동년 10월 25일 중경으로 옮겼으며, 국공내전 때까지 지속되었다.

≪신화일보≫는 조직상으로는 중공 중앙 장강국(長江局), 남방국(南方局), 사천성위가 영도하였으나, **대부분은 주은래가 직접적으로 영도하였다.** 주은래는 이 신문을 통해 주요 논설과 문장을 실었다. 이 신문의 선전방침은 실사구시를 견지한다는 원칙하에 **중국공산당의 정치입장을 견지하고, 인민군중을 위한 것이며 인민의 대변인이 되는 것이었다.** 그러나 국민당의 압박과 감시로 1947년 2월 28일 강제로 정간되었다.

1949년 4월 30일 남경에서 창간된 ≪신화일보≫는 중국공산당 남경시위 기관보였다가, **1952년 11월 중국공산당 강소성위 기관보**가 되어 지금에 이르고 있다. 그리고 1949년 12월 10일 중경에서 창간한 ≪신화일보≫는 중국공산당 중앙서남국 기관보가 되었다. 1954년 8월 31일까지 간행되었고, 대행정구가 가끔씩 내다가 정간되었다.

(3) 인민일보(人民日報, 1948.6.15.): 중국공산당 중앙 기관지

> 중국공산당 중앙의 기관지는 ≪인민일보≫이고, 이론 간행물은 ≪구시(求是)≫지이다. 인민일보는 중국공산당과 정부의 정책이나 사상을 선전하는 기관지로서의 성격이 강하다.

≪인민일보(People's Daily)≫는 중국공산당중앙위원회 기관보이다. 1948년 6월 15일 ≪진찰기일보(晉察冀日報)≫와 ≪진기로예인민일보(晉冀魯豫人民日報)≫를 합병한 **중공중앙 화북국(中共中央華北局) 기관보 ≪인민일보≫가 하북성 평산현(平山縣)에서 창간**되었다. 실질적으로 당중앙 기관보의 기능을 담당하였다.

1949년 3월 15일, 신문사를 북경으로 이전하였다. 동년 8월 1일 ≪인민일보≫는 공식적으로 중국공산당 중앙위원회 기관보가 되었다. 현재는 1948년 6월 15일의 기호(旗號)를 계속해서 사용하고 있다.

≪인민일보≫는 오늘날 중국에서 권위 있고 영향력 있는 신문으로, 발행량이 두 번째인 종합성 신문이다. 매일 발행량이 300만 부에 이르는 세계 10대 주요 신문의 하나이고, 국제적으로 영향력 있는 신문에 속한다.

1985년 7월 1일에는 중국어·영어·일본어·프랑스어·스페인어·러시아어·아랍어 7개 언어로 해외에 있는 구독자를 겨냥한 해외판이 발행되었다. 2009년 8월 1일에는 ≪인민일보≫ 티베트어판(藏文版)을 창간하였다. 주로 티베트 전 지역과 사천·운남·청해·감숙 등 티베트민족이 집거하고 있는 지역의 농촌기층당지부, 중소학 등에 간행된다.

1997년 1월 1일 인민일보사는 인민망(人民網, www.people.com.cn)을 구축하였다. 현재 중국어·영어·일본어·프랑스어·스페인어·러시아어·아랍어 7개 언어로 구성되어 있다. 조선족을 포함한 중국 내 소수민족을 위한 사이트도 별도로 제공하고 있다.

(4) 구시(求是, 1988.7.)

『구시(求是)』는 당 중앙위원회 기관지로 1988년 7월에 창간되었다. 『구시』는 당 중앙의 영도하에, 마르크스·레닌주의, 모택동사상, 등소평이론과 3개 대표 주요 사상을 지도하며, 당의 기본노선, 기본강령과 기본 경험을 견지하고, 과학발전관을 견지하며, 전면적 소강사회를 건설하도록 한다. 그리고 끊임없이 중국특색의 사회주의 사업의 새로운 국면의 내용을 창조하며, 과학적인 이론으로 무장도록 하고, 정확하게 이론의 방향을 파악하도록 한다.

또 『구시』는 사상해방·실사구시·여시구진(與時俱進)하고, 인민을 위해 봉사하도록 노력하며, 사회주의를 위해 봉사하고, 전 당·전 국가의 사업을 위해 봉사한다. 그리고 전 당원 간부에게 정확한 세계관·인생관·가치관을 인도하며, 전 당원이 마르크스주의 수준을 고양하며, 당의 사업발전의 임무를 촉진하도록 이끈다.

(5) 소강(小康, 2004.1.1.)

≪소강(小康)≫은 『구시』에서 2004년 1월 1일에 창간한 신문 성격의 정치와 경제 등을 다루는 간행물로 격주간 발행된다. ≪소강≫의 핵심독자는 아래와 같은 사람이다.

75%는 정치에 종사하는 사람이다. 즉, 현처(縣處)급 이상의 고급 공무원으로 구역경제 정책에 결정할 수 있는 영향력을 갖춘 사람이다. 20%는 성장가능성이 있는 각 지역의 상업계 영수이다. 즉, 각지에서 전국을 확장할 수 있는 실력과 전략을 갖추고 있는 유명한 기업 지도자이다. 5%는 학술계에서 뛰어나고 중국 현재 및 미래의 정치, 경제에 관심을 갖고 있는 사람이다.

(6) 해방일보(解放日報, 1949.5.28.)

≪해방일보≫는 중국공산당 상해시위원회 기관보이다. 1949년 5월 28일에 정식으로 창

간되었다. 상해에서 가장 권위 있는 주류 매체이고 상해의 정치·경제·사회의 가장 최근 상황을 이해할 수 있게 하는 신문이다.

≪해방일보≫는 원래 연안시기의 중국공산당 중앙기관보였다. 1941년 5월 15일 중국공산당 중앙에서는 연안의 ≪신중화보(新中華報)≫와 ≪금일신문(今日新聞)≫을 합병하여 ≪해방일보≫를 간행하였다. 당의 모든 정책을 ≪해방일보≫와 신화사를 통해 전국으로 전달하도록 하였다.

≪해방일보≫의 사설은 중앙위원회 동지 및 주요 간부가 집필하였다. 초대 사장은 박고였고, 주편은 양송(楊松)이었다.

1946년 11월부터 ≪해방일보≫는 가끔씩 출간하였다. 당 중앙이 연안을 이탈한 이후 ≪해방일보≫는 잠깐 출간되어 군사사정의 긴급함과 환경의 악화를 보도하였다. 그러다가 1947년 3월 27일 종간되었고, 모두 2130期를 출간하였다.

1949년 4월 24일 당중앙은 해방일보의 신문이름을 상해에 넘겨주었고, 중공중앙화동기관보와 중공상해시위 기관보가 되었다. 현재에는 중공상해시위 기관보이다. 1면의 신문명은 모택동이 친필로 쓴 것이다.

(7) 광명일보(光明日報, 1949.6.16.)

중국이 한국사를 왜곡하는 글을 실었던 신문이 ≪광명일보≫이다. 지난 2003년 6월 24일자에 실린 <고구려사 연구의 몇 가지 문제>에서 중국은 한국고대사를 왜곡하기 시작하였다.

≪광명일보≫는 중국공산당의 지도를 받으며 발행되는 중국공산당의 당보이다. 이 신문은 ≪인민일보≫와는 달리 학술 이론과 문화·예술을 주로 다루는 것이 특징이다. 따라서 일반 군중이 아닌 지식인을 주 독자로 하고 있다.

≪광명일보≫는 국공내전(國共內戰)이 한창이던 1949년 6월 16일에 창간되었다. ≪광명일보≫는 30년이 경과한 해방운동 특히 3년간의 해방전쟁에서 국민당통치를 전복하였고, 제국주의 침략세력을 물리쳤으며, 중국인민민주혁명에 승리하였기에 창간되었다. 초기 ≪광명일보≫는 1장으로 되어 있었으며, 중국민주동맹(中國民主同盟)이 주관하였다. 모택동·주은래·주덕 등 중앙 지도자 모두 광명일보 창간 기념글을 적었다. 1949년 7월부터 ≪광명일보≫는 ≪경제≫·≪문학≫·≪문학평론≫·≪학술≫·≪신어문(新語文)≫ 등 각종 전문 간행물을 발간하기 시작하였다.

1953년부터 중국 각 민주당파, 전국공상련(全國工商聯)이 협력하여 주관하였다. 1957년에는 중공중앙선전부와 중공중앙통전부가 영도하는 것으로 바뀌었다. 1982년 11월부터 중공중앙이 영도하고 주관하게 되었다.

(8) 학습시보(學習時報, 1999.9.17.)

≪학습시보≫는 1999년 9월 17일 창간되었고, 주관 단위는 중공 중앙당교이다. ≪학습시보≫는 각급 당・정 간부와 광범위한 지식인을 주요 대상으로 한다. ≪학습시보≫는 중국 내외에 공개적으로 발행하는 전 당의 유일하고 전문적인 학습을 말하는 신문이다.

중선부(中宣部)는 2000년 2월 28일에 정식으로 ≪학습시보≫를 중앙TV방송국(中央電視臺)과 중앙인민방송국(中央人民廣播電臺)에 중점적으로 알리는 신문이라고 통지하였다.

(9) 중국청년보(1951.4.27.)

≪중국청년보≫는 ≪인민일보)≫, ≪국제금융보(國際金融報)≫, ≪인민논단(人民論壇)≫ 등과 함께 중국공산당의 대표적인 기관지이다. 이 가운데서도 ≪중국청년보≫는 공산주의청년단 기관지로, 1951년 4월 27일 창간되었다.

(10) 신화통신사(新華通訊社, 1931.11.)

신화통신사는 영문명으로 'Xinhua News Agency'이고, 간칭하여 '신화사(新華社)'라 불린다. 신화사는 1931년 11월에 서금에서 홍색중화통신사(紅色中華通訊社)라는 이름으로 설립되었고, 1937년 연안에서 현재의 명칭으로 개칭되었다.

주요 업무는 중국의 뉴스를 해외로 보도하는 것인데, 주로 정부 요인의 발언을 전달하는 경우가 많아서 국영 선전기관이라는 비판을 받기도 한다.

4. 당헌(당장)

1) 총강령(제17차 전국대표대회에서 부분개정, 2007.10.21.)

중국공산당은 중국노동계급의 선봉대이며, 동시에 중국인민과 중화민족의 선봉대이고

중국특색이 있는 사회주의사업을 영도하는 핵심이다. 중국공산당은 중국선진생산력의 발전요구를 대표하고 중국선진문화의 전진방향을 대표하며 중국의 가장 광범위한 인민의 근본이익을 대표한다. 당의 최고이상과 최종목표는 공산주의를 실현하는 것이다.

중국공산당은 마르크스·레닌주의, 모택동사상, 등소평이론과 3개 대표의 중요사상을 자신의 행동지침으로 삼는다.

마르크스·레닌주의는 인류사회의 역사발전법칙을 제시한 것으로서, 기본원리는 정확하고 강대한 생명력을 가지고 있다. 중국공산주의자들이 추구하는 공산주의 최고이상은 오직 사회주의사회가 충분히 발전되고 고도로 발달된 기초 위에서만이 실현될 수 있다.

사회주의제도는 장구한 역사적 과정에 발전되고 완성되는 것이다. 마르크스·레닌주의의 기본원리를 견지하고 중국인민이 스스로 선택한, 중국 실정에 맞는 길로 나아가는 한 중국의 사회주의사업은 반드시 최종 승리를 이룩하게 될 것이다.

모택동 동지를 주요 대표자로 하는 중국공산주의자들은 마르크스·레닌주의의 기본원리를 중국혁명의 구체적 실천에 결부시켜 모택동사상을 창시하였다. 그들에 따르면 **모택동사상은 마르크스·레닌주의가 중국에서 적용되고 발전된 것이며 실천에 의하여 증명된, 중국 혁명과 건설에 관한 올바른 이론적 원칙과 경험을 총화(총평가)한 것이며 중국공산당의 집단적 지혜의 결정체이다.**

모택동사상의 지도 밑에 중국공산당은 전국 여러 민족 인민들을 영도하여 제국주의·봉건주의·관료자본주의를 반대하는 혁명투쟁을 장기간 진행함으로써 신민주주의혁명의 승리를 이룩하고 인민민주주의독재의 중화인민공화국을 창건하였으며 건국이후에는 사회주의적 개조를 순조롭게 추진해 신민주주의로부터 사회주의에로의 이행을 완료하고 사회주의 기본제도를 확립하였으며 사회주의 경제·정치 및 문화를 발전시켰다.

11차 3중전회 이후, 등소평 동지를 주요대표자로 하는 중국공산주의자들은 건국 이후의 긍정적 경험과 부정적 경험을 총화하고 사상을 해방하고 실사구시하며 전당의 사업중심을 경제건설에로 전환하고, 개혁개방을 실시하여 사회주의 위업의 새로운 발전시기를 열어놓았고 중국특색의 사회주의 건설노선·방침·정책을 점차 수립했으며, 중국에서 사회주의를 건설하고 사회주의를 공고 발전시키는 데서 나서는 기본문제를 천명하였으며 등소평이론을 제창하였다.

등소평이론은 마르크스·레닌주의의 기본원리를 현 시대 중국의 실천과 시대적 특징에 결부시킨 산물이며 모택동사상을 새로운 역사조건에서 계승하고 발전시킨 것이며 중

국에서의 마르크스주의의 새로운 발전단계이며 현 시대 중국의 마르크스주의이며 중국공산당의 집단적 지혜의 결정체로서 중국 사회주의 현대화 위업이 끊임없이 전진하도록 이끌어 나가고 있다.

13차 4중전회 이후, 강택민 동지를 주요 대표자로 하는 중국공산주의자들은 중국특색의 사회주의 건설 실천과정 중 사회주의란 무엇이며, 사회주의를 어떻게 건설할 것인가, 어떤 당으로 건설하며 당을 어떻게 건설할 것인가 하는 문제에 대하여 더 잘 알게 되었고, 당과 국가를 관리하는 새로운 소중한 경험을 쌓아 '3개 대표'의 중요사상을 형성하였다.

마르크스·레닌주의, 모택동사상과 등소평이론을 계승하고 발전시킨 '3개 대표'의 중요사상은 발전 변화하고 있는 현 시대 세계와 중국의 현실이 당과 국가사업에 제기되고 있는 새로운 요구를 반영한 것으로서 당 건설을 강화, 개선하고 중국 사회주의의 자체 완성과 발전을 추진하는 강대한 이론적 무기이며 중국공산당의 집단적 지혜의 결정체이며 당이 반드시 장기적으로 견지해나가야 할 지도사상이다. 일관하게 **'3개 대표'의 요구대로 하는 것은 당 존립의 근본이고 집권의 토대이며 역량의 원천**이다.

중국공산당 16차 대회 이후, 당중앙은 등소평이론과 3개 대표 중요사상을 지침으로 삼고 새로운 발전요구에 따라 전당의 지혜를 집중시켜 인간을 본위로 하는 전면적이고 균형적이며 지속가능한 발전을 추구하는 과학발전관을 제창했다.

과학발전관은 마르크스·레닌주의, 모택동사상, 등소평이론 및 3개 대표 중요사상과 일맥상통하면서 시대와 더불어 전진하는 과학적 이론이며 중국에서 경제와 사회를 발전시킴에 있어서 중요한 지도방침으로, 중국특색의 사회주의를 발전시킴에 있어서 반드시 견지하고 관철해야 하는 중대한 전략적 사상이다.

개혁개방 이래 우리가 오늘과 같은 커다란 성과와 진보를 거두게 된 근본원인을 귀납해 보면 바로 중국특색의 사회주의 길을 개척하고 중국특색의 사회주의 이론체계를 마련했다는 데 있다.

전당의 동지들은 당이 천산만고 끝에 개척하고 수립한 중국특색의 사회주의 길과 중국특색의 사회주의 이론체계를 더욱 소중히 여기고, 장기적으로 견지하고 부단히 발전시켜야 하며, 중국특색의 사회주의의 위대한 기치를 높이 들고 나가면서 **현대화 건설 추진, 조국통일 완수, 세계평화 수호와 공동발전 촉진이라는 이 3대 역사적 임무**를 실현하기 위해 분투해야 한다.

중국은 지금 **사회주의 초급단계**에 처해 있으며 앞으로도 장기간 사회주의 초급단계에 처해 있게 될 것이다. 이것은 경제, 문화가 뒤떨어진 중국이 사회주의현대화를 실현함에 있어서 뛰어넘을 수 없는 역사적 단계이며 그 기간은 100여 년이 걸릴 것이다.

중국의 사회주의 건설은 반드시 중국 실정으로부터 출발하여 중국특색이 있는 사회주의 길로 나아가야 한다.

현 단계에 있어서 중국사회의 주요 모순은 인민들의 날로 늘어나는 물질문화적 수요와 뒤떨어진 사회적 생산 간의 모순이다. 국내적 요인과 국제적 영향으로 하여 계급투쟁은 아직 일정한 범위에서 장기간 존재할 것이며 어떤 조건에서는 격화될 수도 있으나 그것은 주요한 모순이 아니다.

중국 사회주의 건설의 근본임무는 생산력을 가일층 해방하고 발전시켜 사회주의 현대화를 점차 실현하며 이를 위하여 생산관계와 상부구조 중의 생산력 발전에 부응되지 않는 측면과 부분을 개혁하는 것이다.

반드시 공유제를 주체로 하고 여러 가지 소유제 경제를 공동으로 발전시킨 기본경제제도를 견지하고 완전화하며 노동에 따른 분배를 주체로 하고 여러 가지 분배방식이 병존하는 분배제도를 견지하고 완비하며 일부 지구, 일부 사람들이 먼저 부유해지는 것을 권장하며 점차 빈궁을 퇴치하고 다 같이 부유해지도록 하며, 생산이 발전되고 사회적 부가 증대되는 데 기초하여 인민들의 날로 늘어나는 물질문화적 수요를 끊임없이 충족시켜야 한다.

발전은 당 집정흥국(執政興國)의 가장 중요한 과업이다. 제반 사업은 사회주의 사회의 생산력을 발전시키는 데 유리하고, 사회주의 국가의 종합적 국력을 증강하는 데 유리하고, 인민생활수준을 향상시키는 데 유리하게 하는 것을 총체적 출발점으로, 검증의 기준으로 삼고, 노동을 존중하고, 지식을 존중하고, 인재를 존중하고 창조를 존중함으로써 인민을 위해 발전을 도모하고 인민에 의거해 발전을 추진하며 발전의 성과를 인민이 공유하도록 해야 한다. 새로운 세기에 중국은 소강사회를 전면적으로 건설하고 사회주의 현대화를 가속하는 새로운 발전단계에 들어서게 된다.

그러므로 반드시 중국특색의 사회주의 사업의 총체적 배치에 따라 경제건설, 정치건설, 문화건설, 사회건설을 전면적으로 추진해야 한다. 새로운 세기 새로운 발전단계에 경제 및 사회 발전의 전략적 목표는 이미 초보적으로 도달한 소강수준을 공고히 하고 발전시켜 당 창건 100주년까지 10여 억 인구에 혜택을 줄 수 있는 더욱 높은 수준의 소강사회를 건설하고, 건국 100주년까지 1인당 국내총생산액을 중진국 수준에 도달시키며 현대화를 기본적으로 실현하도록 하는 것이다.

사회주의 초급단계에 있어서 중국공산당의 기본노선은 전국 여러 민족 인민들을 영도하고 단합시켜 경제건설을 중심으로 하고 **4개 기본원칙**을 견지하며 계속 개혁개방을 실시하고 자력갱생하며, 간고창업(艱苦創業)해 중국을 부강하고 민주주의적이고 문명한 사회주의 현대화국가로 건설하기 위해 분투하는 것이다.

중국공산당은 사회주의사업을 영도하는 과정에 계속 경제건설을 중심으로 내세우고 기타 제반 사업은 모두 이 중심에 복종하며 이 중심을 위하여 봉사하게 하여야 한다. 시기를 놓치지 말고 발전을 다그치며 과학기술과 교육에 의한 국가진흥전략과 인재에 의한 강국전략 및 지속가능한 발전전략을 실시하며 제1생산력인 과학기술의 역할을 유감없이 발휘시키고 과학기술의 발전에 의거하고 근로자의 자질을 제고해 국민경제가 양호하고 급속하게 발전할 수 있도록 촉진해야 한다.

사회주의 길을 견지하며 인민민주주의독재를 견지하며 중국공산당의 영도를 견지하며 마르크스 · 레닌주의, 모택동사상을 견지하는 이 4대 기본원칙은 우리가 나라를 건설하는 것의 근본이다. 사회주의 현대화 건설의 전반 과정에 반드시 4개 기본원칙을 견지하고 자산계급 자유화를 반대해야 한다.

개혁개방을 견지하는 것은 중국을 강국으로 건설하는 길이다. 생산력 발전을 구속하는 경제체제를 근본적으로 개혁하고 사회주의 시장경제체제를 견지, 완비하며 이에 상응하여 정치체제 개혁과 기타 분야의 개혁을 진행하여야 한다. 대외개방의 기본국책을 견지해 인류사회가 창조한 모든 문명의 성과들을 받아들이고 참고해야 한다.

개혁개방을 해 나감에 있어서 대담하게 탐구하고 과감하게 개척하며 개혁과 관련한 정책결정의 과학성을 높이고 개혁의 조치가 서로 잘 조화되도록 해야 하며 실천하는 가운데서 새로운 길을 열어나가야 한다.

중국공산당은 인민을 영도해 사회주의 시장경제를 발전시킨다. 공유제 경제를 확고부동하고 공고하게 발전시키며 비공유제 경제발전을 확고부동하게 장려 지원하고 유도한다.

자원배분에서 시장의 기초적 역할을 발휘시키고 완벽한 거시적 조절통제 체계를 구축한다. 도시와 농촌의 발전, 지역 간의 발전, 경제와 사회의 발전, 인간과 자연의 조화로운 발전, 국내발전과 대외개방을 전면적으로 고려하고 경제구조를 조정하며 경제성장방식을 전환시킨다. 사회주의 신농촌을 건설하고 중국특색의 신형 공업화의 길로 나아가며 혁신형 국가를 건설하고 자원절약형, 환경친화형 사회를 건설한다.

중국공산당은 인민을 영도하여 사회주의민주정치를 발전시킨다. 당이 영도, 주인으로서의 인민의 권리행사, 의법치국(依法治國)의 유기적인 통일을 견지하고 중국특색의 정치발전의 길로 나아가며 사회주의 민주를 확대하고 사회주의 법제를 건전화하며 사회주의 법치국가를 건설하고 인민민주주의독재를 공고히 하며 사회주의 정치문명을 건설한다. 인민대표대회제도, 중국공산당 영도하의 다당합작제도와 정치협상제도, 민족구역자치제도 및 기층군중자치제도를 견지하고 보완한다.

국가사무와 사회사무를 관리하고 경제사업과 문화사업을 관리하는 인민의 권리를 실제적으로 보장한다. 인권을 존중하고 보장한다. 가급적 의견을 개선할 기회를 많이 제공해 주며 **민주적 선거, 민주적 정책결정, 민주적 관리, 민주적 감독제도와 절차를 수립하고 건전화한다.** 국가입법사업과 법률실시사업을 강화하여 국가의 제반 사업이 점차 법제화 궤도에 오르도록 한다.

중국공산당은 인민을 영도하여 사회주의 선진문화를 발전시킨다. 사회주의 정신문명을 적극 건설하며, 의법치국과 이덕치국(以德治國)을 결합시키며, 전 민족의 사상도덕적 자질과 과학문화적 자질을 향상시켜 개혁개방과 사회주의 현대화건설에 강대한 사상적 담보, 정신적 원동력 및 지력적 지지를 제공한다.

마르크스주의 지도사상을 견지하고 중국특색의 사회주의 공동이상을 수립하며 애국주의를 핵심으로 하는 민족정신과 개혁과 혁신을 핵심으로 하는 시대정신을 고양하고 사회주의 영욕관을 창도하며 민족의 자존심, 자부심 및 자강정신을 높이며 자본주의와 봉건주의의 부패한 사상의 침투를 막고 사회의 온갖 추악한 현상을 일소하도록 함으로써 중국 인민을 이상이 있고 도덕이 있고 교양과 기율이 있는 인민으로 육성하기 위해 노력해야 한다.

당원들에게는 또한 공산주의의 원대한 이상에 대한 교육을 실시한다. 교육, 과학 및 문화사업을 보다 발전시키고 민족의 우수한 전통문화를 고양하며 사회주의 문화를 번영 발전시킨다.

중국공산당은 인민을 영도해 사회주의 화해사회를 구축한다. 민주와 법치, 공평과 정의, 성실과 우애, 활력의 충만, 안정과 질서, 인간과 자연의 조화로운 공존 등의 총체적 요구와 공동건설, 공동향유의 원칙에 따라 민생의 개선을 중점으로 인민들이 가장 큰 관심을 갖는 그들의 가장 직접적이고 가장 현실적인 이익문제를 원만히 해결함으로써 전체 인민들이 누구나 다 자기의 능력을 최대한 발휘하고 얻어야 할 것을 얻도록 하면서 화목하게 지내는 국면을 만들기 위해 노력한다.

상이한 성격을 띤 적아(敵我)모순과 인민내부모순을 엄격히 구분하고 올바로 처리한다. 사회치안에 대한 종합적 정리를 강화하고 국가안전과 이익을 침해하고 사회안정 및 경제발전을 해치는 각종 범죄활동과 범죄자를 법에 의해 결연히 타격함으로써 사회의 장구한 안정을 유지한다.

중국공산당은 인민해방군과 기타 인민무장력에 대한 영도를 견지하고 인민해방군의 건설을 강화하며 인민해방군이 새로운 시기, 새로운 단계에서 군대의 역사적 사명을 다하도록 확실하게 보장하고 국방을 튼튼히 하고 조국을 보위하며 사회주의 현대화 건설에 참가하는 데에서의 인민해방군의 역할을 유감없이 발휘시킨다.

중국공산당은 평등, 단결, 호조, 화해의 사회주의 민족관계를 수호하고 발전시키며 소수민족 간부를 적극적으로 양성 선발하며 소수민족과 민족지구를 도와 경제 문화 및 사회사업을 발전시킴으로써 여러 민족이 공동으로 단결 분투하고 공동으로 번영 발전할 수 있도록 한다. 당의 종교사업 기본방침을 전면적으로 관철하고 신교 군중을 단합시켜 경제와 사회 발전을 위해 기여하도록 인도한다.

중국공산당은 전국 각 민족의 노동자, 농민, 지식인들과 굳게 단합하고 각 민주당파, 무소속인사, 각 민족의 애국적 역량과 굳게 단합하여 전체 사회주의 근로자들, 사회주의 사업의 건설자들, 사회주의를 옹호하는 애국자들, 조국통일을 옹호하는 애국자들로 구성된 가장 광범위한 애국통일전선을 더 한층 발전시킨다.

홍콩특별행정구동포, 마카오특별행정구동포, 대만동포와 해외교포를 망라한 전국 인민들의 단결을 끊임없이 강화한다. **'1국가 2체제'의 방침에 따라 홍콩과 마카오가 장기적으로 번영과 안정을 유지할 수 있도록 촉진하면서 조국통일대업을 완수한다.**

중국공산당은 자주독립의 평화적 외교정책을 견지하고 평화발전의 길을 견지하며, 호리공영(互利共贏, win-win 전략)의 개발전략을 견지하고 국내와 국제 양개 대국을 전면적으로 파악하며 대외관계를 적극 발전시킴으로써 중국의 개혁개방과 현대화 건설에 이로운 국제적 환경을 적극적으로 마련한다.

국제사무에서 중국의 독립과 주권을 수호하며, 패권주의와 강권정치를 반대하며 세계평화를 수호하며 인류의 진보를 촉진하고, 장구한 평화와 공동번영의 조화세계의 건설을 적극 추진한다.

주권과 영토완정에 대한 상호존중, 상호불가침, 내정에 대한 상호불간섭, 평등호혜, 평화공존의 5개 원칙의 기초 위에서 중국과 세계 여러 나라들과의 관계를 발전시킨다.

중국과 주변나라들과의 선린우호관계를 끊임없이 발전시키며 개발도상국가들과의 단결과 협력을 강화한다. 자주독립, 완전평등, 상호존중, 내부사무에 대한 상호불간섭의 원칙에 의하여 당과 각국 공산당 및 기타 정당들과의 관계를 발전시킨다.

중국공산당이 전국 여러 민족 인민들을 영도하여 사회주의 현대화의 웅대한 목표를 실현하려면 반드시 당의 기본노선을 긴밀히 둘러싸고 당의 집권능력건설과 선진성 건설을 강화하고 개혁과 혁신의 정신으로 당건설의 새로운 위대한 사업을 전면적으로 추진해야 한다.

계속 인민을 위해 당을 건설하고 인민을 위해 집권해야 하며, 계속 당이 당을 관리하고 당을 엄하게 다스려야 하며 당의 훌륭한 전통과 작풍을 발양하고 당의 지도수준과 집권수준을 끊임없이 높이며 부패배격, 변질방지 능력과 위험제어능력을 높이고 당의 계급기초를 부단히 강화하고 당의 군중기반을 부단히 확대하여 당의 창조력·결집력·전투력을 끊임없이 높임으로써 당이 시종일관 시대의 앞장에 서서 전국 인민을 영도하여 중국특색의 사회주의 길을 따라 끊임없이 전진하는 강건한 핵심이 되도록 해야 한다.

당 건설에서는 반드시 다음과 같은 네 가지 기본요구를 어김없이 실현하여야 한다.

첫째, 당의 기본노선을 견지하여야 한다. 전당은 등소평이론, 3개 대표의 중요사상과 당의 기본노선으로 사상을 통일하고 행동을 통일하여야 하며 과학발전관을 깊이 있게 관철 집행함과 동시에 그것을 장기적으로 동요 없이 견지해야 한다. 개혁개방과 4개 기본원칙을 통일시키고 당의 기본노선을 전면적으로 관철하고 사회주의 초급단계에서의 당의 기본강령을 전면적으로 집행하며 좌경적인 또는 우경적인 모든 그릇된 경향을 반대하고 우경향에 경각성을 높이되 주로 좌경화를 반대해야 한다. 각급 지도부건설을 강화하며 개혁개방과 사회주의 현대화 건설에서 실적이 뚜렷하고 군중이 신임하는 간부를 선발임용하고 수백, 수천만의 사회주의 위업의 계승자를 육성해냄으로써 당의 기본이론, 기본노선과 기본강령과 기본경험의 관철집행을 조직적으로 보장해야 한다.

둘째, 계속 사상해방하고 실사구시하며 여시구진해야 한다. 당의 사상노선은 일체 실제로부터 출발하고 이론을 실제에 연계시키고 실사구시하며 실천을 통하여 진리를 검증하면서 발전시키는 것이다. 전당은 이 사상노선을 견지하고 진실추구 정신을 고양하며 적극적으로 탐구하고 대담하게 시험하며 개척과 혁신의 정신으로 창조적으로 일하고, 새로운 정형을 끊임없이 연구하면서 새로운 경험을 총화하고 새로운 문제들을 해결하며 실천을 통하여 마르크스주의를 풍부하게 발전시키면서 마르크스주의 중국화를 추진해 나가야 한다.

셋째, 계속 전심전력으로 인민을 위하여 봉사해야 한다. 당은 노동계급과 가장 광범한 인민군중의 이익 외에는 자기의 특수한 이익이 없다. 당은 그 어느 때나 군중의 이익을 첫자리에 놓고 군중과 고락을 같이하며 그들과 가장 밀접한 연계를 가져야 하며 인민을 위해 권력을 행사하고 인민과 한마음이 되며 인민을 위해 이익을 도모해야 하며, 그 어떤 당원도 군중을 이탈하고 군중 위에 군림하는 것을 허용하지 않는다. 당은 자체의 사업에서 군중노선을 실행함으로써 일체는 군중을 위하고 일체는 군중에 의거하며 군중의 지혜를 모아 군중을 위해 일하며 당의 정당한 주장을 군중자신의 자각적인 행동으로 되게 해야 한다. 당의 가장 큰 정치적 강점은 군중과 밀접히 연계하는 것이고 당이 집권한 후 가장 큰 위험은 군중을 이탈하는 것이다. 당작풍문제, 당과 인민군중과의 연계문제는 당의 생사존망에 관계되는 문제이다. 그러므로 당은 현상적인 문제와 본질적인 문제를 함께 종합적으로 다스리며 징벌과 예방을 병행하되, 예방을 더욱 중시하는 방침을 견지하면서 부패의 징벌 예방체계를 구축하고 보완해 부패현상을 끊임없이 반대하며 당풍건설과 청렴건설을 강화해야 한다.

넷째, 민주집중제를 견지하여야 한다. 민주집중제는 민주주의 기초 위에서의 중앙집권과 중앙집권지도하에서의 민주를 결합시킨 것이다. 민주집중제는 당의 근본적인 조직원칙이며 또한 군중노선을 당생활에 적용한 것이다. 당내민주주의를 충분히 발양하고 당원의 민주권리를 보장하며 각급 당조직과 광범한 당원들의 적극성과 창조성을 발휘시켜야 한다. 중앙집권을 제대로 실시하여 전당의 단결 통일과 행동일치를 보장하며 당의 결정이 신속히 효과적으로 관철 집행되도록 보장해야 한다. 조직성과 기율성을 강화해야 하며 당 기율 앞에서는 누구나 모두 평등하여야 한다. 당의 지도기관과 당원지도간부에 대한 감독을 강화하며 당내 감독제도를 끊임없이 완비해야 한다. 당은 자기의 정치생활에서 비판과 자기비판을 올바로 실시하고 원칙적인 문제에서 사상투쟁을 진행함으로써 진리를 견지하고 착오를 시정해야 한다. 집중적이면서(중앙집권도 있고) 민주적이며(민주주의도 있으며) 기율도 있고 자유도 있으며 통일적의지도 있고 개인의 심정도 유쾌 발랄한 정치적 국면을 조성하기 위해 힘써야 한다.

당의 영도는 주로 정치적, 사상적 및 조직적인 영도이다. 당은 개혁개방과 사회주의 현대화건설의 요구에 맞게 계속 과학적 집권, 민주적 집권, 법에 의한 집권을 견지해 당의 영도를 강화, 개선해야 한다. 당은 전반 국면을 총괄하고 여러 방면을 조율하는 원칙에 따라 동급의 여러 조직들 가운데서 지도핵심적 역할을 발휘해야 한다. 당은 정력을 집중하여 경제건설을 영도하며 각 방면의 역량을 조직하고 조절하여 일심협력으로 경제건설에 중심을 두고 사업을 전개함으로써 경제와 사회의 전면적 발전을 촉진해야 한다. 당은 민주주의적이고 과학적인 정책결정을 하며 올바른 노선·방침·정책을 제정·집행하며 당의 조직사업과 선전교양사업을 잘하며 전체 당원들의 선봉대적역할과 모범적 역할을 발휘시켜야 한다. 당은 헌법과 법률의 범위 안에서 활동해야 한다. 당은 국가의 입법·사법·행정 기관과 경제·문화 조직과 인민단체들이 적극적이고도 주동적으로, 독자적이고도 책임 있게 조화적으로 사업해 나가도록 보장해야 한다. 당은 공회와 공산주의청년단, 여성연합회 등 군중조직에 대한 영도를 강화하여 이런 단체들의 역할을 충분히 발휘시켜야 한다. 당은 정세의 발전과 상황의 변화에 부응하여 영도체제를 완비하고 영도방식을 개선하고 집권능력을 증강해야 한다. 공산당원은 당외의 군중과 긴밀히 협력해 중국특색의사회주의를 건설하기 위하여 다 같이 분투해야 한다.

2) 중국공산당규약

〈제1장 당원〉

제1조 만 18세 이상의 중국 노동자, 농민, 군인, 지식인 및 기타 사회계층의 선진분자로서 당강령과 당규약을 받아들이고 당의 일정한 조직에 참가해 거기에서 열성적으로 일하고 당의 결정을 집행하며 제때에 당비를 납부하고자 하는 자는 중국공산당 가입을 신청할 수 있다.

중국공산당 당원 당비 징수 사용 및 관리에 관한 규정
(關於中國共産黨黨費收繳, 使用和管理的規定(2008.4.1.)

제2조 당원이 납부할 당비의 비율은 다음과 같다. 임금수입이 매월 3000원 이하인 자는 매월 수입의 0.5%를 내어야 하고, 3,000원 이상에서 5,000원 이하인 자는 1%를 납부하며, 5,000원 이상 10,000원 이하인 사람은 1.5%를 납부하며, 10,000원 이상인 사람은 2%를 납부해야 한다.

제5조 당원 중 퇴직한 간부와 직공은 실제 영수한 퇴직금 총액 혹은 양로금총액을 토대로 계산하는데, 5,000원 이하는 0.5%를 당비로 납부해야 하고, 5,000원 이상인 사람은 1%를 납부해야 한다.

제6조 농민당원은 매월 0.2원에서 1원을 납부하고, 학생당원 하강실업의 당원, 위로금에 의지하거나 구제금으로 생활을 하는 당원, 당지 최저생활보장금을 받는 당원은 매월 0.2원을 납부한다.

제2조 **중국공산당 당원은 중국노동계급의 공산주의적의식이 있는 선봉대적투사이다.**
중국공산당 당원은 전심전력으로 인민을 위해 봉사해야 하며 개인의 모든 것을 과감히
희생하고 공산주의 실현을 위해 종신토록 분투해야 한다. 중국공산당 당원은 어디까지나
근로인민의 보통일원이다. 모든 공산당원은 법률과 정책에 규정된 범위 내에서 개인적 이
익과 사업상의 직권을 벗어나서 그 어떤 사리와 특권도 추구해서는 안 된다.

제3조 당원은 다음과 같은 의무를 이행하여야 한다.

(1) 마르크스－레닌주의, 모택동사상, 등소평이론과 3개 대표의 중요사상을 진지하게
    학습하고 과학발전관을 학습하며, 당의 노선, 방침, 정책 및 결정을 학습하며 당의
    기본지식을 학습하며 과학, 문화, 법률지식과 실무지식을 학습하여 인민을 위한 봉
    사능력을 높이려고 힘써야 한다.

(2) 당의 기본노선과 제반 방침, 정책을 관철 집행하고 개혁개방과 사회주의현대화 건
    설에 솔선해 참가하며 군중을 이끌고 경제발전과 사회진보를 위해 간고분투하며
    생산, 사업, 학습 및 사회생활에서 선봉대적 역할과 모범적 역할을 해야 한다.

(3) 언제나 당과 인민의 이익을 수위에 놓으며 개인의 이익을 당과 인민의 이익에 복종
    시키며 어려움에는 앞에 나서고 누리는 데에는 뒤에 물러서며 헌신적으로 일하여
    많은 기여를 해야 한다.

(4) 당의 기율을 자각적으로 준수하고 국가의 법률과 법규를 모범적으로 준수하며 당과
    국가의 기밀을 엄수하고 당의 결정을 집행하고 조직의 배치에 복종하며 당의 임무
    를 적극적으로 완수해야 한다.

(5) 당의 단결과 통일을 수호하며 당 앞에 충성하고 솔직하며 언행이 일치하며 온갖 파
    벌조직과 소집단활동을 단호히 반대하며 양봉음위(陽奉陰違, 겉으로는 복종하는 체
    하면서 속으로는 거역하다)하는 양면주의적 행위와 모든 음모와 술책을 반대해야
    한다.

(6) 비판과 자기비판을 실제적으로 전개하여 사업에서 발견된 결함과 착오를 과감하게
    폭로하고 시정하며 소극적인 현상, 부패한 현상과 견결히 투쟁하여야 한다.

(7) 군중과 밀접히 연계하며 군중에게 당의 주장을 선전하며 일이 발생하면 군중과 상
    의하고 군중의 의견과 요구를 제때에 당에 반영하며 군중의 정당한 이익을 수호하
    여야 한다.

(8) 사회주의의 새 기풍을 발양하고 사회주의 영욕관을 솔선적으로 실천하고 공산주의 도덕을 제창하며 국가와 인민의 이익을 수호하기 위하여 모두 어렵고 위험할 때에 과감히 나서서 용감하게 싸우며 희생을 두려워하지 말아야 한다.

제4조 당원은 다음과 같은 권리를 가진다.

(1) 관련 당회의에 참가하며 당의 관련 문건을 보며 당의 교양과 양성을 받을 수 있다.

(2) 당회의와 당기관지를 통하여 당정책문제에 관한 토의에 참가할 수 있다.

(3) 당사업에 대하여 건의와 창의를 제안할 수 있다.

(4) 근거가 있으면 당회의에서 그 어떤 당조직, 당원에 대해서도 비판할 수 있고 법과 기율을 위반한 그 어떤 당조직, 당원에 대해서도 당에 그 사실을 책임적으로 적발, 고발할 수 있고 법과 기율을 위반한 당원을 징계할 것을 요구할 수 있으며 직책을 제대로 수행하지 못하는 간부를 해임 또는 소환할 것을 요구할 수 있다.

(5) 표결권과 선거권을 행사하며 피선거권을 가진다.

(6) 당조직에서 당원에 대한 기율적 징계를 논의 결정하거나 심사할 때 본인이 참석하여 변호할 권리를 가지며 다른 당원들은 그를 위하여 증인이 되고 변호할 수 있다.

(7) 당의 결정과 정책에 대하여 이의가 있을 경우에는 그것을 견결히 집행하는 전제 하에 자기의 의견을 보류할 것을 성명할 수 있으며 자기의 의견을 당중앙에 이르기까지의 당의 상급조직에 제시할 수 있다.

(8) 당중앙에 이르기까지의 당의 상급조직에 청원, 고소 및 고발할 수 있으며 책임 있는 해답을 해줄 것을 해당 조직에 요구할 수 있다. 당중앙에 이르기까지의 어떤 급의 당조직도 상기한 당원의 권리를 박탈할 권한이 없다.

제5조 당원을 받아들일 때에는 당지부를 통하여 개별적으로 받아들이는 원칙을 견지하여야 한다.

입당을 신청하는 사람은 입당지원서를 써내야 하며 정식당원 2명의 소개를 받아야 한다. 그리고 지부대회에서 통과하고 상급 당조직의 비준을 받은 후 예비기간의 고찰을 거쳐야 비로소 정식당원으로 될 수 있다.

소개인은 입당신청자의 사상, 품성, 경력과 사업표현을 잘 이해하고 그에게 당강령 당규약을 설명해주며 당원의 조건과 의무, 권리를 설명해주는 동시에 당조직에 책임지고 보고해야 한다.

당 지부위원회는 입당신청자에 대하여 당내외 관련 군중의 의견을 책임적으로 청취하고 엄격히 심사하여 입당조건이 갖추어졌다고 인정될 때 지부대회의 토의에 넘겨야 한다.

상급 당조직은 입당신청자의 입당을 비준하기 전에 사람을 파견하여 입당신청자와 담화하게 함으로써 그를 더 잘 이해하는 동시에 당에 대한 인식을 높이도록 그를 도와주어야 한다.

당중앙 및 성, 자치구, 직할시 위원회는 특수한 상황에서 직접 당원을 받아들일 수 있다.

제6조 예비당원은 당기 앞에서 입당선서를 하여야 한다. 선서문은 다음과 같다. **나는 중국공산당에 가입을 지원한다. 나는 당강령을 수호하며 당규약을 준수하며 당원의 의무를 이행하며 당결정을 집행하며 당기율을 엄수하며 당의 비밀을 지키며 당앞에 충성하고 사업을 적극적으로 할 뿐만 아니라 공산주의를 위해 종신토록 분투하면서 시시각각 당과 인민을 위해 모든 것을 희생할 각오를 하고 영원토록 당을 배반하지 않겠다.**

제7조 예비당원의 예비기간은 1년이다. 당조직은 예비당원에 대하여 책임적으로 교육하고 고찰하여야 한다.

예비당원의 의무는 정식당원과 같다. 예비당원은 표결권과 선거권, 피선거권을 가지지 못하는 것 외에 기타 권리는 정식당원과 같다. 예비당원의 예비기간이 만료되면 당지부에서는 그가 정식당원으로 될 수 있는가 없는가를 제때에 토의하여야 한다. 당원의 의무를 책임 있게 이해하고 당원의 조건을 갖추었을 경우에는 기한 내에 정식당원으로 받아들여야 하며 계속 고찰하고 교육시킬 필요가 있을 경우에는 그 예비기간을 연기할 수 있되 1년을 넘기지 못하며 당원의 의무를 이행하지 않고 당원조건을 갖추지 못하였을 경우에는 그의 예비당원자격을 박탈해야 한다. 예비당원을 정식당원으로 받아들이는 것, 예비기간을 연장하는 것, 예비당원자격을 취소하는 것은 모두 지부대회에서 논의를 통해 통과하고 상급 당조직의 비준을 받아야 한다.

예비당원의 예비기간은 지부대회에서 그를 예비당원으로 통과한 날부터 계산한다. 당원의 당력(黨歷)은 예비기간을 마치고 정식당원으로 된 날부터 계산한다.

제8조 매 당원은 직무의 고저를 불문하고 모두 당의 일정한 지부, 소조 또는 기타 특정한

조직에 편입되어 당조직생활에 참가하고 당내와 당외 군중의 감독을 받아야 한다. 당원 지도간부는 또 당위원회, 당조의 민주생활회에 참가해야 한다. 당조직생활에 참가하지 않으며 당내와 당외 군중의 감독을 받지 않는 그 어떤 특수한 당원의 존재를 허용하지 않는다.

제9조 당원은 탈당할 자유가 있다. 당원이 탈당할 것을 요구하면 지부대회에서 토의한 다음 제명을 선포하고 이를 상급 당조직에 등록해야 한다.

당원으로서 혁명적의지가 결여하고 당원의 의무를 이행하지 않으며 당원조건에 부합되지 않을 경우에는 당지부가 그를 교육하고 기한부로 시정할 것을 그에게 요구하여야 하며 교육을 해도 개선이 없을 경우에는 권고하여 탈당시켜야 한다. 당원을 권고하여 탈당시킬 때에는 지부대회에서 토의결정하고 상급 당조직에 보고하여 비준을 받아야 한다. 만일 탈당을 권고받은 당원이 견결히 탈당하려 하지 않을 때에는 지부대회에서 토의하여 그의 제명을 결정하고 상급 당조직에 보고하여 비준을 받아야 한다.

당원이 정당한 이유 없이 연속 6개월간 당조직 생활에 참가하지 않거나 당비를 납부하지 않거나 당에서 맡긴 사업을 하지 않을 경우에 당에서 자퇴한 것으로 인정한다. 이런 당원에 대하여서는 지부대회에서 제명결정을 내리고, 이를 상급 당조직에 보고하여 비준을 받아야 한다.

〈제2장 당의 조직제도〉

제10조 당은 자기의 강령과 규약에 의하여 민주집중제에 따라 조직된 통일적인 전일체이다. **당의 민주집중제의 기본원칙은 다음과 같다.**

(1) 당원 개인은 당의 조직에 복종하며 소수는 다수에 복종하며 하급조직은 상급조직에 복종하며 전당의 매 조직과 전체 당원은 당 전국대표대회와 중앙위원회에 복종한다.

(2) 당의 각급 지도기관은 그것들이 파견한 대표기관과 비당조직의 당조를 제외하고는 모두 선거에 의하여 구성된다.

(3) 당의 최고지도기관은 당 전국대표대회와 그에 의해 구성된 중앙위원회이다. 당의 지방 각급 지도기관은 지방 각급 당대표대회와 그에 의해 구성된 당위원회이다. 각급 당위원회는 동급 대표대회에 책임지며 사업을 보고한다.

(4) 당의 상급조직은 일상적으로 하급조직과 당원군중의 의견을 듣고 그들이 제기한 문

제를 제때에 해결하여야 한다. 하급 당조직은 상급 당조직에 사업에 대한 지시를 요청하며 사업을 보고해야 할 뿐만 아니라 자기 직책범위내의 문제를 독자적이고 책임 있게 해결하여야 한다. 상급 당조직과 하급 당조직은 서로 정보를 교환하고 상호 지지하고 감독하여야 한다. 각급 당조직은 규정에 따라 당내사무를 공개해 당원들이 더 많이 알고 당내사무에 더 많이 참여하게 하여야 한다.

(5) 각급 당위원회는 집단적지도와 개인책임분담(개인분공책임)을 결합시키는 제도를 실시한다. 모든 중대한 문제는 다 집단적지도, 민주집중, 개별적 예비토의, 회의에 의한 결정원칙에 따라 당위원회에서 집단적으로 토의하여 결정하여야 하며 위원회 구성원은 집체의 결정과 분공에 의해 자기의 직책을 책임적으로 이행해야 한다.

(6) 당은 어떤 형태의 개인숭배도 금지한다. 당지도자들의 활동이 당과 인민의 감독하에서 추진되도록 보증해야 하며 동시에 당과 인민의 이익을 대표하는 모든 지도자들의 위신을 보호해야 한다.

제11조 각급 당대표대회의 대표와 당위원회를 구성함에 있어서는 선거인의 의지를 구현하여야 한다. **선거는 무기명투표의 방식으로 실시한다. 입후보자명단은 당조직과 선거자들이 충분히 사전 협의하고 토의해야 한다.** 선거해야 할 사람 수보다 더 많은 수의 입후보자 명단을 내오는 차액선거 방법을 직접 채택해 정식선거를 할 수도 있고 먼저 차액선거 방법으로 예비선거를 하여 입후보자명단을 만든 다음 정식선거를 할 수도 있다. 선거인은 입후보자의 상황을 알 권리와 입후보자의 교체를 요구할 권리, 특정 입후보자를 선거하지 않을 권리, 다른 사람을 선거할 권리를 가진다. 그 어떤 조직, 개인이든지 그 어떤 방식으로나 선거인에게 어느 사람을 선거하라거나 선거하지 말라고 강요하지 못한다.

지방 각급 당대표대회와 기층당대표대회의 선거에서 당규약을 위반한 사실이 나타났을 경우에는 직상급 당위원회가 이를 조사 규명한 다음 그 선거를 무효로 하고 상응한 대책을 취할 결정을 지어야 하며 이를 직상급 당위원회의에 보고하여 심사비준을 받고 공식적으로 선포 집행하여야 한다.

제12조 중앙 및 지방의 각급 당위원회는 필요한 경우 대표회의를 소집하고 시급히 해결하여야 할 중대한 문제를 토의 결정할 수 있다. 대표회의의 대표수와 그 구성방법은 대표회의를 소집하는 당위원회가 결정한다.

제13조 당조직을 신설하거나 원래의 당조직을 폐지할 경우에는 상급 당조직에서 이를 결정하여야 한다.

지방 각급 당대표대회와 기층당대표대회 폐회기간에 상급 당조직은 필요하다고 인정할 경우 하급 당조직의 책임자를 전근시키거나 파견할 수 있다.

중앙 및 지방의 각급 당위원회는 대표기관을 파견할 수 있다.

중앙 및 성, 자치구, 직할시 각 당 위원회는 순시제도를 실시한다.

제14조 당의 각급 지도기관이 하급조직에 관계되는 중요한 문제를 결정할 때 일반적인 경우에는 하급조직의 의견을 들어보아야 한다. 하급조직이 자기의 직권을 정상적으로 행사할 수 있도록 보장하여야 한다. 하급조직이 처리해야 할 문제에 대하여 특별한 경우가 아니면 상급 지도기관은 간섭하지 말아야 한다.

제15조 전국적 성격을 띤 중대한 정책문제에 대한 결정권은 당중앙만 가지며, 각 부문, 각 지방의 당조직은 당중앙위원회에 건의할 수는 있으나 임의로 결정하거나 외부에 주장을 발표하여서는 안 된다.

하급 당조직은 상급 당조직의 결정을 견결히 집행하여야 한다. 상급 당조직의 결정이 자기 지구, 자기 부문의 실정에 부합되지 않는다고 인정될 경우에 하급 당조직은 그 결정을 변경시킬 것을 상급 당조직에 요청할 수 있다. 만약 상급 당조직에서 원래의 결정을 견지한다면 하급 당조직은 그 결정을 집행해야 하며 다른 의견을 공개적으로 발표해서는 안 된다. 그러나 한 급 더 높은 당조직에 보고할 수 있는 권리가 있다.

각급 당조직의 기관지와 기타 선전수단들은 당의 노선, 방침, 정책과 결의를 선전하여야 한다.

제16조 당조직은 문제를 토의 결정할 때 소수가 다수에 복종한다는 원칙을 집행하여야 한다. 중요한 문제는 표결에 의하여 결정하여야 한다. 소수인의 이의에 대하여서는 진지하게 고려하여야 한다. 만일 중요한 문제에서 논쟁이 발생하고 쌍방의 인원 수가 비슷할 경우에는 비상시에 다수의 의견에 좇아 집행하는 것 외에는 당분간 결정을 내리지 말고 조사연구를 더 하서 의견을 나눈 후 다음번에 다시 표결하여야 한다. 특수한 경우에는 논쟁 상황을 상급 당조직에 보고하여 재결을 요청할 수도 있다.

당원 개인이 당조직을 대표하여 중요한 주장을 발표할 때 그 주장이 당조직에서 이미 내린 결정의 범위를 벗어날 경우에는 소속 당조직에 토의 결정하도록 제출하거나 상급 당조직에 보고하여 지시를 받아야 한다. 당원은 직위의 고하를 막론하고 중대한 문제를 개인적으로 결정해서는 안되며 개인적으로 결정하지 않으면 안 될 비상시에 직면한 경우에는 결정을 내린 직후 이를 당조직에 지 체없이 보고하여야 한다. 어떠한 지도자든지 독단적으로 처리해서는 안 되며 개인을 조직 위에 올려 세워서도 안 된다.

제17조 당의 중앙조직, 지방조직, 기층조직은 모두 당 건설을 중시해야 하며 일상적으로 당의 선전사업, 교양사업, 조직사업, 기율검사사업, 군중사업, 통일전선사업 등을 토의하고 검사하며 당 내와 당 외의 사상정치 상황을 연구하는 데 치중해야 한다.

〈제3장 당의 중앙조직〉

제18조 **당 전국대표대회**는 5년에 1회 개최하며 중앙위원회가 이를 소집한다. 중앙위원회가 필요하다고 인정하거나 3분의 1 이상의 성급조직이 요구할 경우에는 전국대표대회를 앞당겨 개최할 수 있으며 비상시가 아닐 경우에는 연기하여 개최하지 못한다.
전국대표대회의 대표수와 대표선거방법은 중앙위원회가 결정한다.

제19조 당 전국대표대회의 직권은 다음과 같다.
(1) 중앙위원회의 보고를 청취심사한다.
(2) 중앙기율검사위원회의 보고를 청취심사한다.
(3) 당의 중대한 문제를 토의결정한다.
(4) 당규약을 개정한다.
(5) 중앙위원회를 선거한다.
(6) 중앙기율검사위원회를 선거한다.

제20조 당 전국대표대회의의 직권은 중대한 문제를 토의결정하며 중앙위원회, 중앙기율검사위원회의 성원 일부를 조절, 증선하는 것이다. 조절, 증선하는 중앙위원 및 후보중앙위원의 인원수는 당 전국대표대회에서 선출된 중앙위원 총수 및 후보중앙위원 각 총수

의 5분의 1을 초과하지 못한다.

제21조 **당중앙위원회**의 임기는 5년이다. 전국대표대회를 앞당겨 개최하거나 연기하여
개최할 경우에는 임기도 그에 따라 변경된다. 중앙위원회 위원과 후보위원은 당력이 5년
이상이어야 한다. 중앙위원회 위원수와 후보위원 수는 전국대표대회가 결정한다. 중앙위
원회 위원들 중에 결원이 생겼을 경우에는 중앙위원회 후보위원들 가운데서 득표수에 따
라 차례로 보충한다.

중앙위원회 전체회의는 중앙정치국이 소집하며 1년에 1회이상 개최한다. 중앙정치국은
중앙위원회 전체회의에 사업을 보고하며 그의 감독을 받는다.

**전국대표대회 폐회기간에 중앙위원회는 전국대표대회의 결의를 집행하며 당의 전반사
업을 지도하며 대외적으로 중국공산당을 대표한다.**

제22조 당의 중앙정치국, 중앙정치국 상무위원회와 중앙위원회 총서기는 중앙위원회
전체회의에서 선거한다. **중앙위원회 총서기는 반드시 중앙정치국 상무위원회 위원 가운
데서 선출**해야 한다.

중앙정치국과 그 상무위원회는 중앙위원회 전체회의 폐회기간에 중앙위원회의 직권을
행사한다.

중앙서기처는 중앙정치국과 그 상무위원회의 사무기구이며 그 성원은 중앙정치국 상
무위원회가 인선을 제안하면 중앙위원회 전체회의에서 통과시킨다.

중앙위원회 총서기는 중앙정치국 회의와 중앙정치국 상무위원회 회의를 책임지고 소
집하며 중앙서기처의 사업을 조직 지도한다.

당중앙군사위원회 구성원은 중앙위원회가 결정한다.

매 기 중앙위원회에서 구성된 중앙지도기구와 중앙지도자는 차기 전국대표대회 회의
기간에 계속 당의 일상사업을 조직 지도하며 차기 중앙위원회에서 새로운 중앙지도기구
와 중앙지도자가 구성될 때까지 사업을 계속한다.

제23조 중국인민해방군의 당조직은 중앙위원회의 지시에 의하여 사업을 진행한다. 중
앙군사위원회의 정치사업기관은 중국인민해방군 총정치부이며 총정치부는 군대 내의 당
사업과 정치사업을 책임지고 관리한다. 군대내의 당조직 체제와 기구는 중앙군사위원회
가 규정한다.

⟨제4장 당의 지방조직⟩

제24조 성, 자치구, 직할시 당대표대회, 구를 둔 시 및 자치주 당대표대회, 현(기), 자치현, 구를 두지 않은 시 및 시관할구 당대표대회는 5년에 1회 개최한다.

지방 각급 당대표대회는 동급 당위원회가 소집한다. 특수한 경우에는 직상급 위원회의 비준을 받아 앞당겨 진행하거나 연기하여 개최할 수 있다.

지방 각급 당대표대회의 대표수와 대표선거방법은 동급 당위원회가 결정하고 이를 직상급 당위원회에 보고하여 비준을 받는다.

제25조 지방 각급 당대표대회의 직권은 다음과 같다.

(1) 동급 위원회의 보고를 청취심사한다.

(2) 동급 기율검사위원회의 보고를 청취심사한다.

(3) 본 지구범위 내의 중대한 문제를 토의결정한다.

(4) 동급 당위원회를 선거하며 동급 당기율검사위원회를 선거한다.

제26조 성, 자치구, 직할시, 구를 둔 시 및 자치주 당위원회의 임기는 5년이다. 이 위원회들의 위원과 후보위원은 당력이 반드시 5년 이상이어야 한다.

현(기), 자치현, 구를 두지 않은 시 및 시관할구 당위원회의 임기는 5년이다. 이 위원회들의 위원과 후보위원은 당력이 반드시 3년 이상이어야 한다.

지방 각급 당대표대회를 앞당겨 개최하거나 연기하여 개최할 경우에는 그 대표대회에서 선거된 위원회의 임기도 그에 따라 변경된다.

지방 각급 당위원회의 위원수와 후보위원 수는 개별적으로 직상급 당위원회에서 결정한다.

지방 각급 당위원회의 위원들 중에 결원이 생겼을 경우에는 후보위원들 가운데서 득표수에 따라 차례로 보충한다.

지방 각급 당위원회 전체회의는 1년에 2회 이상 개최한다.

지방 각급 당위원회는 대표대회 폐회기간에 상급 당조직의 지시와 동급 당대표대회의 결의를 집행하며 본 지방의 사업을 영도하며 상급 당위원회에 정기적으로 사업을 보고한다.

제27조 지방 각급 당위원회 전체회의는 상무위원회와 서기, 부서기를 선거하고 이를 상급 당위원회에 보고하여 비준을 받는다. 지방 각급 당위원회의 상무위원회는 위원회 전체회의 폐회기간에 위원회의 직권을 행사하며 차기 대표대회 회의기간에 계속 일상사업을 조직지도하고 새로운 상무위원회가 선출될 때까지 사업을 계속한다.

지방 각급 당위위원회 상무위원회는 정기적으로 위원회 전체회의에 사업을 보고하며 그의 감독을 받는다.

제28조 지구당위원회 및 지구당위원회에 대등한 조직은 성, 자치구 당위원회가 몇 개 현, 자치현, 시 범위 내에 파출한 대표기관이다. 이런 조직은 성, 자치구 당위원회가 부여한 권한에 의하여 해당 지구의 사업을 지도한다.

<제5장 당의 기층조직>

제29조 **기업, 농촌, 기관, 학교, 과학연구원(소), 가도지역사회, 사회조직, 인민해방군의 중대 및 기타 기층단위에는 정식당원이 3명 이상 있으면 당의 기층조직을 만들어야 한다.**
당의 기층조직은 사업수요와 당원 수에 근거하여 상급 당조직의 비준을 받아 당의 기층위원회, 총지부위원회, 지부위원회를 둔다. 기층위원회는 당원대회 또는 대표대회에서 선출하며, 총지부위원회와 지부위원회는 당원대회에서 선출하며 위원입후보자를 내세울 때에는 당원과 군중들의 의견을 널리 청취하여야 한다.

제30조 기층당위원회의 임기는 3년 내지 5년이며 총지부위원회, 지부위원회의 임기는 2년 또는 3년이다. 기층위원회, 총지부위원회, 지부위원회에서 서기, 부서기를 선출한 후에는 상급 당조직에 보고하여 비준을 받아야 한다.

제31조 기층당조직은 사회기층조직에서의 당의 전투보루이며 당의 전반 사업 및 전투력의 기반이다. 기층 당조직의 기본임무는 다음과 같다.
(1) 당의 노선, 방침, 정책을 선전, 집행하며 당중앙과 상급 조직 및 본 조직의 결의를 선전, 집행하며 당원의 선봉대적역할과 모범적 역할을 충분히 발휘시키며 당내외의 간부와 군중을 단합시키고 조직하여 자기 단위에 맡겨진 임무를 성공적으로 수행한다.

(2) 당원들을 조직하여 진지하게 마르크스·레닌주의, 모택동사상, 등소평이론과 ≪3개 대표≫ 중요사상을 학습하며 과학적발전관을 학습하며 당의 노선, 방침, 정책 및 결의를 학습하며 당의 기본지식을 학습하며 과학, 문화, 법률 지식과 실무지식을 학습한다.

(3) 당원들을 교양, 관리, 감독하고 그들을 위해 봉사하며 당원들의 자질을 높이고 당성을 강화하며 당조직 생활을 엄격히 하고 비판과 자기비판을 실시하며 당기율을 수호하고 집행하며 당원들이 의무를 실제적으로 이행하도록 감독하며 당원의 권리가 침해당하지 않도록 보장한다. 유동당원들에 대한 관리를 개선강화한다.

(4) 군중과 밀접히 연계하며 당원과 당사업에 대한 군중의 비판과 의견을 일상적으로 이해하며 군중의 정당한 권리와 이익을 수호하며 군중에 대한 정치사상사업을 잘한다.

(5) 당원과 군중의 적극성과 창조성을 충분히 발휘시키고 그들 가운데 우수한 인재를 발견, 양성, 추천하며 그들이 개혁개방과 사회주의 현대화 건설에서 자기의 지혜와 재능을 이바지하도록 권장하고 지지한다.

(6) 당에 가입하려는 적극분자를 교양, 양성하며 일상적인 당장성사업을 잘하며 생산 및 사업 제일선에서와 청년들 가운데서 당원을 받아들이는 것을 중시한다.

(7) 국가법률과 행정기율, 국가의 재정경제법규와 인사제도를 엄격히 준수하며, 국가와 집체와 군중의 이익을 침해하지 않도록 당원간부 및 기타 모든 사업인원들을 감독한다.

(8) 불량한 경향을 자각적으로 막아내며 각종 위법범죄행위와 단호히 투쟁하도록 당원과 군중을 교양한다.

제32조 가도, 향, 진의 당의 기층위원회와 촌, 지역사회(사구)의 당조직은 해당 지구의 사업을 지도하며 행정조직, 경제조직 및 군중자치조직이 직권을 충분히 행사하도록 지지, 보장한다.

국유기업과 집체소유기업의 기층당조직은 정치핵심적역할을 발휘하며 기업의 생산경영을 중심으로 사업을 실시한다. 당과 국가의 방침, 정책이 자기 기업에서 관철, 집행되도록 보장, 감독하며 주주회, 이사회, 감사회와 경리(공장장)가 법에 따라 직권을 행사하는 것을 지지하며 일심전력 종업원군중에 의거하고 종업원대표대회가 사업을 전개하는 것을 지지하며 기업의 중대한 문제를 결정하는데 참여하며 당조직의 자체건설을 강화하고 정치사상사업, 정신문명건설 및 공회, 공청단 등 군중조직을 영도한다.

비공유제경제조직의 당의 기층조직은 당의 방침·정책을 관철하고 기업이 국가의 법률과 법규를 준수하도록 인도, 감독하며 공회와 공산주의청년단 등 군중조직을 지도하고 종업원군중을 단합·결속시키며 각 측의 합법적 권익을 수호하고 기업이 건전하게 발전하도록 촉진한다.

행정지도자책임제를 실시하고 있는 사업단위의 기층당조직은 정치핵심적 역할을 발휘한다. 당위원회의 지도하에 행정지도자책임제를 실시하고 있는 사업단위의 기층당조직은 중대한 문제를 토의·결정하며 이와 동시에 행정지도자가 자기의 직권을 충분히 행사하도록 보장해 주어야 한다.

각급 당기관과 국가기관의 기층당조직은 행정책임자를 협조하여 임무를 완수하고 사업을 개선하도록 하며 행정책임자를 포함한 모든 당원들에 대하여 감독을 실시하되 자기 단위의 실무사업은 지도하지 않는다.

〈제6장 당의 간부〉

제33조 당의 간부는 당사업의 골간이며 인민의 충복이다. 당은 재덕겸비의 원칙에 따라 간부를 선발하고, 친분여부에 의해서가 아니라 능력에 따라 간부를 등용하며, **간부대오의 혁명화, 년소화, 지식화, 전문화를 적극 실현한다.**

당은 간부를 교양, 훈련, 선발 및 검정하는 데 중시하되 특히 우수한 젊은 간부를 양성·선발하는 것을 중시한다. 간부제도의 개혁을 적극 추진한다.

당은 여성간부와 소수민족간부를 양성·선발하는 것을 중시한다.

제34조 당의 각급 지도간부는 본 규약 제3조에 규정된 당원의 각항 의무를 모범적으로 이행하여야 하며, 다음과 같은 기본조건을 갖추어야 한다.

(1) 직책이행에 소요되는 마르크스·레닌주의, 모택동사상, 등소평이론의 수준을 갖추고 ≪3개 대표≫ 중요사상을 책임 있게 실천하며 과학발전관을 솔선적으로 관철하며, 마르크스주의의 입장, 관점 및 방법으로 실제문제를 분석하고 해결하기 위하여 힘써야 하며 일관되게 학습을 중시하고 정치를 중시하고 바른 기풍을 수립하며 온갖 풍파의 시련을 이겨내야 한다.

(2) 공산주의의 원대한 이상을 지니고 중국특색의 사회주의에 대한 확고한 신념을 가지고 당의 기본노선 및 제반 방침, 정책을 견결히 집행하며 개혁개방의 의지를 가지고

현대화사업에 헌신하며 사회주의건설에서 간고하게 창업하며 정확한 치적관을 수
립하여 실천의 검증, 인민의 검증, 역사의 검증을 받을 수 있는 업적을 올려야 한다.

(3) 계속 사상을 해방(사상해방)하고 실사구시하고 시대와 더불어 전진하며(여시구진)
개척과 혁신 정신으로 진지하게 조사연구하며 당의 방침, 정책을 해당지구, 해당 부
문의 실제와 결부시켜 사업을 효과적으로 추진할 줄 알며 실속 말을 하고 실제적인
일을 하며 실효를 추구하고 형식주의를 반대하여야 한다.

(4) 혁명사업에 대한 의욕과 정치적 책임감이 강하고 실천경험이 있으며 지도사업을 감
당할만한 조직력, 문화수준 및 전문지식이 있어야 한다.

(5) 인민이 부여한 권력을 제대로 행사하고 법에 의해 일을 처리하며 청렴하고 공정하
며 인민을 위하여 부지런히 일하며 이신작칙(以身作則)하고 간고소박하며 군중과 밀
접히 연계하고 당의 군중노선을 견지하며 당과 군중의 비판과 감독을 자각적으로
접수하고, 도덕수양을 강화하며 자중, 자성, 자경, 자려하고 관료주의를 반대하며
직권을 남용하여 사리를 꾀하는 온갖 부정기풍을 반대하여야 한다.

(6) 당의 민주집중제를 견지, 수호하며 민주주의기풍과 전반을 돌보는 관념을 수립하며
자기와 견해가 다른 동지를 포함한 모든 동지들과 잘 단합하여 함께 사업할 줄 알
아야 한다.

　제35조 당원간부는 비당원간부와 잘 협력하면서 함께 사업하여야 하며 그들을 존중하
고 그들의 장점을 허심탄회하게 따라 배워야 한다.

　각급 당조직은 확실히 재능이 있고 학식이 있는 비당원간부를 발견하고 그들이 지도사
업을 담임하도록 추천할 줄 알아야 하며 그들에게 직위와 권한이 있도록 보장해주고 그
들의 역할을 충분히 발휘시켜주어야 한다.

　제36조 당의 각급 지도간부들이 민주주의적으로 선거되었건 지도기관에 의하여 임명
되었건 그들의 직무는 다 종신직무가 아니며 변경 또는 해임할 수 있다.

　연령문제나 건강문제로 인하여 사업을 계속 감당하기에 적합하지 않은 간부는 국가규
정에 따라 정년퇴직시키거나 이직, 휴양시켜야 한다.

<제7장 당기율>

제37조 당기율은 각급 당조직과 전체 당원들이 반드시 지켜야 할 행동준칙이며 당의 단결과 통일을 수호하고 당의 임무를 완수하기 위한 담보가 된다. 당조직은 당기율을 엄격히 집행하고 수호하여야 하며 공산당원은 자각적으로 당기율의 규제를 받아야 한다.

제38조 당조직은 당기율을 위반한 당원에 대하여 지난 일을 징계하여 금후에 삼가게 하고 병을 고쳐 사람을 구하는 정신에 입각하여 착오의 성격 및 그 경위 경중에 따라 비판, 교육을 하거나 나아가서 기율적 징계를 주어야 한다.

형법을 위반할 정도가 엄중한 당원은 당적을 박탈시켜야 한다. 당내에서 당규약과 국가법률에 위반되는 수단을 당원에게 적용하는 것을 엄격히 하며 보복을 하거나 무고한 모함을 하는 것을 엄금한다. 이 규정을 위반한 조직 또는 개인은 당기율과 국가법률의 추궁을 받아야 한다.

제39조 **당의 기율적 징계는 경고, 엄중경고, 당내직무취소, 권리정지, 당적박탈의 다섯 가지가 있다.** 권리정지기한은 최장 2년을 넘지 못한다. 당원은 권리정지기간에 표결권과 선거권, 피선거권이 없다. 당원이 권리정지를 통해 확실히 자기의 과오를 고쳤을 경우에는 그의 당원권리를 회복시켜야 하며 자기의 과오를 고치지 않고 계속 고집할 경우에는 당적을 박탈시켜야 한다.

당적박탈은 당내의 최고의 처분이다. 각급 당조직은 당원에 대한 당적박탈이라는 징계를 결정 또는 비준할 때에는 관련 자료와 의견을 전면적으로 검토하고 극히 신중한 태도를 취하여야 한다.

제40조 당원에 대한 기율적 징계는 반드시 지부대회에서 토의·결정하고 이를 기층당위원회에 보고하여 비준을 받아야 한다. 연관된 문제가 비교적 중요하거나 복잡할 경우 또는 당원에게 당적박탈을 줄 경우에는 상황에 따라 이를 현급 또는 현급 이상의 당기율검사위원회에 보고하여 심사비준을 받아야 한다. 특수한 경우 현급 및 현급 이상 각급 당위원회와 기율검사위원회는 당원에 대한 기율적 징계를 직접 결정할 권리를 가진다.

당중앙위원회와 지방 각급 당위원회의 위원, 후보위원에 대한 당내직무취소, 권리정지

또는 당적박탈 징계의 적용은 당사자 소속 당위원회 전체회의의 3분의 2 이상의 다수가 찬성하여야 결정할 수 있다. 특수한 경우 당중앙정치국 또는 지방 각급 당위원회 상무위원회가 먼저 처리결정을 짓고 후에 열린 당위원회 전체회의에서 사후승인을 받을 수 있다. 지방 각급 당위원회 위원과 후보위원에 대한 상술한 징계의 적용은 반드시 상급 당위원회의 비준을 받아야 한다.

형법을 엄중하게 위범한 당중앙위원회 위원, 후보위원에 대하여는 당중앙정치국이 그의 당적박탈을 결정하며 형법을 엄중하게 위범한 지방 각급 당위원회 위원, 후보위원에 대하여는 동급 당위원회 상무위원회가 그의 당적박탈을 결정한다.

제41조 당조직에서 당원에게 징계결정을 내릴 때에는 실사구시적으로 사실을 조사, 규명하여야 한다. 징계결정의 근거가 되는 사실자료와 책벌결정을 당사자에게 보여주고 당사자의 상황설명과 변호를 들어야 한다. 당사자는 징계결정에 불복할 경우 상소할 수 있으며 이에 대하여 관련 당조직은 깔아두지 말고 책임 있게 처리하거나 빨리 이송하여야 한다. 확실히 잘못된 의견을 고집하고 무리한 요구를 제기하는 사람에 대하여서는 비판, 교육하여야 한다.

제42조 당조직이 당기율을 수호하는 면에서 자기 직책을 제대로 수행하지 못하였을 경우에는 추궁을 받아야 한다.

당기율을 엄중하게 위반하였고 또 자체적으로 시정할 수 없는 당조직에 대하여서는 직상급 당위원회가 사실을 조사규명한 다음 정상의 엄중정도에 따라 재구성결정 또는 해산결정을 짓고 이를 한 급 더 높은 당위원회에 보고하여 심사비준을 받은 다음 공식적으로 선포, 집행하여야 한다.

<제8장 당의 기율검사기관>

제43조 당의 중앙기율검사위원회는 당중앙위원회의 지도하에 사업한다. 당의 지방 각급 기율검사위원회와 기층기율검사위원회는 동급 당위원회와 상급 기율검사위원회의 이중적 지도하에서 사업한다.

당의 각급 기율검사위원회의 임기는 동급 당위원회의 임기와 같다.

당의 중앙기율검사위원회 전체회의는 상무위원회 및 서기, 부서기를 선거하고 이를 당 중앙위원회에 보고하여 비준을 받는다. 당의 지방 각급 기율검사위원회 전체회의는 상무위원회 및 서기, 부서기를 선거하고 동급 당위원회에서 통과한 다음 이를 상급 당위원회에 보고하여 비준을 받는다. 기층당위원회에 기율검사위원회를 설치하거나, 기율검사위원을 둘 때에는 그 직상급 당조직이 구체적 실정에 따라 결정한다. 당총지부위원회 및 당지부위원회에는 기율검사위원을 둔다.

당의 중앙기율검사위원회는 업무의 필요에 따라 중앙급 당기관 및 국가기관에 당기율검사조 또는 기율검사원을 파견할 수 있다. 기율검사조 조장 또는 기율검사원은 해당 기관의 당지도조직의 관련 회의에 참여할 수 있다. 그들의 사업은 해당 기관 당지도조직의 지지를 받아야 한다.

제44조 당의 각급 기율검사위원회의 주요임무는 당규약 및 기타 당내법규를 수호하고 당의 노선·방침·정책·결의의 집행상황을 검사하며 당위원회를 협조하여 당기풍 건설을 강화하고 부패척결사업을 조직, 조율하는 것이다.

각급 기율검사위원회는 당원들에게 기율을 준수할 데 대한 교양을 일상적으로 진행하고 당기율을 수호문제에 대한 결정을 하며 당원지도간부들의 권력행사를 감독하며 당조직 또는 당원이 당규약과 기타 당내법규를 위반한 비교적 중요하거나 복잡한 사건을 검사, 처리하고 이러한 사건에 연루된 당원에 대한 징벌을 결정 또는 취소하며 당원의 고소와 신소(申訴)를 수리하며 당원의 권리를 보장한다.

각급 기율검사위원회는 특별히 중요하거나 복잡한 사건을 처리하는 데서의 문제와 처리결과를 동급 당위원회에 보고하여야 한다. 당의 지방 각급 기율검사위원회와 기층기율검사위원회는 동시에 또 상급 기율검사위원회에 이를 보고하여야 한다.

각급 기율검사위원회는 동급 당위원회 위원의 당기율위반행위를 발견하였을 경우 먼저 초보적으로 규명하고 입안 조사가 필요한 것은 동급 당위원회에 보고하여 비준을 받고 상무위원과 관련된 경우 동급 당위원회에 보고한 후 직상급 기율검사위원회에 보고하여 비준을 받아야 한다.

제45조 상급 기율검사위원회는 하급 기율검사위원회의 사업을 조사할 권한이 있으며 사건에 대한 하급 기율검사위원회의 결정을 비준 또는 변경할 권한이 있다. 만일 변경할

해당 하급 기율검사위원회의 결정이 이미 그 동급 당위원회의 비준을 받은 것이라면 그 직상급 당위원회의 비준을 받아야 그 결정을 변경시킬 수 있다.

당의 지방 각급 기율검사위원회와 기층기율검사위원회는 사건에 대한 동급 당위원회의 처리결정에 대하여 다른 의견이 있을 경우에는 직상급 기율검사위원회에 재심사할 것을 요청할 수 있으며 동급 당위원회 또는 그 성원이 당기율을 위반한 상황이 있음에도 동급 당위원회가 그것을 해결하지 않거나 정확히 해결하지 않는 현상을 발견하였을 경우에는 상급 기율검사위원회에 제소하고 그 처리의 협조를 청구할 권리가 있다.

〈제9장 당 조〉

제46조 중앙과 지방의 국가기관, 인민단체, 경제조직, 문화조직 및 기타 비당조직의 지도기관에 당조를 설치할 수 있다. 당조는 지도핵심적 역할을 발휘하여야 한다. **당조의 임무는 주로 당의 노선, 방침, 정책을 책임지고 관철집행하며 자기 단위의 중대한 문제를 토의 결정하며 간부관리사업을 잘해나가며 비당원간부와 군중을 단합하여 당과 국가에서 위임한 임무를 완수하며 기관 및 직속단위 당조직의 사업을 지도하는 것**이다.

제47조 당조의 구성원은 당조의 설립을 비준한 당조직이 결정한다. 당조에는 서기를 두며 필요할 경우 부서기를 둘 수도 있다. 당조는 그 설립을 비준한 당조직의 지도에 복종하여야 한다.

제48조 산하단위에 대하여 중앙집권적통일지도를 실시하는 국가사업부문에 당위원회를 설립할 수 있으며 당위원회의 구성방법, 직권 및 사업임무에 대하여는 당중앙이 별도로 규정한다.

〈제10장 당과 공산주의청년단과의 관계〉

제49조 중국공산주의청년단은 중국공산당이 영도하는 선진청년들의 군중적 조직이며 광범한 청년들이 실천에서 중국특색의 사회주의와 공산주의를 배우는 학교이며 당의 조수이자 후비군이다. 공청단중앙위원회는 당중앙위원회의 지도를 받는다. 공청단 지방 각

급 조직은 동급 당위원회의 지도를 받는 동시에 공청단 상급조직의 지도를 받는다.

제50조 각급 당위원회는 공청단에 대한 지도를 강화하며 단(團) 간부의 선발과 양성에 중시를 돌려야 한다. 당은 공청단이 광범한 청년들의 특성과 수요에 따라서 생기발랄하고 창조적으로 사업하도록 견결히 지지해줌으로써 공청단의 돌격대로서의 역할과 광범한 청년들과 연계를 맺는 가교로서의 역할을 충분히 발휘시켜야 한다.

현급 또는 현급 이하의 공청단 각급 위원회의 서기, 기업사업 단위의 공청단위원회 서기가 당원일 경우에는 동급 당위원회 또는 그 상무위원회의 회의에 참여할 수 있다.

<제11장 당의 휘장과 당기>

제51조 중국공산당의 휘장은 **낫과 망치의 도안**으로 구성되었다.

제52조 중국공산당의 당기는 깃발에 금빛 당휘장이 새겨져 있는 붉은 기이다.

제53조 중국공산당의 휘장과 당기는 중국공산당의 상징이며 표지이다. 각급 당조직과 모든 당원들은 당의 휘장과 당기의 존엄을 수호하여야 한다. 당의 휘장과 당기는 규정대로 제작하고 사용하여야 한다.

5. 중국공산당 주요 근거지

> 중국공산당근거지는 중국공산당 창당 이래로 여러 지역에서 세워졌다. 근거지를 통해 중국공산당은 중국대륙에서 세력을 확장하였고, 농민과 노동자로부터 지지를 받았으며, 이들을 혁명의 중심계급으로 여겼다.

중국공산당근거지는 공농무장할거홍색근거지(工農武裝割據紅色根據地)라는 용어로서 많이 소개되는데, 역사적으로 국내 혁명전쟁 시기의 혁명근거지, 항일근거지로 구분하여 정리되어 있기도 하다.

1927년 8월 7일에 개최되었던 8·7회의(八七會議) 이후 중국공산당은 전국 각지에서 무장기의를 이끌었고, 홍군과 혁명근거지를 창건하기 시작하였다. 특히 모택동은 1927년 9월에 상공변계(湘贛邊界)의 추수기의(秋收起義)를 영도하였고, 정강산에 중국의 첫 번째 농촌혁명근거지를 건립하였다.

상(湘) 호남	악(鄂) 호북	예(豫) 하남
환(皖) 안휘	공(贛) 강서	민(閩) 복건
절(浙) 절강	천(川) 사천	검(黔) 귀주
감(甘) 감숙	섬(陝) 섬서	좌(左), 우(右) (광서성에 있는 강)
진(晉) 산서	찰(察) 찰합이(1952년에 하북성과 산서성에 편입)	
기(冀) 하북	로(魯) 산동	

1) 광동 동강근거지(東江根據地, 1927.5.~1931.11. 해륙풍근거지)

1927년 5월 1일 중공 동강특위(東江特委)는 제1차 무장기의를 일으켜 **중국공산당 최초로 지방혁명정권을 건립하였다.** 동강특위는 해풍(海豐)·육풍(陸豐)·자금(紫金) 3개 현에서 인민정부를 세웠고, 8월에는 동강특구혁명위원회(東江特區革命委員會)를 건립하였다.

1928년 2월 근거지를 상실한 후 당정기관과 혁명무장은 부근의 팔향산(八鄉山)과 대남산(大南山) 일대로 이주하여 혁명을 계속하였다. 이후 1930년 5월에는 홍11군이 창설되었고, 동강특구소비에트정부(東江特區蘇維埃政府)가 수립되었다. 팽배(彭湃)가 동강특구혁명위원회 위원장을 맡았고, 진괴아(陳魁亞)가 동강특구소비에트정부 주석을 맡았다.

2) 동고혁명근거지(東固革命根據地, 1927.9.~1935.)

동고혁명근거지는 제2차 국내혁명전쟁시기에 건립되었던 강서성 최초의 혁명근거지 중의 하나다. 모택동은 동고혁명근거지를 '이문림식(李文林式)'의 적색할거(赤色割據)라고 불렀고, 진의는 '**동정강(東井岡)**'이라 불렀다. 동고혁명근거지는 동고를 중심으로 하여 북으로는 길수현(吉水縣) 수남(水南)과 백사(白沙), 영풍현(永豐縣) 라방(羅坊)이고, 서로는 길안현(吉安縣) 부전(富田), 태화현(泰和縣) 중동(中洞)과 교시(橋市)이며, 남으로는 홍국현(興國縣) 숭현(崇賢)과 풍변(楓邊)이고, 동으로는 영풍현 담두(潭頭)와 사계(沙溪) 등지에 이르렀다. 근거지가 전성기일 때는 2,000㎢였고, 인구는 약 20만 명 정도였다.

동고혁명근거지 초기에는 공산당원 뢰경방(賴經邦)과 증병춘(曾炳春) 등이 영도하였고, 후반에는 이문림과 증산(曾山) 등이 영도하였다. 근거지는 1927년 9월부터 1935년 사이에 7여 년간 지속되었으며, 지속기간이 가장 길었다. 경제사회형태가 상대적으로 정비되었고, 특징도 매우 선명하였다. 이후 동고혁명투쟁은 공서혁명근거지(贛西革命根據地)의 모범이 되었다. 1930년 2월 7일 "피두회의(陂頭會議, '2·7회의'라고 부름)" 이후 공서남혁명근거지(贛西南革命根據地)로 귀속되었으며, 1931년 11월 후에는 중앙혁명근거지의 하나가 되었다.

> 모택동은 이문림식 동고근거지를 논할 때 주모식(朱毛式)의 정강산근거지(井岡山根據地), 하룡식(賀龍式)의 상악변근거지(湘鄂邊根據地), 방지민식(方志敏式)의 공동북근거지(贛東北根據地)를 함께 거론하였다. 이러한 근거지는 제각각 특징이 있으나, 향촌을 중심으로 한 농촌소비에트정권을 건립하였고, 토지혁명의 전개와 홍군무장역량의 발전을 이루었다는 공통적인 특징을 갖고 있다고 평가하였다.

3) 정강산혁명근거지(1927.10.)

정강산혁명근거지는 토지혁명전쟁시기에 중국공산당이 호남성과 강서성 경계지역인 나소산맥(羅霄山脈)의 중간에 위치하는 영풍(永豊)을 중심으로 건립하였던 첫 번째 농촌혁명근거지이다. 전성시기에는 강서의 영강(寧岡)·영신(永新)·련화(蓮花) 3개 지역과 수천(遂川) 이북과 호남의 령현(酃縣) 남부지역과 다릉(茶陵) 지역을 관할하였다.

1927년 모택동이 영도하는 추수기의 부대가 창건되었다. 1928년 4월에 주덕과 진의(陳毅) 등이 이끄는 남창기의 이후 잔여 병력과 호남 농민공이 정강산에 도착한 뒤 모택동이 이끄는 부대와 합쳐져 **홍4군**이 되었다. 이를 '주모군(朱毛軍)'이라고 부른다. 그리고 같은 해 12월, 팽덕회와 등대원(滕代遠)이 이끄는 평강기의(平江起義)를 중심으로 하여 조직된 **홍5군**도 정강산에 와서 정강산근거지의 역량은 더욱 커졌다.

5월 당이 소집한 제1차 대표대회는 호남-강서 중공특별위원회를 구성하였으며 모택동이 서기로 선출되었다. 이후 상공변특구공농병정부(湘贛邊特區工農兵政府)가 수립되었고, 원문재(袁文才)가 주석이 되었으며, 모택동이 특별 서기로 임명되었다.

정강산혁명근거지의 건립은 이후 중국 각지에서의 공농무장할거에 점화가 되었다. 이 근거지의 역사적 주요 의의는 중국혁명을 위한 중심공작이 도시에서 농촌으로 바뀌었다는 점이다. 즉, 농촌이 도시를 포위하여 최후에는 도시를 탈취하는 새로운 길을 열었다.

4) 상공근거지(湘贛根據地, 1927.11.~1931.11. 호남 강서)

상공근거지는 정강산근거지 기초하에 발전하였다. 1927년 10월, 모택동은 정강산으로 들어가 혁명근거지를 건립한 뒤, 1928년 하순에 상공변특구공농병정부(湘贛邊特區工農兵政府)를 수립하였다. 이 정부는 영강·영신·련화 3개 현 전부를 관할하였고, 다릉·수천·길안(吉安) 등의 현 각각 일부를 관할하였다. 1928년 팽덕회가 이끄는 홍5군 주력부대가 정강산으로 들어왔다. 이후의 근거지는 영신을 중심으로 10여 개 현으로 확장되었다.

1930년 3월 상공변특구(湘贛邊特區)는 새롭게 건립된 공서남특구(贛西南特區)로 들어갔으며, 이름을 서로분구(西路分區)로 변경하였다. 1931년 7월, 상공변특구와 상동남특위할구(湘東南特委轄區)는 합병하여 상공성(湘贛省)을 건립하였고, 영신 등 10여 개 현을 관할하였다. 1932년 8월 상공성위원회와 공농민주정부가 건립되었고, 이듬해 홍6군단이 창설되었다. 원문재(袁文才)가 상공변특구공농병정부의 주석을 맡았고, 원덕생(袁德生)이 상공성소비에트정부(湘贛省蘇維埃政府) 주석을 맡았다.

5) 광동경애근거지(廣東瓊崖根據地, 1927.11.~1950. 해남성)

1927년 10월 경애특위(瓊崖特委)는 광동성 해남도에서 농민봉기를 영도하였다. 낙회[樂會, 오늘날 경해(瓊海)]를 중심으로 한 노농혁명군과 혁명근거지를 건립하였다. 홍군이 최고로 많을 때는 1만 명에 이르렀다. 이 때 지도자는 왕문명(王文明)·부명경(符明經)·왕업희(王業熹)였다.

1928년 봄, 노농혁명군은 노농홍군을 개편하였고, 7월에 경애소비에트정부(瓊崖蘇維埃政府)를 수립하였으며, 왕문명이 주석을 맡았다. 1930년 봄까지 양강(陽江)모서산(母瑞山)·육련령(六連嶺)·양산(羊山) 등지에 근거지를 건립하였다. 1932년 국민당군의 공격으로 홍군과 근거지 대부분을 상실하였다. 그런데 경애특위(瓊崖特委) 서기 풍백구(馮白駒)는 잔여병력을 이끌고 모서산으로 가서, 산간지역에서 오랜 기간 동안 투쟁을 하면서 혁명을 계속하였다. 1941년 11월 풍백구를 주석으로 한 경애동북구항일민주정부(瓊崖東北區抗日民主政府)를 수립하였다.

해방전쟁초기에는 경애민주를 수립하였으며 여러 차례 국민당군의 소탕작전을 분쇄하

였다. 1947년에는 백사(白沙)·보정(保亭)·낙동(樂東) 3개 현 내의 오지산(五指山)을 중심
으로 한 근거지를 건립하였다. 1948년 가을에서 1949년 여름까지 경애종대(瓊崖縱隊)는 3
차에 걸쳐 국민당군을 공격하여 해남도 대부분 산지와 농촌을 점령하였다. 경애혁명근거
지는 장기간의 무장투쟁으로 1950년 해남도를 차지하는 데 중요한 역할을 하였다.

6) 악예환근거지(鄂豫皖根據地, 1927.11.~1931.11. 호북 하남 안휘)

　1927년 11월, 황마특위(黃麻特委)는 황안(黃安)과 마성(麻城) 농민기의를 주도하였고, 하
남 광산현(光山縣) 시산보(柴山堡)를 중심으로 한 악예변근거지(鄂豫邊根據地)를 건립하였
다. 1929년 5월 악동특위(鄂東特委, 황마특위를 개조하여 구성)는 예동남(豫東南)에서 상남
(商南) 농민기의를 주도하였으며, 안휘 금채현(金寨縣) 남계(南溪)와 오가점(吳家店)이 중심
이 된 예동남근거지(豫東南根據地)를 건립하였다.

　1929년 11월, 육안중심현위(六安中心縣委)가 중심이 되어 환서육발(皖西六發)과 곽산(霍
山) 농민기의를 일으켰고, 금가채(金家寨)가 중심이 된 환서근거지(皖西根據地)를 건립하였
다. 후에 3개 근거지는 서로 합병하여 악예환변특구소비에트정부(鄂豫皖邊特區蘇維埃政府)
를 수립하였다. 지도자는 서향전(徐向前)·정위삼(鄭位三)·이선념 등이었다.

7) 공남근거지(贛南根據地, 1927.12.~1931.11. 강서남부)

　1927년 11월, 공서특위(贛西特委)는 태화(泰和)·만안(萬安)·길안 등의 현에서 농민기의
를 일으켜서 혁명정권을 건립하였다. 1929년 1월, 홍4군 주력부대가 강서남부(贛南) 지역
에서 근거지를 건립하였고, 11월에는 공서특구소비에트정부(贛西特區蘇維埃政府)를 수립하
였다.

　1928년 3월 공남·공서·상공변(湘贛邊) 3개 특구를 합쳐 공서남특구(贛西南特區)를 건
립하였고, 공서남특구소비에트정부(贛西南特區蘇維埃政府)를 수립하였다. 그리고 10월에
공서남특구소비에트정부는 강서성소비에트정부(江西省蘇維埃政府)로 확대 개편하였으며,
길안 등 30여 개 현을 관할하였다. 1931년 7월, 공강(贛江) 서쪽 지역에 위치한 10여 개 현
이 새로 성립된 상공성소비에트정부(湘贛省蘇維埃政府)로 들어왔다. 이 해 10월에 국민당
의 제3차 토벌작전이 끝났고, 소비에트민서특구(蘇維埃閩西特區)는 소비에트중앙구(蘇維埃

中央區)로 들어갔다. 증산이 공서남특구 및 강서성소비에트정부 주석을 맡았고, 초도덕(肖道德)이 공서남특구소비에트정부 주석 대리를 맡았다.

8) 상악서근거지(湘鄂西根據地, 1928.3.~1931.11. 호남 호북서부)

1928년 3월, 하룡(賀龍)과 주일군(周逸群)이 상식(桑植)과 학봉(鶴峰)에서 상악변(湘鄂邊) 무장기의를 영도하여 홍4군[후에 홍2군(1930년)으로 개칭]을 창설하였고, 일부 현에 혁명 정권을 세워 **상악변근거지(湘鄂邊根據地)를 건립**하였다. 모택동은 상악변근거지를 '하룡식 근거지'라 일컬었다. 이후 상악변근거지는 호북성의 홍호(洪湖)가 중심이 된 상악서근 거지로 확대되었다.

1931년 3월 상악서특구(湘鄂西特區)는 상악서성(湘鄂西省)로 바꾸었고, 6월 하순 성소비에트정부로 개편하였다. 지도자는 주일군과 하룡이었다. 1932년 왕명의 좌경모험주의(左傾冒險主義)로 인해 홍3군은 제4차 포위공격을 분쇄하지 못하고 홍호 근거지로 퇴각하였고, 호남·호북·사천 경계지역에서 유격활동을 하였다. 1934년 10월 임필시(任弼時) 등이 영도하는 홍6군과 합류하여 상악천검혁명근거지(湘鄂川黔革命根據地)를 건립하였다.

9) 공동북근거지(贛東北根據地, 1928.5.~1931.11. 강서동북)

공동북근거지를 '민절공혁명근거지(閩浙贛革命根據地)'라고도 부른다. 1928년 1월, 방지민을 서기로 한 중대익(中代弋)과 횡공위(橫工委)가 영도하여 강서 익양(弋陽)과 횡봉(橫峰)을 중심으로 한 신강지구(信江地區)에서 농민기의를 일으켰다. 그리고 공동북근거지를 건립하였고, 신강특구소비에트정부(信江特區蘇維埃政府)를 수립하였다. 10월에는 민북숭안당(閩北崇安黨)이 조직되어 숭안(崇安) 농민기의를 이끌었고, 숭안을 중심으로 한 민북근거지(閩北根據地)를 건립하였다.

1930년 7월, 민북(閩北) 지역은 신휘특구(信彙特區)에 속하였고, 후에 공동북특구소비에트정부(贛東北特區蘇維埃政府)로 바뀌었다. 11월 공동북특구(贛東北特區)는 공동북성(贛東北省)으로 되었고, 12월에 성소비에트정부가 수립되었다. 방지민이 신강특구(信江特區)와 공동북특구 및 성 주석을 맡았고, 소식평(邵式平)이 신강특구군위(信江特區軍委) 주석과 공동북성(贛東北省) 군사부장을 맡았다.

▌방지민식 근거지

　　방지민 등이 건립한 근거지에서 중국공산당 역사상 처음으로 작업한 일이 많다. 먼저 주주제를 만들어 홍색주식을 발행하고, 근거지의 재정적 어려움을 해결하였다. 그리고 변방무역정책을 시작하여, 적색무역통로를 상해까지 직접적으로 이르게 하여 국민당의 경제봉쇄를 타파하였다. 처음으로 지뢰전, 적군에게 넘어가지 않도록 집을 비우고 농작물을 소각하는 등의 무장전술은 "병력을 집중하고, 도시의 둘레를 포위하고 적의 지원군을 공격하다" 등의 전략원칙을 총결하였다. 이러한 활동에 민절환공혁명근거지(閩浙(皖)贛革命根據地)는 1934년 중화소비에트로부터 '소비에트 모범성'이라는 칭호를 받았다. 모택동으로부터 '방지민식근거지'라고 불렸다.

10) 상악공근거지(湘鄂贛根據地, 1928.7.~1931.11. 호남 호북 강서)

　　1928년 7월, 팽덕회・등대원・황공략(黃公略)이 평강기의를 주도하였고, 홍5군을 창설하였다. 후에 상악공변(湘鄂贛邊)근거지를 열었다. 1930년 9월, 홍3군단은 장사를 공격한 후 호남성소비에트정부를 수립하였다.

　　1931년 7월에는 상악공성위(湘鄂贛省委)가 건립되었고, 이종백(李宗白)이 서기를 맡았다. 10월에는 상악공성소비에트정부(湘鄂贛省蘇維埃政府)가 수립되었으며, 뢰여초(賴汝樵)가 주석을 맡았다. 1933년 9월부터 홍군과 지방무장세력은 국민당의 공격으로 인해 많은 손실을 입었다. 1934년 8월에 이르러 상악공혁명근거지 대부분은 국민당군에 점령당하였고, 홍군과 유격대는 상악공 경계지역에서 유격활동을 계속하였다.

11) 민서근거지(閩西根據地, 1928.8.~1931.11. 복건서부)

　　1928년 8월, 민서특위(閩西特委)는 평화(平和)・용암(龍岩)・상항(上杭)・영정(永定) 등의 현에서 농민기의를 이끌었다. 영정현(永定縣) 계남구(溪南區)를 중심으로 한 10여 개 향에 혁명정권을 건립하였다. 1929년 3월에서 12월까지 홍4군 주력부대는 민서지역으로 들어와 민서근거지를 열었다.

　　1930년 3월 민서선구소비에트정부(閩西選區蘇維埃政府)를 수립하였고, 용암 등 6개 현을 관할하였다. 그리고 1931년 10월 제3차 반토벌작전이 성공적으로 끝난 후 관할지역이 11개 현으로 늘어났다. 소비에트강서성(蘇維埃江西省)과 소비에트중앙구로 연결되었다. 등자회(鄧子恢)가 민서선구소비에트정부 주석을 맡았고, 장정승(張鼎丞)이 민서선구소비에트정부 주석 겸 군사 부장을 맡았다.

1930년 6월 홍4군이 민서지역으로 들어왔고, 모택동은 상항현 남양향에서 홍4군전위(紅四軍前委)와 민서특위(閩西特委) 연석회의를 열었다. 이를 '남양회의(南陽會議)'라고 부른다. 회의에서 ≪부농문제(富農問題)≫와 ≪떠돌이문제(流氓問題)≫ 두 개 결의안을 토론하고 통과시켰다. 남양회의 이후, 중앙의 지시에 따라 홍4군과 민서 홍12군, 공남 홍6군은 정주(汀州)에 재편하여 중국공농홍군 제1군단이 창설되었고, 주덕이 총지휘를 맡고, 모택동이 총정위(總政委), 양악빈(楊嶽彬)이 정치부 주임, 주운경(朱雲卿)이 참모장을 맡았다.

1932년 2월 복건군구가 장정(長汀) 십리포(十裏埔)에서 건립되었다. 라병휘(羅炳輝)가 사령관이 되었고, 담진림(譚震林)이 정위(政委)가 되었다. 1932년 3월 18일 복건성 제1차 공농병대표대회(工農兵代表大會)가 정주에서 개최되었고, 복건성공농민주정부(福建省工農民主政府)가 수립되었으며, 장정승(張鼎丞)이 주석으로 선출되었다.

12) 광서좌우강근거지(廣西左右江根據地, 1929.12.~1931.11.)

1929년 12월, 등소평과 장운일(張雲逸) 및 광서특위(廣西特委)가 백색기의(百色起義)를 주도하였고, 홍7군과 우강특구소비에트정부(右江特區蘇維埃政府)를 수립하였다. 1930년 2월, 등소평 등이 용주기의(龍州起義)를 주도하여 좌강(左江) 지역을 점령하였으며, 홍8군과 좌강혁명위원회(左江革命委員會)를 건립하였다.

1931년 8월, 우강소비에트정부(右江蘇維埃政府)를 우강혁명위원회(右江革命委員會)로 바꾸었다. 지도자는 등소평·장운일·위발군(韋拔群)·위옥매(韋玉梅)였다.

13) 중국공농혁명위원회(中國工農革命委員會, 1930.8.~1931.11.)

1930년 6월까지, 중국공산당이 영도하는 공남(贛南)·민서(閩西)·공동북(贛東北)·악예환(鄂豫皖)·상악서(湘鄂西)·동강(東江)·경애(瓊崖)·좌우강(左右江) 8개의 혁명근거지는 모두 특구소비에트정부를 수립하였다. 8월에는 중공중앙은 남창에서 모택동을 주석으로 한 중국공농혁명위원회(中國工農革命委員會)를 건립하였다.

중화소비에트공화국(中華蘇維埃共和國) 이전에 이 위원회가 실제로 임시정부역할을 하였다. 지도자는 모택동·주덕·증산·등자회·황공략·팽덕회·임표·담진림·방지민·

소식평 등이었다.

14) 중앙혁명근거지(中央革命根據地, 1931.11.)

중앙혁명근거지(Central Revolutionary Base Area)는 1931년 11월, 공서남(贛西南)과 민서혁명근거지의 기초하에 건립되었으며, '중앙소구(中央蘇區)'라고도 부른다. 강서남부, 복건서부에 위치하고, 토지혁명 시기에 전국 최대의 혁명근거지였다. 또 전국 소비에트운동의 중심 지역이었으며, 중화소비에트공화국의 당·정·군 수뇌기관소재지가 있는 곳이다.

1933년 1월 중공임시중앙은 상해에서 중앙혁명근거지로 옮겨왔다. 7월, 임시중앙정부는 중앙혁명근거지를 강서·복건·월공(粵贛)·민공(閩贛) 4개의 성에 건립하였다.

1931년 1월 15일 중공소비에트중앙국이 강서 소포(小布)에 건립하였다. 주은래가 서기를 맡고(12월 주은래가 오기 전까지 항영(項英)이 대리서기를 맡음), 9월 홍1방면군이 적의 제3차 포위토벌을 분쇄한 후에, 공서남(贛西南)과 민서혁명근거지가 합류하였다. 11월 7일에서 20일까지, 중화소비에트 제1차 전국대표대회가 강서 서금(瑞金)에서 개최되었고, 중화소비에트공화국임시정부가 성립하였음을 선포하였다.

대회에서 《중화소비에트공화국헌법대강(中華蘇維埃共和國憲法大綱)》 등의 주요 문건을 통과시켰다. 그리고 중앙정부집행위원회 63명을 선출하였다. 11월 25일, 주덕이 주석이 되었고, 왕가상(王稼樣)과 팽덕회(彭德懷)가 부주석이 된 중화소비에트공화국 중앙혁명군사위원회가 세워졌다. 11월 27일 중화소비에트공화국 중앙집행위원회 제1차 회의에서 모택동을 주석으로 선출하였고, 항영과 장국도를 부주석으로 선출하였다. 임시중앙정부는 《중화소비에트공화국헌법대강(中華蘇維埃共和國憲法大綱)》, 《토지법(土地法)》, 《홍군문제에 관한 결의안(關於紅軍問題決議案)》 등을 반포하였다.

중앙혁명근거지가 최대한 관할하였을 때의 지역은 서금·회창(會昌)·심오(尋鄔)·안원(安遠)·신풍(信豐)·우도(雩都, 於都)·홍국(興國)·영도·광창(廣昌)·석성(石城)·려천(黎川)·건녕(建寧)·태녕(泰寧)·영화(寧化)·청류(清流)·귀화(歸化)·용암(龍岩)·장정(長汀)·련성(連城)·상항(上杭)·영정(永定) 21개 현이었고, 인구는 약 250만 명이었다.

1933년 10월 박고를 중심으로 하는 중공임시중앙정치국이 상해에서 중앙혁명근거지로 옮겨왔다. 왕명의 좌경모험주의와 단순방어의 착오전략으로 국민당 제5차 포위토벌을 분쇄하지 못했다. 중공중앙은 중앙홍군을 이끌고 1934년 10월 중앙혁명근거지를 버리고 장

정을 시작했다. 남은 일부 홍군과 지방무장은 항영과 진의 등이 영도하여 당지에서 유격
전쟁을 계속해서 펼쳤다.

15) 천섬혁명근거지(川陝革命根據地, 1933. 2. 사천 섬서)

사천과 섬서의 경계의 대파산 지구에 위치하며 두 성의 20개 현을 포함한다. 장국도와
서향전 등의 영도하에 홍4방면군 주력이 악예환에서 물러간 후, 사천 북부에서 통강(通江)·
남강(南江)·파중(巴中) 등 현을 공격 점령하여 점차 발전해왔다. 1933년 2월 천섬 공농민
주정부가 수립되었다.

1932년 10월, 중국공농홍군 제4방면군, 주력부대는 악예환근거지(鄂豫皖根據地)에서 패
퇴하였고, 명령에 따라 서쪽으로 이동하였다. 12월 섬서 남부지역을 지나서 사천 북부지
역으로 옮겨왔다. 12월 18일 홍4방면군은 통강(通江)현 하구장(河口場)에 이르러, 사천과
섬서 변경지역에 첫 번째 공농혁명정권인 적북향소비에트정부(赤北鄉蘇維埃政府)를 수립
하였다.

이후, 사천과 섬서 두 성의 당 조직과 왕유주(王維舟) 등이 이끄는 천동유격대(川東遊擊
隊)가 합쳐 천섬혁명근거지(川陝革命根據地)를 건립하기 위한 투쟁을 하였다. 1932년 12월
하순, 홍군은 통강·남강·파중 세 개의 현과 대부분의 지역을 점령하였다. 이곳에서 소
비에트정권을 건립하였다.

적강(赤江, 通江)·홍강(紅江, 涪陽)·남강·청강(清江, 巴中) 현과 파중특별시(巴中特別市)
등 소비에트정부를 차례대로 수립하였고, 홍4방면군은 천섬근거지(川陝根據地)에서 확고
한 입장을 갖고 국면을 펼쳐나갔다. 1933년 2월, 중공천섬성(中共川陝省) 제1차 당원대표
대회와 천섬성 제1차 공농병대표대회가 연속해서 열렸고, 중공천섬성위(中共川陝省委)를
조직하였다. ≪중화소비에트헌법대강≫의 원칙에 따라 ≪천섬성소비에트임시조직법(川陝
省蘇維埃臨時組織法)≫을 기초하고 통과시켰다. 그리고 천섬성소비에트정부(川陝省蘇維埃政
府)를 수립하였고, 천섬혁명근거지(川陝革命根據地)가 정식으로 건립하였음을 선포하였다.

16) 상악천검혁명근거지(湘鄂川黔革命根據地, 1934.10. 호남 호북 사천 귀주)

토지혁명전쟁시기에 중국공산당이 영도한 혁명근거지 중의 하나로, 호남·호북·사천·

귀주 4개 성의 경계지구에 위치하였다. 상악천검소구(湘鄂川黔蘇區)라고도 부른다. 하룡·
하희(夏曦)·관향응(關向應) 등이 홍2군단을 이끌고 상악서에서 물러난 후, 1934년에 검동
근거지를 건립했다.

1934년 10월 중국공농홍군 제2군단과 6군단이 검동혁명근거지에 모인 후, 호남성서부
지역으로 공격하였고, 영순(永順)·대용(大庸)·상식(桑植) 등의 현성 및 광범위한 향촌을
점령하였다. 11월 26일 중공상악천검성위(中共湘鄂川黔省委), 성혁명위원회(省革命委員會)와
성군구(省軍區)가 건립되었다. 임필시가 성 서기 겸 군구정치위원이 되었고, 하룡이 성혁
명위원회 주석 겸 군구사령원이 되었다. 1935년 1월까지 상악천검혁명근거지(湘鄂川黔革
命根據地)가 초보적으로 건립되었다. 1935년 9월 국민당이 포위토벌작전을 펼치자, 11월
19일 상악천검혁명근거지를 이탈하여 장정에 올랐다.

17) 섬감혁명근거지(陝甘革命根據地, 1935.7. 섬서 감숙)

섬감혁명근거지는 섬서북부와 섬서와 감숙의 경계지역에 위치하고 있으며, 섬감소구
(陝甘蘇區)라고도 부른다. 1931년 10월, 진서(晉西)유격대는 기초적인 섬북 유격지대(支隊)
였다. 감숙 합수현(合水縣) 남량(南梁) 지역까지 전쟁을 하였고, 류지단(劉志丹)이 영도하는
남량유격대와 합쳤다. 머지않아 중국공농홍군섬감유격대로 되었고, 섬감 경계지역에서
유격전쟁을 벌였다.

1933년 겨울에 이르러 섬감유격대는 중국공농홍군 제26군을 편성하였고, 조금(照金)과
남량을 중심으로 한 두 근거지를 세웠다. 1934년 1월, 섬감변혁명위원회(陝甘邊革命委員會)
가 구성되었고, 11월에는 **섬감변소비에트정부(陝甘邊蘇維埃政府)**가 수립되었고, 습중훈
(習仲勳)이 주석이 되었다. 섬북지역에는 1932년 3월부터 중공섬북특별위원회(中共陝北特
別委員會) 영도하에 몇 개의 홍군 유격대를 이어갔다.

안정(安定)·청간(淸澗)·연천(延川)·연안(延安) 등의 현 내에 유격전쟁이 발발하였고,
1934년 8월에 이르러서 安(定)延(川), 綏(德)淸(澗), 佳(縣)吳(堡), 神(木)府(穀) 4개 근거지를 개
척하였다. 1935년 1월, 섬북성소비에트정부(陝北省蘇維埃政府)가 수립되었고, 마명방(馬明
方)이 주석이 되었다. 홍군유격대는 중국공농홍군 제27군단 제84사단으로 편성되었다.

1935년 2월, 중공서북공작위원회(中共西北工作委員會)와 서북혁명군사위원회(西北革命軍
事委員會)가 건립하였고, 섬감변(陝甘邊)과 섬북(陝北) 두 근거지에 대한 영도를 통일하였

다. 7월 홍군은 국민당의 제2차 포위토벌(圍剿)을 분쇄하였고, 섬감변과 섬북 두 근거지는 하나로 되었다. **섬감혁명근거지**는 중공중앙과 홍군 제1, 제2, 제4방면군의 장정 도착지가 되었다.

18) 연안혁명근거지(延安革命根據地, 1935~1948)

1937년 중공중앙이 주둔하면서 연안시를 건설하였으며, 섬감녕변구정부(陝甘寧邊區政府) 소재지가 되었다. 류지단과 사자장(謝子長)이 건립한 섬북혁명근거지가 중앙홍군의 긴 여정의 도착점이 되었다. 1935년부터 1948년까지 연안은 중공중앙의 소재지였고, 중국인민 해방투쟁의 총후방이었다. 13년간, 연안에서 항일전쟁·해방전쟁·정풍운동(整風運動)·대생산운동(大生産運動)·중공7대 등 중국역사상 중대사건을 겪었다.

1936년 10월 전국혁명근거지는 90%를 상실하였고, 근거지의 인민은 1,000만에서 100만으로 줄어들었다. 전 당원은 30만에서 4만으로 줄어들었고, 홍군도 30만에서 3만으로 줄어들었다.

연안시기에 중공중앙은 와요보회의, 낙천회의, 6차 6중전회와 7차 전국대표대회 등을 거쳐 그동안의 경험을 총결산하였다. 그리고 중국공산당의 정확한 지도방침과 노선을 결정하였다.

연안 시기에 모택동 등 혁명가들은 마르크스주의의 보편진리와 중국혁명의 실천이 서로 결합되어 계통적으로 중국민주혁명의 경험과 교훈을 분석하고 '**통일전선, 무장투쟁, 당의 건설**' 등 민주혁명의 3대 법보를 제출하였다. 이 시기에 모택동은 많은 글을 썼다. 그중에서 『모택동선집』 1~4권의 158편 문장 중 92편을 연안에서 썼다. 그리고 『중국혁명전쟁의 전략문제』, 『지구전론』, 『신민주주의론』, 『(공산당원)발간사』 등도 이곳에서 썼다. 연안에서의 정풍운동과 7차 전국대표대회를 통해 모택동사상은 중국공산당의 지도사상이 되었다.

중공 중앙은 연안의 기와굴에 중국인민항일군정대학, 중공중앙당교, 섬북공학, 노신예술학원 등 20여 개의 간부학교를 세웠다. 중국공산당이 중국대륙을 장악하는데 커다란 영향을 준 연안정신이 형성되었다.

19) 항일근거지

    1940년대 중국공산당은 화북, 화중, 화남의 3대 전략지역의 적 후방에 10여 개의 항일근거지를 건립하였다.

(1) 화북항일근거지(華北抗日根據地)

    중국공산당이 최초로 건립한 적후방 항일근거지이다. 진찰기(晉察冀), 진기로예(晉冀魯豫), 진수(晉綏)와 산동의 4개 항일근거지를 포함한다.

① 진찰기항일근거지(晉察冀抗日根據地, 1937.11.)

    진찰기항일근거지는 중국공산당의 영도하에 세워진 군사, 정치 조직이다. 1937년 11월 섭영진(聶榮臻)이 첫 번째 항일근거지를 세웠고, 중국항일전쟁의 후방 전장을 열었다. 이러한 항일근거지는 1938년 이후 오랜 기간 항일 주요 전장의 하나가 되었다.

    1937년 11월 팔로군 115사가 열었던 최초의 항일근거지로서, 오대산(五臺山)이 중심이 되었다. 1938년 정식으로 진찰기변구임시행정위원회(晉察冀邊區臨時行政委員會)라는 영도 기구를 세웠다. "33제(三三制)"를 실시하였으며, **화북 최대의 항일근거지였다.** 항일전쟁이 끝나기 전에 산서·하북·찰합이(察哈爾)·열하(熱河)·요녕 5개 성의 일부지역을 차지하였고, 면적은 40만㎢였다.

▎33제(三三制)

    공산당원, 진보분자, 중간분자가 각각 1/3을 차지하는 것이고, 소위 중간분자는 실제상 중등자산계급과 개명신사를 흡수하여 정권에 참가시킨다는 것이다.

    이후 점차 확대 발전하여 전부 북악(北嶽)·기중(冀中)·기동(冀東)·평북·평서 등 5개 행정구로 나누어졌고, 후에 또 서악(西嶽), 기중과 기열요(冀熱遼) 3개구를 합병하여 108개 현을 관할하고 인구는 약 2,500만 명이었다. 1943년 가을, 진서북항일근거지(晉西北抗日根據地)는 반'소탕'을 진행하여 진수항일근거지(晉綏抗日根據地)로 동원하였다.

> 팔로군과 신사군은 화북, 화중, 화남의 광대한 구역에서 전국 19개 성에 걸쳐 적후 근거지를 건립하고 항일 유격전쟁 전개의 기지와 후방을 만들었다. 각지 항일민주정부('변구정부'라고도 함)는 민주정치를 실행하고 진실로 항일민족 통일전선 정책을 관철하며 민주선거를 거쳐 공산당과 각지 항일당파 및 무당파 인사들과 합작정부, 즉 지방성연합정부를 조성하였다.

② 진기로예항일근거지(晉冀魯豫抗日根據地)

항일전쟁시기에 중국공산당이 영도한 적후방 항일근거지로 관할 지역은 태행(太行)·태악(太嶽)·기로예(冀魯豫)·기남(冀南) 4개 지역이다. 1937년 10월, 팔로군 129사단이 태악과 태행산구(太行山區)로 들어가 진기예항일근거지(晉冀豫抗日根據地)를 건립하였다.

1938년 5월에는 129사단 주력부대가 기남으로 들어가 기남항일근거지(冀南抗日根據地)를 건립하였다. 1939년 2월, 팔로군 115師일부가 기로예지구(冀魯豫地區)로 들어가 지방당 조직과 함께 기로예, 로서(魯西), 호서[湖西, 미산호(微山湖)] 3개 항일근거지를 수립하였다. 1941년 기관의 영도하에 진기로예변구정부(晉冀魯豫邊區政府)가 수립되었고, 양수봉(楊秀峰)이 주석으로 선출되었다.

③ 진수항일근거지

1938년 팔로군 120師 일부가 대청(大青)산지로 들어가 항일근거지를 개척하였다. 이것이 바로 진수항일근거지의 최초로 정형화되기 전의 모습이다. 진서북항일근거지와 대청산항일근거지(大青山抗日根據地)가 합병하여 형성되었다. 1942년 합병 이후, 진수변구행정공서(晉綏邊區行政公署)는 정식영도기구가 되었다. 공서 주임은 속범정(續範亭)이었다. 산서 서북부와 수원(綏遠)[1] 동남부를 관할하였고, 섬감녕변구(陝甘寧邊區)의 전위대 진지였다.

진수항일근거지는 하룡과 관향응이 이끄는 120사단이 주력이 되어 건립된 근거지로 산지구 고원지대에 위치하여 진서북과 대청산 두 개 구로 나누어졌다. 그것은 화북과 화중 지역의 적후방 아군과 섬감녕변구와 연계하는 유일한 길로 또한 섬감녕변구를 보위하는 전초진지이다. 모두 46개현을 관할하며 인구는 약 300만 명이다.

④ 산동항일근거지(山東抗日根據地)

산동항일근거지는 산동성위가 지방무장기의를 발동하였는데, 팔로군 산동종대(山東縱

---

1) 수원성(綏遠省)은 중화민국의 1급행정구이다. 내몽고자치구남부지역을 포함한다. 청조 시기에는 산서성에 속하였다. 1928년 수원성(綏遠省)이 되었고 상회는 '귀수(歸綏)'(오늘날 호화호특(呼和浩特)이다. 1954년에 내몽고자치구에 포함되었다. 간칭하여 '수'(綏)라 부른다.

隊)와 팔로군 115사단이 함께 건립하였다. 근거지는 동으로는 황해와 발해에 임해 있고, 북으로는 천진, 남으로는 롱해로(隴海路)에 접해 있고, 서로는 진포로(津浦路)에 이른다. 산동대부분과 하북과 강소의 일부를 포함한다.

1937년 겨울, 일본군이 산동에 대거진공하자 산동당조직은 연말에 산동인민을 영도하여 기의를 일으켰다. 1938년 5월 중공 중앙은 곽홍도(郭洪濤)를 산동성위 서기로 임명하였다. 7월, 산동성위는 소로예환변구성위(蘇魯豫皖邊區省委)로 확대하였고 곽홍도가 서기로 임명되었다. 동시에 중앙은 팔로군 주력부대를 산동으로 파견하여 유격활동을 강화시켰고, 항일근거지를 확대하고 강화하였다.

1938년 12월 팔로군 산동종대가 건립하였고, 장경무(張經武)가 지휘를 맡았고 려옥(黎玉)이 정치위원으로 선출되었다. 동시에 중공중앙은 소로예환변구성위를 중공중앙산동분국(中共中央山東分局)으로 바꾸었고, 곽홍도를 서기로 임명하였다. 이로써 산동항일근거지가 처음으로 규모를 갖추었다.

1939년 8월, 팔로군 제1종대가 산동에서 성립하였고, 서향전이 사령원이 되었으며, 주서(朱瑞)가 정치위원이 되었다. 팔로군 115사단과 산동종대 및 소북(蘇北)의 부대를 지휘하였다. 1945년 봄과 여름 산동근거지 군민들은 작전을 실시하여 해방구를 확대하였다. 8월 산동군구부서는 산동야전병을 편성하였고, 10만 명의 민병으로 구성된 수십 개의 '자제병단(子弟兵團)'을 구성하였다. 근거지는 노중구(魯中區)·노남구(魯南區)·발해구(渤海區)·빈해구(濱海區)와 교동구(膠東區)를 포괄하며 82개 현을 관할하였고, 인구는 2,900만 명이었다.

(2) 화중항일근거지(華中抗日根據地)

1938년 9월에서 11월까지 개최되었던 6차 6중전회에서 "화북을 공고히 하고 화중을 발전시킨다(鞏固華北, 發展華中)"라는 전략방침이 결정되었다. 또 장강국을 폐지하였고, 중원국(中原局)을 설립하였다. 류소기가 서기를 맡았고, 장강이북의 하남·호북·안휘·강소지역의 당 공작을 영도하였다. 그리고 남방국을 설립하였는데, 주은래가 서기를 맡았고, 동필무가 부서기를 맡았으며, 장강 이남지역의 당 공작을 책임지고 맡았다.

1939년 2월, 주은래가 중공중앙을 대표로 하여 신사군 군부로 가서 신사군의 전략방침이 남쪽을 향해 공고히 하고, 동쪽을 향해 작전하며 북쪽을 향해 발전해 간다는 것을 확정하였다.

1939년 화중 신사군은 적후방을 작전하는 임무를 수행하였다. 5월 초 신사군 군장 섭정(葉挺)은 려강동탕지(廬江東湯池)로 갔다. 신사군 강북지휘부를 조직하여, 장운일이 지휘를 겸하고, 서해동(徐海東)과 라병휘가 부지휘를 맡았다. 동시에 강북지휘부전위(江北指揮部前委)를 설립하였고, 장운일이 서기를 맡았다. 이어서 강북지휘부전위대 제4지대 및 강북부대를 개편하여, 서해동이 제4지대 사령관을 겸하였다. 원래 4지대 제8단이 제5지대를 기초적으로 조직하였고, 라병휘가 사령관이 되었다. 제4지대는 환동진포로서(皖東津浦路西)에서 정원우당(定遠藕塘)이 중심이 된 환동근거지를 건립하였다. 제5지대는 진포로동(津浦路東)에서 래안반탑집(來安半塔集)이 중심이 된 근거지를 건립하였다. 강북유격종대(江北遊擊縱隊) 일부는 환중소현(皖中巢縣)과 무위지구(無爲地區)에서 투쟁을 하였고, 환남(皖南)과의 연락을 유지하였다. 일부는 화현(和縣)과 함산지구(含山地區)까지 진입하여 유격활동을 하여 환중항일근거지(皖中抗日根據地)를 세웠다.

1940년 말까지, 신사군은 강(江)·회(淮)·하(河)·한(漢) 사이의 광활한 지역을 차지하였다. 그리고 환중·환동(皖東)·환동북(皖東北)·소남(蘇南)·소중(蘇中)·소북(蘇北)·예환소(豫皖蘇)·환남(皖南) 등의 근거지를 수립하였으며, 군대도 1만 명에서 10만여 명으로 늘어났다.

(3) 화남항일근거지(華南抗日根據地)

1938년 10월 광주가 함락된 후, 증생(曾生) 등은 당지의 군중조직을 영도하여 항일유격대를 조직하였고, 후에 광동인민항일유격대동강종대(廣東人民抗日遊擊隊東江縱隊)라 불렀다. 동강종대는 동강(東江), 광구로(廣九路), 주강삼각주(珠江三角洲)에서 유격전쟁을 전개하였고, 동강근거지를 건립하였다. 1939년 담수(淡水)를 중심으로 한 항일민주정권을 건립하였다.

1939년 2월 일본군이 해남도를 공격할 때 풍백구 등은 당지의 홍군유격대와 당지 인민을 영도하며 경애항일자위단독립대(瓊崖抗日自衛團獨立隊)를 건립하였고, 후에 광동인민항일유격대경애종대(廣東人民抗日遊擊隊瓊崖縱隊)라 불렀다. 해남도의 동북부지역에서 유격전쟁을 펼쳤고, 경애근거지(瓊崖根據地)를 열었다. 1941년에는 경애동북구항일민주정부(瓊崖東北區抗日民主政府)를 수립하였다.

(4) 동북항일연합군(東北抗日聯軍)

동북항일연합군은 1936년 2월 중국공산당 영도하에 동북 각 항일부대는 동북항일연합군으로 통일되었다. 양정우(楊靖宇)가 영도하였다.

노구교사변(盧溝橋事變, 1937.7.7.) 후, 항일연합군은 군중과 단결하여 한층 더 항일무장투쟁을 광범하게 전개했다.

제**3**장

중국공산당 역사: 주요 사건을 중심으로

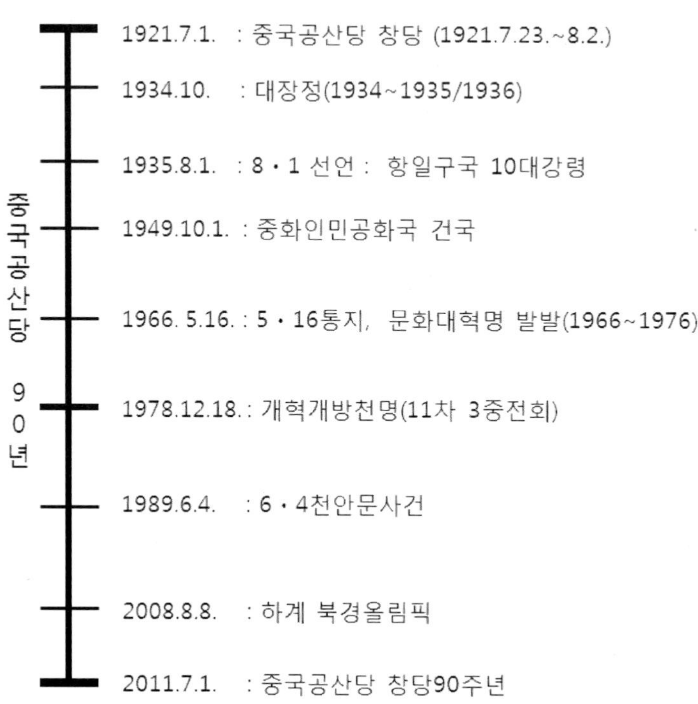

- 무산계급의 사람들이여! 모두 일어나라! (농민협회 건립)
- 모든 권력은 농민협회로! (농민협회 건립)
- 반기아, 반내전, 반압박(5월 학생운동)
- 먹을 것을, 자유를, 평화를(5월 학생운동)
- 노동자대우 제고, 농민생활 개선(5월 학생운동)
* 1949. 12.7. 국민당 대만으로 이주

1. 중국공산당 창당 이전 활동(1918~1921)

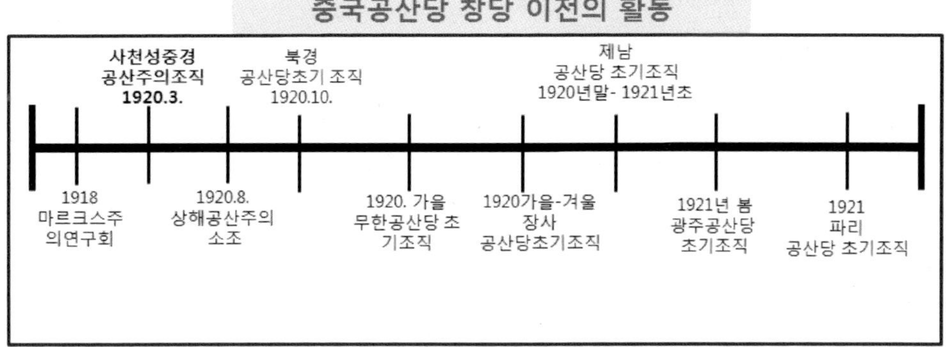

1918년, 북경대학에 이대쇠가 이끄는 '마르크스주의 연구회(馬克思學說研究會)'가 생겨났다. 그리고 1920년 봄부터 1921년 봄까지 초보적인 공산주의사상을 가진 혁명가들이 중경, 상해, 북경, 장사, 무한, 제남, 광주 등지에서 공산당의 초기조직을 건립하였다. 중국공산당 초기조직을 간략하게 살펴보면 다음과 같다.

1920년 3월 12일, 진보적인 성향을 띤 청년들이 중경에서 최초로 사천성중경공산주의조직(四川省重慶共産主義組織)을 건립하였다. 이에 대한 기록은 중국공산당 창당90주년 전날, 중앙당안관 동의하에 ≪중경일보≫가 단독으로 ≪사천성중경공산주의 조직의 보고(四川省重慶共産主義組織的報告)≫를 발표하였다. 이 문헌은 1920년 사천성중경공산주의 조직의 책임자 4명이 공산국제에게 보낸 중공대표단의 보고로서 총 7개 부분으로 되어 있다. 첫째 부분은 사천의 최근 역사, 둘째 부분은 조직의 임무, 셋째 부분은 조직의 역사, 넷째 부분은 조직의 기구, 다섯째 부분은 성원수, 여섯째 부분은 운동, 일곱째 부분은 조직의 발전이었다. 보고에서는 "1920년 3월 12일 우리의 조직이 중경에서 정식으로 성립하였다"라고 되어 있다. 기록에 의하면, 약 40명의 정식성원과 약간의 후보성원으로 구성되었다. 조직기구로는 서기처(書記處)와 선전·재무·출판 3개의 부서로 되어 있었다. 천서(川西)·천서남(川西南)·천동남(川東南)·천북(川北)과 천동(川東)에 모두 지부를 건립하였다. 보고에 의하면, 당시 사천성에는 모두 5개의 공산주의조직이 있었다. 각각 성도(成都)·서부[敍府, 의빈(宜賓)]·아주[雅州, 아안(雅安)]·순경[順慶, 남충(南充)]과 중경이었다. 중경은 이러한 조직의 '총괄적인 조직'이었고, '정식조직'이었다.

　1920년 8월, 상해공산주의소조(上海共産主義小組)가 건립되었다. 이 때 소조에 참가한 사람은 진독수·이한준(李漢俊)·심현려(沈玄廬)·진망도(陳望道)·유수송(俞秀松)·시존통(施存統, 在日本)·양명재(楊明齋)·이달(李達) 8명이었다.

　1920년 10월, 이대쇠·장신부(張申府)·장국도 3명은 북경공산당 초기 조직을 건립하였다. 이대쇠가 책임을 맡았고, 라장용·류인정·등중하(鄧中夏)·고군우(高君宇)·하맹웅(何孟雄)·무백영(繆伯英)·범홍갈(範鴻劫)·장태뢰(張太雷) 등이 가입하였다. 구성원은 대체적으로 북경대학 마르크스주의 연구회가 주를 이루었다.

　1920년 가을, 동필무·진담추·포혜승 등은 무창에서 회의를 비밀리 개최하여 무한공산당(武漢共産黨) 초기 조직을 정식으로 건립하였다. 1920년 가을, 시존통과 주불해 등은 일본 동경에서 주 일본공산당 초기조직을 구성하였고, 시존통이 책임자였다.

　1920년 가을과 겨울 사이에, 모택동과 하숙형 등이 장사에서 신민학회(新民學會)가 핵심이 되어 공산당 초기 조직을 설립하였다. 1920년 말에서 1921년 초에 이르기까지, 왕진미와 등은명 등은 제남에서 공산당 초기 조직을 설립하였다. 1921년 봄, 무정부주의자들이 조직한 공산당에서 분리한 후, 진독수 등은 광주공산당 초기조직을 새롭게 건립하였다. 조직은 담평산(譚平山)·진공박·담식당(譚植棠) 등으로 구성되었고, 진독수와 담평산이 서기를 맡았다. 1921년 장신부·주은래·조세염(趙世炎)·류청양(劉淸揚) 등은 프랑스 파리에서 유학생으로 구성된 공산당 초기 조직을 건립하였고, 장신부가 책임자가 되었다.

　이러한 공산당 초기 조직의 명칭은 통일되지 못했었다. 대체적으로 명칭은 공산당, 공산당지부(共産黨支部), 공산당소조 등이었다. 하지만 성격은 서로 같았으며, 모두 통일된 중국공산당의 지방조직을 구성하였다. 후에 공산주의소조로 통일되어 불렸다.

　각 지역의 공산주의소조가 건립된 이후에 혁명가들은 조직적이고 계획적으로 마르크스주의 연구와 선전을 확대하였다. 각종의 反마르크스주의사조를 비판하였고, 사회주의청년단(社會主義靑年團) 설립을 발기하였으며, 노동자학교를 설립하였다. 이들이 마르크스주의와 노동운동의 결합을 촉진하기 시작하면서 중국공산당이 창당될 수 있는 조건이 마련되었다.

2. 중국공산당 창당(1921)~중화인민공화국 건국(1949)

1) 1921~1930

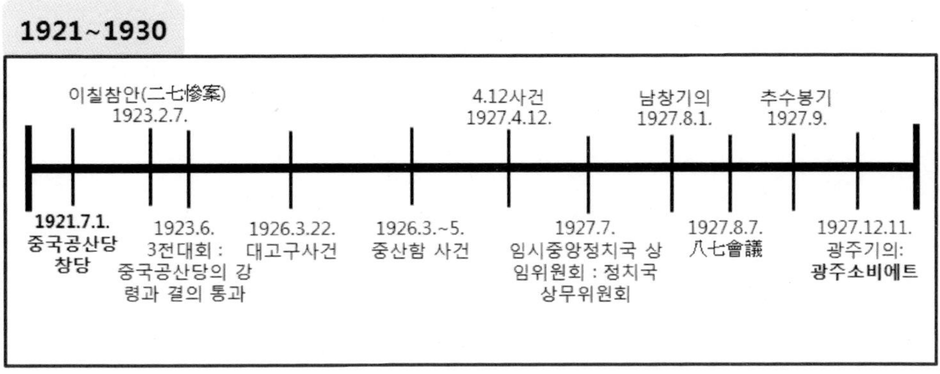

이 시기의 중국에는 중국공산당이 창당하였고, 제1차 국공합작이 이루어졌으며, 중국공산당의 주요 계급인 농민과 노동자의 봉기가 일어났다.

(1) 중국공산당 창당

1921년 7월 23일부터 8월 2일까지 상해와 가흥에서 중국공산당 제1차 전국대표대회(전대)를 개최하였다. 공산당 대표 13명, 코민테른 대표 2명이 참석한 1전대회(全大會)에서 정식으로 창당하였다. 중국공산당은 1921년 상해에서 57명의 당원으로 출발하였다.

제1차 전국대표대회를 상해의 프랑스 조계지에 있는 이서성 이한준 두 형제의 집에서 비밀리에 정식으로 개막하였다. 출석한 대표 13명은 7개 지역의 지방당의 조직과 57명의 당원을 대표하고 있었다.

(2) 중국 농민협회 건립(1921.9.)

중국공산당 영도하의 최초 농민협회는 1921년 9월 27일 절강성 소산현(蕭山縣)의 아전촌(衙前村)에서 건립되었고, 이는 중국농민운동의 서막을 열었다. 초기 공산당원인 심정일(沈定一)과 농민선구자인 이성호(李成虎) 등의 영도하에 농민협회는 점점 발전하였고, 매우 빠르게 소산과 소흥(紹興) 등의 여러 현 80여 개 마을로 확산되었다.

농민협회는 중국현대농민운동의 첫 번째 성문으로 된 강령인 ≪어전농민협회선언(衙前2)農民協會宣言)≫과 ≪어전농민협회장정(衙前農民協會章程)≫을 발표하였다. 심정일이 기초한 선언과 장정은 『신청년(新青年)』 잡지에 게재되었는데, 그 글에서 "무산계급의 사람들이여! 모두 일어나라(無産階級的人, 大家起來呀)!"라고 호소하였다. 그해 12월 농민협회는 군벌정부의 탄압을 받았고, 각지 농민협회 500여 명의 사람들이 체포되었다.

농민협회는 민주혁명시기(民主革命時期)에 중국공산당 영도하의 농민군중조직으로 빈농과 고용된 농민이 핵심이었고, 줄여서 '**농회(農會)**' 혹은 '**농협(農協)**'이라 불렸다.

1922년부터 1925년까지 팽배(彭湃)와 모택동 등은 절강성·광동성·호남성 등지에서 농민투쟁을 일으켜 농민협회를 건립하였다. 그리고 "모든 권력은 농민협회(一切權力歸農會)로"라는 혁명정권을 세우는 성격의 구호를 제안하였다. 1926년에는 호남성 전 성 75개 현 중에 37개 현에 농민조직이 형성되었고, 회원의 수도 약 150만에 달했다.

(3) 노동운동과 이칠참안(二七慘案. 1923.2.7.)

중국공산당 창당 이후 중국노동조합서기부가 건립되면서 노동운동에 역량을 집중하였다. 당의 영도하에, 1922년 1월 홍콩 선원 파업이 기점이 되어, 중국노동운동이 첫 번째로 고조되었다. 이 노동운동은 13개월간 지속되었고, 전국에 크고 작은 100여 차례의 노동운동이 일어나도록 영향을 주었으며, 참가한 사람도 30만 이상이었다. 그중 안원로광(安源路礦) 노동자 대파업, 개란매광(開灤煤礦) 노동자 대파업이 가장 대표적이다.

1923년 2월 4일 폭발한 경한철로(京漢鐵路) 3만 명의 대파업은 제1차 노동운동 고조를 정점에 달하게 하였다. 2월 7일 제국주의 세력의 지지 하에, 군벌 오패부(吳佩孚)는 군 경찰을 동원하여 유혈진압을 단행했다. 이 때 40여 명의 노동자가 피살되었고 200여 명이 부상을 당했으며, 60여 명이 체포되었고 1,000여 명이 직장에서 쫓겨났다. 피살된 대표적인 사람은 경한철로총공회(京漢鐵路總工會) 강안분회(江岸分會)위원장, 공산당원 임상겸(林祥謙)과 경한철로총공회(京漢鐵路總工會)와 호북성공단연합회(湖北省工團聯合會) 법률고문, 공산당원 시양(施洋) 등이었다. 이 사건을 역사적으로 '2·7참안'이라 부른다. 사건이 발생한 후에 전국 노동자운동은 일시적으로 약해졌다.

이 파업은 임상겸과 시양 등 공산당원이 주도하였다. 중국 건국 이후 정주시 인민정부는 1951년에 혁명열사와 철도 노동자를 추모하고 정신을 기리기 위해 시내 중심가에 2·7

---

2) 어전(衙前)은 강서성에 위치한다.

광장을 조성했다. 그리고 1971년 9월 29일에 14층, 63m 높이의 '2·7 기념탑'을 만들었다.

(4) 제1차 국공합작(1924.1.~1927.7.)

중국공산당은 국민당과 함께 반제국주의·반봉건군벌에 대한 혁명 통일전선을 이루었다. 이를 '제1차 국공합작'이라 부르는데, 국공합작은 이미 1922년 항주 서호에서 개최된 서호회의(西湖會議)에서 내정되어 있었고, **1923년 6월 제3차 전국대표대회에서 정식으로 결정하였다.**

1924년 1월 손중산(孫中山)의 주재 하에 중국국민당은 제1차 전국대표대회를 광주에서 개최하였다. 대회에 참가한 공산당원으로는 이대쇠·담평산·임백거(林伯渠)·모택동·구추백 등이었고, 이들은 대회의 영도와 문건의 기초공작에 참여했다.

대회에서 정식으로 공산당원과 사회주의청년단원이 개인 신분으로 국민당에 참여하는 결정을 통과시켰고, 연소(聯蘇), 연공(聯共), 공농부조(工農扶助)의 3대 정책을 확정하였으며, ≪중국국민당 장정≫과 ≪중국국민당 제1차 전국대표대회 선언≫을 통과시켰다. 손중산은 이 선언에서 삼민주의를 새롭게 해석하고 반제, 반봉건의 내용을 갖춘 **구 삼민주의를 3대 정책의 신삼민주의로 발전시켰다.**

공산당원은 국민당을 좌익 정당으로 개조한다. 중국공산당이 공개적으로 활동할 수 없는 지역에서는 국민당을 확대시킨다. 국민당내의 우수한 당원을 공산당 내로 흡수한다.

1927년에 남경에 국민정부가 성립되었고, 장개석이 1927년 4월에 상해쿠데타를 일으키면서 국공합작은 붕괴되었다. 그리고 1927년 7월 13일, 중국공산당은 대 시국선언을 발표하면서 제1차 국공합작의 종료를 선언하였다.

(5) 상해 5·30 노동운동(1925.5.30.)

상해노동자와 각계군중은 일본방직공장 노동자인 고정홍(顧正紅)을 총살한 것에 항의하며 반제국 가두시위를 벌였다. 이때 영국경찰이 총격을 가하며 시위를 진압하였고, 이로 인해 많은 사람들이 죽었다. 이를 역사적으로 '5·30운동'이라고 부른다. 이 사건은 중국 인민을 매우 분노하게 하였고, 이후 노동자 계급이 중심이 된 반제 애국운동이 일어났다.

5·30운동은 중국공산당이 노동자 계급과 인민군중과의 연계를 밀접하도록 하였다. 이

때 중국공산당은 노동자 계급이 중국 혁명에 중요한 영도계급임을 인식하였다.

(6) 중산함(中山艦) 사건(1926.3.~5.)

중산함 사건은 공산당을 공격하여 배제하고 혁명영도권을 탈취하기 위해 발동한 정치 사건이었다. 1926년 초 국민당 영도기구 중에서 우파가 우세를 점하면서, "공산당이 폭동으로 국민정부를 무너뜨리려 한다"는 소문을 퍼뜨리며 반공을 선동했다.

1926년 5월 15일 국민당은 광주에서 제2차 중앙집행위원회 제2차 전체회의를 개최하였다. 회의에서 장개석 등 9인은 "중국국민당과 공산당의 관계 개선"의 명목으로 ≪당무정리안(黨務整理案)≫을 제출했다. 이 안건은 공산당 활동을 제한하기 위한 것으로서, 장개석이 사전에 소련고문 보로딘의 동의를 얻었다. 당무정리안을 근거로 공산당원 담평산, 임백거, 모택동은 각각 국민당 중앙조직부장, 농민부장, 선전부장 대리와 상위회 비서직무를 사직하였다.

(7) 상해 노동자운동(1926.10.~1927.3.)

상해노동자는 북벌군에 협력하기 위해 중국공산당의 영도하에 3차례의 무장폭동을 거행하였다. 1926년 10월 북벌군은 이미 강서 전장에 진입하여 손전방(孫傳芳)의 주력을 포위 섬멸하였고, 절강성장 하초(夏超)는 독립을 선포하였다.

이들이 상해를 공격할 준비를 할 때 상해노동자는 라역농(羅亦農), 조세염, 왕수화(汪壽華) 등의 영도하에 제1차 무장폭동을 거행하였다. 1927년 3월 21일 상해인민대표회의가 개최되어 라역농·왕수화·유영건(鈕永建)·양행불(楊杏佛) 등이 선출되어 **상해특별시 임시 시정부를 수립하였다.**

(8) 4·12사건(1927.4.12.): 이대쇠 등 혁명가 살해당함

1927년 4월 12일, 장개석은 상해에서 백색공포를 벌였다. 장개석은 상해총공회 등의 혁명조직을 봉쇄하라고 명령하였고, 이로 인해 많은 공산당원과 혁명군중이 체포되었거나 죽음을 당했다. 4월 12일부터 15일까지 300여 명이 피살되었고, 500여 명이 체포되었으며, 5,000여 명이 실종되었다. 상해 대학살 이후 장개석은 광주와 북경 등지에서 인민에게 폭력을 휘둘렀다.

이때, 이대쇠와 초초녀(肖楚女) 등과 수많은 혁명 군중이 죽임을 당했다. 장개석의 반혁명 행위에 상해인민은 분노하였고, 12일 오후 갑북(閘北)노동자들은 국민당 수중에 있던 총공회 회의소를 탈환하였으며, 전 시에 총파업을 선포하였다. 다음 날 노동자들은 "신군벌을 타도하자"라는 구호를 외쳤다.

(9) 마일사변(馬日事變, 1927.5.21.)

마일사변은 1927년 5월 21일 밤 무한에서 장사의 국민당 제35군 제33단장 허극상(許克祥)이 일으킨 사건이다. 허극상은 호남총공회(湖南總工會)·농민협회(農民協會)·농민강습소(農民講習所) 등의 혁명기관과 단체를 공격하였고, 노동자 규찰대와 농민자위군(農民自衛軍)의 무장을 해제하였다. 뿐만 아니라 잡혀 있던 토호와 악질지주를 석방하였다. 게다가 허극상은 공산당원과 국민당 좌파 및 공농 군중 100여 명을 살해하였다.

사변 후, 허극상은 국민당 우파와 중국국민당호남성구당위원회(中國國民黨湖南省救黨委員會)를 조직하였고, 계속해서 공산당원과 혁명군중을 살해하였다. 이 사변은 무한 왕정위 집단이 배신을 하며 남경 장개석 집단과 합류하는 시작이었다.

(10) 남창기의(南昌起義, 1927.8.1.): 중국공산당 최초의 대규모 전투

남창기의는 주은래를 중심으로 주덕·섭정·섭영진 등이 참여한 대규모 공농(工農) 홍군의 봉기로서, 중국공산당이 강서성 남창에서 처음으로 독립적으로 영도한 무장폭동이다. **1933년 7월 중앙소비에트정부는 8월 1일을 중국공농홍군의 탄생기념일로 규정하였다. 중국 공산당은 이날을 중국인민해방군의 창설로 규정하고 8월 1일을 건군일로 기념하고 있다.**

1927년 7월 18일 강서성 북부의 한 외진 마을에서 주은래·소조정(蘇兆征)·담평산·섭정·섭검영(葉劍英)·하룡·류백승·모택동·주덕 9명이 비밀리에 회합하였다. 회의에서 진독수의 타협정책에 반대하고, 남창에서 무장폭동을 일으키며, 여세를 몰아 광동성으로 남하하여 공산정권을 건립하고, 강서와 호남에서 추수폭동을 일으키기로 하였다. 주은래를 전적(前適) 위원회 서기로 선출하였다.

남창에서 무장폭동을 일으킨 다음 손문의 혁명전통을 이어받은 국민정부라는 인상을 주기 위하여 국민당의 이름으로 '국민당혁명위원'을 조직하고 단독적인 중앙을 결성하였다. 즉, 담평산·주은래·장국도·이립삼·임조함(林祖涵)·하룡·곽말약(郭沫若)·송경령(宋慶齡) 등을 중앙위원으로 하였고, 주석은 담평산, 비서장은 오옥장(吳玉章)이 맡았다.

공산당은 3일 동안 점거하였으나 국민정부군의 포위공격을 받자 8월 4일 남창을 포기하고 남쪽으로 분산하여 도주하였다. 9월 30일, 조산(潮汕)에서 국민정부군대의 공격을 받고 패전한 후 일부 병력은 주덕의 인솔 하에 1928년 4월 정강산으로 들어가 모택동과 합류하여 이른바 노농홍군 제4군을 창설하는 기간부대가 되었다. **제4군은 뒤에 중국인민해방군으로 발전하였다.**

(11) 추수기의(秋收起義, 1927.9.9.): 최초의 전국 농민무장 봉기

추수봉기는 1927년 9월 호남과 강서 일대에서 모택동이 주도하는 공산주의자들이 일으킨 무장봉기이다. **가을걷이에 맞춰 봉기를 결행하기를 결정함에 따라 그 이름을 따서 추수봉기라 일컫는다.**

이 봉기는 중국 최초의 공산당 무장봉기이다. 제1차 국공합작이 결렬된 이후, 1927년 7월 15일에는 국민당 좌파인 왕정위 무한정부는 공산당 숙청작업을 하였다. 국민당의 대대적인 공격으로 중국공산당 중앙위원회는 8월 7일 한구(漢口)에서 중앙긴급회의(8·7회의)를 열었고, 토지혁명과 농민무장봉기의 실행을 결정하여 이를 농민들의 추수시기에 맞추어 결행하기로 했다.

이후, 호남·호북·강서·광동 등의 농민들은 공산당 영도하에 9월부터 수십 차례의 무장봉기를 일으켰으며 혁명근거지를 건설하는 데 주요 역할을 하였다. 8·7회의 결정에 따라 모택동은 중국공산당 호남성위원회와 9월 9일 호남, 강서 경계지역에서 추수봉기를 일으켰다.

(12) 황마기의(黃麻起義, 1927.11.13.)

황마기의는 토지혁명시기에 중국공산당이 황안[黃安, 오늘날 홍안(紅安)]과 마성(麻城) 두 현의 농민을 영도하여 일으킨 무장기의이다. 황안과 마성은 호북에 위치하고, 하남경계의 대별산남 기슭에 위치한다.

1925년 가을에서 겨울 사이, 대혁명의 발전에 따라, 황안과 마성 두 현에 각각 중국공산당과 공청단 특별지부가 건립되었다. 1927년 봄, 두 현 당의 특지(特支)는 중공현위(中共縣委)로 바뀌었고, 당의 조직과 농협회는 매우 빠르게 발전하였다. 공산당원이 90여 명이었고, 농협에 가입한 회원수도 18만 명에 달하였다. 그 외에 300여 명의 농민자위군을 각각 조직하였다.

1927년 3월 중공 황안과 마성 두 현의 현위(縣委)와 농민자위군이 서로 연계하여 성립

되면서 농민운동이 활발해졌다. 대혁명 실패 후, 농민자위군은 중공조직의 수중에 들었고, 황안과 마성의 두 현 당조직은 광대한 군중과 장악한 농민자위군 무장에 의거하여 당지반동세력과 투쟁을 해 나갔다. 9월 중공 황안과 마성 두 현위는 중공중앙 8·7회의 정신과 중공 호북성위의 지시에 따라 추수기의를 일으켰다. 그러나 기의를 주도하는 경험이 부족하여 혁명정권과 혁명군대를 건립하지 못했다. 게다가 국민당군 제30군의 공격으로 기의는 정체에 빠졌다.

9월 18일, 황안현에 농민정부가 수립되었고, 조학해(曹學楷)가 주석이 되었다. 이후, 황마특위는 폭동에 참가한 황-마 두 현 농민자위군을 중국공농혁명군 악동군(鄂東軍)으로 편제하였다. 전 군은 300여 명이었는데, 반충여(潘忠汝)가 총지휘관이 되었고 오광호(吳光浩)가 부총지휘관이 되었으며, 대극민(戴克敏)이 당 대표가 되었고 왕전천(汪奠川)이 참모장이 되었다.

12월 5일 악동군은 국민당의 기습을 받아 심각한 손실을 입었고, 총지휘관인 반충여가 전사하였다. 포위를 돌파한 악동군의 일부 인원은 당지에서 투쟁을 벌였고, 그 외 70여 명은 12월 29일에 황피현(黃陂縣) 경내에 있는 목란산구(木蘭山區)로 가서 유격전쟁을 벌였다.

1928년 1월 1일 공농혁명군 악동군은 제7군으로 개편되었는데, 오광호가 군장이 되었고, 대극민이 당대표가 되었으며, 왕전천이 참모장이 되었다. 황마기의 중에 건립한 정권과 군대는 후에 악예환(鄂豫皖) 홍4방면군을 창설하는 데 선도역할을 하였다.

(13) 광주기의(廣州起義, 1927.12.11.)

광주소비에트. 최초의 도시 홍색정권. 사흘 만에 실패

1927년 12월 11일 처음으로 도시에 홍색정권이 수립되었다. 1927년 11월 중공광동성위원회 서기 장태뢰는 상해로부터 비밀리에 광주로 돌아와 중공광동성위원회 상임위원회 회의를 소집하였다. 회의에서 광동과 광서 군벌의 혼전을 틈타 광주에 적의 병력이 텅 빈 유리한 시기를 이용하여 즉각 무장폭동을 일으키기로 결정하였다.

12월 11일 새벽 3시쯤, 장태뢰·섭정·운대영·섭검영·양은(楊殷)·주문옹(周文雍)·섭영진 등은 광주 무장기의를 일으켰다. 기의군은 국민당 성 당부 등 중요기관을 점령하였고, 정치범을 석방하였다.

당일 오전에, 도시 홍색정권인 광주소비에트정부(廣州蘇維埃政府) 수립을 선포하였다. 회의 후 ≪광주소비에트선언(廣州蘇維埃宣言)≫・≪민중에게 알리는 글(告民衆書)≫ 및 관련 법령을 선포하였고, 회의에서 주석으로는 소조정(당시 상해에 있어 도착하기 전에 장태뢰가 대리)이 임명되었다.

소비에트 정부는 전국 공농병 군중 및 전 세계 무산계급에게 고하는 선언을 발표하였고, 대내외에 정강을 반포하였으나 사흘 만에 실패로 끝났다. 남은 병력은 홍4사단으로 개편되어 서향전의 해륙풍근거지로 들어갔고, 일부는 좌우강(左右江) 근거지로 들어갔으며, 또 다른 일부는 주덕과 진의가 이끄는 남창기의 부대를 따라갔다.

(14) 위화기의(渭華起義, 1928.5.1.~1928.8.)

대혁명 실패 후, 중공 섬서성위는 공산당원에게 농촌으로 가서 역량을 준비하고 무장하여 국민당 반동통치에 항거하도록 호소하였다. 1928년 3월 성위(省委)는 당의 역량이 강대하고, 군중조직이 비교적 좋은 위화(渭華) 지역으로 가서 기의를 일으켰다. 서안 동부를 항거지역으로 삼으면서 중공 섬동특위(陝東特委)를 건립하였다. 성위 상위를 맡은 류계증(劉繼曾)이 서기를 겸임하였다. 성위 서기 반자력(潘自力)은 위화지역으로 가서 5월 초에 일으킬 농민기의 준비를 하였다.

5월 1일, 중공섬서위와 중공섬동특위의 영도하에 渭(南)華(縣)지역 농민이 위화원(渭華原)에서 군중대회를 각각 개최하였고 기의를 선포하였다. 그리고 구(區)・향(鄕)소비에트 정권 및 무장역량 섬동적위대(陝東赤衛隊)를 건립하였다.

위화기의는 군사역량과 농민운동의 결합이었고, 전국에 중대한 영향을 주었으며, 서북 반동통치계급에게 심각한 타격을 주었다. 그리고 섬서 인민에게 투지를 고무시켰다. 동시에 섬서 인민을 교육하고 단련시키고, 정치 군사간부를 배양하여 섬북혁명근거지를 건립하는 데 중대한 영향을 미쳤다. 2002년 섬서성위선전부와 섬서방송국이 공동으로 연속극 ≪위화기의≫를 촬영하였다. 토지혁명 초기에 발생한 섬서지역의 무장혁명에 대한 내용을 담은 위화기의 연속극은 중앙방송국에서 방송하였고, 그해 중국드라마 최고상인 '비천장(飛天獎)'을 수상하였다.

(15) 상남기의(商南起義, 1929.5.6.)

1929년 5월 6일, 특별구위(特別區委)의 영도하에 정가부(丁家埠)와 이가집(李家集) 민단

(民團) 내부의 공산당원 주유형(周維炯) 등이 병력 일부를 이끌고 기의를 일으켰다. 이와 동시에 우식판(牛食販), 반죽원(斑竹園), 오가점(吳家店), 남계(南溪) 등지의 농민들도 무장 기의를 일으켰다. 이들은 신속하게 당지 민단의 무장을 해제하였고, 상남지구(商南地區)를 장악하였다.

9일, 기의무장 세력은 반죽원(斑竹園)에 모여서 중국 공농홍군 제11군 제32사단 창설을 선포하였다. 주유형이 사단장이 되었고, 서기허(徐其虛)가 당대표가 되었으며, 제97,제98 두 개 군대를 관할하였다. 상남지구와 홍32사단은 새롭게 재건된 중공상성현위(中共商城縣委)를 영도하였다. 8월까지, 홍32사단은 300여 명이 되었고, 남계와 오가점이 중심이 되어 예동남(豫東南)소비에트구를 건립하였다.

상남기의를 일으킨 홍군과 소비에트구는 이후에 홍4방면군과 악예환(鄂豫皖)소비에트구의 중요한 기원과 구성 부분이 되었다. 상남기의는 황마기의를 계승한 이후에 대별산지(大別山地)에서 발생한 비교적 규모가 큰 무장 봉기였다. 그 주요 경험은 당의 영도를 견지하고, 사병운동 공작을 강화하였으며, 무장항거를 촉진하였다. 농민이 주체가 되는 혁명 군대를 창설하였고, 농촌근거지를 건립하여 혁명 역량을 발전시켰다.

(16) 육곽기의(六霍起義, 1929.11.7.)

육곽기의로 창설된 홍군과 소비에트구는 후에 홍4방면군과 악예환(鄂豫皖)소비에트특구를 건립하는 중요한 기원과 구성이 된다. 1929년 가을에 이르러, 100여 종의 총과 3,000여 명의 군중무장병력으로 기의를 일으킬 수 있는 기본조건을 갖추었다.

11월 7일 육안삼구[六安三區, 독산구(獨山區)] 농민협회 비서가 지주무장자위단(地主武裝自衛團)에게 체포되었다. 중공 육안삼구 구위(區委)와 구농협(區農協)은 구출할 방법을 강구하였고, 상황을 중공 육안 중심현위(中心縣委) 서기 서전현(舒傳賢)에게 보고하였다. 서전현은 이 기회에 육안삼구에 무장기의를 거행하기로 결정하였다.

8일 새벽, 독산(獨山) 주위 15개 향의 수천 명의 농민들은 손에 대도, 긴 창과 재래식 엽총을 들고 독산진(獨山鎭)으로 가 자위단을 포위하였다. 농민협회 비서를 석방하라고 압박하였고, 독산진을 점령하였다. 9일, 육안 중심현위는 긴급하게 육안 각 구와 인근 각 현에 즉시 기의를 일으키도록 명하였다. 이와 동시에 공농혁명위원회 및 군사지휘부를 설립하였고 70여 명의 유격대를 조직하였다. 9월 중하순, 곽산서진(霍山西鎭) 지역의 수백 명의 무장농민이 홍32사단 일부의 지원하에 서진자위단(西鎭自衛團)을 섬멸하였다. 그리고 진사무소(鎭事務所) 등의 반동기구를 파괴하였고, 서진혁명위원회(西鎭革命委員會)와 300여 명의 유격대를 성립하였다.

2) 1931~1940

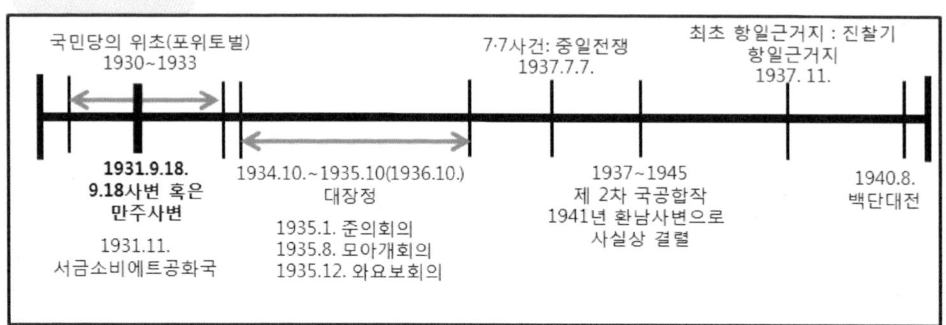

이 시기는 중국공산당엔 중요한 시기이다. 1930년부터 1933년까지 국민당 장개석은 여러 차례 홍군과 농촌혁명근거지 토벌작전을 펼쳤다. 1934년 국민당의 공격을 받은 서금의 중국공산당은 서쪽지역으로 퇴각을 하게 되는데, 이를 역사상 대장정이라 부른다. 대장정과 항일전쟁은 중국공산당의 위기에서 새로운 시작의 발돋움이라 할 수 있다.

(1) 국민당의 위초[圍剿, 포위섬멸(토벌)]

국민당 장개석은 1930년에서 1934년까지 홍군과 농촌혁명근거지를 향해 다섯 차례의 지속적인 대규모 "위초(圍剿, 포위섬멸)" 작전을 실시하였다. 1차 포위토벌은 1930년 12월 30일부터 1931년 1월 3일까지로 국민당군 10만 병력이 중국공산당 중앙구를 공격하였다. 이때 홍군이 섬멸한 국민정부군은 약 2만 명이었고, 총 13,000정을 노획하였다.

2차 포위섬멸은 1931년 5월 16일부터 5월 31일까지로 국민당군 20만 병력으로 중앙구를 공격하였다. 이때 국민당군 약 2만 명을 섬멸하였고, 약 3만 명을 포로로 잡았다.

3차 포위섬멸은 1931년 7월 5일부터 9월까지로 장개석이 직접 총사령관이 되어 독일·일본·영국 3개국의 군사고문을 대동하고 30만 군대를 이끌고 중앙구를 공격하였다. 이때 국민당군 4개 사단을 격멸하였다.

4차 포위섬멸은 1932년 6월 16일부터 1933년 3월까지로 장개석이 50만 군대를 이끌고 중국공산당 악예환(鄂豫皖), 홍호(洪湖), 상악공근거지(湘鄂贛根據地), 중앙구를 공격하였다. 이때 홍군 병력이 10만 명이었는데, 중앙구를 제외하고 나머지 지역은 후퇴하였다. 중앙구에서는 국민당군 3개 사단을 섬멸하였다.

5차 포위섬멸은 1933년 8월부터 1934년 10월까지로 장개석은 100만 병력과 비행기 200대로 중앙구를 공격하였다. 1차에서 4차에 이르기까지 연이은 포위토벌작전이 실패하자 장개석은 대규모의 군사력으로 중국공산당 중앙근거지를 공격하였다. 이때 중앙소비에트구 주변에 수십만 개의 토치카를 구축하였고, 군용도로를 건설하여 공산군을 압박하였고, 경제적 봉쇄를 취했다. 중국공산당은 잘못된 군사노선으로 강서 근거지를 버리고 서쪽으로 패퇴하면서 장정을 시작했다.

(2) 대장정(大長征, 1934~1935/1936): 강서성 우도(雩都)에서 출발

1933년 10월, 국민당의 제5차 포위토벌전으로 인해 공산당 홍군은 근거지 서금을 버리고 장정3)을 시작했다. 홍군은 중국 대륙을 남쪽으로 반 바퀴 돌면서 2만 5천 리, 1만 ㎞를 걸었다. 홍군은 18개의 산맥을 넘고 24개의 강을 건넜다. 그중 5개 산맥은 만년설로 뒤덮여 있었다. 그리고 12개 성을 지나면서 62개 도시와 마을을 점령했으며 6개의 이민족 지역을 통과했다.

1934년 4월 광창(廣昌)에서 홍군은 국민당과의 전쟁에서 패퇴하였다. 이 전쟁에서 홍군은 4천여 명의 전사자가 발생하였고, 2만여 명의 부상자를 냈다.

1934년 5월에 개최되었던 중앙서기처회의에서 모스크바에서 돌아온 지도자들 사이에 모순이 폭발하였다. 낙포는 박고와 이덕(李德)이 직접 지휘한 광창 전역을 공개적으로 '목숨주의(拼命主義)'라고 질책하였다.

1934년 5월에서 7월 사이의 군사조치와 작전행동 3개월간 계획을 제정하였다. 5월과 7월 사이의 군사계획에서 이미 '대이동(大轉移)'이 제안되었었다. 대이동 문제는 5월 하순의 제2차 서기처 회의에서도 토론되었다.

1934년 여름, 중앙홍군은 소비에트구에서 철수할 준비를 위해 전략 이동을 실행하였고, 중앙서기처는 박고·이덕·주은래를 중심으로 한 '3인단(三人團)'을 결정하였다. 정치적으로는 박고가 중심이 되었고, 군사상으로는 이덕이 중심이 되었으며, 주은래는 군사계획

---

3) 중국에서는 이를 대장정이라 부르지만, 엄격하게 말하면 국민당군에 패퇴하여 연안으로 후퇴한 것이다.

의 실행을 책임졌다. 이 조직은 실질적으로 소비에트의 당·정·군·민의 모든 사무를 지휘하는 최고 권력기구였다.

1934년 10월 중앙홍군은 이미 전부 강서성 남부의 우도[雩都, 1957년에 於都로 개칭) 부근에 집중해 있을 때 장정 명령이 내려졌다. 중화소비에트공화국중앙집행위원회인민위원회혁명군사위원회(中華蘇維埃共和國中央執行委員會人民委員會革命軍事委員會), 중혁군위(中革軍委)라 약칭]의 명령에 따라 10월 16일에서 19일 밤에 이르기까지 중앙군위와 홍군총사령부와 중앙정부소속기관과 홍1,3,5,8,9군단 8만 6천 명이 여러 지역에서 각각 장정을 시작하였다.

1934년 10월 16일 강서성 우도에 모였고, 우도하(雩都河)를 건너 장정을 시작하였고, 1935년 10월 18일 오기진[吳起鎭, 오늘날 섬서성 오기현(吳旗縣)]에 도달하였으며, 이로써 중앙홍군의 장정은 끝이 났다. 장정을 368일이라고 하는 것도 이를 두고 이르는 것이다. 장정 도중에 중요한 회의를 여러 차례 개최하였고, 장정을 경험한 세대를 정치사적으로 제1세대 지도자로 분류하고 있다.

한편, 홍4방면군은 1935년 3월부터 1936년 10월까지 8천여 리를 이동했다. 1936년 10월 감숙 화령과 정령지구에서 1, 2, 4방면군 3대 주력부대는 승리를 거두는데, 이 시기까지를 장정의 끝으로 삼기도 한다.

(3) 8·1선언(1935.8.1.)

1935년 8월 1일, 장정 도중에 중화소비에트 중앙정부와 중공중앙은 ≪항일구국을 위한 모든 동포에게 고하는 글(爲抗日救國告全體同胞書)≫을 발표하였다. 이를 ≪8·1선언(八一宣言)≫이라 부른다. 선언에서 통일적 국방정부, 통일된 항일연구, 통일된 항일연구총사령부를 건립하자고 하였다.

전국의 각 당파는 과거와 현재 어떤 정견이나 이해의 차이가 있다 하더라도, 혹은 각계의 동포가 어떤 의견 또는 이해관계에 차이가 있다 하더라도, 또 각 군대가 과거 또는 현재 어떤 적대적 관계에 있다 하더라도, 먼저 모두 내전을 중지하고 모든 국력을 항일구국

사업에 집중시켜 분투하자고 호소하였다.

선언에서 "돈 있는 사람은 돈을, 총 있는 사람은 총을, 양식이 있는 사람은 양식을, 힘이 있는 사람은 힘을, 전문기능이 있는 사람은 전문기능을 내오라(有錢出錢, 有槍出槍, 有糧出糧, 有力出力, 有專門技能出專門技能)"라는 구호를 제안하였다. 지주와 자산계급, 모든 군대를 모두 통일전선에 포함시켰다. 선언에서 제안한 항일구국 10대 강령은 공산당이 항전 개시의 역사적 전환점의 머리에서 제정한 전면항전의 구체적인 강령과 정책이었다.

▌항일구국 10대 강령

모택동의 제의를 근거로 통과

주요내용: ① 일본제국주의 타도 ② 전국 군사의 총동원 ③ 전국 인민의 총동원 ④ 정치기구 개혁 ⑤ 항일의 외교정책 실행 ⑥ 전시적 재정경제정책 실행 ⑦ 인민생활 개량 ⑧ 항일의 교육정책 실행 ⑨ 한간, 매국적, 친일파 숙청으로 후방 공고 ⑩ 항일의 민족단결 건립

(4) 제2차 국공합작(1937~1945, 1937.9.23.)

중국공산당은 1935년 8·1선언을 통하여, 일본의 중국침략에 대한 항일민족통일전선을 선언하였다. 1935년 중국공산당이 발표한 "항일구국을 위해 전체동포에게 고하는 글"에서 중국 전체 인민은 총동원하여 일본과 싸우자고 호소하였다. 그리고 홍군은 계속하여 선언을 발표하고, 전 민족이 항일통일전선을 구축할 것을 호소하였다.

1936년 서안사건을 계기로 내전반대·일치항일(一致抗日)이라는 인민들의 요구에 따라 이루어졌다. 직접적인 사건은 1937년 7·7사건으로 중일전쟁이 발발하면서 공산당과 국민당은 내전을 중지하고 항일전쟁에 협력해야 한다는 명분하에 9월 23일 제2차 국공합작을 공식적으로 선언하였다. 그러나 1941년 환남사변(皖南事變)으로 중국공산당과 국민당의 합작은 사실상 결렬되었고, 이론적으로만 남게 되었다.

▌서안사변(1936.12.12.)

장학량(張學良)과 양호성(楊虎城)은 제6차 공산당 포위공격령이 내려진 12월 12일에 장개석을 체포, 연금하고 전국에 내전정지, 체포된 구국연합회 지도자 석방 등 8개 항을 주장하였다. 공산당은 주은래를 파견하여 평화적 해결을 도모하였다. 구국연합회는 장개석의 석방과 중앙정부 지도하의 항일전을 요구하였다. 12월 25일 장개석이 석방되고 평화적으로 타결되었다. 이 사건으로 내전의 정지와 항일전쟁을 약속하였다. 이후 공산당과 국민당 사이에 정식회담이 개최되었다.

(5) 백단대전(百團大戰, 1940.8.20.~12.5.)

1940년 8월 20일. 중국공산당 팔로군(八路軍)은 화북(華北)지역 5개 성(省) 내 일본군이 장악하고 있던 교통망에 대하여 전면적인 공격을 가하였다. 팔로군 부총사령관 팽덕회(*총사령관은 주덕*)가 총지휘를 하였다. 팔로군 150개 단(團: 연대) 30만 명이 참가하여 일본군이 장악하고 있던 교통망을 공격하였다.

1차적 목표는 일본군이 장악하고 있는 교통선에 대한 총공격이었다. 12월 5일에 끝날 때까지 3단계로 나눠 공격을 전개하였다.

1단계: 8월 20일~9월 10일. 주요 철도와 도로 등 교통망을 대대적으로 파괴하고 그 주변의 일본군 거점도 파괴하는 데 중점을 두었다.
2단계: 9월 20일~10월 초. 계속 교통선을 파괴하여 제1단계의 전과를 확대하는 한편 교통선 양측의 일본군의 거점을 무력화하고 항일 근거지에 침투한 일본군의 거점을 공격하는 데 역점을 두었다.
3단계: 10월 6일~12월 5일. 일본군의 '소탕'에 반격을 가했다.

백단대전은 공산당과 공산군의 위상을 제고시켰으며 팽덕회의 군사적 명성을 드높였다. 하지만 이 작전으로 공산군의 역량이 너무 일찍 노출되었고, 이후 공산군은 일본군의 대규모 '소탕'과 집중적인 공격을 받게 되었다.

3) 1941~1949.10.1.

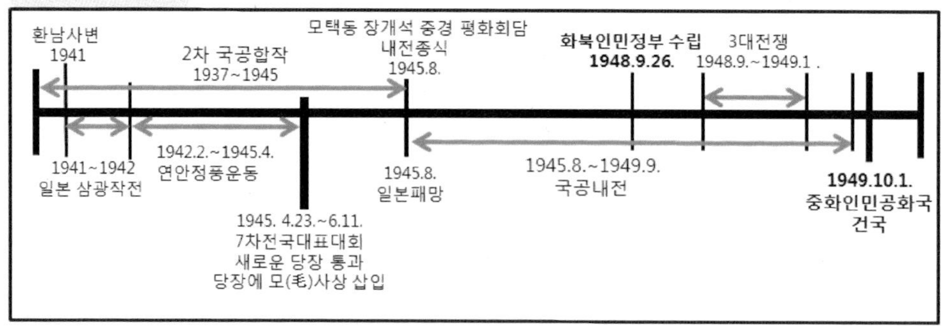

(1) 환남사변(皖南事變, 1941): 제2차 국공합작 결렬

환남사변은 '신사군사건(新四軍事件)'이라고도 불린다. 1941년 중국공산당과 국민당이 제2차 국공합작을 하여 항일전쟁을 펼치고 있을 때 발생하였다. 이 사건으로 인해 중국공산당과 국민당의 합작은 사실상 결렬되었다.

이 사건에 대한 평가는 중화민국(대만 쪽)과 중화인민공화국의 역사가들에 따라 서로 다르다. 중화민국 쪽에서는 공산군의 불복종에 대한 징벌이라고 보고 있다. 그러나 중화인민공화국 쪽에서는 국민당의 배신행위로 간주하였다.

제2차 국공합작 이후 장강 남쪽에서 공산당의 지휘를 받는 신사군이 일본군과 유격전을 벌이고 있었다. 공산당과 공산군의 세력이 확대되고 강해지는 것에 불안을 느낀 장개석은 공산당과의 협력을 꺼렸다. 1940년 12월 신사군을 안휘성과 절강성에서 철수하라는 명령을 내렸는데, 신사군 공산당 장교들은 처음에는 이 명령에 반발하였다가 결국 명령에 따르게 되었다. 섭정이 이끄는 신사군은 3개 방면으로 나누어 장강을 도하하기 시작하였다.

1941년 1월 5일 도하를 마치고 집결하였을 때, 국민혁명군이 갑자기 나타나 섭정의 신사군을 포위하여 공격했다. 1월 13일 섭정은 국민당군 측과 협상을 시도하다가 체포당했고, 신사군은 2,000명만 살아남았다. 1월 17일 장개석은 신사군의 해체를 명령하였다. 하지만 1월 20일 연안의 공산군사위원회는 부대를 재건하기로 결정하였고, 진의를 새로운 부대장으로 임명하였고 류소기를 정치위원으로 임명하였다. 그런 뒤 신사군을 재편하였고, 이 사건으로 제2차 국공 합작은 결렬되었다.

(2) 삼광작전(三光作戰, 1941~1942): 일본의 보복전

일본은 중국공산당의 백단대전에 대한 보복으로 1941~1942년에 걸쳐 삼광작전(三光作戰)을 펼쳤다. 삼광작전이란 해방구에 대해 "모조리 불태우고, 모조리 죽이며, 모조리 빼앗아 버린다"는 것이었다.

삼광작전 지역에는 철저한 연좌제를 실시하여 공산당에 협조하는 농민을 죽였다. 이로 인해 중국공산당 해방구는 축소되었고, 인구도 반감하였으며 8로군도 40만에서 30만으로 줄었다. 게다가 화북지역은 가뭄과 황충(메뚜기 떼 피해), 전염병에 시달렸다. 기근으로 군인과 인민들 모두 초근목피를 먹는 상황이었고, 국민당군의 봉쇄정책도 계속되었기 때문에 간부와 학생 및 군인들 모두 자력갱생의 슬로건 아래 모든 것을 스스로 해결해야 하였다.

(3) 연안정풍운동(1942.2.~1945.4.)

1942년 2월 1일 모택동은 중공중앙당교 개학식에서 ≪당의 작풍정돈≫의 보고하였다. 그리고 8일 연안 간부회의에서 모택동은 ≪당팔고(黨八股) 반대≫를 보고하였다. 이 연설에서 당 내의 해로운 작풍을 고치는 삼풍정돈(三風整頓)을 주창하였다. 방법으로는 모든 당원이 지정된 문헌을 읽고 자신의 3풍을 엄숙하게 반성하여 자아비판하는 형태로 진행되었다. 1943년 10월에 시작된 정풍운동은 고급간부 정풍과 역사경험의 단계의 총결산으로 들어가 전 당의 정풍운동은 일단락을 고했다.

1945년 4월, 6차 7중전회에서 ≪약간의 역사문제에 관한 결의≫를 토론하여 통과시키고 당의 역사상 수차례의 중대한 착오를 범한, 특히 왕명의 좌경모험주의 착오에 대하여 실사구시로 결론을 냈다.

정풍운동의 주 요점은 **주관주의, 종파주의의 경향과 당팔고의 반대**였고, 그 방침으로는 "과거의 잘못을 교훈 삼아 잘못이 되풀이되지 않도록 하며, 병을 치료하여 사람을 구하며 사상을 깨끗이 하여, 동지를 단결해야한다"고 하였다.

주관주의의 반대: 학풍을 정돈함으로써 주로 교조주의와 경험주의를 반대하고 실사구시의 태도를 견지하며 이론과 실제를 연계하는 학풍을 수립한다.

종파주의의 반대: 학풍을 정돈하여 개인을 첫 번째로 하고 당을 두 번째로 하는 것을 반대하여 조직에서 오직 친한 사람을 임명하고 다른 사람을 버린다. 그리고 다른 사람들을 배제하는 소단체를 종파로 하여 무원칙의 파벌투쟁 진행으로 당외 인사를 존중하지 않고 스스로 자신을 크게 높이며 교만하고 방자하여 군중의 의견을 듣지 않는 것 등을 반대한다.

당팔고 반대: 문풍을 정돈하여 생동, 활발, 신선을 채택하는 것을 제창하였다. 그리고 마르크스·레닌주의의 문풍으로 실제에서 출발하여 문제를 제출하며 문제의 분석과 해결로 혁명이 발전을 이룬다.

(4) 국내전(1945.10.~1949.9. 1946~1949)

국내전을 1945년 10월부터 1949년 9월까지로 구분하기도 하고, 1946년 6월부터 1949년까지로 구분하기도 한다. 전자의 경우는 쌍십협정(雙十協定, 1945.10.10.)을 맺은 직후인 1945년 10월 13일 국민당이 중국공산당 지역 11개 성을 공격한 시점부터 국내전으로 간주한다.

후자의 경우에는 1946년 6월 26일, 장개석이 정전협정과 정치협상을 파기하고 30만 군대를 4개 부대로 나누어 중원의 해방구를 협공하였는데, 이 사건을 전면내전의 발발로 본다. 이후 공산군은 1947년 6월까지 국민당군 112만 명을 섬멸하였다. 이 승리는 전국 인민을 고무시키고 공산군이 국민당군을 섬멸하고 최후의 승리를 쟁취하는 기초를 놓았다. 이로부터 공산군은 전략방어에서 전략공격으로 바꾸었고, 국민당군은 전략공격에서 전략방어로 압박하였다.

▌6개 주요 전장 지역

진기로예해방구(晉冀魯豫解放區): 류백승, 등소평이 영도
화동해방구: 진의, 속유(粟裕), 담진림이 영도
동북해방구: 임표, 라영환(羅榮桓)이 영도
진찰기해방구(晉察冀解放區): 섭영진이 영도
진수해방구(晉綏解放區): 하룡 등이 영도
중원해방구: 이선념, 정위삼 등이 영도

(5) 5월 학생운동(1947.5.)

1947년 5월 4일 상해 학생들은 "반기아, 반내전, 반압박", "먹을 것을, 자유를, 평화를"의 구호를 외치며 시위행진을 하였다. 그리고 5월 15일 상해에서 전국학련이 성립되었다. 전국학련은 학생운동을 통일적으로 영도하였고, 학생운동은 다른 도시로 신속하게 확대되었다.

각지에서 학생운동이 거세지자, 국민당정부는 5월 18일 ≪사회질서유지임시법≫을 반포하였다. 임시법에서는 10명 이상의 청원과 일체의 파업, 수업 거부, 시위행진을 엄금하고 어기면 '필요조치'와 '긴급처치'를 하겠다고 했다. 5월 20일 남북 지역의 학생들은 시위를 동시에 거행하였다. 남경, 상해, 소주, 항주의 학생 6천 명은 남경에 모여 "대포를 밥으로" 등의 구호를 외치며, 교육위기를 구하고 반기아를 위한 연합 시위행진을 거행하였다. 이에 경찰과 헌병 및 특무의 곤봉과 철봉 등을 이용한 진압작전으로 인해 100여 명이 부상을 당하였고, 20명이 체포되었다.

한편, 5월 20일 북경에서는 1만 5천여 명의 학생과 교직원이 "반기아, 반내전, 반독재", "노동자 대우 제고, 농민생활 개선" 등의 구호를 외치며 시위를 벌였고, 내전정지, 관료자본 몰수, 가혹한 중세 폐지 등의 요구를 하였다.

(6) 3대 전쟁(1948.9.~1949.1.)

1948년 9월에서 1949년 1월까지 요심(遼沈)·회해(淮海)·평진(平津)의 3대 전역(戰役)을 조직 지휘하고 전략결전을 전개하였다. 3대 전역은 국민당군 154만 명을 격파하였고, 장개석의 주력부대가 거의 소멸되었으며 국민당의 중국대륙통치에 심각한 타격을 주었다.

① 요심전역(遼沈戰役: 1948.9.12.~11.2.)

요심전역은 중국인민해방군 동북야전군이 요녕 서부와 심양, 장춘지역에서 국민당군을 공격한 전략적 성격을 띤 결전이었다. 요심전역은 52일 동안 발생하였고, 국민당군 47만 명을 섬멸하였으며 동북 전 지역을 점령하였다.

1946년 6월 26일 국민당군은 공산당에 중원해방구를 공격하기 시작하였다. 국공내전이 대대적으로 발생하였다. 이후 1948년 7월 초 국공 양측 병력을 비교해 보면, 전쟁이 발발하였을 때 3.14 대 1에서 1.3 대 1로 바뀌었다. 같은 해 9월 중공 중앙은 서백파(西柏坡)에서 정치국확대회의를 개최하였고, 유리한 시기를 잡아 국민당과 결전을 하기로 결정하였다. 결전지역을 이미 형세가 공산당에 유리한 동북지역을 결정하였다.

1948년 8월 해방전쟁의 3년째 때, 인민해방군 동북야전군은 이미 동북지역의 97%를 차지하였다. 당시 동북지역은 전국에서 유일하게 인민해방군 군사력이 국민당군을 초월해 있었다. 동북지역은 중공업이 가장 발달한 지역이었고, 최대의 식량생산지였다. 1945년 일본군이 투항한 후, 동북지역은 공산당과 국민당이 서로 차지하려고 하였다.

1948년 9월 중공중앙군사위원회는 동북야전군에게 요심전역을 일으키도록 명령하였다. 임표·라영환·류아루(劉亞樓)를 총전위로 구성하였고, 임표가 서기를 맡으면서 요심전역을 지휘하였다.

② 회해전역(淮海戰役: 1948.11.6.~1949.1.10.)

회해전역은 해방전쟁시기에 중국인민해방군 화동(華東)·중원야전군(中原野戰軍)이 서주(徐州)를 중심으로 하여 동으로는 강소 해주(海州), 서로는 하남 상구(商丘)에 이르고, 북으로는 산동 임성[오늘날 설성(薛城)], 남으로는 회하(淮河)의 광대한 지역에 이르러, 국민당군과 전쟁을 치른 두 번째 전략적인 진공 전역이었다. 이 전쟁을 중국공산당은 회해전역(淮海戰役)이라 부르고, 남경국민정부에서는 '서방회전(徐蚌會戰)'이라 부른다.

군위의 지시에 따라 등소평이 서기가 되었다. 그리고 류백승·진의·등소평·속유·담진림을 총전위로 삼아 화동·중원야전군과 지방무장 총 60만의 대군을 지휘하도록 하였다. 이 전역에서 국민당군 55만 5천 명을 섬멸하였고, 장강 중하류 이북의 광대한 지역을 점령하였다. 이로 인해 국민당은 화동과 중원 전장의 주력 지역을 상실하였다. 국민당통치 중심인 남경은 이미 해방군의 직접적인 위협에 처해 있었다.

65일간 발생하였던 회해전역에서 중국공산당이 승리함으로써 국민당의 정치 및 경제 중심지인 남경과 상해가 중국공산당의 위협에 직접적으로 노출되었다. 회해전역은 중국공산당이 강남지역을 차지하는 데 유리한 조건과 후방을 제공하였다.

③ 평진전역(平津戰役, 1948.11.29.~1949.1.31.)

평진전역을 대만에서는 '평진회전(平津會戰)'이라 부른다. 천진과 북경의 전역을 점령하였던 국공내전 3대 전역 중의 하나이다. 국민당군의 서쪽 철수와 남쪽 도주를 방지하기 위하여 회해전역 진행 중에 중앙군위 모택동은 1948년 11월 29일에서 1949년 1월 31일까지 임표·라영환·섭영진·류아루는 인민해방군동북야전군과 화북군구 부대를 이끌고 공격하였다. 중화민국 국민혁명군 3개 병단을 섬멸하였거나 개편하도록 하였다. 이로써 북경과 천진 및 화북 대지역을 점령하였다.

군위와 모택동의 지시에 따라 "포위하여 공격하지 않음, 떨어져서 포위하지 않음의 방법으로 먼저 적을 분할 포위하여 5개의 고립된 거점을 만들고 다시 먼저 앞뒤 머리를 치고, 후에 중간을 친다"는 원칙으로 적을 섬멸하기 시작하였다.

1948년 11월 29일부터 12월 20일까지 해방군은 국민당군대에 포위전략을 실시하였고, 북경·천진·장가구(張家口)·신보안(新保安)·당고(塘沽) 등 5개 지역을 각각 포위하여 고립시켰다. 12월 22일부터 1949년 1월 15일까지 신보안과 장가구 및 천진을 점령하였다. 북경 20만 명의 국민당군이 서쪽과 해상 도주통로를 차단하였다. 1949년 1월 16일부터 31일까지 중공중앙군위는 문화고도인 북경을 보호하기 위해 평화적 방식으로 해결하려 하였다. 이 전역에서 당고 국민당군 5만여 명이 해상으로 도주한 것 이외에 국민당군 52만여 명을 섬멸하였거나 개편하도록 하였다. 64일간에 걸친 평진전역은 기본적으로 전 화북지역을 차지하였다.

(7) 화북인민정부(華北人民政府, 1948.9.26.)

1948년 5월 9일 중공중앙과 중앙군위는 진찰기(晉察冀)와 진기로(晉冀魯) 두 지역의 해방구 및 그 영도기구를 합병하기로 결정하였다. 그리고 화북국(華北局)과 화북연합행정위원회(華北聯合行政委員會) 및 화북군구(華北軍區)를 건립하였다. 류소기는 화북 제1서기를 맡았다. 동시에 중원국(中原局)을 강화하여 중원군구(中原軍區)를 건립하였다. 류등(劉鄧)대군[4]과 진사(陳謝) 부대[5]를 중원야전군(中原野戰軍)으로 바꾸었고, 등소평은 중원국 제1서기를 맡았다.

8월 7일 화북임시인민대표대회(~8.19.)가 석가장(石家莊)에서 개최되었다. 회의에서 화북연합행정위원회를 화북인민정부로 바꾸기로 결정하였다. 화북인민정부 제1차위원회가 1948년 9월 20일에서 24일까지 하북성 평산현(平山縣) 왕자촌(王子村)에서 개최되었는데, 회의에서 동필무를 주석으로 선출하였다. 그리고 9월 26일에는 화북인민정부가 정식으로 수립되었으며, 이날로 진찰기변구행정위원회(晉察冀邊區行政委員會)와 진기로예변구인민정부(晉冀魯豫邊區人民政府)는 폐지되었다. 동필무가 인민정부 주석직에 선출되었다.

4400만 명 정도 되는 화북지역에서 당과 당외 민주인사가 합작하여 통일된 인민정부를 수립하였다. 이것은 신중국 중앙인민정부의 정형화되기 전의 모습이었다.

(8) 국민당의 대만으로 이주(1949.12.7.)

1945년 8월 일본이 대만을 연합군에 양도한 이후, 국민당은 군대를 대만에 파견하여 인수 작업을 실시하였다. 그리고 1949년 5월 공산군의 공격이 거세지자 국민당은 대만에 계엄령을 선포하였고, 30만 군대를 대만에 주둔시켰다.

10월 광동 등지에서 공산군에 패배한 뒤, 12월 7일 국민당은 중화민국 정부를 대만으로 이주시켰다. 이로써 국민당의 중국대륙의 역사는 끝이 났다.

---

4) 류등대군(劉鄧大軍)은 류백승(劉伯承)과 등소평(鄧小平)이 영도하는 대군을 말하고, 중원야전군(中原野戰軍)의 별칭이다.

5) 1947년 7월 27일, 진기로예(晉冀魯像)군구 2개 종대와 1개 군으로 조성되었다. 진갱(陳賡)이 사령원이었고, 사부치(謝富治)가 정치위원이었다.

3. 중화인민공화국 건국(1949.10.1.)~개혁개방(1978)

1) 1949.10.1.~1960

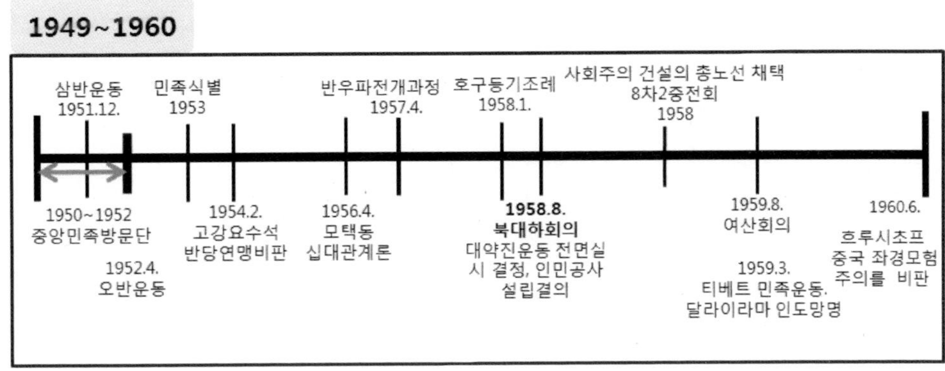

(1) 건국 직후 상황

1949년 5월 대만, 팽호, 금문, 마조서사, 남사 등 도서와 서장을 제외한 전 중국대륙을 점거한 후, 6개 군구를 설치하였다. 1949년 10월 1일 중화인민공화국이 건국되었지만, 당시 상황을 보면 중국공산당이 중국대륙을 완전히 장악한 것은 아니었다. 1949년 10월 1일 당시 국민정부는 중남·서남·화동 지역에 백숭희(白崇禧)·여한모(餘漢謨)·호종남(胡宗南) 장군이 지휘하는 3개 집단군 70만 명이 주둔하고 있었다.

1950년 10월 26일 인민해방군이 티베트 라사를 무력으로 강점함으로써 대만·팽호·마조·금문·홍콩·마카오를 제외한 전 대륙이 중국공산당의 통치 아래에 들어갔다. 하지만 중국공산당이 장악한 지역이더라도 당시 성(省)과 지방정부는 유격대의 혁명근거지나 인민해방군(야전군)의 점거지역을 중심으로 건립되었다.

건국 초기, 지방인민정부가 구성될 때까지 지방은 과도적으로 군사관제위원회에 의해 통치되었다. 군사관제위원회는 임시적인 기구로 지방정부의 직권을 대행했는데, 이는 대륙을 장악하는 과정에서 설립된 6개 대군구와 그에 상응하는 6개 대행정구로서 군사적 점령지역을 그대로 지방정부 제도로 전환시켜 나갔다.

화북지역은 중앙의 직할구였고, 동북지역에는 동북인민정부가 설립되었지만, 다른 지역에는 '군정합일(軍政合一)'의 군정위원회가 설치되어 군사관제를 실시하였다. 그 지역

지도자는 대군구의 행정 및 군사의 주요 직위를 겸임하였다. 임표가 중남군정위원회 주석 겸 중남군구 사령관, 하룽이 서남군정위원회 제1부주석 겸 서남군구 사령관을 맡은 게 그 예이다. 각 지역 상황을 살펴보면 다음과 같다.

동북행정위원회(東北行政委員會): 1946년에 성립, 1949년에 동북인민정부(東北人民政府) 개칭, 주석 고강(高崗)

화북인민정부: 1948년 9월 수립, 얼마 지나지 않아 정무원(政務院)이 직접 영도, 주석 동필무

화동군정위원회(華東軍政委員會): 주석 요수석

중남군정위원회(中南軍政委員會): 주석 임표

서북군정위원회(西北軍政委員會): 주석 팽덕회

서남군정위원회(西南軍政委員會): 주석 류백승

(2) 중앙민족방문단 파견(1950~1952)

중국이 건국되었을 때 중국공산당과 정부는 중국 내 민족의 숫자를 정확하게 파악하지 못하고 있었다. 이에 당과 정부는 정확한 민족숫자를 파악하기 위해서 중앙민족방문단을 각 소수민족으로 파견하여 조사연구하게 하였다. 이 과정에서 중국 내에 많은 민족이 존재하고 있음을 알게 되었고, 이는 민족식별에 참가하였던 많은 학자들의 글에서도 나타나고 있다.

중앙민족방문단은 각 소수민족들의 역사·언어·사회형태와 문화습관 등 종합적인 조사를 통해서, 각 지역에 분포하고 있는 사람들이 어느 민족에 속하는지에 관한 족속(族屬) 문제를 명확하게 하고자 하였다. 이를 위해서 우선적으로 사서(史書)와 구두(口頭)로 전해지는 민간전설 등을 수집하여 민족사적 연구를 진행하였다.

먼저, 중앙민족방문단은 서남지역으로 가서 민족성분을 판별하고 분류하였다. 그 이유는 중국 서남 지역은 중국으로 가장 나중에 편입된 지역이었고, 이로 인해 다른 지역보다도 실질적인 정황을 더 잘 모르고 있었기 때문이다.

현재에는 55개 소수민족이지만, 1952년 당시에는 60개의 민족이 선정되었다. 한편, 1953년 6월에 중국 국가통계국이 실시한 각 성에 분포하고 있는 민족은 50개로 분류되었다.

(3) 민족식별작업(1953)

중국은 한족과 55개 소수민족으로 이루어져 있다. 55개 소수민족은 1949년 중화인민공

화국이 성립되었을 때부터 구분되어진 것이 아니라 1953년 이후 소수민족식별과정을 통해 1979년 기낙족(基諾族)이 식별되면서 현재 55개 민족이 되었다.

민족식별이란 당과 정부가 중국 내 거주하던 어떤 민족인지 정확하게 알 수 없는 인간공동체와 여러 개의 민족명칭을 갖고 있는 민족의 민족성분을 판별하고 민족명칭을 공인하는 작업이다. 민족식별의 기준은 과학의거(科學依據: 스탈린의 네 개의 민족특징인 공동의 지역, 공동의 언어, 공동의 경제생활, 공동의 민족심리소양)와 민족의원(民族意願: 민족자신의 의사)이었다.

중국 당과 정부에서는 1954년에 개최될 제1차 전국인민대표대회에 참석할 소수민족 대표를 선출하기 위해서 1953년에 민족 등기를 실시하였다. 이때 전국에서 스스로 민족이라고 등기한 숫자가 약 400여 개였고, 운남성에만 260여 개였다. 이렇게 많은 인간공동체가 자신들이 하나의 독립된 민족이라고 주장한 것은 중국이 건국되면서 당과 정부가 소수민족의 권리를 한족과 동등하게 보장한다고 법률로 정하였기 때문이다. 많은 인간공동체들은 독립된 민족으로 인정받아 소수민족이 누릴 수 있는 법적인 혜택을 누리고자 하였다. 즉, 중국 당과 정부가 중국 건국 이전의 민족멸시와 민족압박정책을 폐지하고, 민족관계 개선정책을 펼치다 보니 중국 내 인간공동체들의 민족의식이 고조되었던 것이다.

당과 정부에서는 400여 개 모두를 민족으로 인정하기에는 너무 많은 숫자라 생각하였고, 또 이들이 실질적인 독립된 민족인지 확인하기 위해서 1953년 제1차 인구조사에서 민족식별을 공식적으로 진행하기 시작하였다. 감숙과 청해지역에 대해서 민족조사를 하였는데, 특히 동향족·보안족·살랍족·장족(藏族)·토족 등의 사회역사조사를 전면적으로 실시하였다. 그리고 호남상서토가족·광동성의 단민을 조사하고 연구하였다. 그러나 1956년 말까지 단민이 하나의 소수민족의 문제인지 아닌지에 관한 결론을 내지 못하였다.

▌재중동포 조선족

1949년 중국이 건국되기 직전인 9월 말, 조선족의 국적문제에 대해서 중국공산당은 "조선족은 중국의 소수민족이며, 한족과 동등하게 평등한 권리와 의무를 가진다"고 인정하였다. 이렇게 해서 조선족은 중국 건국 당시에 인정받은 9개 민족 중의 하나가 되었다.

(4) 1차 정풍운동(1951)

1951년 하반기에 전당 제1차 정풍운동을 진행하였다. 이 정풍의 중점적 대상은 각급 지도 간부였다. 정풍의 주요 내용은 간부와 일반 당원의 사상적 수준과 정치적 수준을 고양하여 관료주의와 명령주의를 극복하고 당과 인민 군중의 관계를 개선 강화하려는 것이다.

정풍의 방법은 아래에서 위로 간부의 정풍회의, 혹은 정풍훈련반을 소집하여 모택동이 7차 2중전회에서 제출한 보고와 지정한 문건을 학습하며, 비판과 자아비판을 전개하여 사상을 고양하고 사업을 개선하는 것이었다. 당은 국가기관과 국영기업에서 3반운동(1951.12.)과 5반운동(1952.1)을 전개하였다.

(5) 고강 · 요수석 사건(1953)

고강·요수석 사건은 중국 건국 초기 불안한 국정 정세를 보여주는 대표적인 사례이다. 1949년부터 고강은 당과 국가의 지도대권을 탈취할 목적으로 활동을 전개하였다. 고강은 동북지역과 다른 여러 지역에서 당 중앙의 지도급 동지를 모함하였고, 동북지역에서 당 중앙의 정책을 적극적으로 반대하며, 당의 단결과 통일적인 지도를 파괴하였다. 그는 동북지역에 고강독립왕국을 건설하였다.

한편, 요수석은 화동지역에서 당 업무를 관장하고 있었는데, 1953년 후 고강의 권력 탈취 활동이 성공할 것으로 믿고, 고강과 함께 반당연맹을 결성하였다. 그러나 1955년 4월 5일 공산당 중앙위원회가 이들의 직위와 당적을 모두 취소하였으며, 고강은 자아비판을 이기지 못하고 자살하였다. 그리고 요수석은 죄를 끝까지 인정하지 않아 불구의 몸이 되었다.

(6) 반우파투쟁(1957)

반우파투쟁은 우파를 반대하는 투쟁이다. 모택동이 전개한 '대명대방' 운동으로 반공·민주인사들이 스스로의 정체를 노출시킨 것을 기회로 삼아서 이들을 우파로 몰아 숙청하였다.

1957년 2월, 모택동은 최고 국무회의에서 "인민 내부의 모순된 문제를 정확히 처리하는 데 관하여"라는 문제를 제기했고, 동년 5월 1일부터 대명대방운동, 즉 백가쟁명(百家爭鳴)·백화제방(百花齊放) 정책에 따라 '당내외와 전체인민의 협조에 의하여 공산당의 잘못을 바로잡고, 문제당원을 숙청할 것'을 선포했다. 이것을 '쌍백(雙百)운동'이라고도 하는데, 백가쟁명은 학술·과학에 관한 것이고, 백화제방은 문학·예술에 관한 내용이다.

'대명대방' 운동을 전개함에 있어 모택동은 "말하는 사람에게는 죄가 없고 그것을 듣는 사람에게는 훈계가 된다"라고 하면서 크게 공산당을 비판할 것을 권고했다. 또, 중앙선전부장 육정일(陸定一)도 1957년 6월 3일 ≪인민일보≫에 "'대명대방'으로서 학술과 문예의 경직화·편향화를 지양하고 자유로운 발표와 토론에 의한 활성화를 기한다"는 논문을 발표하면서, 많은 지식인들이 이 운동에 참가해 줄 것을 권고하였다.

모택동은 인민이 공산당과 그 정책을 크게 찬양하는 반면 비판은 적을 것이라 기대하였으나 오히려 정반대로 전개되었다. 처음에는 조심스럽게 말하던 사람들도 그 동안의 불평불만을 쏟아내기 시작하였다.

1957년 5월 중순부터 6월까지, 민주동맹의 부주석 장백균(章伯鈞, 국무원 교통부장), 라융기(羅隆基, 국무원 삼림공업부장)와 민주건국회 부주임 위원(부주석) 장내기(章乃器, 국무원 양식부장) 등은 중국공산당 지도 그 자체를 부정하는 의견을 발표했다. 또, 지식층은 모택동을 '살인마왕'·'인민전정(人民專政)은 무뢰한의 독재제도'라고 출판물에 표현하였다. 무한시에서는 노동자·농민이 반공시위를 벌이면서 '염라대왕궁을 타도하라'·'공산당원을 죽여 없애라'는 구호를 외쳤다. 이것을 계기로 학생들의 시위와 노동자·농민의 연합시위가 각지로 확산되면서, 군중은 이 운동을 점차 공산정권을 부정하고 공산당을 타도하는 방향으로 발전시켰다.

상황이 악화되자 모택동은 1957년 6월, ≪인민일보≫에 '반우파투쟁을 전개하자'는 사설을 싣고, 주동적 교수·교사·문학예술인과 청년학생들을 모두 우파(右派)로 규정하고 이들을 숙청하도록 명령하였다. 이후, 민주당파 소속 지도자 대부분을 체포하였다. 그리하여 대명대방 운동기간에 출판물에 반공 및 비공산주의적인 사상을 발표했거나 그런 언동을 전개한 사람들을 모두 체포하였다.

결국, '대명대방' 운동은 드러나지 않던 반공주의자를 색출하여 처형하기 위한 모택동의 함정이었다는 비난 속에 1개월 만에 종결되었고 후속조치로서 대대적인 '반우파투쟁'이 전개되었다.

2) 1961~1978

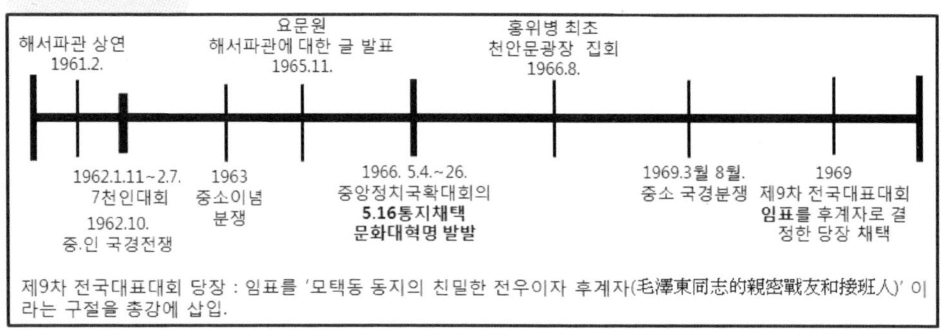

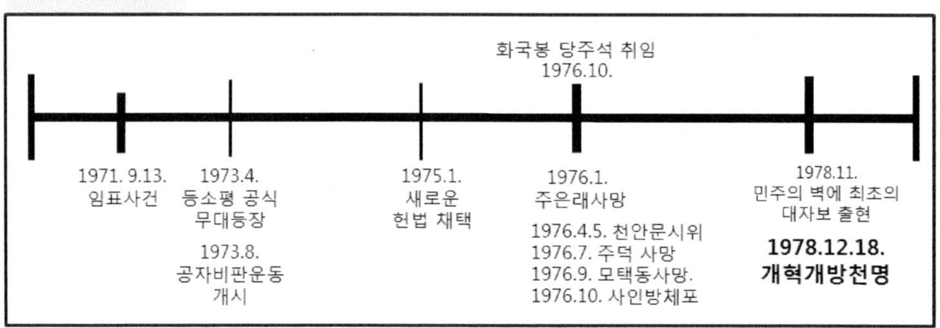

(1) 7천인대회(七千人大會, 1962.1.11.)

> 약 4천만 명이 굶어 죽은 것으로 알려진 1962년 대기근 때 1월 11일 중공중앙은 북경에서 확대된 업무회의, 즉 7천인대회를 소집했다.

1958년에 정식으로 결정된 대약진정책은 기술과 자본의 뒷받침은 없고, 오직 인민대중의 의욕에 의지했기 때문에 대실패로 끝났다. 농촌에서는 인민공사가 조직되었으나 생산량은 늘지 않았고 지방 간부는 엉터리 증산보고를 중앙에 올렸다. 그 직후 1959년부터 3년간 전국각지에서 심각한 자연재해가 발생하였다. 1962년까지 4년간 굶어죽은 사람이 약 3,800명에 이른 것으로 알려졌다.

7천인대회는 대약진과 인민공사의 대실패로 혼란에 빠진 지방 간부와 인민의 분노를 달래기 위해 개최되었다. 1월 11일부터 2월 7일까지 28일간에 걸쳐 진행되었다. 이 대회에서 류소기는 대약진, 인민공사화의 실패를 "3할의 천재(天災)에 7할의 인재(人災)"라고 결론지었다. 반면, 임표는 곤란에 처했을 때 우리는 마땅히 더욱 당의 지도를 의지하고 믿어야 한다고 했다.

대회에서 모택동은 지방 간부 앞에서 자기비판을 함으로써 최고지도자의 위신을 잃었다. 모택동은 회의를 주재한 류소기에게 강한 적개심을 품게 되었다. 이 대회로 모택동과 류소기는 결정적으로 대립하게 되었다.

(2) 중소분쟁(수정주의 대 교조주의, 1963)

1963년 9월 6일자 인민일보에 게재되었던 "소련공산당 지도부와 우리들과의 의견차이의 유래와 발전"에서 중국공산당과 소련공산당 간의 갈등의 시작을 1956년 2월에 개최되었던 소련공산당 제20차 대회부터라고 밝혔다. 1961년 10월 모스크바에서 개최되었던 22차 소련공산당대회는 중소분쟁에 결정적인 영향을 주었다.

1963년 4개의 인민일보 논설에서 흐루시초프를 공격하기 시작하였고, 6월 15일 주소 중국 대사를 통해 중국정부가 소련공산당을 거부하는 25개 항의 질의서를 제출하였는데, 그중에 "사회주의 사회에서는 우월한 당이라는 것은 없다"는 내용이 있었다. 이것은 소련 공산당이 주도적일 수 없다는 중국공산당의 도전이었던 것이다.

그리고 미국과 타협적인 자세를 보였던 소련을 수정노선이라고 비판하였고, 이에 소련은 중국이 국제정세를 정확하게 파악하지 못하고 사회주의 원칙만을 고집한다면서 교조주의라고 비난하였다. 1964년 7월 14일 중국이 발표한 글에서 흐루시초프를 사이비 공산주의자라고 공격하였다.

(3) 해서파관(海瑞罷官) 비판(1965.11.10.)

해서파관은 명대사(明代史) 전문가인 오함(吳晗)이 모택동의 요청으로 쓴 신편 역사극이다. 해서파관은 해서(海瑞)가 명나라 관리로 응천순무(應天巡撫)로 있으면서 지방 세도가들의 부정을 낱낱이 들춰내고, 억울하게 투옥된 자를 풀어주고, 탐관오리를 처단하고 백성들의 원한을 풀어주자, 황제가 그를 파면했다는 내용의 역사극이다.

오함은 해서가 황제에게 충성은 하였지만, 인민이 반란을 일으킬 수 밖에 없을 정도로 굶주리는 동안 명 조정이 자원을 낭비하고 있음을 비판했던 사실에 초점을 맞추었다. 이러한 내용이 1959년 6월 16일 ≪인민일보≫에 발표되었다.

같은 해 여산회의에서 모택동이 팽덕회를 비판할 때 좌파해서와 우파 해서의 문제를 제기했다. 이에 오함은 9월에 '해서를 논함'이라는 글에서 ≪인민일보≫에 실린 글은 팽덕회와 아무런 관계가 없었다고 하면서 우경기회분자와 반대파를 비판하는 말을 하기도 하였다.

해서파관은 연극으로 공연된 뒤 해서를 칭송하는 연극이 여러 곳에서 공연되었는데, 강청(江靑) 등이 해서파관에 대한 반응을 모택동에게 보고하였다. 모택동도 처음에는 이에 동의하지 않았다가, 강생(康生)이 해서파관을 반영된 것이 여산회의와 관계가 있고 팽덕회와 관련이 있다고 언급하면서부터 반응을 보였다.

팽덕회는 자신을 해서라고 자칭하였으며, 오함은 글에서 삼면홍기 정책으로 도탄에 빠진 인민들의 감정을 풀어주려는 의도가 숨어 있었다. 그것을 계기로 1965년 11월 10일 요문원(姚文元)이 해서파관을 평하면서 문화대혁명이 거세게 폭발하게 되었다.

(4) 5·16통지(1966.5.16.)

5·16통지의 정식 명칭은 '중국공산당 중앙위원회 통지'이다. 이는 문화대혁명의 강령적 문건이다. 1966년 5월 16일 중국 정치국 상무위원회는 모택동이 제기한 '5·16 통지'를 채택하였다. 5·16 통지가 통과된 이날을 문화대혁명의 기점으로 삼는다(5월 10일 팽진 등 실권파 주요 인사가 해임된 날을 삼기도 한다).

모택동의 '5·16 통지'는 3개 부문으로 구성되어 있다.

첫 번째 부분은 '2월제강(二月提綱)'과 '문화혁명 5인소조' 및 그 사무기구를 철폐하도록 하고 새로운 '문화혁명 소조'를 구성하여 정치국 상무위에 소속시키도록 하였다. 이는 문화대혁명을 이끌고 나갈 조직 지도부 구성을 확립하였다.

두 번째 부분은 '2월제강'의 10가지 죄목을 축소 비판하고 새로운 '좌(左)'의 이론, 노선, 방침, 정책 등을 제시하였다.

세 번째 부분에서 각급 당위원회가 '2월제강'의 집행을 즉각 정지하고 문화영역의 영도권을 탈취할 것을 지시하였다. 아울러 당·정·군 및 문화계에 '자산계급 대표인물'에 대한 맹렬한 공격을 전개하도록 촉구했다.

5·16 통지는 1966년 2월 12일 당 중앙위원회가 통과시킨 2월제강을 비판한 내용을 담

고 있다. 2월제강은 1964년 당중앙과 모택동의 지시에 의해 팽진을 조장으로 하고, 육정일·강생·주양(周揚)·오랭(吳冷)을 조원으로 하여 구성된 '문화혁명 5인소조'에 의해 작성되었다.

5인소조는 '현 학술토론에 관한 회보제강(關於當前學術討論的匯報提綱)'이라는 문건에서 1965년 11월 요문원이 발표한 '신편 역사극 해서(海瑞)파관을 논평한다'가 야기한 갈등과 충돌을 학술적인 논쟁으로 축소하였다. 제강은 중국 문화체계에 대해 총체적으로 공격하지 않았으며 "학문적인 불일치의 문제는 보다 복잡하고 어떤 것들은 짧은 시간 내에 정의되기 어려운" 이유로 "이 투쟁을 지도부의 지휘하에 진지하고 확실하게 또 신중한 방식으로 수행해야 한다"고 주장했다. 또한 "일부 완고한 혁명적 좌파조차 무언가 잘못 말할 수 있다"고 지적했는데, 모택동은 이를 강청 등 배후의 자신을 겨냥한 것으로 받아들였다.

모택동은 5인 소조를 이끌던 팽진과 육정일을 해임한 데 이어 '2월 제강'을 맹비난하는 문건을 발표함으로써 문혁의 방향을 자신이 구상한 대로 이끌고 나가기 시작하였다. 1966년 6월 1일 ≪인민일보≫는 "모든 우귀사신(牛鬼蛇神)을 일소하자(橫掃一切牛鬼蛇神)"라는 제목의 사설을 실었다. 이어 5·16 통지를 알리는 사설을 연속으로 게재했다.

(5) 문화대혁명(1966~1976)

> 1966년부터 1976년까지 10년간 중국에서 발생하였던 문화대혁명 기간에는 중국전통문화와 사상이 파괴되었고, 많은 인민과 소수민족이 살해되었다. 1976년 9월 모택동이 사망하고, 10월 사인방이 실각함으로써 문화대혁명은 종결되었다. 이후에 화국봉이 일시적으로 권력을 장악하였으나 등소평의 세력에 의해 물러난다.

문화대혁명의 정식명칭은 '무산계급문화대혁명(無産階級文化大革命)'이고, 약칭은 '문혁(文革)'이다. 1966년 5월, '5·16통지'의 하달로부터 1976년 10월 '4인방'이 실각할 때까지 10년간에 걸친 대규모 정치적 사건이다. 이 시기에 약 2천만 명이 학살당하였거나 사망하였다.

1980년대에 들어와 문화대혁명을 "모택동이 잘못 발동하고 임표, 강청 반혁명집단에 의하여 이용되어 당·국가와 각 민족 인민에 커다란 재난을 가져다 준 내란"이라고 완전히 부정하였다.

문화대혁명이 발생한 배경은 모택동이 주도한 대약진이 실패하고, 조정기에서 류소기 등이 정치적으로 부상하자 이에 두려움을 느낀 모택동은 이들을 수정주의자 주자파로 지목하고 군중을 동원하여 숙청운동을 전개했다. 팽진·육정일·양상곤 등이 반당집단으로, 류소기와 등소평이 주자파로, 문혁에 비판적이었던 섭검영·이선념·섭영진 등은 역류로 몰아 숙청하였다.

문화대혁명을 다음과 같이 세 단계로 구분하여 정리하기도 한다.

1단계에서는 대대적으로 한 계급이 한 계급을 타도하는 투쟁을 전개하였으며, 4舊를 비판하고, 모든 잡귀신들을 쓸어버릴 것을 요구하였다. 이 시기에는 탈권, 체벌, 재산몰수와 파괴 행위 등이 전개되면서, 모든 것을 타도하고 전면적으로 내전하자 등이 진행되었다. 또 각급 당정 기관이 피폐해졌으며, 류소기 등 지도간부들이 터무니없는 죄명으로 숙청당했다.

2단계는 1969년 5월부터 1973년 8월까지, 임표가 정식으로 후계자로 인정된 때부터 임표가 반혁명 집단으로 낙인찍힌 뒤 새로운 권력집단인 4인방이 등장할 때까지이다.

3단계는 1973년 9월부터 1976년 10월 문화대혁명 종결시기까지이다. 1974년 1월 비림비공(批林批孔)운동을 전개하였고, 1975년 11월부터는 비등(批鄧), 우경번안풍(右傾飜案風) 반격 운동을 발동시켰다. 1976년 4월에는 천안문사건이 발생하였다.

1976년 9월 모택동이 사망하자 강청 등 4인방이 권력 장악을 도모하였으나 화국봉과 군 원로간부들이 이들을 체포함으로써 문화대혁명은 끝나게 되었다. 그러나 10년간의 문화대혁명은 오히려 중국이 1978년에 대내개혁과 대외개방을 촉진하도록 만든 사건이었다고 평가하기도 한다.

(6) 2월역류(1967.2.)

1967년 2월을 전후하여 개최된 여러 회의에서 진의, 섭검영, 이부춘(李富春), 이선념, 서향전, 섭영진, 담진림 등 정치국과 군사위원회 지도자들은 당원과 인민을 대표하여 문화대혁명의 잘못된 방법에 대해 비판하였다. 그리고 임표와 강청 등의 세력과 투쟁을 벌였다. 2월 14일 이후 중남해의 회인당(懷仁堂)에서 개최된 정치국 간담회(회인당회의)에서 섭검영·섭영진·담진림 등은 당시 상해와 군 상황을 비난하였다. 게다가 담진림은 임표에게 편지를 보내 강청을 "측천무후보다 더 흉악하다"고 욕을 하였다.

두 문화대혁명에 대한 최고지도자 발언

등소평
1988년 9월
나는 문화대혁명을 근본적으로 부정하지만 공도 있다. 그것은 이것이 반면교
사가 되어 개혁개방을 이끌어 냈다는 것이다.

강택민
1997년 2월
문화대혁명은 사회주의 시기의 우리 당 역사에서 심각한 과오였다.

호금도(후진타오)
2007년 10월
문화대혁명은 당과 인민에게 위험과 재난 국면을 조성했다.
2007년 12월
문화대혁명은 당과 국가, 인민에게 심각한 좌절과 손실을 가져다 준 10년 내
란이었다.

이러한 상황을 보고 받은 모택동은 1967년 2월 18일 일부 정치국위원이 참석한 회의에서 이들을 비난하였고, 2월 25일부터 3월 18일까지 회인당에서 일곱 차례의 정치생활회를 열어 이들을 비난하였다. 그리고 1968년 10월 제8차 12중전회에서 '2월 역류'를 공식적으로 비판하였다.

(7) 임표사건(林彪事件, 1971.9.13.)

중국공산당 부주석이던 임표가 주석 모택동 암살 계획에 실패하여 공군기를 타고 몽골로 가는 도중에 추락사한 사건을 '임표사건' 혹은 '9·13사건'이라 일컫는다. 임표는 모택동사상을 절대화하였고, 모주석어록을 만든 사람이었다. 게다가 1969년 중국공산당 9전대회에서 모택동의 후계자로 지명되었다.

중국공산당은 1971년 12월부터 1972년 7월까지 '임표 반당 집단의 반혁명 정변을 분쇄한 투쟁'이라는 자료를 세 차례나 당 내부에 배포하였다. 그리고 공식적으로 임표가 쿠데타 시도 실패로 인해 도주하였다고 평가하였다.

이 사건은 1973년 중국공산당 10전대회에서 주은래 총리의 정치보고에서 밝혀졌다. 주은래는 "1970년 8월 제9차 2중전회에서, 반혁명 쿠데타를 일으켰다가 미수에 그쳤다. 이어 1971년 3월 반혁명 무장쿠데타 계획인 '571 공정기요(工程紀要)'를 입안하였고, 9월 8일 반혁명 무장쿠데타를 일으켜 주석 모택동을 모살(謀殺)하고, 별도로 중앙정부를 수립하려

고 하였다. 음모가 실패로 끝나자 임표는 9월 13일 비행기를 타고 소련 수정주의(修正主義) 진영으로 도피, 당과 국가를 배반하려다가 몽골의 운데르한에서 추락해 죽었다"고 발표하였다.

(8) 비림비공(批林批孔)운동(1973, 1974.1.18.)

비림비공운동은 문화대혁명 기간에 비림정풍(批林整風)운동과 비공(批孔)투쟁을 결합시킨 말이다. 공자의 '극기복례(克己復禮)'는 노예제도를 복귀시키려는 것이고, 임표의 '반혁명수정주의 노선' 역시 극기복례를 통해 '지주·자산계급의 전제(專制)'를 복귀시키려는 것이라고 공격하였던 운동이다.

모택동은 임표의 우경(右傾)과 임표가 개인적으로 숭상하는 공맹의 도리와 관련이 있다고 여겼고, 전 당이 공동으로 '비림비공'을 인식하였으면 하였다. 1973년 5월 이후, 모택동은 여러 차례 "공구를 비판한다(批孔丘)"라고 언급하였다. 강청 등은 이러한 구호를 접하였고, 청화대학과 북경대학에 "대비판조(大批判組)"를 조직하여 임표와 공맹의 도의 자료를 모아 편집하였다.

1973년 8월에 열렸던 중국공산당 10전대회 이후, 4인방은 각 기관·군부대·공장·인민공사·학교 등에 비림소조(批林小組)나 비공판공실(批孔辦公室)을 만들어서 한층 더 격렬하게 전개하였다. 하지만 이면에는 4인방의 문혁세력과 주은래·등소평 등 주자파 세력의 권력투쟁이 있었다. 1974년 1월 18일 모택동은 중공중앙 1974년 1호문건에서 강청이 주관하여 편집한 ≪임표와 공맹의 도(林彪與孔孟之道)≫를 하급기관에 전달하였고, 이후 전국에는 비림비공 운동이 전개하였다.

(9) 4·5천안문사태(1976.4.5.)

1976년 4월 5일에 발생하였던 천안문사건을 제1차 천안문사태라고도 말한다. 이 사건은 주은래 총리와 관련이 있다. 1976년 1월 8일 숨진 주은래 총리를 추모하기 위해 천안문 광장에 모였던 20만 명 군중이 시위를 벌였다.

시위대들은 **"주은래 총리를 반대하는 자는 모두 타도하라!"**고 외쳤다. 이 사건은 주은래를 주자파로 몰아 격하하려는 4인방을 비롯한 극좌파에 대한 반발이었다. 그리고 문혁이래로 모택동사상의 절대화 풍조와 가부장체제에 대한 중국 인민들의 저항이었다. 그날 밤 민병 1만 명과 경찰 3천명, 인민해방군이 무력으로 시위대를 진압하였다. 이때 사상자의 숫자는 정확하게 파악되지 않았다.

4. 1979~2000

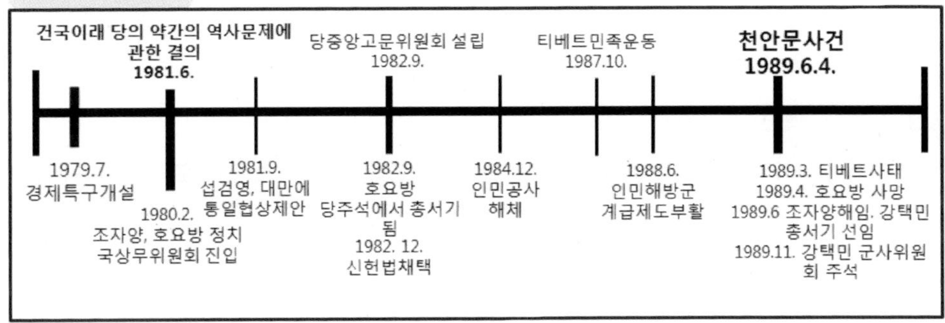

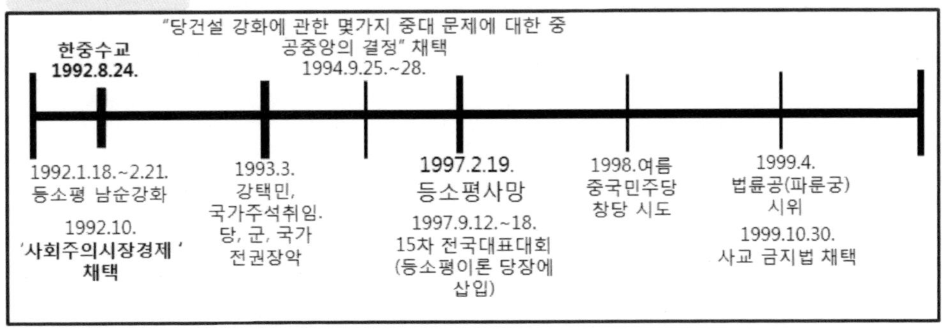

1) 1979~1990

(1) 건국 이래 당의 약간의 역사문제에 관한 결의(1981.6.27.)

1981년 6월 27일, 11차 6중전회에서 '건국 이래 당의 약간의 역사 문제에 관한 결의'(이하 '역사결의'로 표기함)를 만장일치로 채택하였다. **역사결의는 모택동이 주도한 문화대혁명의 극좌노선을 부정하고, 등소평 체제를 확실한 이론적 기반 위에 올려놓은** 역사적 문헌으로 8개 부문, 38개 항, 약 3만 字로 구성되었다.

역사결의의 실무는 호교목(胡喬木) 등이 맡았지만, 전문에는 등소평의 의지라고 할 수 있는 실용주의 정신이 반영되어 있다. 등소평은 1980년 3월부터 1981년 6월 사이 약 아홉 차례에 걸쳐 '역사결의 기초소조(基礎小組)'에 문건의 기초와 수정에 관한 자신의 견해를 제시하였다.

등소평은 "나에게도 잘못이 있었다"고 말하면서 "모택동 동지가 만년에 이르러 사상에 일관성이 없고 어떤 이야기는 서로 모순되기도 하였다는 것은 분명하다"고 말하였다. 그리고 "대체로 1957년(전반기)까지 모택동 동지의 영도가 옳았으나 1957년 (여름의) 반우파 투쟁 이후부터 오류가 점점 늘어났다"고 말하였다.

등소평은 문화대혁명 시기 중 '모택동 동지의 오류'와 '4인방의 도전'과 홍위병의 난동을 극복한 것에 대하여 중국공산당과 인민이 힘을 합쳐 '역전승한 기록'으로 평가했다.

(2) 6 · 4 천안문사건(1989.6.4.)

6 · 4 천안문사건은 1989년 6월 4일 천안문광장에 모여 민주화를 주장하던 학생과 군중을 계엄령으로 출동한 군이 강제로 해산시키면서 막대한 희생자를 낳게 한 사건을 일컫는다. 천안문사건이후 천안문광장은 '민주화'로 연관되기도 한다.

천안문사건은 1989년 4월 15일부터 5월 12까지, 호요방의 죽음으로 야기된 학생시위가 5 · 4운동 70주년 기념집회를 정점으로 점차 확산되었다. 1989년 4월 중남해에서 소집된 중앙정치국회의에 참가하였던 호요방이 심장병으로 사망하자 학생들은 호요방에 대한 재평가를 요구하며 시위를 벌였다. 호요방의 장례식이후 시위는 순수한 정치민주화운동으로 전환되었다.

5월 13일부터 5월 19일까지 학생들의 민주화 요구가 단식투쟁으로 점차 격렬해지기 시작하였다. 그리고 5월 20일부터 6월 3일까지 계엄령이 발표되었다. 정부와 학생 간에 대화와 강경 대치가 거듭되었으며 6월 3일 자정이 넘고 새 날이 시작되면서 시작된 군의 강경 진압으로 학생들의 시위는 진압되었다.

조자양은 대화를 통해 학생들의 시위를 막으려 했으나, 등소평은 반혁명으로 간주하였다. 6월 4일 군대가 천안문광장으로 진입해 시위 군중을 진압하면서 민주화운동은 실패로 끝났다. 이후 개방파 가운데 보수세력인 이붕(李鵬) 등이 당권과 정부를 장악하였다. 천안문사건을 해결하는 과정에서 강택민이 총서기가 되었고, 이후로 상해방이 정치권에 등장하기 시작하였고, 1990년대의 중국을 이끌었다.

조자양의 국가의 죄수(Prisoner of the State): 천안문사건에 대한 언급
"당시 상황은 이미 명확해졌다. 아래의 3가지 질문에 답해야 한다.

첫째, 당시 학생 시위에 지도부가 있었고 계획이 있었고 시위는 사전에 모의된 '반당반사회주의' 정치 투쟁이라고 했는데, 도대체 누가 지도를 하고 무슨 계획이 있었고 무슨 사전 모의가 있었는가? 어떤 자료가 이를 충분히 설명할 수 있는가? 당내 반동분자가 있다고 했는데 도대체 누가 반동분자인가?

둘째, 이 시위의 목적이 공화국을 전복하고 공산당을 뒤집는 것이라고 했는데, 무슨 근거가 있는가? 내가 당시에 말했듯 많은 사람들은 우리의 잘못을 바로잡기를 요구했을 뿐 우리의 제도를 통째로 뒤집는 것을 원치 않았다. 이렇게 많은 시간이 흐르는 동안 조사 결과 무슨 근거를 찾아냈는가?

셋째, 6·4 천안문사건을 '반혁명 폭란'이라고 규정했는데 이런 규정이 존립할 수 있는가. 학생들이 줄곧 질서를 지켰음은 많은 자료에서 입증되고 있다. 인민해방군이 시위대를 포위 공격할 때 곳곳에서 학생들이 오히려 군인을 보호해주었다."

회고록에서 조자양은 "나는 어떤 일이 있어도 학생들을 진압하기 위해 군을 동원하는 당서기가 되지 않겠다고 스스로 다짐했다"고 말했다.

당시 국무원 총리였던 이붕이 천안문사건 당시 적었던 일기, 즉 1989년 4월 15일부터 6월 24일까지의 내용인 『이붕육사일(李鵬六四日)』이 홍콩에서 출간되었다. 이 책 역시 당시 천안문사건의 내용을 알 수 있게 하는데, 판단은 읽는 사람의 몫이기도 하다.

1990년 3월 20일 해외판 인민일보에 미국유학생[주해홍(朱海洪)으로 알려짐]이 쓴 시가 실렸다. 시에는 "이붕이 물러나야 인민의 화가 풀린다(李鵬下臺平民憤)"라는 의미가 숨어 있다. 대각선의 글자를 모으면 "李鵬下臺平民憤"라고 읽을 수 있다.

東風拂面催桃李 / 鶤鷹舒翅展鵬程 / 玉盤照海下熱淚 / 遊子登臺思故國
休負平生報國志 / 人民育我勝萬金 / 憤起直追振華夏 / 且待神洲遍地春

2) 1991~2000

(1) 진희동(陳希同) 사건(1995): 북경방의 몰락

1995년에 발생하였던 진희동 사건은 외형적으로는 북경시 당위 서기의 부정부패에 관한 사건이었다. 그러나 내면에 숨어 있는 의미로는 당시 상해방과 북경방의 갈등에서 빚어졌고, 상해방의 승리로 보기도 한다.

진희동 북경시 前 당위 서기 겸 前 정치국원에 대한 조사보고와 처리결과에 대한 당중앙 문건에서 진희동이 당중앙을 분열시킨 구체적 행동 2가지를 제시하였다.

문건은 14차 4중전회에서 연합세력을 구축해 오방국(吳邦國)과 강춘운(薑春雲)의 부총리 겸 당중앙서기처 서기로의 승진에 반대하였고, 당원로들에게 강택민을 포함한 중앙 주요 지도자들을 고자질하는 내용이 담긴 투서를 연대 서명하여 전달해 당내 분열을 조장했다고 밝혔다. 이러한 내용의 문건은 성·자치구·직할시 및 성(省)·부급(部級)의 주요간부들에게만 한정적으로 전달되었다. 그리고 일반 당원들에게 전달되던 문건에는 중대 경제범죄들과 생활부패·타락, 친인척 비호, 행정상의 일인(一人)독재, 측근 정실기용 등 6개 죄악 중 나머지 5개 죄악만 포함되었다.

(2) 법륜공(法輪功, 파룬궁) 사건(1999.4.25.)

1999년 4월 25일 법륜공 수련자 5,000여 명은 북경 중남해에서 법륜공 합법화를 요구하는 침묵시위를 벌였다. 이를 '4·25'청원이라고 부른다. 이 사건의 발단은 중국공안이 기공수련장에서 수련하던 법륜공 회원들을 연행하였기 때문이었다.

▌법륜공(法輪功, 파룬궁)

법륜공은 기공의 한 종류이다. 불교와 도교의 사상을 겸비하고 선사 문화를 기초로 하여 심성을 거두어 인간의 건강을 향상시키는 수련을 하는 심신수련법이다. 창시자는 길림성 출신의 이홍지(李洪志)이다. 1992년 5월 13일 이홍지가 법륜대법을 처음 전수하였다. 법륜대법은 우주의 최고 특성인 진(眞)·선(善)·인(忍)을 근본원리로 하여 몸과 마음을 함께 수련하는 심신수련법이다.

1999년 4월 25일 이후, 강택민은 여러 차례 법륜공에 대한 지령을 하달했다. 그날 밤, 강택민은 총서기 명의로 정치국 상무위원회와 관련 지도자들에게 편지를 써서 4·25청원을 '누군가 배후에서 책동하고 지휘한 정치적 사건'으로 규정했다. 그리고 5월 8일에는 중앙정치국과 서기처, 중앙군사위원회에도 직접 서한을 보내 법륜궁을 비판했다.

청원내용에는 법륜공 수련생을 석방할 것과 법륜공 관련 서적에 대한 출판을 허가할 것 및 법륜공 수련생들이 방해를 받지 않고 자유롭게 연공을 할 수 있도록 허가할 것 등이었다.

7월 20일, 강택민은 "중국에서 법륜공을 소멸하라"는 지령을 내렸다. 이에 중국 전역에서 법륜궁 수련자들에 대한 대규모 체포와 가택수색이 시작됐다.

강택민은 법륜공이 유심론을 대표한다면서 법륜공 비판을 법륜공과의 투쟁으로 보았고, 또 유물론과 유심론의 투쟁으로 보았다.

▌법륜공 사건 주요 일정

1996년: 법륜공 서적 출판 금지. 국영 매체 법륜공 모독운동 전개

1999년: 공안은 법륜공 수련생들의 아침 연공을 중단시킴. 수련생의 가택수택

1999년 4월 25일: 1만여 명의 법륜공 수련생 민원사무실 청원하러 찾아갔다가 체포[주용기(朱鎔基) 총리가 법륜공 수련생 접견 후 체포된 수련생 석방 약속] 하지만, 강택민은 주용기를 비판함과 동시에 법륜공 박해 명령 하달

1999년 6월: 강택민의 명령하에 '610' 사무실을 설립하여 법륜공 말살 시도

1999년 7월: 공안 법륜공 수련생 체포 시작

1999년 7월 22: 매체에서 반 법륜공 선전운동 시작

1999년 10월: 강택민은 법륜공을 'X교'로 규정하는 명령을 하달

탄압소식을 들은 수만 명의 법륜공 수련생들이 국무원 신방사무실로 가서 청원하다 체포된 뒤 북경시 풍대(豊臺) 체육관과 석경 산구 체육관 등 규모가 큰 체육관에 감금되었다. 강택민은 중국공산당이 통제할 수 있는 모든 조직과 역량을 동원하여 법륜공을 탄압하였다 텔레비전 라디오 신문 잡지 등에 하루 종일 법륜공을 비방하고 모독하는 문장이나 프로그램을 보냈다.

▌미국 605호 결의안(2010.3.16.)

(2010년 3월 16일 오후 5시 30분, 미 하원은 투표를 통해 제605호 결의안을 통과시켰다. 미 의회 하원의원들은 결의안에서 과거 10년 동안 단지 개인 신앙의 이유만으로 중공의 지속적인 박해를 받고 있는 법륜공 수련생 및 그 가족들에게 동정을 표시하였다. 또한 중국공산당에 대하여 법륜공수련생에 대한 박해, 협박, 감금 및 혹형고문을 즉각 중지할 것과 감금된 모든 법륜공 수련생을 석방할 것을 요구했다. 결의안은 거의 만장일치에 가까운 찬성 412표, 반대 1표로 통과되었다.

5. 2001~2011

2008년 3월 티베트 라싸(拉薩)에서 일어난 티베트인들의 反한족 시위, 2009년 7월 5일 신강위구르자치구 우루무치에서 일어난 위구르족들의 반한족 유혈시위로 중국 당국은 소수민족 문제를 해결하기 위해 강경책과 유화책을 동시에 사용하고 있다.

1) 3·14 티베트사건(2008.3.14.)

2008년 3월 14일 중국 서장(티베트)자치구에서 티베트인들이 시위가 발생하였다. 티베트인들의 관점에서 보면 주권회복을 위한 광복운동이었고, 중국 정부의 입장에서 보면 중화민족에 반하는 분리주의운동이었다. 식민지를 경험한 한국의 입장에서 보면 티베트인들의 관점이 더 와 닿아야 할 것이다.

당시 티베트 민족운동은 라싸를 비롯하여, 청해성과 감숙성 등의 일부 지역까지 확대되었다. 티베트 민족주의가 인근 지역까지 확대된 이유는 이 지역들이 과거 티베트의 옛 영토였기 때문이다.

중국 관영 통신인 신화통신은 책임자의 말을 인용하여 "최근 며칠간 라싸에서 극소수의 인물들이 폭력을 행사하고, 부수고, 약탈하고, 불 지르고, 파괴하는 활동을 벌여 사회질서를 교란하고, 인민 군중의 생명과 재산 안전을 위해하고 있다"고 보도했다. 그리고 중국 외교부의 진강(秦剛) 대변인은 "최근 발생한 사건은 티베트의 안녕과 질서를 해치는 것"이라며 티베트의 민족주의 움직임에 대한 단호한 대처를 강조했다.

티베트에서 발생한 민족주의 운동을 중국정부는 국가통합과 민족통합에 반하는 행위로 간주하였다. 중국정부는 티베트처럼 민족주의 운동을 활발하게 하는 위구르족에까지 확대될까 봐 우려하였고, 결국 티베트 사태를 해결하기 위해 중국은 무력으로 강경하게 진압하였다.

2008년 4월 12일에 개최된 보아오포럼(BFA: Boao Forum for Asia) 개막식에서 호금도는 "티베트 사건은 인권문제가 아니다"라고 선언하였다. 호금도는 "티베트 라싸 등지에서 발생한 사건은 일부 인사들이 주장하는 것처럼 평화 시위도, 비폭력 행동도 아니며 적나라한 폭력 범죄"라면서 "티베트 문제는 전적으로 중국의 내정에 속하며 조국의 통일과 분열의 문제"라고 주장했다. 이러한 호금도의 언급에서 중국에서의 티베트 문제는 서구에서 말하는 인권문제가 아니고, 또 민족문제도 아니라는 것을 알 수 있다. 티베트 문제는 중국의 통일에 저해하는 내정문제로 보는 것이다.

1956년에 서장자치구 등 각 위원회가 설립되었다. 1965년 9월 1일, 서장자치구가 정식으로 성립되었으며, 자치구의 수도는 라싸이다. 티베트의 면적은 120여 만㎢로 중국 전체 면적의 1/8(남한의 12배)을 차지하고 있다.

1911년 신해혁명(辛亥革命)으로 청이 멸망한 이후부터 1950년까지 티베트는 외부의 영향력에서 벗어나서 독립된 국가를 유지하였다. 신해혁명 이후 건국된 중화민국은 "한, 만(만주족), 몽고, 회, 장(티베트족) 등 민족이 하나로 뭉친 공화국"이라 선포하였지만, 중국은 이미 티베트에 대한 통제권을 상실한 이후였다. 당시 티베트는 국제법적으로 독립국가로서 인정할 수 있는 모든 특성을 갖고 있었다. 즉, 영토와 그 영토 내에 거주하는 국민과 국제관계를 유지할 수 있는 정부가 있었을 뿐만 아니라 자신의 군주와 정부조직, 사법조직, 세금체계, 화폐체계, 우편체계, 외국 사무소와 군사조직을 가지고 있었다. 1945년 제2차 세계대전이 종결되고 인도가 독립할 때, 티베트도 1947년에 독립을 선언하였다.

그런데 1949년 10월 중국이 건국되면서 모택동은 티베트의 독립을 무효라고 선언하였다. 하지만 티베트는 그해 11월 전 세계에 독립국가임을 재차 선언하였다. 1950년 6월 25일에 한국전쟁이 발발하였을 때, 같은 해 10월 7일 중국공산당은 티베트를 공격하였으며, 티베트는 중국의 티베트 침략을 UN에 알려 도움을 청하였다. 그러나 UN은 티베트의 요구를 거절하였다. 당시 UN과 세계는 한국전쟁에는 관심을 두었지만, 티베트에 대한 관심은 없었다. 티베트를 점령한 중국정부는 11월 1일 티베트에 '서장장족자치구' 인민정부를 설립하였다. 이후 중국은 티베트를 자국의 정치 지배 범위 속에 넣었고, 티베트는 역사 대대로 중국에 포함되어 있었다고 주장하였다.

2008년 티베트의 주권회복을 위한 민족주의 운동은 어느 해보다 더 적극적이고 광범위하였다. 세계 각국의 비난과 북경올림픽 보이콧의 거론에도 불구하고 중국이 무력을 사용하여 티베트사태를 해결하고자 하였던 가장 커다란 이유는 중국의 영토보존과 정치안정 때문이었다.

최근 티베트가 독립을 천명하면서 광복을 주장하는 가장 커다란 이유 중의 하나는 1950년 중국이 티베트를 점령하면서 티베트 북부를 청해성, 동부를 사천성, 운남성에 분할하여 티베트 면적이 축소되었는데, 이를 원상 회복해 달라는 것이다.

티베트의 영토6)

중국정부는 이를 받아들이지 않을 뿐만 아니라, 티베트에서의 질서 회복을 위해 '인민전쟁'을 선언하였다. 호금도 총서기는 공산당 당원들에게 지난 3·14티베트 사태를 두고 "티베트 안정은 국가 안정의 문제고, 티베트 안보는 국가안보의 문제다"라고 강조하였다.

티베트 전문가인 브리티시컬럼비아대학교의 체리 샤카 교수는 2008년 3월 15일 AP통신에 "승려들은 식자층"이라며 "무리한 사상교육을 강요당한 그들로서는 결국 분노를 표출시킬 수밖에 없었을 것"이라고 말했다. 미국 컬럼비아대학교 현대티베트연구프로그램의 로비 바넷 국장은 dpa통신에 "중국이 2006년 달라이 라마에 대한 공개적인 공세를 재개한 것이 이번 사태의 직접적 원인이 됐다"고 해석했다. 라싸에 대한 한(漢)족의 집단이주 등의 '식민정책'을 그저 지켜봐야만 했던 티베트 승려들이 자신들의 정신세계를 파괴하려는 노골적인 시도에는 분노가 폭발하고 만 셈이다. 바넷 국장은 AP통신과의 별도 회견에서 "티베트 문제는 압력밥솥과 같아서 중국으로서는 압력을 계속 높여갈 수밖에 없

---

6) http://blog.naver.com/misoi33/60022915011

었다”면서 “언젠가는 터질 것이 터진 것”이라고 강조했다.

2) 7 · 5 우루무치사건(2009.7.5.)

2009년 7월 5일 신강위구르자치구의 성도인 우루무치(烏魯木齊)에서 발생하였던 위구르족과 한족 간의 유혈충돌 사건은 중국정부가 그동안 진행해 왔던 민족통합정책에 커다란 영향을 주었다. 이른바 ‘7 · 5 우루무치사건’이라 불리기도 하는 이 사건은 대내외적으로 중국정부의 통합정책에 의문을 부여하였을 뿐만 아니라 호금도 정부의 화해사회 건설을 위한 정책을 재확인토록 하는 계기가 되었다.

2009년 6월 말 광동성에서 발생하였던 위구르족과 한족 간의 발생한 사건은 우루무치 사건의 주요 원인이 되었다.

7 · 5 우루무치사건의 직접적인 원인은 2009년 6월 25일 광동성 소관시(韶關市)에 있는 홍콩계 장난감 공장 ‘욱일(旭日, 쉬르)’에서 발생하였던 한족의 위구르족 숙소 습격 사건 때문이었다. 당시 100여 명의 한족노동자는 무장을 한 채 800여 명이 묵고 있던 위구르족 노동자 숙소를 습격하였다. 한족 노동자가 위구르족 숙사를 습격한 이유는 위구르족 노동자들을 채용한 뒤 이 지역의 범죄가 증가하였다는 소문과 위구르족 노동자가 한족 여성을 성폭행하였다는 소문 때문이었다.

이 사건과 관련해서, 당시 6월 28일 홍콩 일간 ≪사우스차이나모닝포스트≫는 “유혈 사태로 병원으로 옮겨진 부상자만도 중상자 10여 명을 포함해 118명에 이른다”고 하였고, “이 가운데 81명이 위구르족 노동자”라고 밝혔고, 한족 노동자들이 일방적으로 위구르족 노동자 기숙사를 습격하였다. 한편, 중국 관영 <신화통신>은 “공안당국이 사건의 발단이 된 괴소문을 유포한 용의자를 체포했다”고 보도했다. ‘주아무개’로 알려진 한족 출신 용의자는 욱일(쉬르) 공장에서 일하다 퇴사한 뒤 재취업을 원했으나 뜻을 이루지 못하였는데, 그 이유가 이주해 온 위구르족 노동자 때문이라고 여겼다. 그는 “신강 녀석들이 무고한 한족 여성 2명을 쉬르 공장 기숙사에서 성폭행했다”는 소문을 인터넷사이트에 올려 퍼뜨리다가 잡혔다.

이 사건이 신강으로까지 전해지면서, 소식을 듣고 화가 난 위구르족들이 7월 5일 우루무치에 모여 노동자의 죽음에 항의하는 시위를 벌였다. 이 과정에서 한족과의 유혈충돌이 벌어졌고, 위구르족의 시위는 점차적으로 확산되었다.

7·5 우루무치사건은 6·4 천안문사건 이래로 가장 심각하였던 유혈사태로 간주되었다. 물론 신강 지역의 위구르족과 한족 및 중국 정부 사이의 갈등은 있었으나, 주로 소수 이슬람 무장 독립 세력에 의한 폭탄테러나 암살 등이 주를 이루었다. 7·5 우루무치사건과 같은 대규모 시위는 거의 없었다. 당시 중국정부는 유혈사태로 인해 약 197명의 사망자가 발생하자 신강 지역의 정보의 유입과 유출을 차단하는 조치를 취했다. 뿐만 아니라 당시 테러리스트와 분리주의자, 종교적 극단주의자들이 각종 뜬소문과 혐오 감정을 퍼뜨리기 위해 인터넷과 전화 및 문자 메시지를 이용한다며 이를 차단하였다.

그리고 2009년 7·5 우루무치사건을 두고 많은 학자와 언론에서는 그동안 중국 내에 잠재해 있던 민족갈등이 아닌 위구르족의 지속적인 독립운동과 결부지었다. 이러한 관점은 중국 내 민족정책과 대외정책으로까지 관련지어 해석하게 하였다. 특히 홍콩 ≪빈과일보(蘋果日報)≫는 7월 8일 "인종적으로는 서양인에 가깝고, 대부분 무슬림이고, 고유의 위구르어를 사용하며, 생활방식도 전혀 다른 이민족(위구르족)을 경제 발전으로만 통합시키려 한 중국 정부에도 이번 사태의 책임이 있다"라고 지적했다.

- 신강은 중국 전체면적의 6분의 1을 차지하고 있고, 중앙아시아지역의 여러 국가와 인접해 있는 지정학적으로 매우 중요한 지역이다.
- 1933년 합밀(哈密)봉기를 통해 객십(喀什)에서 동투르키스탄이슬람공화국(East Turkistan Islamic Republic)을 건국.
- 1930년대 신강은 신해혁명 이후 권력을 장악한 양증신(楊增新)과 김수인(金樹仁) 등에 대항하여 민족주의 운동이 일어남.
- 1949년 9월에는 위구르인들은 독자적인 인민정부를 수립하며 동투르키스탄 공화국을 건국.
- 1949년 9월 25일 신강은 중국영토로 들어감.

7·5 우루무치사건 당시 한족도 몽둥이와 쇠파이프, 삽 등으로 무장하여 시위를 벌였다. 한족들은 시가행진을 하며 위구르족에 대한 보복시위를 하면서 경찰과 대치하였을 뿐만 아니라, 위구르족이 경영하는 가게를 부수기도 하였다. 특히 7월 8일 오전, 700~800명의 한족들은 우루무치 사범대학 부근에 모여 위구르족의 테러로부터 스스로를 보호해야 한다며 도로를 점거하며 시위를 벌였다. 이날 남부지역에 거주하던 위구르족들도 한족으로부터 자신들의 집과 가게를 지키기 위해 무장을 하였다. 또 이 중 위구르족 30~40여 명은 중산로(中山路) 인근 남문(南門)광장에서 정부의 편파적인 사건 처리에 항의하는 시위

를 벌였다.

중국외교부 대변인 진강은 7월 14일 "중국 측에서는 관련국가가 우루무치사건의 진상을 정확하게 알기를 희망한다"고 밝혔다. 또 "중국정부가 국가통일과 영토안정, 민족단결의 보호와 사회안정을 위한 노력을 이해와 지지해 달라"고 밝혔다. 그리고 기자회견장에서 7·5 우루무치사건은 중국국경 내외의 '삼고세력'이 계획을 세워 조직적인 엄중한 폭력범죄사건이라고 하였다. 그는 "실질적인 것은 민족문제와 종교문제가 아니고, 또 인권문제도 아니라, 중국통일과 민족단결을 파괴하려는 문제이다. 중국정부는 법에 의거하여 완전하게 조치를 취하고자 하는 것은 헌법과 법률의 존엄을 보호하기 위함이고, 사회안정과 각 민족의 이익을 확보하기 위함이다"라고 하였다.

7·5 우루무치사건이 주는 정치적 함의를 정리하면 다음과 같다.

첫째는 중국정부의 중화민족만들기와 화해사회 관련 정책에 문제점이 드러났다는 점이다.

둘째는 위구르족이 그동안 민족운동을 할 때 티베트와 가장 커다란 차이점으로 거론된 것은 지도자 문제였다. 그런데 이번 사건에서 세계위구르대표대회 회장인 **레비야 카디르**가 주목되면서 앞으로 위구르족의 민족운동 양상에 변화를 줄 것으로 보인다.

셋째는 위구르족의 민족의식 고양을 들 수 있다.

넷째는 국제사회에서 많은 관심을 가져 왔다는 점이다.

3) 내몽골 시위(2011.5.10.)

내몽고자치구에서 2011년 5월 10일 서조기(西鳥旗, 시우치)에서 몽골족 유목민 1명이 한족의 트럭에 치여 숨지면서 발단되었다. 석탄 트럭 한 대가 기존 운송로가 아닌 초원을 가로질러 운행하였는데, 유목민 30여 명이 트럭 운행 저지에 나섰고, 그중 두 팔을 벌려 트럭의 주행을 막은 유목민 막일근(莫日根, 모르건)을 그대로 치고 지나갔다. 목격자들에 따르면 그는 트럭 앞바퀴에 끼인 채 150m를 끌려갔으며 현장에서 즉사했다. 사건 발생 5일 뒤에는 인근 석탄광산에서 항의시위에 나선 몽골족 근로자들이 한족이 대부분인 회사 측 직원들에게 집단 구타를 당해 한 명이 숨지고, 7명이 부상하는 사건도 발생하였다.

당국은 한족 트럭 운전수를 체포했다고 발표했지만 가벼운 처벌을 받을 것이라는 소문이 돌자 반정부 시위로까지 사태가 확대됐다. 시위 양상도 단순한 항의에서 반정부 구호로 변하는 것으로 알려졌다. 이번 사태는 내몽고에서 30년 만의 최대 규모 시위로 꼽힌다.

중국공산당이 1981년 한족 수십만 명을 한꺼번에 내몽고로 집단 이주시키겠다는 계획에 항의해 대규모 시위를 벌인 이후, 몽골족들의 분리·독립 움직임은 그리 두드러지지 않았다.

2011년 5월 10일 내몽골자치구에서 발생한 사건은 최근 중국 민족문제가 심각해짐을 알 수 있다. 중국당국은 티베트와 신강 지역에 비해 민족주의 운동이 상대적으로 적은 내몽고지역에서 이번 사건을 계기로 민족주의 운동이 확대될까 우려하고 있다. 이에 중국 차세대 지도자 후보로 꼽히는 호춘화(胡春華) 내몽고자치구 당서기는 관영 CCTV에 등장해 "가해 운전자를 엄중히 처벌하고 유족들을 안전하게 보호할 것"이라고 밝혔다. 또 5월 27일 시위의 주축인 대학생들과 만나 "범인들을 법적인 절차에 따라 엄격하고 신속하게 처벌해, 희생자의 권리와 법의 존엄성을 지키겠다"며 진화에 나섰다.

중국 당국은 시위 예정지역에 무장 경찰을 배치한 것은 물론 그동안 유목민 사망 소식 전파와 집회 제안 등이 오가는 통로 역할을 해 온 인터넷에 대해서도 강도 높은 검열을 실시했다. 이번 사태와 관련된 글과 동영상, 언론 보도 등이 일제히 삭제됐고 검색도 금지됐다. 호화호특(呼和浩特, 후허하오터) 등 몽골족이 주로 다니는 각급 학교는 몽골족 학생들의 외출이 금지됐고 기숙사 내 인터넷 연결도 차단된 상태라고 외신은 전했다.

5월 24일부터 석림호특(錫林浩特, 시린하오터)시 정부 청사 앞에서 학생 2,000여 명이 항의 시위를 벌이는 등 크고 작은 시위가 이어졌다. 그리고 이 지역에서는 대학생들의 주말 외출금지령이 내려졌고, 각급 학교는 휴교하였다. 그리고 인터넷상의 토론사이트와 메신저가 끊어지는 사태도 발생했다. 내몽고자치구 공안당국은 5월 28일부터 호화호특과 석림호특 등 주요 지역에 계엄령에 준하는 봉쇄조치를 취한 데 이어, 30일에도 대규모 공안과 무장경찰을 여러 도시에 배치하고, 휴대전화와 인터넷을 통제하였다.

- 내몽고는 중국 영토의 거의 10분의 1에 해당하며 석탄과 희토류 등 막대한 광물자원 보유
- 1912년 청나라가 망하면서 외몽골인들은 독립을 선포
- 1924년 소련의 지원으로 외몽골에서 몽골인민공화국이 선포
- 중국공산당은 민족자치를 명분으로 1947년 내몽고자치정부의 설립을 선포
- 1949년 중국공산당 정부도 외몽골의 독립을 인정
- 1962년 내몽골 집녕(集寧)시에서 공산당의 민족정책에 반대하고 내/외몽골의 통합을 요구하는 시위가 발생(206사건)
- 문화대혁명시기 '내몽골인민혁명당'에 관련되었다는 이유로 50만 명 이상의 몽고족이 투옥되었고 16,000명이 목숨을 잃음
- 1981년 한족의 내몽고 이주에 반대하는 대규모 학생시위가 3개월간 지속

　-　1997년 미국 뉴욕에서는 몽골인 대표들이 모여 '내몽골 인민당'을 결성하고 내몽골의 자유와 주
　　권 쟁취를 선언
　-　내몽고에서는 한족의 대량 이주로 전체 인구 2,400만 명 중 몽골족 비율이 20% 이하이고, 한족
　　화도 상당히 진행됨

　　중국은 경제 발전으로 에너지 수요가 늘어나자 내몽고 지역의 자원개발에 착수하였다. 2000년대 초반부터 30여 개의 국영 석탄업체들이 내몽고지역으로 와서 석탄광산을 마구잡이로 개발하는 바람에 유목민들의 생활 기반인 초원을 크게 훼손했다. 게다가 자원개발의 이익은 모두 한족들이 가져가 몽골족들의 불만이 심했다. 특히 2008년 광산업체들이 탄광 개발을 시작하면서 유목민들은 지하수 부족, 탄광 분진, 소음 피해를 호소하며 탄광 개발 중단과 보상을 요구해 왔다.

　　내몽고 출신으로 몽골공화국에 망명 중인 투멘 울지는 로이터통신에 "중국이 내몽고 자원을 무분별하게 개발하면서 몽골족들이 큰 타격을 입고 전통적 삶의 방식을 잃어가고 있다"며 "한 몽골인의 죽음이 도화선이 돼 중국 내 몽골족들을 단결시키고 있다"고 말했다. 호금도는 5월 30일 중국공산당 중앙위원회에서 "중국은 중대한 사회적 모순을 겪는 시기에 진입했다"면서 "이 때문에 사회를 감독하는 작업은 매우 힘들어질 것"이라고 말했다.

제 **4** 장

중국공산당 주요 회의

중국정책이 결정되는 4가지 회의

1. **전국인민대표회의(전인대):** 3월에 개최. 주요 법률 제·개정, 연도별 구체적인 경제·재정 운용 계획, 주요 부처 업무계획 승인 등이 이뤄진다. 전인대가 개최되지 않을 때는 전인대 상무위원회가 수시로 열려 주요 사안을 심의한다. 열리는 기간이 전국정치협상회의와 겹치므로 흔히 '양회(兩會)'로 불린다.

2. **북대하 회의:** 법률상 공식회의는 아니며, 10월에 열리는 공산당 중앙위원회 전체회의 의제를 사전에 조율한다. 하지만 공산당 내 권력투쟁의 결과물인 정치와 인사 등 핵심 의제가 사실상 결정된다는 측면에서 가장 중요하다고 볼 수 있다.

3. **전국대표대회(중앙위원회 전체회의):** 10월 중순에 개최. 정치·경제방향과 지도부 인사를 결정하는 회의이다. 경제 분야는 5개년 규획, 연도별 경제 운영계획 등이 개략적으로 논의된다.

4. **중앙경제공작회의:** 12월 초 개최. 당·정·의회 등의 여러 부서 지도자가 참석해 당해 연도경제 성과를 평가하고 다음해 경제를 전망하며 거시경제 정책의 대강을 결정한다.

중국공산당 주요 회의

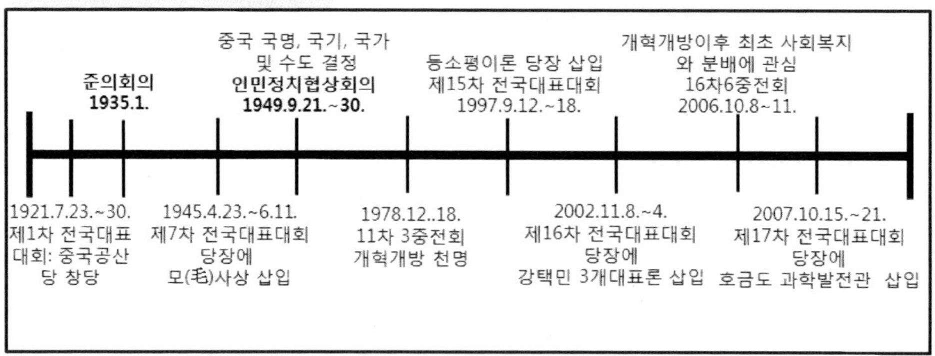

1. 중국공산당 주요회의

1) 북대하(北戴河)회의

북대하회의는 법률상 공식적인 회의를 의미하는 것은 아니다. 이 회의는 10월에 열리는 중국공산당 중앙위원회 전체회의 의제를 사전에 조율하는 역할을 한다. 하지만 중국공산당 내 권력투쟁의 결과물인 정치와 인사 등 핵심 의제가 사실상 결정된다는 측면에서 가장 중요한 회의라고 볼 수 있다. 회의는 대체적으로 오전에 열리고, 오후에는 휴식을 취하는 형태이다. 회의에서 당과 국가 운영에 관한 전반적인 문제를 토론한다.

일반적으로 '북대하회의'라고 하면, 1958년 8월에 개최되었던 회의를 가리킨다. 모택동 주석과 주은래 총리가 북대하회의에서 공산당 중앙정치국 확대회의를 열어, **대약진운동**을 전면적으로 실시함을 결정하였다. 그리고 농촌에 **인민공사**를 설립할 것을 결의하였다.

> **▌주요 북대하회의**
>
> 1990년: 등소평이 보수파의 저항을 이겨내고, 개혁개방정책 기반 다짐
> 1996년: 대만과의 평화통일 결정
> 2003년: 여름 사스(SARS)가 창궐했을 때 북대하회의 일시 중단
> 2004년: 강택민이 호금도에게 권력을 이양하고 은퇴 결심

2) 중앙경제공작회의(中央經濟工作會議)

중앙경제공작회의는 당 중앙이 개최하는 연도성의 경제회의이다. **통상적으로 매년 12월 초에 개최**된다. 회의에는 대체적으로 당중앙, 국무원 지도자, 전인대, 정협의 당원 지도자, 각 성, 자치구, 직할시 당위 정부 주요 책임자, 중앙과 국가기관 각 부서의 주요 책임자, 군대 각 군구, 각 군 병과, 각 대 단위의 주요 책임자, 중앙직속 관련 기업 주요 책임자가 참가한다.

회의에서 당해 연도 경제성과를 평가하고, 국내외 경제상황에 대해 언급한다. 국내국제 경제상황의 변화에 대응하며, 다음 해 경제를 전망하며 거시경제정책의 대강을 결정한다. 그리고 회의를 통해 세계 경제에 큰 영향을 미치는 중국경제정책에 대한 밑그림을 파악할 수 있다.

3) 중앙위원회 3중전회

'3중전회'란 '중국공산당 전국대표대회 중앙위원회의 세 번째 전체회의'를 가리킨다. 개혁개방 이후에는 당 대회 후 1년 만에 개최되고 있다. 이 회의는 **중간평가인 동시에 앞으로 중국이 나아갈 방향을 제시하는 성격을 띤다.**

3중전회가 중요한 의미를 갖게 된 것은 1978년 11차 3중전회 이후부터이다. 11차 3중전회는 화국봉의 범시파와 등소평의 실무파의 사상해방에서 등소평이 승리하였음을 공인한 회의였다. 이 회의의 결정은 중국 건국이후 또 하나의 새로운 중국을 시작하는 첫걸음이었다. 잠자는 사자를 깨우고, 죽의 장막을 열어젖히는 중대한 사건의 시작이었다.

중국정부는 '3중전회'를 통해 주요방향을 제시해 왔었다. 중공 중앙당교 섭독초(葉篤初) 교수는 "14차 당대회(14대) 이후 1, 2중전회는 새 지도부의 안정을 위해 인사이동 등에 집중하고 있다"며 "지도부는 3중전회에서 정책시행의 특징을 보여주고 있다"고 언급한 바 있다.

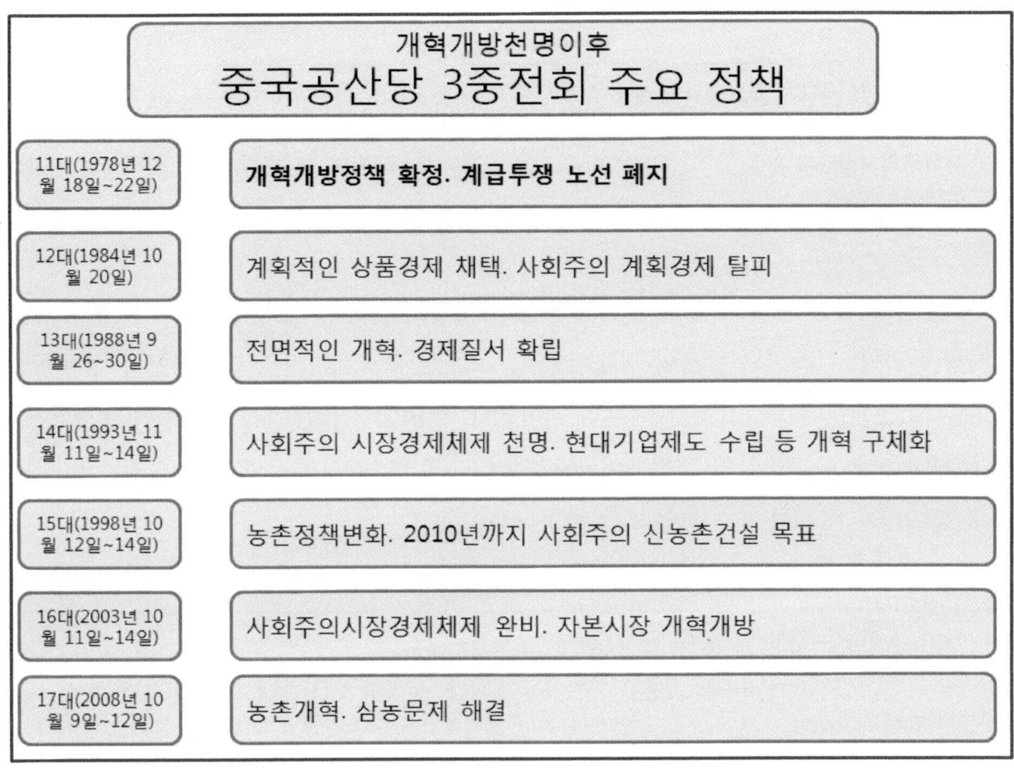

1984년 12차 3중전회는 ≪경제체제개혁에 관한 중공중앙의 결정≫을 통과시켰다. ≪결정≫에서 향진기업 등 농촌에 한정되었던 개혁을 도시로 확산시키는 역할을 하였다. 이는 중국의 개혁개방 2단계의 시작을 알리는 회의였다.

1988년 13차 3중전회는 중국공산당사에서 중요한 시기에 개최되었다. 1978년 이래로 실시되었던 개혁개방정책이 동부 연해를 중심으로 한 불균형발전전략으로 인해 여러 부작용이 드러나고 있었다. 중국 내에 여전히 존재하던 계획경제시스템과 시장경제시스템이 충돌하면서 각종 사회문제가 야기되었다. 이 시기에 호요방 총서기가 책임을 지고 물러나게 되었다. 그리고 각종 사회문제는 1989년 천안문사건이 발생하게 되는 원인이 되기도 하였다. **이 회의에서 ≪가격과 임금개혁에 관한 초보적 방안≫과 ≪기업의 사상정치공작 강화와 개진에 관한 중공중앙의 통지≫를 통과시키면서 사회혼란을 최소화하고자 했다.**

1993년 14차 3중전회에서는 ≪사회주의시장경제체제 건립의 몇몇 문제에 관한 중공중앙의 결정≫이 통과되었다. 이를 계기로 중국경제는 **현대화된 시장경제체제를 구축하기 시작**하였고, 고도경제성장을 하게 되는 발판이 되었다.

1992년 10월 제14차 전국대표대회에서 '사회주의 시장경제'를 개혁개방의 최대목표로 결정하여 채택하였다.

'사회주의시장경제'라는 용어는 1993년 3월 29일 제8차 전국인민대표대회 제1차 회의에서 개정된 헌법에 명시되었다.

1998년 15차 3중전회에서는 농촌문제를 중요하게 다루었다. 개혁정책을 도시 중심으로 실시해 온 이유로 농촌의 발전이 정체되었고, 도농 간의 경제격차와 빈부격차가 심각해졌기 때문에 농촌문제를 중요하게 다루기 시작했다. 회의에서 ≪농업과 농촌공작 몇몇 중대한 문제에 관한 중공중앙의 결정≫이 통과되었고, 2010년까지 중국특색의 사회주의 신농촌 건설이라는 목표가 제기되었다.

▌사회주의 신농촌 건설

농촌경제를 발전시켜 잘사는 농촌을 만들자는 것이다. 농민의 소득 증대, 농촌의 환경 개선, 식량증산 등이 목표이다. 세부적으로 농업세를 전면 폐지하고, 교육비, 의료비 부담을 줄이고자 한다. 그러나 토지사유제를 도입하지 않고, 집체소유제(공동소유제)를 유지하면서, 농민이 계약기간 동안 토지를 빌려 생산하는 '가정청부책임제'를 고수한다는 점에서 '사회주의 신농촌'이라고 말한다.

2003년 16차 3중전회에서는 사회주의시장경제체제 완비와 자본시장 개혁개방을 다루었다. ≪시장경제체제 완비의 몇몇 문제에 관한 결정≫이 통과되면서 향후 10년을 위한 개혁과 발전의 청사진이 제시됐다. 호금도의 정치이념에 따라 개혁개방정책의 큰 방향을 양적 성장에서 질적 성장으로 전환하는 계기가 됐다. 그리고 시장경제를 위한 법적·제도적 장치 마련에 힘을 쏟게 됐다. 2008년 17차 3중전회에서는 농촌개혁과 삼농문제 해결을 중점적으로 다루었다.

2. 중국 건국 이전의 주요 회의

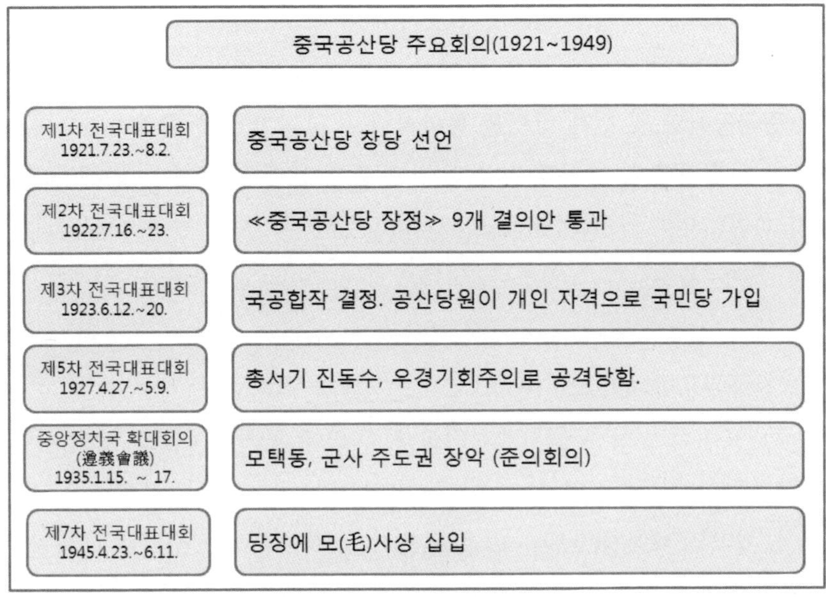

1921년 중국공산당 창당을 선포한 제1차 전국대표대회와 그 이후 개최되었던 여러 회의는 중국공산당이 나아갈 방향 제시와 지도자 변화 등을 알 수 있게 한다. 이 글에서는 중국공산당사에서 주요 회의와 일반 대중에게 잘 알려져 있지 않은 회의까지 포함하여 간략하게 정리하였다. 제1차 전국대표대회는 공산당 창당 부분을 참조하기 바란다.

1) 장정 이전의 주요 회의

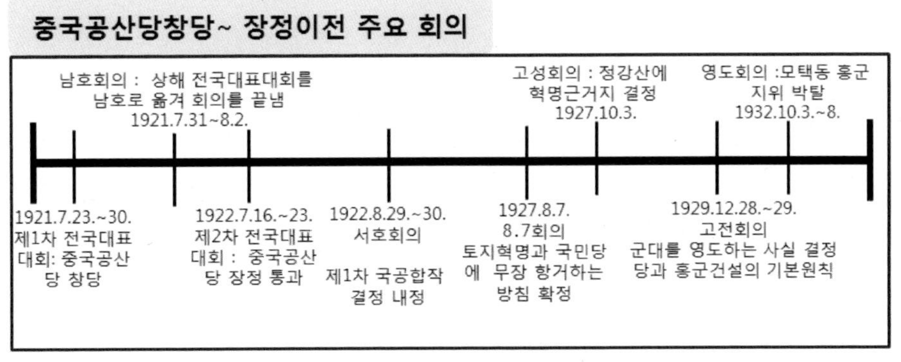

(1) 남호회의(南湖會議, 1921.7.31.~8.2.): 당의 명칭 확정 등

남호회의는 중국공산당사에서 매우 중요한 의미를 지닌다. 상해 제1차 전국대표대회가 프랑스 경찰의 급습으로 제대로 결론짓지 못하였을 때, 대표들은 절강성 가흥에서 회의를 계속 진행하였고, 중국공산당의 주요 의제를 결정지었다.

회의에서 **중국공산당 첫 번째 강령을 통과시켰고, 당의 명칭을 확정하였으며, 투쟁목표와 기본정책을 확정**하였다. 당원확대와 지방 및 중앙기구 조직제도 건립에 대한 제의, 당강령과 당장 관련내용도 있었다. 이 회의에서 3인으로 구성된 중앙국을 설치하였다. 그리고 진독수를 서기, 장국도를 조직주임, 이달을 선전주임으로 선출하였다.

(2) 제2차 전국대표대회(1922.7.16.~23.): 최고강령과 최저강령

제2차 전국대표대회도 상해에서 개최되었다. 회의에 참석한 대표는 12명이었다. 중앙국위원(中央局委員)인 진독수·장국도·이달·양명재(상해)·라장룡(북경)·왕진미(산동)·허백호(許白昊, 호북)·채화삼(호남)·담평산(광주), 중국노동조합 서기대표 이진영(李震瀛), 중국사회주의청년단 임시중앙국대표 시존통이 참가하였다.

제2차 전국대표대회는 제1차 전국대표대회의 교훈으로 삼아 엄격한 비밀하에 진행되었다. 또 전체회의를 줄였을 뿐만 아니라 매 회의 장소도 변경하였고, 8일간 지속되었다. 3차 전체회의에서 진독수는 중앙국 대표로서 1년간의 공작보고를 하였다.

대회에서 당의 임무를 토론하였다. 그 내용을 살펴보면, ≪중국공산당제2차전국대표대회선언(中國共産黨第二次全國代表大會宣言)≫, ≪중국공산당장정(中國共産黨章程)≫ 및 ≪세계대세와 중국공산당에 관한 결의안(關於"世界大勢與中國共産黨"的議決案)≫, ≪국제제국주의와 중국공산당에 관한 결의안(關於"國際帝國主義與中國和中國共産黨"的決議案)≫, ≪민주연합전선에 관한 결의안(關於"民主的聯合戰線"的議決案)≫, ≪제3국제당 가입에 관한 중국공산당 결의안(中國共産黨加入第三國際決議案)≫, ≪의회행동에 관한 결의안(關於議會行動議決案)≫, ≪공회운동과 공산당에 관한 결의안(關於"工會運動與共産黨"的議決案)≫, ≪소년운동문제에 관한 결의안(關於少年運動問題的決議案)≫, ≪부녀운동에 관한 결의안(關於婦女運動的決議案)≫, ≪공산당의 조직장정에 관한 결의안(關於共産黨的組織章程決議案)≫ 등의 결의안을 통과시켰다.

대회에서 중앙집행위원회를 선출하였는데, 진독수·등중하·장국도·채화삼·고군우가 중앙집행위원회 위원으로 선출되었고, 그 밖에 3명의 후보집행위원이 선출되었다. 그

리고 진독수는 중앙집행위원회 위원장, 채화삼과 장국도는 선전과 조직 공작을 각각 맡았다.

대회선언에서 **중국공산당은 중국무산계급정당이고, 목적은 무산계급을 조직하여 계급투쟁의 수단으로 삼아, 노농전정의 정치를 건립하고 사유재산제도를 없애고 공산주의 사회를 만들어가는 것**이라고 밝혔다. 이것이 **당의 최종투쟁 목표이고, 당의 최고강령**이라고 밝혔다. 당의 최고강령을 실현하기 위해 역사상 처해있는 조건의 최저강령을 제출하였는데, **최저강령으로는 내란종식·군벌타도·국내평화건설**이고, 국제제국주의의 압박을 타도하고, 중화민족의 완정한 독립에 이르러 중국을 통일한 진정한 민주공화국이 되는 것이라고 밝혔다.

(3) 서호회의(西湖會議, 1922.8.29.~30.): 공산당원 국민당 가입 결정

서호회의는 1922년 8월 29일부터 30일까지 항주 서호에서 개최되었다. 회의에 중국공산당 집행위원인 진독수·이대쇠·채화삼·장국도·고군우·공산국 대표 마링 및 장태뢰가 참석하였다. 회의에서 공산당과 국민당 간의 **통일전선 문제를 토론**하였다.

회의에서 **국민당이 민주원칙에 따라 조직개편을 한다면 공산당원은 국민당에 가입할 수 있다고 결정**지었다. 이로써 국공합작이 실현되었는데, **공식적으론 제3차 전국대표대회(1923.6.12.~20.)에서 결정**지었지만, 서호회의에서 이미 내정되었었다.

(4) 8·7회의(八七會議, 1927.8.7.): 진독수의 우경투항주의

중국공산주의 운동사의 '전환점'이라 평가되는 8·7회의는 진독수 지도체제의 정책을 재평가하기 위해 소집되었다. 구체적으로는 제1차 국내혁명전쟁이 실패한 이후 당과 혁명사업 전도와 명운에 관계되는 중요한 시기에 중공 중앙정치국이 1927년 8월 7일 한구 소련 조계지 삼교가(三敎街) 41호에서 열렸던 긴급회의이다. 중앙전회와 중앙정치국 회의가 아니라 중앙긴급회의라고 불리는 이유는 출석한 중앙위원이 반수가 되지 않았기 때문이다.

원래 회의는 7월 28일에 개최될 예정이었고, 구추백·이유한·장태뢰 등이 준비를 하였다. 그러나 백색공포 속에서 교통이 매우 편하지 못해 대표들이 회의에 오지 못해 지연되었다. 다만 공산당 중앙은 7월 29일 임시상위회에서 ≪중국공산당이 국민당 혁명동지에게 고하는 글≫을 발표하였다.

8월 7일 회의가 개최될 때 구추백·이유한·모택동·소조정·라역농·장태뢰·등중하·

육정일·등소평 등이 참가하였다.

회의에서 **진독수의 우경투항주의노선을 비판하고 규정**하였다. 그리고 **새로운 코민테른 노선이 확정**되었다. 주요 내용을 살펴보면, 진독수의 총서기 직무를 박탈하였고, 구추백을 중앙임시정치국의 수장으로 선출하였다. 그리고 토지혁명과 국민당에 무장항거하는 방침을 확정하였다. 또 호남성·호북성·강서성·광동성 등의 여러 성에서 추수기의(秋收起義)를 일으키기로 결정하였다. 여기에서 모택동은 중앙임시정치국의 후보위원으로 선출되었고, 회의석상에서 '**총신(군사력)에서 정권이 나온다(槍杆子裏出政權)**'라는 유명한 사상을 제기하였다.

(5) 고성회의(古城會議, 1927.10.3): 정강산 정착 결정

1927년 10월 3일, 모택동은 공농혁명군을 이끌고 삼주(三注)에서 영강(寧岡) 고성(古城)으로 왔다. 이곳에서 개최된 회의를 고성회의라고 부른다. 모택동은 회의에서 추수기의 이래의 경험적인 교훈을 총결하였다. 그리고 **농촌혁명근거지를 창건해야 하는 중요한 의의를 분명하게 밝혔다.**

회의를 개최한 지 3일째, 라소산맥(羅霄山脈)의 한 곳에 혁명근거지를 두기로 결정하였다. 공농혁명군에게 삼만개편(三灣改編) 정신을 강조하였다. 회의 후, 모택동은 부대를 이끌고, 영강 모평(茅坪)·대롱(大隴) 일대에서 정주키로 결정하였다.

┃삼만개편(三灣改編)

1927년 9월 27일부터 10월 3일까지, 모택동은 강서성 영신(永新)현 삼만(三灣)촌에서 유명한 "삼만개편"을 영도하였다. 모택동은 "당지휘창(黨指揮槍, 당이 군을 지휘한다)", "지부건재련상(支部建在連上, 지부를 이어서 건립한다)", "관병평등(官兵平等, 장교와 사병은 병등하다)" 등 참신한 치군방침(治軍方略)을 창조적으로 확립하였다. 병력은 1000명 이하였으나 모택동은 제1군 제1사단 제1연대라 불렀다고 알려져 있다.

---

(6) 고전회의(古田會議, 1929.12.28.~29.): '당 군대 영도' 결정

고전회의는 홍4군(제4방면군)의 제9차 당대표 대회로, 복건성 상항(上杭)현 고전(古田)촌에서 개최되었다. 진의가 회의를 주관하였고, 100여 명이 참가하였다.

이 회의는 **당시 홍4군의 당과 군대 내에 존재하는 각종 非무산계급을 규정하였고 당과 홍군건설의 기본원칙을 규정하였던, 공산당·공산군 역사상 매우 중요한 회의였다.**

회의를 주관한 진의는 도망병 총살을 반대하는 연설을 하였고, 중앙의 ≪구월래신(九月來信)≫을 전달하였다. 모택동이 정치보고를 하였고, 주덕이 군사보고를 하였다.

≪구월래신(九月來信)≫

구월래신은 1929년 9월 28일 중공중앙이 발표하였던 진의가 기초하였고, 주은래가 심사하고 결정하였던 홍4군 전위에게 지시서가 담긴 편지 내용을 중공중앙이 발표하였다.

이 편지에는 모택동의 공농무장할거의 사상을 인정하였고, 중국혁명은 먼저 농촌홍군이 있어야 뒤에 도시정권이 있다고 확인하였다. 홍군의 기본임무는 토지혁명을 실행하는 것이고, 유격전쟁을 전개하는 것이다. 홍군은 전위에서 지휘하도록 명확하게 규정하였고, 당대표를 정치위원으로 바꾸어 그 직책은 군대행정사무감독, 정치영도공고, 부서명령 등이었다. 홍4군 장교와 관병이 주모(朱毛) 영도를 유지하기를 요구하고, 모택동이 여전히 전위서기임을 명확하게 하였다.

대회에서는 ≪구월래신≫의 정신을 근거로 하여, 홍4군 건군 이래의 경험을 총결하였고, 각종의 착오사상을 비판하였다. 그리고 무산계급사상으로 인민군대를 건설한다는 원칙을 견지하였다.

대회는 모택동이 초안한 당내 사상 착오의 수정에 관한 결의를 통과시켰다. 이 결의안은 모택동이 주덕을 공격하기 위한 조치로 해석되었다. 이 결의안은 공산당의 군에 대한 최고원칙과 기본노선이 되었다.

회의는 남창기의 이래로 건군건당의 경험을 총결하였으며, 인민군대 건설의 기본원칙을 확립하였다. 그리고 당이 홍군에 대한 실행해야 할 절대적이 영도임을 재차 밝혔으며, 홍군의 성질과 목표 및 임무 등의 규정하였다. 당의 사업이 흥망성쇠의 근본적인 문제를 규정하였다. 모택동이 기초한 고전회의 결의의 첫 번째 부분인 ≪당내 규정에 관한 착오사상(關於糾正黨內的錯誤思想)≫은 중국공산당 및 기타 영도하는 인민군대건설의 강령성 문헌이다.

(7) 피두회의(陂頭會議, 1930.2.7.～9.): ≪토지법≫ 반포

통상적으로 '2·7회의(二七會議)', '2·7연석회의(二七聯席會議)' '2·7피두회의(二七陂頭會議)'라 부른다. 회의에서 정치와 토지, 홍군, 당의 조직 및 소비에트 정권건설 등의 중대한 문제를 토론하였다.

1930년 2월 7일 모택동은 강서성 중서부에 위치한 길안(吉安) 동고지구(東固地區)에 있는 피두촌(陂頭村)에서 중공 홍4군 전위(前委)·공서특위(贛西特委)·홍5, 6군 군위(軍委) 연석회의를 개최하였다.

회의에서 토론을 거쳐 반포한 ≪토지법≫에서 지주계급의 토지를 몰수하기로 결정하였다. 인구평균분배의 방법과 '추다보소(抽多補少)'7)의 원칙에 따라, 몰수대상, 몰수내용 및 분배 대상을 정강산의 ≪토지법≫과 흥국의 ≪토지법≫보다 더 명확한 규정을 만들었다. 그리고 피두회의에서 당시 정치형세를 너무 낙관적으로 분석한 경향이 있었다. 특히 지주부농(地主富農)이 당의 각급 지방지도기관을 충분히 도와 줄 것이라고 잘못 알고 있었다.

> 1929년 4월, 홍4군은 흥국(興國)에 도달하였다. 흥국에서 ≪흥국토지법(興國土地法)≫을 제정하고 반포하였다. 이 토지법은 당의 6대 정신을 근거한 것이다. 정강산토지법의 기초 하에 수정하고 제정한 것이다. "모든 토지를 몰수한다"를 "공공토지 및 지주계급토지를 몰수한다"로 바꾸었다. 이는 원칙의 개정이었다. 7월 상항(上杭)에서 개최되었던 중국공산당 민서 제1차 대표대회에서 민서(閩西)토지투쟁의 경험을 총결하였고, ≪토지문제결의안(土地問題決議案)≫을 통과하였다.

당의 입장에서 보면, 피두회의는 공서남(贛西南)과 당의 공작 국면을 신속하게 해결하였다는 것이다. 공서남혁명근거지(贛西南革命根據地)의 건설과 발전에 박차를 가하여, 공남(贛南)·민서할거지구(閩西割據地區)의 혁명투쟁에 촉진작용을 하도록 한 중대한 의의를 가진다.

피두회의는 중국공산당 역사상 중요한 회의이다. **공서남지역에 전면적인 토지혁명운동을 전개하도록 한 촉진적 역할을 하였다.** 게다가 당이 영도한 완전한 토지혁명투쟁 형세의 발전을 위한 방향을 분명하게 지적하였다. 모택동을 대표로 한 중국공산당원은 모두 실제에서 출발하여, 실사구시하고 과감하게 이론을 창신하며, 스스로 우(右)로부터 특히 '좌의 방해'로부터 극복하여, 교조주의적 속박에 벗어던지고, 공산당의 독립자주적으로 국내문제의 사상노선을 해결하는데 초보적인 확립을 거두었다.

(8) 남양회의(南陽會議, 1930.6.11.~13.)

1930년 모택동은 복건 상항 남양[南陽, 원래는 장정(長汀)에 속함] '용전서원[龍田書院,

---

7) 抽多補少: 많은 데서 빼내어 적은 데에 보태다. 경제적 형편이 좋은 기업의 이윤을 빼내어 형편이 나쁜 기업을 돕다.

원래는 장항중학예당(長杭中學禮堂)]'에서 홍4군전위(紅四軍前委)와 중공민서특위(閩西特委) 연석회의를 개최하였다. 이를 남양회의라고 부른다.

회의에서 중공 민서1대 이래로 민서의 토지혁명·정권건설·경제건설과 무장투쟁방면의 경험을 총결하였다. 그리고 민서혁명투쟁형세를 분석하였다. 민서의 토지·혼인·경제·재정 등에 대한 정책을 수정하고 보완하였고, 정치와 군사 등의 문제에 대한 새로운 중요한 결정을 하였다. 그리고 ≪부농문제(富農問題)≫와 ≪떠돌이문제(流氓問題)≫ 두 개 결의안을 토론하고 통과시켰다.

≪부농문제≫ 결의안은 민서당(閩西黨)이 만든 "남는 부분을 뽑아 부족한 부분을 채워 균형을 맞춘다(抽肥補瘦)"라는 분전(分田) 원칙에 긍정적이었다. 인구를 표준으로 하여 토지를 분배하는 것에 긍정적이었고, 노동력을 표준으로 하여 토지를 분배하는 것은 부농에게 유리하다는 의견을 제출하였다. 남양회의에서 "토지투쟁 중에서 실제적인 중요한 투쟁이고, 소홀히 하여서는 안 된다"고 하였다. 동시에 '추다보소(抽多補少)' 이외에도 '추비보수(抽肥補瘦)' 원칙을 더해야 한다고 규정하였다. 그리고 부농이 기름진 밭을 독점하지 못하게 하였다.

(9) 공남회의(贛南會議, 1931.11.1.~5.)

제2차 국내혁명전쟁시기 중공중앙소구(中共中央蘇區)의 당조직이 강서성 서금에서 열었던 회의이다. 소비에트구가 빠른 속도로 확대될 때 왕명좌경주의가 성행하기 시작하였다. 이에 모택동은 "가장 엄중한 착오는 명확한 계급노선과 충분한 군중공작이 결핍한 것이다"라며 질책하였다.

1931년 11월 중앙소비에트구 당조직은 공남(贛南)에서 제1차 대표대회를 개최하였다. 회의석상에서 모택동의 주장을 '협익(狹隘)의 경험론', '부농노선', '매우 심각한 우경기회주의'라고 하였고, '반우경(反右傾)'이라고 주장하면서, 당과 홍군에 대한 모택동의 영도를 배척하기 시작하였다. 그리고 화력을 집중시켜 당면한 주요 위험인 우경을 반대해야 한다고 요구하였다. 회의에서 **항영을 소비에트중앙구 서기에 임명**하였다.

(10) 중화소비에트공화국 제1차 전국대표대회(1931.11.7.)

1931년 11월 7일 강서성 서금에서 전국 소비에트 제1차 대표대회를 개최하였다. 대표에 참가한 사람은 600여 명이었다. 대회에서 임시중앙공농민주(臨時中央工農民主), 즉 **소비**

에트공화국임시중앙(蘇維埃共和國臨時中央) 성립을 선포하였다.

회의에서 모택동·주은래·주덕 등 63명이 중앙집행위원으로 선출되었다. 모택동이 주석으로 선출되었고, 항영과 장국도가 부주석으로 선출되었다. 그리고 소비에트중앙혁명군사위원회가 설립되었는데, 주덕이 주석으로 선출되었고, 왕가상과 팽덕회는 부주석으로 선출되었다. **대회에서 헌법대강·토지법·노동법·부녀법 등을 통과시켰다.** 특히 몰수한 지주계급 토지는 빈농중농에게 분배하기로 규정하였다.

대회에서 정권의 성질은 무산계급이 영도한 반제·반봉건적 신민주주의혁명의 인민민주전정이라고 규정하였다. 그리고 민족의 완전한 자주독립을 선포하였고, 제국주의의 중국에서의 모든 정치경제특권을 승인하지 않았으며, 소비에트영역에서 제국주의의 육해공 주둔을 허용하지 않았다.

(11) 영도회의(寧都會議, 1932.10.3.~8.): 모택동 직위 박탈

1932년 10월 전방과 후방 중앙국성원간의 작전방침의 의견 차이를 해결하기 위해서 소비에트중앙국은 영도의 소원촌(小源村) 방산옹사(榜山翁祠)에서 전체회의를 개최하였다. 이 회의는 공산당 역사에 영향을 미친 영도회의이다. 회의에서 중앙대표는 모택동의 홍군 총정치 위원과 전위 서기직을 박탈하였다. 그동안 모택동은 좌경모험착오 지도자와 군사상의 이견이 있었다.

1930년 6월 11일 중공 중앙정치국회의에서 이립삼이 기초한 ≪새로운 혁명고조와 하나의 성 혹은 몇 개 성의 우선적 승리(新的革命高潮與一省或幾省的首先勝利)≫의 결의를 통과시켰다. 결의에서 무한을 중심으로 한 전국 총 폭동과 홍군이 **중심도시를 공격하는 모험적인 계획을 결정**하였다. 이러한 주장은 **모택동이 농촌에서 공농무장으로 할거하려는 사상과는 근본적으로 대립되는 것**이었다.

모택동은 제3차 반 포위토벌전에 승리한 후에 적의 4차포위토벌전을 대비해서 홍군을 확대강화하고 혁명근거지를 발전 강화시켜야 한다고 주장하였다. 그러나 이러한 모택동의 주장은 오히려 '우경오류'라고 공격을 받았다. 그리고 좌경 중앙대표는 **모택동의 의견을 거부하였을 뿐만 아니라 모택동의 군사적 지위를 박탈하였다.** 영도회의 이후 중앙소비에트구는 제4차 반 '포위토벌전'을 진행하였다.

2) 장정 중의 주요 회의

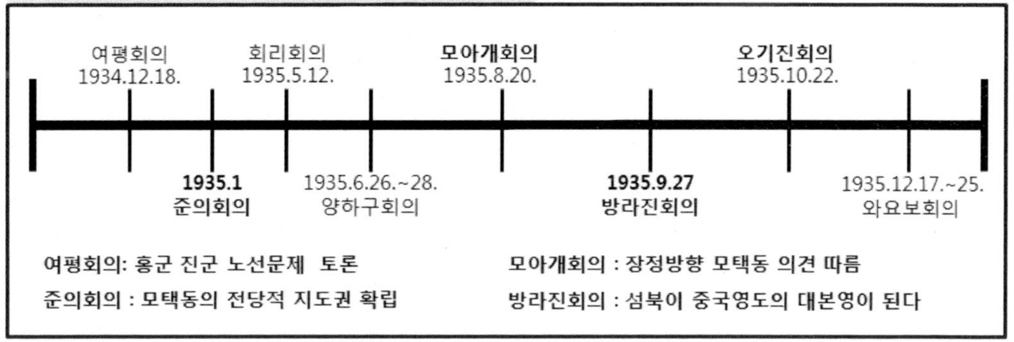

중국공산당 역사 중 가장 중요한 사건 중의 하나는 강서성 서금에서 섬서성 연안까지 국민당군에 쫓겨 후퇴하였던 장정이다. 이 과정에서 여러 차례 회의를 개최하였는데, 그 내용을 간략하게 살펴보면 다음과 같다.

(1) 통도회의(通道會議, 1934.12.10.): 혁명 실패에 관한 내용

장정 중 1934년 12월 10일에 중앙홍군과 홍2, 6군단이 장정 중에 호남성 통도 지역에서 회의를 개최하였는데, 이를 통도회의라 부른다. 이 회의는 행군 중에 개최되어서 사람들은 '비행회의(飛行會議)'라고도 부른다.

상세한 기록이 남아 있지 않아, 극소수의 사람만이 아는 1차 주요회의이다. 회의는 모택동의 선동하에 낙포와 왕가상이 주은래에게 제의하였고, 이에 주은래가 회의를 주관하였다. **회의 주제는 혁명 실패에 관한 것**이고, 이는 장정 중에 개최되었던 여러 회의의 서막이었다.

(2) 여평회의(黎平會議, 1934.12.18.): 홍군의 진군 노선문제 토론

1934년 12월 18일, 귀주성 검동남(黔東南)에 위치하던 여평에서 홍군의 진군노선문제로 토론하였는데, 이를 여평회의라 부른다. 회의에서 모택동의 주장을 받아들여 새로운 전략 방침을 확정하였다. 새로운 전략은 중앙홍군이 검북(黔北, 귀주성 북쪽)을 향해 진군하는 것이었다. 이는 홍군이 피동적인 것에서 능동적인 것으로 바뀌었고, 중국혁명의 전환점이었다.

회의 이후 모택동은 최고지도층공작에 참여하였다. 홍군은 주은래와 주덕의 직접적인 지도하에 모택동의 '피실취허(避實就虛)[8]'의 주장에 따라 행동하였다. 이 회의는 **모택동이 중국공산당의 당권을 장악**하게 되었던 중요한 의의를 지닌다.

(3) 후장회의(猴場會議, 1935.1.1.): 홍군의 전략 변경

1935년 1월 1일 귀주성 자운묘족포의족자치현(紫雲苗族布依族自治縣) 남부에 위치하는 후장에서 정치국회의가 개최되었다. 회의에는 모택동·주덕·주은래·왕가상·낙포·이부춘·이덕·박고·오수권(伍修權)이 참가하였다. 회의에서 여평회의 결과를 거듭해서 제기하였다.

회의에서 홍군이 오강(烏江)을 건넌 뒤에 새로운 행동방침을 제안하였다. ≪도강 후의 새로운 행동방침에 관한 결정(關於渡江後新的行動方針的決定)≫을 통과시켰다. 이는 국민당군의 5차 포위토벌을 철저하게 분쇄하기 위함이었다. 그리고 기본적으로 홍군에 대한 '3인단(三人團)'의 군사지휘권의 끝을 맺었다. **초보적으로 모택동이 핵심이 된 군사지휘중구(中樞)가 형성**되었고, 준의회의의 성공을 위한 기초를 다졌다.

회의 이후, 홍군은 회의결정에 따라 적극적으로 작전을 수행하였고, 주동적으로 공격하였으며, 군중선전과 군중조직을 회복하였다. 천검변(川黔邊)소비에트 근거지를 건립하였다.

(4) 준의회의(遵義會議, 1935.1.15.~17.): 모택동 지도권 확립

준의회의는 1935년 1월 15일에서 17일까지 귀주성 준의에서 개최되었던 중앙정치국확대회의이다. 논의 내용은 당 중앙의 군사노선에 관한 문제였다.

회의에서 왕명의 좌경모험주의가 당 중앙에서 통치하는 것을 종결하였다. 그리고 모택동을 핵심으로 하는 새로운 당중앙의 정확한 영도와 홍군과 당중앙에 대한 모택동의 영도지위를 정확하게 확립하였다. 회의 결과 모택동은 정치국 상임 위원에 선출되지만 당의 최고 지도자는 박고(1935년 2월에 낙포로 결정됨)였고 모택동이 당과 군의 최고 지도자가 된 것은 아니었다(모택동은 1943년 공식적으로 중앙정치국과 중앙서기국의 주석으로 취임함).

준의회의는 여평회의에서 검북(黔北)을 중심으로 소비에트근거지를 만들려 한 결의를

---

8) 적의 주력이 있는 곳을 피하고 약한 곳을 골라서 치다.

성도(成都)의 서남 혹은 서북지역에 소비에트근거지를 만드는 것으로 변경하였다. 회의에서 모택동 등은 박고, 주은래, 오토 브라운(코민테른의 군사고문) 등의 지도부를 비판하였다. 결국 회의에서 주은래의 자아비판이 있었고, 모택동의 주장을 받아들인 결의가 채택되어 **모택동의 지위 회복이 확정**되었다. 모택동의 전당적 지도권이 준의회의에서 확립되었다는 중요한 의의를 지닌다.

(5) 찰서회의(紮西會議, 1935.2.5.~9.): 홍군진군방향과 부대편제 문제

적의 사정 변화로 인해, 홍군은 사천성·운남성(滇), 귀주 3개 지역이 교차하는 운남 내 찰서[紮西, 오늘날 위신(威信)]에 모였다. 홍군이 찰서 지역으로 집결하는 과정에서 중공중앙정치국은 찰서 경내에서 1935년 2월 5일부터 9일까지 연속으로 회의를 소집하였다. 회의는 낙포가 주관하였으며 모택동·낙포·주은래·주덕·진운·박고·왕가상·류소기·등발(鄧發)·개풍(凱豊) 등이 참가하였다.

회의에서 중앙홍군의 진군방향과 부대편제를 축소하는 문제를 토론하였다. 그리고 검북으로 돌아가는 것(回兵黔北)과 편제 축소 정책을 제안하였다. 회의에서 중요한 문건을 만들어냈는데, 지금까지 《遵義會議決議》, 《決議大綱》, 《中央書記處致項英轉中央分局電》, 《中共中央給中央分局的指示》, 《軍委關於我軍向川滇黔邊發展的指示》, 《關於各軍團縮編的命令》, 《爲創造雲貴川邊蘇區而鬪爭》 등이 보존되고 있다.

찰서회의에서 중앙정치국상위의 분공(分工)과 준의회의 결의의 정식 성문(成文)이 모두 마지막으로 완성되었다. 이 회의에서 장정 중의 전략변경이 실현되었고 확실한 지도와 부서가 구축되었다. 동시에 당 중앙의 총체적 책임을 지던 낙포와 홍군에서 실질적인 최고지도자인 모택동이 서로 협력하게 되었다. 이로써 전당과 전군을 영도하는 새로운 구조가 형성되었다.

회의에서 낙포가 박고를 대신하여 당중앙의 총체적 책임을 맡기로 결정하였다. 그리고 중앙과 전국 기타 소비에트는 홍군의 전략방침 및 조직문제를 토론하였다. 중앙소비에트와 인근소비에트는 유격전쟁을 견지하기로 결정하였다. 중공천남특위(中共川南特委) 성립과 중국공농홍군천남유격종대(中國工農紅軍川南遊擊縱隊) 창설을 결정지었다.

(6) 회리회의(會理會議, 1935.5.12.): 기동작전 주장

중앙홍군은 교평도(皎平渡)에서 금사강(金沙江)을 성공적으로 건넌 이후, 중앙정치국이

1935년 5월 12일 사천성 량산주(涼山州) 회리현(會理縣)에서 확대회의를 개최하였다. 모택동이 회의를 주관하였고, 주덕·진운·주은래·낙포·박고·왕가상·등발·개풍·임표·섭영진·팽덕회·양상곤 및 공산국제군사고문 이덕 등이 참가하였다.

회리회의는 중앙홍군의 전략사상을 통일하였고, 준의회의의 성과를 한층 더 공고히 하였으며, 준의회의 정신의 연장이었다. 회의에서 당시 부대원의 사상에 대해서 논하였고, 당중앙과 중앙군사위의 기동적인 작전이어야 비로소 적의 포위를 빠져나올 수 있다고 주장하였다.

회리회의는 당의 역사상 가장 중요한 회의로 여기지는 않았다. 이러한 이유로 9·13사건(1971) 발생 전에는 이 회의의 상황에 관해서 소수 고급간부만이 알고 있었고 공개되지 않았다. 9·13사건이후 임표가 일찍이 모택동을 반대한 것을 설명하기 위해 회리회의가 알려졌다. 그러나 오늘날에는 회리회의가 홍군 영도층의 착오사상을 규정한 중요한 회의로 인식되고 있다.

(7) 양하구회의(兩河口會議, 1935.6.26.~28.): 장국도 의견 무시

양하구회의는 1935년 6월 26일에서 28일까지 사천성 무공(懋功) 북부의 양하구에서 개최되었던 회의이다. 회의는 홍군이 북상하여 천섬감(川陝甘) 근거지 설립을 위한 전략방침을 통일시키기 위해 개최되었다. 회의에는 낙포·모택동·주은래·주덕·박고·왕가상·장국도 등이 참가하였다.

회의에서 국내의 정치형세를 정확하게 분석하였고, 북상항일 방침을 견지하였으며 당의 홍군 지도를 강조하였다. 그리고 장국도의 착오적 주장을 부정하였고, 북상하여 섬감혁명근거지(陝甘革命根據地)를 설립할 것을 제안하였다. 그리고 전국항일운동을 지도하고 주동하는 전략방침을 제안하였다. 회의에서 ≪1, 4방면군 회합 후 전략방침에 관한 결정(關於一, 四方面軍會合後戰略方針的決定)≫이 통과되었다. 양하구회의는 당과 홍군이 북상하여 항일을 실현하고, 전국항일운동을 지도하는 전략목표의 기초를 닦았다.

(8) 로화회의(蘆花會議, 1935.7.21.): 4방면군 역사경험 총결

로화회의는 1935년 7월 21일 사천성 아패주(阿壩州) 흑수현(黑水縣) 로화에서 개최되었다. 그래서 '흑수로화회의(黑水蘆花會議)'라고도 불린다. 1935년 7월 21일 로화에서 개최되었다. 회의에는 주은래·주덕·낙포·모택동·왕가상·박고·개풍·등발·이부춘·서향전·류백승·장국도·진창호(陳昌浩) 등이 참가하였다. 회의 중심의제는 4방면군의 악예환근거지(鄂豫皖根據地)에서 천섬근거지(川陝根據地)까지의 역사적 경험과 교훈을 총결하는 것이었다.

회의에서 먼저 장국도의 4방면군 역사발전 상황보고를 들었다. 그리고 전면적으로 4방면군의 역사경험을 결론지었다. 1, 4방면군의 영도자는 회의석상에 허심탄회하게 의견을 교환하였다. 1, 4방면군 사이에 서로 이해하고 형제단결을 증진시키기로 결정하였고, 부대조직과 지휘를 통일하였고, 일정한 역할을 하였다.

(9) 사와회의(沙窩會議, 1935.8.4.~6.): 소수민족 자결권 승인

사와회의는 1935년 8월 4일에서 6일까지 모아개(毛兒蓋) 남쪽 사와에서 개최되었다. 회의에는 낙포·모택동·주덕·주은래·장국도·진창호·류백승·부종(傳鍾)·개풍·등발·박고 11명이 참가하였다. 회의에서 두 가지를 중점적으로 다루었는데, 하나는 1, 4방면군 회합 후의 형세와 임무를 토론하였고, 다른 하나는 조직문제를 토론하였다.

8월 5일 회의에서는 ≪1,4방면군 회합 후의 정치형세와 임무에 관한 결의(關於1, 4方面軍會合後的政治形勢與任務的決議)≫를 통과시켰다. 이 결의에서 목전의 정치형세 특징, 1방면군과 4방면군의 회합 이후의 기본임무, 당의 홍군영도 강화, 1방면군과 4방면군의 단결문제, 소수민족에 관한 당의 기본방침, 목전의 중심공작 등을 다루었다. **특히 소수민족의 자결권을 승인하였고, 그들의 민족독립과 해방운동을 돕기로 결정하였다.**

(10) 모아개회의(毛兒蓋會議, 1935.8.20.): 장정 방향 모택동의 의견 따름

전략사상을 한층 더 통일하기 위해서 1935년 8월 20일 사천성 모아개에서 중앙정치국회의가 열렸다. 회의에서 홍군주력의 발전방향문제를 중점적으로 토론하였다. 회의에는 낙포·모택동·박고·왕가상·진창호·개풍·등발·서향전·이부춘·섭영진·임표·이선념 12명이 참가하였다. 주덕과 장국도는 전방에서 좌로군(左路軍)을 지휘하며 아패(阿壩)를 공격하느라 회의에 참가하지 못하였고, 주은래는 중병으로 회의에 참가하지 못했다.

모아개회의는 양하구 회의와 로화회의의 연속선상에 있었다. 회의에서 감숙 **민주(岷州)와 조하(洮河)[9]를 중심으로 하여 동쪽으로 발전시키는 행동방침을 확정하였다. 그리고 양**

---

9) 황하수계의 주요 지류이고, 감숙성에서 세 번째로 큰 강이다.

하구회의의 결정을 보완하고, 홍군주력발전방향에 관해서 장국도의 분열주의위험을 극복하는 적극적인 역할을 하였다.

장정의 방향을 둘러싸고 모택동과 장국도 사이에 의견이 대립되었다. 이 때, 모택동은 섬서 북쪽으로, 장국도는 사천 서강(西康) 지역으로 갈 것을 주장하였으나 모택동의 의견에 따르기로 결정하였다.

당 중앙은 회의에서 홍군 제1, 제4방면군이 각각 모아개와 탁극기(卓克基) 두 지역에서 집결하여 좌우 양로군으로 혼합편제하고, 중공중앙의 통일된 지휘하에 계속해서 북상하여 초원을 지나기로 결정하였다. 우로군은 모택동·주은래·서향전·섭검영의 지휘하에 모아개에서 출발하여 송반(松潘)을 돌아 초원을 지나서 반우(班佑)를 향해 전진하기로 결정하였다. 그리고 좌로군은 주덕·장국도·류백승의 지휘하에 마당(馬塘)과 탁극기에서 출발하여 초원을 지나서 아패 지역으로 들어가기로 결정하였다.

(11) 파서회의(巴西會議, 1935.9.): 북상하여 천섬감근거지 건립

1935년 8월 29일 오늘날 사천성아패장족강족자치주약이개현(四川省阿壩藏族羌族自治州若爾蓋縣) 경내에 있는 파서(巴西)에서 중앙정치국상위회의가 열렸고, 교육과 선전 문제를 중점적으로 다루었다. 낙포·박고·모택동·왕가상·이유한·개풍 등이 회의에 참석하였다. 중앙정치국은 24일 모아개회의 결정을 장국도에게 알려주었다. 파서는 장어(藏語) '巴爾吉'의 음역글자로, 의미는 '영화쾌락'이다.

1935년 8월 말 우로군(중앙종대, 홍13군단, 홍4군, 30군, 홍군대학)이 초원을 지나 파서에 도달하였다. 그러나 장국도가 이끄는 좌로군은 아패에 도달한 후 중앙명령에 따르지 않고 우로군과의 회합을 거부하였다. 게다가 우로군과 당 중앙의 남하에 불만을 품었고, 당중앙을 손상시키려 하였다. 이러한 상황에서 중공중앙은 1935년 9월 2일에서 9일까지 반우사원(班佑寺院)에서 '파서주량회의(巴西籌糧會議)', '파서정치국상위회의(巴西政治局常委會議)', '파서정치국회의(巴西政治局會議)'를 개최하였다. 회의에서 제1방면군 공작방침문제를 토론하였는데, 제1방면군이 밤을 새서 행군하여 계속해서 북상할 것을 결정하였다.

9월 9일 오전, 장국도는 진창호에게 암호 전보를 보냈다. 참모장 섭검영은 무선 이 전보를 보았고, 전보의 큰 의미는 진창호에게 우로군을 이끌고 남하하라고 명령하였으며, "철저하게 당내 투쟁을 전개하자"고 제안하였으며, 당중앙을 해치려 하였다.

이 음모를 알아차린 섭검영은 모택동에게 즉각 보고하였다. 이에 모택동과 낙포 및 박

고는 3군단 주둔지인 파서로 가서 밤새도록 정치국긴급회의를 열었다.

회의에서 장국도가 당과 홍군을 분열하려는 것을 분석하였고, 중앙명령에 항거하는 표현을 분석하였다. 북상하여 천섬감근거지를 건립하려는 방침을 견지하고 동시에 모든 홍군에게 북상할 길을 열어주기 위해서 즉각적으로 홍1, 3군, 군위종대일부를 이끌고 임시북상선봉대로 구성하여 아서(阿西)에서 집합하여 계속해서 북상하기로 결정하였다. 그리고 감남(甘南)을 향해 전진하고, 이미 아계에 도착해 있던 임표와 섭영진에게 행동방침의 변화가 있으니 군을 원래 있는 곳에서 대기하라고 통지하였다. 회의 이후 우로군은 군위부주석인 주은래의 지휘하에 들어갔다.

(12) 아계회의(俄界會議, 1935.9.12.): 장국도의 반당분열활동 비판

아계회의는 1935년 9월 12일 중공중앙정치국이 사천성 아계에서 개최하였던 확대회의였다. 회의에는 낙포·박고·모택동·왕가상·개풍·류소기·등발·섭검영·임백거·이유한·양상곤 등 21명이 참가하였다.

회의에서 장국도의 반당분열활동과 군벌주의경향을 공개적으로 비판하였다. 그리고 부대편제문제를 다루었고, 섬북(陝甘)에서 근거지를 건립하는 전략방침을 바꾸었으며, 유격전쟁으로 국제와 연락을 취하여 새로운 근거지를 건립하는 전략방침을 확정하였다. 아계회의는 장국도의 우경분열주의와 군벌주의를 극복하기 위함이었고, 당중앙의 북상방침을 보장하는 것으로서 중대한 의의를 지닌다.

(13) 방라진회의(榜羅鎭會議, 1935.9.27.): 섬북이 중국영토의 대본영

1935년 9월 27일 밤, 모택동은 감숙성 동남부에 위치한 통위현(通渭縣) 방라소학교 교장실에서 중공중앙정치국상위회의를 열었다. 역사적으로 이 회의를 '방라진회의'라고 부른다. 회의에서 국내국제형세를 분석하였고, 홍군의 도착할 지점의 문제를 연구한 이후에 정식으로 아계회의에서 결정한 인근소비에트 변경 지역에서 근거지를 세운다는 방침을 정식으로 결정하고 변경하였다고 선포하였다.

섬북으로 가서 홍 25군, 26군을 합쳐 섬북혁명근거지를 공고히 하고 발전시켜 **섬북을 중국혁명 지도의 대본영으로 삼고자 하였다.** 방라진회의는 홍군의 장정기간에 결정짓지 못했던 도착점과 여러 지역에서 전쟁을 치르는 국면을 철저하게 끝을 맺었다. 방라진회의는 준의회의 이래로 홍군의 장정과 중국혁명의 전환점이 된 회의였다.

(14) 오기진회의(吳起鎭會議, 1935.10.22.): 장정 종결 선포

오기진회의는 1935년 10월 22일에 개최되었다. 오기진은 섬서 연안시 서북부에 위치한 오기현에 속한다. 회의에는 낙포·박고·모택동·왕가상·주은래·등발·이부춘·섭영진·류소기·섭검영·개풍·가척부(賈拓夫)·팽덕회 등이 참여하였다. 오기진회의는 방라진회의와 철변성회의(鐵邊城會議)의 연속선상의 회의였고 완결성 회의였다. 회의의 중심의제는 아계회의이후 홍군의 행동을 총결하고, 새로운 형세하의 섬감지대(陝甘支隊)의 행동방침을 확정하는 것이었다.

회의에서 방라진회의에서 홍군장정도착지를 섬북에 둔다는 전략적 정책을 비준하였다. 그리고 당과 홍군의 금후 전략임무는 서북소구를 건립하는 것이고, 전국혁명을 영도하며 중앙홍군의 장정 완결을 선포하였다. 그리고 당 중앙이 전국혁명대본영을 섬북에 둔다는 새로운 역사시기를 열었다. 모택동은 회의에서 섬북의 환경과 형세를 근거로 하여 홍군의 작전방침을 설명하였다. 그리고 나아갈 방향은 서쪽과 서북쪽이며 가장 큰 방향은 섬감(陝甘)이라고 하였다. 또 섬감진(陝甘晉) 3개의 성을 발전시켜야 하고, 현재는 서쪽으로 향하고, 오기진을 중심으로 하여 부대를 정돈하고 확대하며 군중공작을 한다고 하였다. 이 회의는 1935년 11월 상순 중앙홍군이 서북홍군과 순리적으로 합치게 되는 준비를 하도록 하였고, 서북혁명을 위해 역량을 모으고 단결하는 중요한 역할을 하였다.

(15) 와요보회의(瓦窯堡會議, 1935.12.17.~25.): 항일전선 결정

와요보회의는 1935년 12월 17일에 섬북 와요보에서 개최되었던 정치국확대회의이다. 중국대륙 내 대규모적인 항일민주운동을 새롭게 고조되는 상황하에서 정치노선과 혁명책략을 정확하게 제정하기 위해서 회의가 개최되었다.

와요보회의는 **토지혁명전쟁부터 항일전쟁으로 전환되는 시기에 당이 소집한 매우 중요한 회의**이다. 회의에서 두 차례의 국내혁명전쟁시기의 정치책략방면이 기본경험을 종결하였고, 좌경관문주의(左傾關門主義)를 비판하였으며 항일민족통일전선의 책략을 제정하였다.

이 회의는 준의회의를 이은 것이다. 하지만 준의회의가 단지 당시 절박한 군사문제와 조직문제에 대해 결의를 제안하였다면, 와요보회의는 정치노선문제를 해결하였다. 모택동의 주도하에 화북사변 후 국내계급관계의 새로운 변화를 분석하였고, 항일민족통일전선, 국방정부(國防政府)와 항일연합군 등의 문제를 토론하였다.

모택동은 국내혁명전쟁(계급전쟁)과 민족혁명전쟁(반제국주의전쟁)의 두가지 중대한

기로에서 중국공산당은 마땅히 민족세력을 결집하여 민족혁명전쟁을 우선적으로 수행해야 한다고 강조하였다. 주은래는 이 견해에 동의하였으나, 박고는 모택동과 주은래의 주장에 격렬하게 반대하였다.

와요보회의에서 항일전선 문제를 둘러싸고 격렬한 논쟁을 거듭하였다. 8일간의 회의 끝에 낙보의 제안에 따라 전국 단위로 혁명역량을 조직하여 거국적인 항일전선을 펼치고, 장개석을 반대한다는 결의가 통과하였다. 그리고 당내에 장기간 존재하는 좌경 관문주의를 비판하였고, 항일민족통일전선의 책략을 제정하였다.

3) 항일전쟁과 국내전(해방전) 시기의 주요 회의

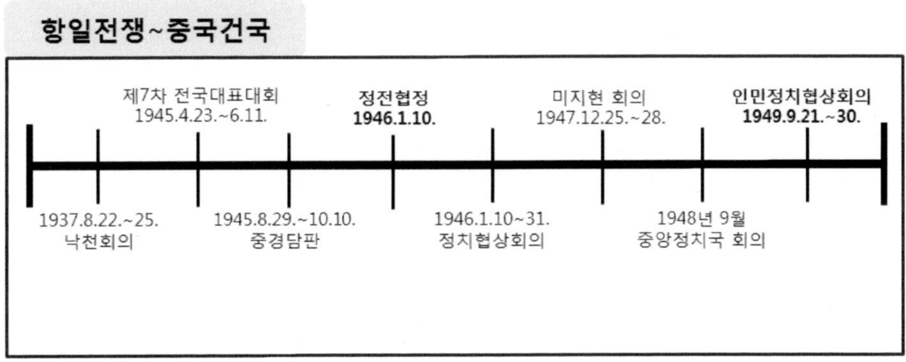

(1) 낙천회의(洛川會議, 1937.8.22.~25.): 지구전 강조

낙천회의는 중국공산당이 항일전쟁을 선언한 이후 개최한 첫 번째 회의였다. 중국공산당은 섬북의 낙천에서 정치국회의를 개최하였고, 회의에는 중앙정치국위원과 후보위원인 낙포·모택동·주덕·주은래·박고·임필시·관향응·개풍·팽덕회·장국도와 일부 홍군영도 및 관련 방면 책임자인 류백승·하룡·장호(張浩)·임표·섭영진·라영환·장문빈(張文彬)·초경광(肖勁光)·주건병(周建屛)·임백거·서향전·부종 22명이 참가하였다. 낙포가 회의를 주재하였고, 모택동이 중앙정치국을 대표하여 군사문제와 국공양당 관계에 관한 문제의 보고를 하였다. 회의에서 **모택동은 "통일전선과 정치경각성" 문제를 제출하였고, 기본적인 것은 지구전이며 신속전이 아니라고 강조했다.**

이 회의에서 ≪목전의 형세와 당의 임무에 관한 결정(關於目前形勢與黨的任務的決定)≫, ≪항일구국 10대강령(抗日救國十大綱領)≫을 통과시켰다. 그리고 회의에서 중앙군사위의 영도 구성원을 조정하였는데, 모택동·주덕·주은래·팽덕회·임필시·섭검영·장호· 하룡·류백승·서향전·임표 11명이 새롭게 구성되었다. 그리고 모택동이 중앙군위 서 기, 주덕과 주은래가 중앙군위 부서기가 되었다.

(2) 제7차 전국대표대회(1945.4.23.~6.11.): 모사상 삽입

1945년 4월 23일에 개막되어 6월 11일에 끝난 회의로서 50일간 개최되었다. 대회에 출 석한 정식대표가 547명이었고, 후보대표는 208명이었다.

이 대회에서 모택동이 중앙정치국 주석으로 선출되었고, 당장에 모택동사상이 삽입되 었다. 그리고 **새로운 당장 규정을 통과시켰고(6.11.), 모택동사상이 중국공산당의 지도사 상임을 통과시켰으며 정치결의안과 군사결의안을 통과시켰다.** 대회는 모택동의 정치보고 인 ≪연합정부론≫(4월 24일), 주덕의 군사보고인 ≪해방구의 전장에 대해서≫(4월 25일), 류소기의 ≪당을 논함≫(5월 14일)과 ≪당장 개정에 관한 보고≫(5월 15일)가 중심이 되 었다.

≪연합정부론≫에서 모택동은 국제정세에 관하여 미·영·소 3국 단결의 중요성을 호 소하였다. 국제간의 중대문제는 3개국과 중국과 프랑스를 합한 5개국을 중심으로 해서 협 의하지 않으면 안 된다고 말하였다.

당장에서 모택동사상을 마르크스·레닌주의와 대치시켰다. 내용을 살펴보면, "**중국공 산당은 마르크스·레닌주의 이론과 중국혁명 실천의 통일사상인 모택동사상을 가지고 당 의 모든 공작지침으로 하고 어떠한 교조주의나 경험주의적 편향에도 반대한다**"였다. 여 기서 모택동사상이 모택동주의로 표현되지 않은 것은 모택동사상이 하나의 명확한 이론 체계는 아니며, 어디까지나 입장과 관점과 방법을 주로 하는 사고형식이라는 점을 나타내 는 것이다. 대회는 당의 24년간의 중국혁명영도의 경험을 총결산하였고, 신민주주의의 기 초이론을 토론하였다. 그리고 당의 노선은 "군중을 발동하고, 인민의 역량을 키우며, 공산 당의 영도하에 일본 침략자를 패배시키고, 전국인민을 해방하여 신민주주의의 중국을 건 립"하는 것이었다.

대회는 무장투쟁, 통일전선, 공산당 건설의 경험을 총결산하고, 신민주주의 혁명의 '3대 법보'의 토론을 하였고, **당의 이론과 실제의 연계, 군중과 밀접한 연계, 자아비판**의 3대 태도를 토론하였다.

(3) 중경담판(1945.8.29.~10.10.): 쌍십협정 조인

　　중공중앙은 1945년 8월 25일 ≪목전시국에 대한 선언≫을 발표하였다. 그리고 평화·민주·단결 3대 구호를 제안하였다. 모택동·주은래·왕약비(王若飛)를 중경으로 보내어 국민당과 담판을 짓도록 하였다.

　　중경담판은 43일에 걸쳐 진행이 되었다. 10월 10일에 ≪국민당 대표와 중국공산당 회담 기요≫(雙十協定, 쌍십협정)가 조인되었다. 주요 내용으로는 "평화건국의 기본방침을 확정하고 국민당은 당연히 훈련과 정치를 마치고 정치민주화를 실현하며, 지방자치를 적극적으로 추진하고, 인민의 자유를 보장하고, 당파의 평등을 합법화하고, 특무기관을 해산하며, 정치법을 석방하고, 정치협상회의를 개최한다는 것" 등이다. 회의에서 해방구 정권, 인민군대 및 국민대회 등의 문제는 가장 격렬하게 논쟁을 펼치게 되었고, 결국 협의에 서명되지 않았다.

　　쌍십협정을 맺은 직후인 1945년 10월 13일 국민당은 하북·산서·산동·수원(綏遠)·차하르·강소·절강·하남·호북·안휘·광동 11개 성을 공격했다. 이에 중국공산당은 "날카롭게 맞선다"는 방침으로 반격하기 시작했다.

(4) 정전협정(1946.1.10.)

　　1946년 1월 5일에 "국공군사충돌 정지에 관한 변법"이 정해졌다.

　　중국공산당 대표는 정치협상회의에서 무조건적인 정전 건의를 제안하였는데, 민주당파와 많은 인민군중의 지지를 얻어내었다. 미국정부 대표 마샬(馬歇爾)의 주선하에 국공 양측은 여러 차례 회의를 하였고, 1946년 1월 10일 정식으로 정전협정을 맺었다.

　　중공 대표 주은래와 국민당 대표 장군(張群, 후에 장치중(張治中)으로 개명)은 ≪국내 국공 군사충돌정지와 교통을 회복에 관한 명령과 성명(關於停止國內軍事沖突, 恢復交通的命令

和聲明≫과 ≪국내군사충돌정지에 관한 협의(關於停止國內軍事沖突的協議)≫에 사인을 하였다. 그리고 정전명령의 집행을 감독하기 위해 주은래와 장군은 ≪군사조처집행부 건립 협정(建立軍事調處執行部的協議)≫에 사인을 하였다. 마샬, 주은래, 장군 3명이 집행부가 되었는데, 이를 '3인위원회(三人委員會)'라고 부른다.

그리고 북경에서 공산당, 국민당, 미국 대표가 조직한 군조처집행부(軍調處執行部)가 건립되었다. 정전협정에 근거하여 1월 11일에 각 대표가 선정되었다. 중국공산당 대표는 중공군사위부총참모장 섭검영, 국민당의 대표는 정부군위조사통계국국장 정개민(鄭介民)이었고, 미국대표는 미국주화대사관 경제참찬 라백손(羅伯遜, Robertson)이었다.

1월 10일 모택동은 ≪중공중앙의 국내군사충돌정치에 관한 통고(中共中央關於停止國內軍事沖突的通告)≫를 공표하였다. 모택동의 정전령을 반포할 때, "중국평화민주의 새로운 단계는, 즉 이제부터 시작이다"라고 하였고, 전당은 마땅히 "국내평화를 공고히 하고, 민주개혁을 실현하며, 독립 자유 부강의 신중국을 건립하기 위해 투쟁하자"고 제안하였다. 정전명령은 1월 13일 자정에 효력이 발생했다.

(5) 정치협상회의(政治協商會議, 1946.1.10.∼31.): 5개 결의안 통과

1945년 10월 쌍십협정이 끝나자마자 국민당군은 공산군을 공격하였다. 이에 중국공산당이 영도하는 해방구 군대는 1945년부터 1946년 1월까지 수원•감단(邯鄲)•진포로(津浦路) 전역(戰役)과 동포로(同蒲路) 작전을 수행하여 반격을 가하였다. 3개월간의 내전으로 국민당 장개석은 곤란에 빠졌고, 어쩔 수 없이 정치협상회의를 개최하였다.

정치협상회의는 정접협정이 체결된 같은 날 중경에서 개최되었다. 중경담판으로 체결된 쌍십협정에 따라 1946년 1월 10일에 처음 소집되었던 회의였다. 회의 참가대표들은 각 당파에서 스스로 선출했는데, 공산당 7명, 국민당 8명, 민주동맹(民主同盟) 9명 ≪민주동맹 2명, 국가사회당(國家社會黨) 2명, 구국회(救國會) 2명, 직업교육파(職業敎育派) 1명, 향촌건설파(鄕村建設派) 1명, 제3당(第三黨) 1명≫, 청년당(靑年黨) 5명, 무당파(無黨派) 9명으로 모두 38명이었다. 회의 초점은 정권문제와 군대문제였다.

국민당은 '군대의 국가화'가 먼저였고, '정치의 민주화'가 후였다. 하지만 공산당은 국가민주화는 군대의 국가화의 전제임을 견지하여 먼저 국민당 1당의 독재정권의 정부를 취소하고 연합정부를 성립하면 공산당은 군대를 나누겠다는 것이었다. 20일간의 회의 끝에 **"정부조직안, 평화건국강령, 군사문제안, 국민대회안과 헌법초안"**이라는 5항의 결의를 통과시켰다.

(6) 미지현회의(米脂縣會議, 1947.12.25.~28.): 빈농 지도적 역할 강조

섬서성 미지현 양가구(楊家溝)에서 개최되었던 미지현회의는 정규 중앙위원과 후보위원 외에도 섬감녕(섬서·감숙·영하)과 진수(晉綏) 양 변구 책임자가 참석하였던 회의이다. 이 회의는 1947년 후반에 나타난 좌익주의적 경향을 시정한 모임으로 알려져 있다. **회의에서 모택동은 빈농단의 지도적 역할을 강조**하였고, 본래 중농에 속하는 자를 착오로 부농이란 딱지를 붙이지 않도록 조심해야 한다고 강조하였다. 그리고 부농을 취급하는 방법과 지주를 취급하는 방법에는 일반적으로 차이가 있어야 한다고 하면서, 빈농단을 강조하면서도 중농과 부농 역시 간과하지 않고 있음을 알 수 있다.

(7) 7차 2중전회(1948.3.5.~13.): 도시가 농촌을 지도

당중앙의 소재지인 서백파촌(西栢坡村)에서 개최되었고, 참가자는 중앙위원 34명, 동 후보위원 19명이었다. 첫날 모택동은 "도시가 농촌을 지도하는 시기가 시작되었다"라고 지적하였다. 또 "하나나 둘에서도 노동자계급에 의존한다"라고 하면서 공업건설의 중요성을 역설하였다.

그리고 정치협상회의에 의한 민주연합정부 수립이라고 하면서 이전의 정권구상을 견지하면서도 프롤레타리아가 지도하며 노동혁명을 기초로 하는 인민 민주독재라는 사고방식을 명확하게 제시하였다.

(8) 중앙정치국 회의(1948.9.): 통합집권의 강화의 필요성

중앙정치국 회의는 서백파촌에서 개최되었다. 1945년 이래로 가장 많은 지도자가 회의에 참석하였다.

회의에서 모택동은 중요한 정책전환을 시사하였다. 기존에는 근거지이론에 입각하여 각 지역, 각 군대의 자주적 결정을 중시했다. 그러나 이제는 **광대한 해방구를 통괄적으로 관할하며 강력한 정치통합을 필요로 하는 단계**가 되었음을 밝히면서 **통합 집권의 강화**의 필요성을 밝혔다.

(9) 중국인민정치협상회의(中國人民政治協商會議, 1949.9.21.~30.): 국명, 국기, 국가, 수도 결정

북경에서 개최되었던 중국인민정치협상회의는 신정치협상회의준비회(1949.6.15.~19.)에

의해 체계적으로 준비되었었다. 참가한 대표자 수는 대표 585명, 후보대표 77명 정도이다. 회의에서 노동자계급이 지도하며 노동동맹을 기초로 하는 인민민주독재의, 독립·민주·평화·통일·부강의 중화인민공화국의 수립목표를 확인하였다. 그리고 중화인민공화국 중앙정부조직법, 중국인민정치협상회의 공동강령을 가결하였다.

회의에서 **중국의 국명, 국기, 국가(國歌), 국징(國徽) 및 수도를 결정**하였고, 전국위원회 위원을 승인하였다. 회의에서 모택동을 주석에, 주덕·류소기·송경령·이제심(李濟深)·장란(張瀾)·고강 등을 부주석으로 하는 중앙인민정부위원회가 조직되었다. 중앙인민정부 정무원 총리에 주은래, 인민혁명군사위원회 주석에 모택동, 인민해방군 총사령관에 주덕이 각각 선출되었다.

3. 중국 건국(1949)~개혁개방(1978)

중국공산당 주요회의(1949~1978)	
7차 4중전회 1954.2.6.~10.	<당의 단결을 강화하는 것에 대한 결의> 채택
8차 1중전회 1956.9.28.	모택동 중앙위원회 주석. 등소평 총서기로 선출
중앙정치국 확대회의 1966.5.4~26.	팽진, 라서경, 육정일, 양상곤 실각. '5·16통지' 채택. 문화대혁명 시작
8차 11중전회 1966.8.1~12.	프롤레타리아 문화대혁명에 관한 결정(16조) 선포
제9차 전국대표대회 1969.4.1~24.	임표를 후계자로 규정한 당장 채택
중앙정치국회의 1976.4.7.	천안문사건의 배후자로 등소평이 모든 책임을 지고 해임
제11차 전국대표대회 1977.8.12~18.	문화대혁명 종결 선언
11차 2 중전회 1978.2.18~23.	화국봉 주석으로 선출

1) 8차 2중전회(1958)

이 회의는 모택동이 사회주의 건설의 총노선을 채택하였던 주요 회의이다. 류소기와 등소평의 반대에도 불구하고 모택동은 급진적인 사회주의 개조운동이 대약진운동을 전개하고, 인민공사를 전국에 조직하였으며, **3면홍기정책이라 불리는 '총노선 · 대약진 · 인민공사'를 강행**하였다.

대약진과 인민공사의 실패로 **모택동은 실각하고 정치일선에서 물러나게 되었다.**

2) 여산회의(盧山會議, 1959)

여산회의는 두 차례의 주요회의를 포함한다. 하나는 1959년 7월 2일부터 8월 1일까지 당중앙이 강서성 여산에서 열었던 **정치국확대회의**이고, 다른 하나는 8월 2일부터 16일까지 진행되었던 당의 **8차 8중전회**이다. 먼저 정치국 확대회의는 중앙정치국 위원과 각 성 시 자치구 당위 제1서기, 중앙 국가기관의 여러 부서 책임자가 회의에 참가하였다. 모택동은 회의에서 19가지 문제를 제출하였다. 그런데 회의에서 팽덕회가 모택동의 삼면홍기정책을 공개적으로 비난하였다. 삼면홍기가 너무 좌파로 치우친다고 인식했던 팽덕회는 인민공사와 철 증산운동으로 인해 농촌경제가 황폐화되었다고 주장하면서 문제점을 지적하였다.

▌팽덕회는 대약진의 3가지 모순점 들고 모택동을 비판하였다.

첫째, 대약진은 중국의 장기 경제발전에 큰 타격을 준다. 왜냐하면 장기 결제발전은 단순한 군중동원에 의해 이루어지는 것이 아니라 기술발전에 기반을 두고 있어야 하기 때문이다.
둘째, 대약진은 소련발전모델을 배척함으로서 중소관계를 악화시키고 있다.
셋째, 군인들이 대약진에 동원됨으로써 사기가 저하되고 군의 전투력이 크게 감소되었다.

7월 14일 팽덕회는 당시 객관적으로 존재하는 문제에 대해 모택동에게 편지 한 통을 써서 보냈다. 편지에 1958년 이래 좌경착오와 경험에 대한 의견을 진술하였다. 7월 16일 회의에서 팽덕회의 편지를 두고 토론을 하였는데, 소조회의에서 황극성(黃克誠) · 낙포 · 주소주(周小舟) 등이 편지의 정신이 좋다고 하면서 팽덕회의 의견에 동의하였다.

7월 23일 모택동은 대회에서 팽덕회의 편지에서 '무산계급의 동요성'을 표현하였다고 여겼다. **모택동은 이러한 것이 당을 공격하고, 우경기회주의의 강령이라고 강조하였다.** 회의에서 팽덕회·황극성·낙포·주소주 등의 소위 우경기회주의, 반당집단의 문제를 폭로하여 비판하기 시작하였다.

1959년 8월 2일에서 16일까지 여산에서 8차 8중전회가 개최되었다. 회의에는 중앙위원 75명, 후보중앙위원 74명, 중앙관련부서와 각 성 시자치구 당위 제1서기 14명이 회의에 참석하였다. 회의 의제로 두 가지가 있는데, 하나는 팽덕회·황극성·낙포·주소주에 대한 비판을 진행하는 것이고, 다른 하나는 1959년 경제계획지침을 조정하는 것이었다. 회의에서 팽덕회·황극성·낙포와 주소주가 맡고 있던 국방부장·총참모장·중앙서기쳐서기·외교부제1부부장과 호남성위 제1서기직위를 해제하였고, 그들의 중앙위원 중앙후보위원 정치국상무위원과 정치국후보위원의 직무는 보류하였다.

3) 제9차 전국대표대회(1969.4.1.~24.)

제9차 전국대표대회는 1969년 4월 1일부터 24일까지 북경에서 8대(1956년 9월) 이후 12년 반 만에 개최되었다. 대회에 출석한 대표는 1512명이고, 당시 공산당원은 전국에 2200만 명이 있었다. 모택동이 개막사를 하고, 임표가 정치보고를 하였다. 정치보고의 핵심내용은 "무산계급 독재하의 계속 혁명론(無産階級專政下繼續革命的理論)"이었다.

▌9대 당장

임표를 '모택동 동지의 친밀한 전우이자 후계자(毛澤東同志的親密戰友和接班人)'라는 구절을 총강에 삽입하였다. → 중국공산당의 민주집중제 및 집단영도 원칙을 위배하고 있었다.
모택동사상을 당의 최고지침으로 삼는다고 규정하였다. → 이는 마르크스·레닌주의에 대한 모택동사상의 우위를 강조한 것이다.

대회에서 통관된 ≪중국공산당장정≫은 8대 당장의 착오를 수정하였다. 그리고 임표를 모택동의 후계자로 당장의 총강에 기재하였다. 대회에서 170명 위원과 109명 후보 위원으로 조성된 중앙위원회를 선출했다. 그리고 임표와 강청, 강생 등의 지위가 한층 더 강화되었다.

9차 1중전회에서 중앙정치국 및 상무위원회를 선거하였는데, 모택동이 중앙위원회 주석이 되었고, 임표가 부주석이 되었다.

제9차 전국대표대회에서 문화대혁명의 착오된 이론과 실천이 합법화되었다. 사상적, 정치적, 조직적인 지도방침이 모두 착오라는 것이다.

4) 제10차 전국대표대회(1973.8.24.~28.): 수정된 당장 통과, 임표청산

중국공산당 제10차 전국대표대회는 임표의 쿠데타(1971)가 발생 후인 1973년 8월 24일 북경에서 개최되었다. 이 대회에 출석한 대표는 1249명이다. 당시 전국 공산당원은 2800만 명이었다.

주은래가 정치보고를 하였고, 왕홍문(王洪文)이 ≪당장 개정에 관한 보고(關於修改黨章的報告)≫를 하였다. 대회에서 정치보고와 수정된 당장을 통과시켰다. 그리고 195명의 위원과 124명의 후보위원을 선출하였다.

이 대회는 9대 노선을 그대로 견지하면서, '무산계급독재하의 계속 혁명론'에 대한 지지 입장을 재확인하였다. 그리고 10차 전국대표대회는 임표를 청산하는 대회였다. 통과된 정치보고에서 임표 집단의 죄행을 비판하였다. 특히 "모택동 어록을 손에서 떼지 않고, 만세를 입에서 떼지 않으면서, 면전에서는 좋은 말을 하지만 등 뒤에서는 독수를 쓴다"고 하면서 임표를 비판하였다. 그리고 10대 당장에서 임표의 후계자 대목을 삭제하였다.

10차 1중전회에서 중앙정치국 및 상무위원회를 선출하였는데, 모택동이 중앙위원회 주석이 되었고, 주은래·왕홍문·강생·섭검영·이덕생(李德生)이 부주석이 되었다.

11차 3중전회에서 10대에 대한 평가: 당의 10대는 9대의 좌경오류를 답습하였다. 강청·장춘교(張春橋)·왕홍문·요문원은 중앙정치국 내에서 4인방을 결성하였고, 강청 반혁명 집단의 세력이 더욱 커졌다.

5) 제11차 전국대표대회(1977.8.12.~18.): 4인방청산

중국공산당 제11차 전국대표대회가 1977년 8월 12일 북경에서 개최되었다. 대회에 출석한 대표는 1510명이고, 전국 공산당원은 3500만 명이었다. 화국봉이 정치보고를 하였고, 섭검영이 ≪당의 장정 수정에 관한 보고(關於修改黨的章程的報告)≫를 하였으며, 등소평이 폐막사를 하였다. 대회에서는 수정된 ≪중국공산당장정≫, ≪정치보고에 관한 결의(關於政治報告的決議)≫, ≪당의 장정 수정 보고에 관한 결의(關於修改黨的章程報告的決議)≫를 통과시켰다. 대회는 201명의 위원과 132명의 후보위원으로 구성된 중앙위원회를 선출하였다.

4인방을 청산하였던 제11차 전국대표대회는 4인방을 비판하고 폭로하였다. 그리고 당의 기본 노선을 견지하고 무산계급독재하의 계속혁명을 견지할 것을 강조하였다. 화국봉은 보고에서 "**4인방의 분쇄를 무산계급문화대혁명의 또 하나의 승리**"라고 말하였다. 섭검영은 보고에서 "전당은 영원히 마르크스·레닌주의와 모택동사상의 위대한 기치를 높이 받아들어야 하며, 민주집중제의 원칙과 기율을 유지하고 당의 우수한 전통과 풍토를 유지 발양해야 한다"고 하였다. 등소평은 폐회사에서 "**모택동사상의 위대한 기치를 높여 중국을 현대화된 사회주의 강국으로 만들자**"고 호소하였다.

대회에서 "10년간의 문화대혁명이 이미 끝났다. 현대화된 사회주의 강국을 건설하는 새로운 임무가 있다"고 선언하였다. 그러나 문화대혁명의 좌경 착오적 이론과 정책 및 구호를 바로잡지 못하였다.

11차 1중전회(1977.8.19.)에서는 중앙정치국 및 상무위원회를 선출하였다. 화국봉이 중앙위원회 주석이 되었고, 섭검영·등소평·이선념·왕동흥(汪東興)이 부주석이 되었다.

---

4. 개혁개방 이후(1978)~현재(2011)

중국공산당 주요회의(1978~1990)	
11차 3중전회 1978.12.18.~22.	**개혁개방정책 확정.** 당 사업의 중점을 4가지 현대화 건설로 전환. 제1차 천안문사건 재평가
중앙정치국 확대회의 1980.8.8.~23.	등소평, 혁명화·연소화·지식화·전문화 요구
11차 6중전회 1981.6.27.~29.	'건국 이래의 당의 약간의 역사문제에 관한 결의' 채택. 문혁 부정 화국봉 사임 결정. 호요방 중앙위 주석, 등소평 중앙군사위 주석으로 선출
제12차 전국대표대회 1982.9.1.~11.	새로운 당장 채택, 중공중앙고문위 신설
12차 1중전회 1982.9.12.	당주석제 폐지, 호요방 총서기 선출 등소평 중앙군사위 주석 선출
중앙정치국 확대회의 1987.1.16.	호요방 총서기 사임, 조자양 총서기 대행 결정
13차 4중전회 1989.6.23.~24.	조자양 총서기 파면, 강택민 총서기로 선임
13차 7중전회 1990.12.25.~30.	등소평 중앙군사위 주석 사임, 강택민 취임

중국공산당 주요회의(1992~2002)	
제14차 전국대표대회 1992.10.12.~18.	'사회주의시장경제'론 결정
14차 4중전회 1994.9.25.~28.	'당건설 강화에 관한 몇 가지 중대 문제에 대한 중공중앙의 결정' 채택
14차 6중전회 1996.10.7.~10.	사회주의 정신문명 건설 강화에 관한 중공중앙의 결의' 채택
제15차 전국대표대회 1997.9.12.~18.	당장에 등소평 이론을 지도사상으로 규정
15차 7중전회 2002.11.3.~5.	호금도 정권 탄생
제16차 전국대표대회 2002.11.8.~4.	강택민'3개대표론'을 지도사상으로 규정
16차 1중전회 2002.11.15.~16.	호금도를 총서기로 임명

중국공산당 주요회의(2003~2008)	
16차 2중전회 2003.2.24.~26.	'사회주의시장경제'론 결정
16차 3중전회 2003.10.11.~14.	사유자본의 진출영역 확대, 국유기업의 점진적인 개혁, 농촌 토지 전매권의 확대, 자본시장의 확대, 창업과 취업환경의 개선
16차 4중전회 2004.9.16.~19.	호금도 당 중앙 군사위 주석에 선출(당정군의 최고직위) 진정한 '호금도 시대' 개막
16차 5중전회 2005. 10.8.~11.	11차 5개년 규획 검토. '계획'이라는 용어 대신 '규획'이라는 용어 사용
16차 6중전회 2006.10.8.~11.	'당 중앙의 사회주의 조화사회 건설에 관한 몇가지 중대한 문제의 결정'을 심의 통과. 개혁개방 후 최초 사회복지와 분배에 관심
제17차 전국대표대회 2007.10.15.~21.	호금도의 '과학 발전관' 당장에 삽입 습근평(習近平)과 이극강(李克强) 정치국 상무위원발탁
17차 1중전회 2007.10.22.	9명의 상무위원 선출
17차 2중전회 2008.2.25.~27.	습근평 중앙군사위 부주임에 발탁

중국공산당 주요회의(2008~2011)	
17차 3중전회 2008.10.9.~12.	'농촌개혁 발전 추진에 관한 약간의 중대문제 결정' 심의 통과
17차 4중전회 2009.9.15.~18.	'새로운 형세하의 당 건설에 대한 약간의 문제에 대한 결정'. 공산당이 집권당으로서의 역량강화를 위한 '6가지 필수사항' 제기
중앙정치국회의 2010.9.28	'과학발전관'과 '조속한 경제발전방식 전환을 위한 5가지 방안' 강조
17기 5중전회 2010.10.15.~18.	습근평이 중국공산당 중앙군사위원회 부주석 선출 12·5규획에 대한 구체적 내용 집중 논의. 핵심키워드 : 포용적 성장(inclusive growth), 소득분배 개혁, 경제발전방식의 전환
중앙정치국회의 2011.2.21	"깨끗한 정치를 구현하고 부패 척결활동을 강화해야 한다"고 주장

1) 11차 6중전회(1981.6.27.~29): 건국이래 당의 약간의 역사문제에 관한 결의

11차 6중전회가 1981년 6월 27일 북경에서 개최되었다. 회의에서 ≪건국이래 당의 약간의 역사문제에 관한 결의(關於建國以來黨的若幹歷史問題的決議)≫를 통과시켰다. 건국이래의 약간의 중대한 역사 사건에 대해 특히 문화대혁명을 정확하게 결론지었다. 이 사건에서 당의 지도사상의 정확함과 오류를 과학적으로 분석하였다. 착오의 주관적 원인과 사회적 원인으로 나타났다고 분석하였다. 실사구시는 모택동이 중국혁명의 역사적 지위로 평가하였다. 그리고 모택동사상이 중국공산당의 지도상으로서 위대한 의의가 있다고 논하였다.

두 단계에서 걸쳐 진행이 되었는데, 1단계는 예비회의로서, 5월15일 시작해서 25일에 끝이 났다. 이 때에는 ≪결의≫와 중앙 주요 지도자 개선과 증선 문제를 토론하였다. 2단계는 27일부터 29일까지 진행되었는데, 27일에는 결의 ≪결의≫를 통과시켰고, 28일에는 선거를 하였으며, 29일에는 회의공보를 통과시켰다.

> ≪결의≫는 모두 8개 부분으로 나뉘는데, 1) 건국이전 28년 역사의 회고, 2) 건국 32년 역사의 기본적인 평가, 3) 기본적으로 완성된 사회주의 적 개조 7년, 4) 전면적으로 사회주의 건설의 시작 10년, 5) 문화대혁명의 10년, 6) 역사의 위대한 전환, 7) 모택동의 역사적 위치와 모택동사상, 8) 단결하여, 현대화된 사회주의 강국 건설을 위해 투쟁하자

전체회의에서는 화국봉의 중앙주석과 중앙군사위원회 주석직을 사퇴할 것을 요구하는데 일치를 보았다. 그리고 무기명 투표로 호요방을 중앙위원회 주석을 선출하였고, 조자양과 화국봉을 중앙위원회 부주석으로 선출하였으며, 등소평은 중앙군사위원회 주석으로 선출하였다. 그리고 중앙정치국 상무위원회에는 중앙주석 호요방과 부주석 섭검영·등소평·조자양·이선념·진운·화국봉으로 구성되었다. 습중훈은 중앙서기기 서기로 선출되었다.

2) 제12차 전국대표대회(1982.9.1~11): 新당장 채택

제12차 전국대표대회는 1982년 9월 1일 북경에서 개최되었다. 대표 1600명과 후보대표

149명이 참가하였다. 전국 공산당원은 3900만 명이었다. 대회는 강청 반혁명집단이 분쇄된 이후로 6년만이고, 11대 이후로는 5년만이다.

제12차 전국대표대회에서는 중국공산당 장정(규약)을 통과시켰다. 12대 장정은 중국공산당을 '중국 노동자 계급의 선봉대이고 중국 각 민족 인민 이익의 충실한 대표이며 중국 사회주의 사업의 영도핵심'으로 규정했다.

중국공산당 : 중국 노동자 계급의 선봉대이고 중국 각 민족 인민 이익의 충실한 대표이며 중국 사회주의 사업의 영도핵심

12대 장정의 주요 규정은 "먼저, 당은 마르크스 · 레닌주의, 모택동사상을 당 행동의 지표로 삼는다. 당의 최종적인 목표는 공산주의의 실현이다. 당원들은 당의 강령과 장정을 반드시 준수해야 하며 당의 조직에 참여하여 적극적으로 활동하고 당의 결의를 집행하고 정기적으로 당비를 납부하여야한다"이다. 그리고 12대 당장이 당의 강화를 위해 제시한3개 실천목표는 "사상적 · 정치적으로 고도 일치, 전심전력을 다해 인민에게 복무, 민주집중제의 견지"이다.

역사적으로 12대 공산당 장정은 문혁 초기에 개최되었던 제9대에서 통과시켰던 중국공산당 당장을 최종적으로 청산하고 개정하였던 의미를 지닌다. 제12전대는 문혁극복과정을 총괄하는 대회였고, 통과된 새로운 장정은 이를 압축하여 구현하는 것이었으며, 이후 중국공산당은 본격적으로 등소평노선의 시대로 접어들게 되었다.

3) 13차 4중전회(1989.6.23.~24.): 강택민 총서기 등장

1989년 6월 23일에 13차 4중전회가 북경에서 개최되었다. 중앙위원 170명, 후보중앙위원 106명이 참석하였다. 그 외 중앙고문위원회 회원 184명, 중앙기율검사위원회 68명, 및 관련 방면 책임자 29명이 참가하였다.

4중전회는 당과 국가가 직면한 중요한 시기에 개최되었다. 전회에서 강택민을 중앙위원회 총서기로 임명하였고, 새로운 당중앙지도체제를 구성하였다. 전회에서는 "11차 3중전회 이래로 집행되어 왔던 노선, 방침, 정책을 계속해서 견지해야 하며, 13대에서 확정하였던 '하나의 중심 두 개의 기본점'이라는 기본노선을 계속해서 견지해야 한다. 4항기본

원칙이 국가를 세우는 근본이다. 조금도 동요해서는 안 되고, 시종일관 견지해야 한다. 개혁개방은 강국의 길이고, 반드시 시종일관 집행해야 하며, 절대 쇄국의 길로 회귀하여서는 안 된다"라고 강조하였다.

회의에서 조자양을 중앙위원회 총서기, 중앙정치국상무위원회 위원, 중앙정치국위원, 중앙위원회위원과 중공중앙군사위원회 제1부주석의 직무에서 해임하기로 결정하였다. 그리고 그의 문제에 대해 계속 심사하기로 결정하였다.

그리고 회의에서 중앙영도기구의 부분구성원을 조정하기로 결정하였다. 강택민을 중앙위원회 총서기로 선출하였고, 강택민·송평·이서환(李瑞環)을 중앙정치국상무위원회 위원으로 추가로 선출하였고, 이서환과 정관근(丁關根)을 중앙서기처 서리로 결정하였다. 호계립(胡啟立)을 중앙정치국상무위원회 위원, 중앙정치국위원, 중앙서기처서기의 직무에서 면직했고, 예행문(芮杏文)과 염명복(閻明複)을 중앙서기처 서기의 직무에서 면직했다.

4) 13차 9중전회(1992.10.5.~9.)와 1992년 중앙문건

13차 9중전회는 1992년 10월 5일 북경에서 개최되었다. 회의에서 14대 전국대표대회에 대한 보고와 ≪중국공산당장정(수정안)≫을 토론하고 통과시켰다. 그리고 중앙정치국은 조자양이 1989년 천안문사건과 관련한 범죄 착오의 결론에 대해 동의하였고 심사를 마쳤다.

1992년 1호문건에서 회의, 지시만을 행할 뿐 실제로 문제를 해결하려 들지 않는 태도를 '형식주의'로 규정, 비판하면서 "각종 공작을 하는 데 있어서 작풍(作風)을 바꿔 현실을 중시하고 공론(空論)을 경계, 착실히 문제를 해결할 것"을 강조하였다.

그리고 1992년 2호 문건에서는 등소평이 1월 18일부터 2월 21일까지 상해, 광동성의 심수·주해 등지를 시찰했을 때 간부들에게 전달한 '강화(講話)' 내용을 다루었다. 내용에서 "개혁개방을 하지 않는 사람은 물러나야 한다, 경제발전의 절호의 찬스를 놓치지 말 것, 당내의 커다란 위험은 역시 극좌적인 경향이다, 일방 개혁개방을 추진하고 일방 범죄분자에 타격을 안겨 줄 것, 배포를 크게 해 대담하게 개혁개방을 추진하고 자본주의를 겁내지 말 것, 세계의 많은 사람이 사회주의의 장래에 관심을 갖고 있으므로 기대를 저버려서는 안 된다"고 하였다.

5) 제14차 전국대표대회(1992.10.12.~18.): 시장경제로의 이행 공식 천명

제14차 전국대표대회는 시장경제 도입과 사상의 해방이라는 '제2의 혁명'을 단행함과 동시에 당중앙위원회를 신진세력으로 대폭적으로 교체하였다.

강택민은 정치보고를 통해 등소평의 이론을 '매력적인 무기'라고 지적, 중국경제개혁의 입안자인 등을 찬양하면서 등의 지도이론에 따라 자유경제개혁을 지속적으로 추진할 것임을 분명히 했다. 강택민은 또 경제체제 개혁의 목표가 <사회주의 시장경제>를 확립하는 것이라고 전제, 중국은 과거 엄격한 중앙계획이 오히려 경제침체를 몰고 온 舊경제질서로부터 탈피, 새로운 전환에 박차를 가해 나갈 것이라고 강조하였고, 그는 사회주의적 시장경제에 대해 정확한 정의를 내리지는 않았으나 국가의 소유권이 여전히 주도하는 가운데 민간기업이 보완적인 역할을 할 것이라고 말했다.

강택민은 ≪加快改革開放和現代化建設步伐, 奪取有中國特色社會主義事業的更大勝利≫의 보고를 하였다. 대회에서 세 가지 의미 있는 정책을 제안하였다. 첫째는 좋은 기회를 포착(抓住機遇)하여 빠른 속도로 발전시키자(抓住機遇, 加快發展)고 하였다. 둘째는 중국경제체제의 개혁의 목표는 사회주의시장경제(社會主義市場經濟體制)를 건립하는 것이라고 명확하게 하였다. 셋째는 등소평의 중국특색의 사회주의건설이론을 당의 지도지위로 확립하는 것이었다.

새롭게 채택한 당장에 따르면 중국은 세계 평화를 바라며 5,100만 당원은 국내 경제개발에 매진해야 할 것이라고 강조, 중국이 제3국에 대한 내정(內政)을 문제 삼을 수 있는 법적 근거를 제거했다. 즉, 국제관계에 있어서 프롤레타리아트 국제주의를 견지한다는 조항이 삭제됐으며 프롤레타리아 계급의 해방투쟁과 피압박민족의 해방투쟁과의 결합을 주장한 레닌의 제국주의론이 통째로 빠졌다.

하지만 새로운 당장은 공산당이 노동자 대중을 위한 전위(前衛)역할을 계속 수행해야 할 뿐 아니라 중국의 최종목표는 공산 사회이며 결국에는 사회주의가 자본주의를 대치할 것이라는 구 조항은 폐지하지 않았다.

▌14차 1중전회 (1992.10.19.)

회의에서 강택민·이붕·교석(喬石)·이서환·주용기·류화청(劉華淸)·호금도를 중앙정치국 상무위원으로 선출하였고, 강택민을 중앙위원회 총서기와 중앙군사위원회주석으로 선출하였다.

---

6) 14차 4중전회(1994.9.25.~28.)

1994년 9월 25일 개최되었던 14차 4중전회에서 ≪중국공산당중앙의 당건설 강화와 관련한 몇 가지 중대 문제에 관한 결정(中共中央關於加強黨的建設幾個重大問題的決定)≫을 통과시켰고, 선진당 건설의 새로운 공정목표와 임무를 제안하였다.

회의에서는 특히 3개의 문제를 해결해야 한다고 강조하였다. 첫째는 민주집중제의 견지와 건전함인데, 특히 제도건설을 중시하였다. 둘째는 당의 기층조직건설 강화와 발전이고, 셋째는 덕재[10]를 겸비한 지도간부 특히 젊은 간부를 배양하고 선발하는 것이었다.

≪결정≫에서 당건설을 중국특색의 사회주의 이론을 중심으로 건설해야 하며, 최선을 다해 인민에게 봉사해야 하며, 사상 정치 조직적으로 완전히 공고히 하여, 각종의 위험을 받더라도 시종 마르크스주의 정당을 유지해야 할 것이다. 이것은 등소평 핵심의 제2세대 중앙영도집체가 열었고, 강택민이 핵심이 되는 제3세대 중앙영도집체는 전 당을 계속해서 발전하는 새로운 위대한 공정을 영도하고 있다고 하였다. 회의에서 황국(黃菊)이 중공중앙정치국위원이 되었고, 오방국과 강춘운이 중공중앙서기처 서기가 되었다. 14차 4중전회는 강택민 총서기를 핵심으로 하는 3세대 지도체제를 강조하였다는 것이다.

7) 제15차 전국대표대회(1997.9.12.~18.): 등소평이론 당장에 삽입

제15차 전국대표대회가 1997년 9월 12일에 북경에서 개최되었다. 2,108명의 대표와 특별초청대표 60명이 참석한 이 대회는 등소평 사망 후 처음으로 개최되었다. 대회에서 법치주의를 국가통치의 기본 전략으로 확립하고, 사회주의 법치국가의 건설을 사회주의 현대화의 중요 목표로 확립하였으며, 중국 특유의 사회주의 법률체계의 건설을 중대한 임무로 제기하였다.

강택민은 ≪등소평이론의 위대한 기치를 높이 들고 중국적 특색을 지닌 사회주의 건설사업을 21세기로 전면 추진해 나가자≫는 제목의 보고에서 이 사업을 21세기로 추진해 나간다는 것은 경제건설을 중심으로 경제체제 개혁의 새로운 돌파구 마련, 정치체제 개혁 계속 심화, 정신문명 건설 강화를 통해 경제발전과 사회주의 전면적인 진보를 이뤄내는 것이라고 언급하였다.

---

10) 덕(德)은 도덕·사상을 가진 적극적 정치적 태도로 홍(紅)을 의미하고, 재(才)는 일의 능력, 지식, 이론으로 전(專)을 의미한다.

강택민은 정치보고에서 "중국공산당은 '중국적 특색을 지닌 사회주의 건설'이라는 등소평이론의 위대한 기치를 높이 들고 세기(世紀)를 이어 개혁·개방과 사회주의 현대화 건설을 추진할 것"이라고 밝혔다. 또 '중국적 특색을 지닌 사회주의 건설' 사업을 21세기로 전면 추진하기 위해 "전당(全黨)과 모든 인민이 한층 더 사상을 해방(解放思想)하고, 사실을 토대로 진리를 탐구(實事求是)하며 좋은 기회를 포착(抓住機遇)해 진취적으로 미래를 개척(進取開拓)하자"고 촉구했다. 또 '사회주의 초급단계론'의 견지를 강조하였고, 대다수 국유기업의 주식제 도입 등을 제안하였다.

이 밖에 정치보고에서 "과거 100년 역사의 회고와 평가, 14전대 이후 5년간의 성과, 부정·부패 척결과 당 활성화 방안, 홍콩·대만문제, 외교문제 등을 다루고 있으며 대만문제에 대해서는 '하나의 중국' 정책을 고수할 것"이라고 강조하였다.

8) 15차 7중전회(2002.11.3.~5.): 권력개편 방안 논의와 당장 수정안 마무리

2002년 11월 3일 북경에서 개최되었던 15차 7중전회에 참석한 대표는 중국공산당 중앙위원 186명과 후보 중앙위원 139명, 중앙기율검사위원회 위원 100명, 유관 당원 등 500여 명이었다.

회의에서 제16차 전국대표대회를 11월 8일에 개막하기로 결정하였다. 그리고 앞으로 5년간 중국의 정치노선과 일정 등이 담긴 정치보고서를 채택 하는 한편 당장 수정안도 가결하였다. 그리고 부정부패 혐의를 받고 있는 주용기 총리의 측근인 왕설빙(王雪氷) 전 중국은행장을 중앙위원회 후보위원직과 공산당 당적에서 박탈하기로 결정하였다.

강택민 총서기는 1989년 13차 4중전회 이후 13년간 진행해온 개혁개방정책과 사회주의 현대화 건설 과정을 회고하였고, 15전대 이후 지난 5년간의 업무도 총결산하였다.

9) 제16차 전국대표대회(2002.11.8.~14.) 강택민 3개 대표론 당장에 삽입

제16차 전국대표대회는 제3세대지도자에서 제4세대지도자로 세대교체가 이루어졌다는 점에서 매우 중요한 의미를 지닌다. 강택민이 총서기직에서 퇴임하고 호금도가 총서기직에 선임되었다.

■ 70대인 3세대 지도층에서 50~60대인 4세대 지도층으로의 세대교체

    당내 서열 1~3위였던 강택민, 이붕, 주용기가 16차 중국공산당 중앙위원회 위원에서 탈락
    총서기에 임명된 호금도가 당내 서열 1위로 부상
    오방국·온가보·가경림(賈慶林)·증경홍(曾慶紅)·황국·오관정(吳官正)·이장춘(李長春)·
라간(羅幹)이 정치국 상무위원에 임명
    강택민은 총서기직에서 퇴임하였지만, 중앙군사위원회 주석직은 유임

■ 신 당장에서 당의 기본강령으로 삼아왔던 '공산당 선언' 이라는 표현 삭제

    신 당장의 총강(總綱)에 '중국공산당은 마르크스·레닌주의, 모택동사상, 등소평이론과 '3개 대
표' 중요 사상을 당의 행동지침으로 삼는다'고 명시하였다.
    총강에서 '중국공산당은 노동자 계급의 선봉대' → '노동자 계급의 선봉대인 동시에 중국 인민
과 중화 민족의 선봉대'로 바꾸었다.

    제16차 전국대표대회에서 ≪중국공산당 규약 수정안≫에 관한 결의를 통과시켰고, 강
택민이 제기하였던 3개 대표 사상을 당의 지도사상으로 확정하였다. 그리고 중국공산당
은 마르크스·레닌주의, 모택동사상, 등소평이론과 3개 대표 사상을 행동지침으로 명확하
게 규정하였다.

    **제16차 전국대표대회에서 그동안 당의 기본강령으로 삼아 왔던 '공산당 선언'이라는
표현을 당장에서 삭제하였다.** 새로운 당장의 총강에 **'중국공산당은 마르크스·레닌주의,
모택동사상, 등소평이론과 '3개 대표' 중요 사상을 당의 행동지침으로 삼는다'**고 명시하
였다. 그리고 총강에서 **'중국공산당은 노동자 계급의 선봉대'**라는 표현을 **'노동자 계급의
선봉대인 동시에 중국 인민과 중화 민족의 선봉대'**라고 고침으로써 중국공산당의 정체성
을 뚜렷하게 드러내었는데, 국민 정당을 지향하고, 대만 통일을 염두에 둔 중화민족주의
를 강조했다.

    또, '제1장 당원(黨員)'에서 '노동자 농민 군인 지식분자와 기타 사회계층의 선진분자'를
당원의 자격으로 명시함으로써 사영기업가가 공산당에 입당할 수 있는 길을 열었다.

    한편, 제16차 전국대표대회에서 강택민은 제15차 중앙위원회를 대표하여 ≪중등수준의
사회를 전면적으로 건설하여 중국특색의 사회주의 위업의 새로운 국면을 창조하자≫란
제목의 보고를 통과하였다.

10) 16차 5중전회(2005.10.8.~11.): 계획에서 규획으로

16차 5중전회는 중국의 5개년 계획이 변모하는 출발점이다. 그동안 계획이라고 사용하던 용어를 '규획'으로 바꾸었다. 즉, 11차 5개년 규획부터, 계획(plan)이 아닌 규획(program)이라는 단어를 사용하기 시작하였다. 이는 중국이 WTO에도 가입한 상황에서 더 이상 계획경제가 아니라는 사실을 국제사회에 분명하게 보여주고, 구체적인 수량지표보다는 정책의 장기적 방향을 제시하는 데 목적을 두며, 경제성장이라는 목표뿐 아니라 취업 교육 공공위생 치안 사회보장 생태환경 등 다양한 목표를 추구하는 5개년 규획임을 부각시키기 위한 것으로 해석하였다.

11차 5개년 규획의 방향, 목표, 임무로 "6가지 필수원칙, 7가지 목표, 7가지 주요임무"라는 형태로 제시되었다. 11차 5개년 규획은 세계 각국의 발전경험과 중국현실을 종합적으로 고려한, 이른바 과학발전관에 따라 경제 및 사회발전의 구상을 구축하는 것이라고 표방하였다.

11) 16차 6중전회(2006.10.8.~11.): 개혁개방 정책 이후 최초로 사회복지와 분배에 관심을 가짐. '先富'→'共富' 노선 전환

16차 6중전회에서 중국공산당은 '화해사회(조화사회) 건설'의 기치를 내걸었다. 처음으로 **개혁개방 천명 이후 사회문제를 주요 안건으로 삼았다.** 이는 불균형발전전략을 통해 경제성장에 전력을 다하였던 중국이 사회복지와 분배 문제에 관심을 갖기 시작하였음을 의미한다.

당 중앙위원회 공보에서 6중전회가 '당 중앙의 사회주의 화해사회 건설에 관한 몇 가지 중대한 문제의 결정'을 심의 통과시켰다고 밝혔다. 사실 '사회주의 화해사회론'은 2004년 16차 4중전회에서 호금도가 처음으로 제시하였지만, 실체가 없는 이론에 불과했다.

그런데 16차 6중전회에서 조화사회 건설의 원칙을 세웠다. 내용에 "이인위본(以人爲本), 과학발전관, 개혁·개방, 민주법치, 개혁발전·안정의 정확한 처리, 당의 영도하에 전(全)사회 공동 건설 등의 확고한 유지"였다. 그리고 화해사회 건설의 목표 및 임무로 "사회주의 민주법제의 정비, 의법치국(依法治國)의 기본 계획 전면 이행, 인민의 권익 존중 및 보장, 도농간, 지역간 발전격차 점진적 축소, 합리적 수입분배 틀 형성 등" 20여 개 항을 제시하였다.

16차 6중전회에서 사회의 공평과 정의 실현이라는 전제 아래 정치·경제·사회·문화 등 방면에서 인민의 권리와 이익을 보장해야 한다고 강조했다.

사회주의 화해사회 건설 원칙

사람을 근본으로 삼는다(이인위본).
공산당이 국가발전을 주도한다.
사회주의 시장경제 개혁을 견지한다.
사회주의 민주정치 건설을 강화한다.
개혁과 발전은 사회가 견딜 수 있는 수준에서 이루어져야 한다.
법치를 견지한다(의법치국).

12) 제17차 전국대표대회(2007.10.15.~21.): 호금도의 과학발전관 당장에 삽입

제17차 전국대표대회에서 제16회 중앙위원회가 제출한 《중국공산당장정(수정안)》이 심의 통과했다. 호금도의 '과학발전관'이 반영된 당 장정(章程, 당헌) 수정안을 채택하였다.

호금도의 '과학발전관'(성장 위주에서 벗어나 지속 가능한 발전과 사회 갈등의 해소를 위한 균형 발전을 추구함)은 등소평의 '개혁·개방론' 및 강택민의 '3개 대표론'과 함께 중국의 지도이념으로 자리하게 되었다.

제17차 당대회의 '정치보고'를 통해 호금도는 "개혁·개방은 중국의 운명을 결정할 절체절명의 선택이며 당의 최우선 과제는 발전"이라고 전제하고 "발전이야말로 소강사회의 전면적인 실현과 사회주의 현대화의 결정적 요소"라고 못 박았다.

또 호금도는 '과학발전관'에 대해 "자원을 절약하고 환경친화형 사회를 건설하며 속도·구조·품질·효율을 골고루 고려하고 경제발전·인구·자원·환경의 조화를 생각하는 것으로서 이런 성장 방식을 통해서만 인민이 양호한 생활환경에서 살아갈 수 있고 영속적인 발전을 할 수 있다"고 강조했다.

13) 17차 1중전회(2007.10.22.): 호금도 집권 2기

호금도를 임기 5년의 정치국 상무위원회 대표로 재선출함으로써 호금도의 집권 2기를 열었다. 그리고 17차 1중전회에서 온가보 총리도 정치국 상무위원으로 재선출됨으로써 호-원 체제가 유지되었다.

17차 1중전회에서 호금도·온가보·오방국·가경림·이장춘을 재선출하였고, 이극강·습근평(習近平)·하국강(賀國强)·주영강(周永康)을 새로운 상무위원으로 선출했다. 이 중 오방국·가경림·이장춘·습근평·하국강·주영강은 상해방에 속한다.

14) 17차 3중전회(2008.10.9.~12.)

17차 3중전회에서 3농 문제 해결을 주제로 다루었다. 회의에서 ≪농촌 개혁발전 추진의 여러 중대 문제에 관한 중공중앙의 결정≫을 통과시켜, 새로운 국면 아래 농촌 개혁발전의 방향을 한층 명확히 했다.

회의에서는 사회주의 신농촌 건설을 전략과제로 삼고 중국특색의 농업 현대화 노선을 기본방향으로 삼으며 도농 사회경제 일체화의 새로운 구도의 조속한 형성을 기본요구로 삼을 것을 요구하였다. 그리고 "체제와 메커니즘 혁신, 현대농업 건설, 농민소득 증대, 기층조직 건설, 공공서비스 완비, 생태환경 보호" 6개 측면에서 2020년 농촌 개혁과 발전의 기본 목표와 임무를 제기했다.

15) 17차 4중전회(2009.9.15.~18.)

17차 4중전회가 2009년 9월 15일 북경에서 개최되었다. 회의에서 "당의 영도제도를 견지하고 완벽하게 하며, 당원의 주체지위와 민주권리를 보장하고, 당대표대회제도와 당내 선거제도 및 당내 결정시스템을 완벽하게 하며, 당의 집중통일을 수호한다"고 하였다.

회의에서 당내민주는 생명이고, 집중통일은 당의 역량 보증이라고 하였다. 그리고 "반드시 민주 기초위의 집중과 집중 지도하의 민주가 서로 결합해야 한다. 당원민주권리를 보장하는 것이 근본이고, 당내 기층 민주건설강화를 기초로 하여 당내민주를 확실하게 추진해 나간다. 광범위하게 전당의 의사와 주장을 응집시키고, 충분히 각급 당조직과 확대된 당원의 적극성 주동성 창조성을 확대하여 충분히 발휘하여 결연히 당의 집중통일을 수호해야 한다. 당내 민주로 인민민주를 작동시키고, 당의 강력한 단결로 전국 각 족 인민의 대단결을 보증한다"고 하였다. 4중전회에서 습근평 국가부주석이 당 중앙군사위원회 부주석으로 선출되지 못하였다.

16) 17차 5중전회(2010.10.15.~18.): 습근평 중앙군사위원회 부주석 선출

2010년 10월 15일 북경 경서호텔(京西賓館)에서 17차 5중전회가 개최되었다. **5중전회의 핵심내용은 정치적으로 습근평 국가부주석이 중앙군사위원회 부주석으로 선출되었다는 점**이다. 이는 2012년 10월 이후 중국을 이끌 최고지도자로 습근평이 사실상 확정되었다는 점에서 의의가 있다. 큰 정치적 문제가 발생하지 않는다면, 제18대 이후의 중국은 습근평이 중심이 된 제5세대가 중국을 이끌 예정이다.

경제적으로는 2011년부터 5년간의 중국경제방향성과 12차 5개년 규획(2011~2015년)의 윤곽이 공개되었다는 점이다. 12차 5개년 계획의 핵심기조는 양적성장에서 균형성장으로 전환하였고, 외수(外需)에서 내수(內需)로 전환하였다.

17) 2011년 중국공산당 '1호문건'

매년 1월에 공개되는 중국공산당 1호문건은 중국정부가 당해년도에 해결해야 할 중요문제를 채택하여 공시한다. 2011년은 12·5 규획이 시작되는 시점이기 때문에 2011년의 1호 문건은 향후 5년간의 중국 정책 방향을 전망할 수 있다.

지난 2004년부터 2010년까지 1호문건의 주제를 삼농(三農: 농업, 농촌, 농민)문제라고 명시하였다. 그런데 2011년도에 채택된 주제는 기존과 다르게 삼농문제를 중심에 두지만 국가 사회 전반에 걸쳐 있는 '수리(水利)문제'를 채택하였다. 1호문건은 수리사업을 국가 기초시설 건설의 우선영역으로 삼고 농지수리를 농촌기초시설 건설의 중점임무로 삼으며 엄격한 수자원 관리를 경제발전방식 전환을 가속화하는 전략적 조치로 삼아야 한다고 명시하였다.

2011년도의 중앙 1호문건은 ≪수리사업의 개혁·발전을 가속화하는 것에 관한 결정≫이란 제목으로 8개 분야의 30개 조항으로 구성되어 있다. 문건의 서두에는 "물은 생명의 근원이고, 생산의 요소이며, 생태의 기본이다”라고 전제하고 “수리를 발전시키고 수재를 방지하는 것은 인류 생존, 경제 발전 및 사회 진보와 관계하고 국가의 안정적 통치를 위한 대사”라고 강조하였다. 그리고 “경제의 장기적 안정 발전과 사회의 화해 및 안정을 촉진하고 전면적인 소강사회 건설을 쟁취하려면 반드시 수리 발전을 가속화하고 수리 유지보장 능력을 강화하며 수자원의 지속가능 이용을 실현할 결심을 하여야 한다”라고 수리 개혁과 발전의 당위성을 제시하였다.

문건에서는 기본적으로 홍수 방지, 가뭄 대항, 재해감소체계 구축, 수자원의 합리적 배분과 효율적 이용체계 구축, 수자원 보호와 하천·호수의 건전한 보장체계 수립, 수리과학 발전에 유리한 제도 체계 구축 등 수리 개혁 발전의 4대 목표 겸 임무를 제시하였고, 수리개혁발전을 위해 “민생우선, 종합고려, 사람과 물의 조화(人水和諧), 정부주도, 개혁창조”라는 기본원칙도 수립하였다.

제5장

중국공산당 주요 사상과 이론

사상이념	모택동	등소평	강택민	호금도
사상이념	毛사상	중국특색의 사회주의	3개대표론	과학발전관
주요 내용	농민을 혁명주도세력으로 인정. 농촌을 근거지로 한 혁명전쟁완수	실사구시를 바탕으로 중국특색의 사회주의 건설	선진생산력 (민간기업가) 선진문화 (지식인) 광대한 인민의 근본이익 대표	맹목적 발전이 아닌 지속가능한 발전
당헌 채택	1945.7전대	1997.15전대	2002.16전대	2007.17전대

	좌파	우파
이념성향	마르크스·레닌주의 모사상	다원주의, 민주주의 법치주의
지향점	사회주의 이념으로 복귀	개혁개방 가속화
정치부문	공산당 일당지배체제강화	실질적 다당제, 인권중시 언론자유
경제부문	산업국유화 복귀 빈부격차해소	시장경제발전, 성장정책

1. 모택동사상(마오이즘, 毛사상)

1) 모사상이란?

毛사상은 1945년 중국공산당 제7차 전국대표대회에서 처음으로 언급되었다. 모택동은 노동자가 아닌 농민을 공산혁명의 주력으로 동원하는 등 중국적 대중노선을 표방하였다. 1976년 모택동 사후에는 非모택동화가 추진되어 의미는 퇴색하였으나 1989년 이후 중국 공산당 지도부에서 다시 모택동사상을 강조하고 있다.

毛사상이란 마르크스·레닌주의의 기본원리에 입각하여 장기간에 걸친 중국 혁명의 실천에서 얻은 일련의 독창적 경험을 이론적으로 체계화한 중국의 실정에 가장 적합한 지도사상이며 중국체제 이데올로기의 기저이다. 毛개인의 사상이 아니라 모택동을 대표로 한 중국공산당 당원들의 중국 국정에 가장 적합한 사상을 일컫는다.

모사상의 주요 내용은 신민주주의 혁명이론, 사회주의 혁명과 사회건설에 대한 이론, 혁명군대의 건설과 군사전략에 관한 이론, 정책과 책략에 관한 이론, 사상·정치·문화·공작에 관한 이론, 당의 건설에 관한 이론, 실사구시와 군중노선에 관한 이론이 있다.

먼저, **신민주주의 혁명이론은 혁명의 주도권을 무산계급**에게 주어야 한다는 것이다. 신민주주의 혁명(1921~1949)은 무산계급의 혁명이론으로 반제국주의·반봉건주의·반관료주의적인 성격을 갖고 있고, 목적은 독립된 신민주주의공화국 건립이다. 먼저 신민주주의 혁명을 통해 중국을 독립된 민주주의 사회로 건설하고, 그다음에 사회주의 혁명을 통해 사회주의 국가를 건설하는 것이다.

다음은 **사회주의 혁명과 사회건설에 대한 이론으로,** 자본주의적 개인소유를 완전하게 소멸하기 위해서는 농업·수공업의 사회주의적 개조, 즉 합작화와 집체화를 주장하였다. 또 민족자산계급들이 소유하고 있던 공업·상업의 사회주의적 개조를 주장함으로써 노동자 계급의 모순을 해결하고 평화적 해결방안을 시도하고자 하였다. 사회주의 혁명기간은 1949~1956년이다.

셋째는 **혁명군대의 건설과 군사전략에 관한 이론으로,** 혁명군대 건설의 원칙은 당의 군에 대한 지배이다. 혁명군대의 정치공작원칙을 관병일치·군민일치·적군의 와해이며 군사전략에 관한 이론은 적극방어의 전략원칙·운동전·유격전·섬멸전 등이다.

넷째는 **정책과 책략에 관한 이론으로,** 1974년 제3세계론(1세계인 미국·소련, 2세계인 기타 선진국가, 3세계인 아시아 · 아프리카 등)인데, 2 · 3세계가 힘을 합쳐서 1세계를 무찔러야 한다고 하였다.

다섯째는 **사상 · 정치 · 문화 · 공작에 관한 이론**으로, 이론과 실천의 결합을 중시한 것으로 고도의 사회주의 정신문명 건설을 주장하였다.

여섯째는 **당의 건설에 관한 이론**으로, 소련 코민테른의 영향을 받아 노동자 계급을 선봉으로 하여 중국공산당을 건설하자는 것이다. 당건설의 기본원칙은 민주집중제이고, 당의 간부정책으로 간부는 덕재겸비해야 한다는 것이다.

일곱째는 **실사구시와 군중노선에 관한 이론**으로, 실사구시는 모든 것을 실존하는 사물에서 출발하고 이론을 통해 적용해야 한다는 것이다. 군중노선은 주관주의 · 관료주의와는 반대로 군중의 관점에서 군중노선이 나타나고 공산당영도의 방법이 나오는 것이다.

2) 잡초론(雜草論)

잡초론은 문화대혁명 시기에 크게 유행한 말로 '묘론(猫論)'과는 상반되는 사고방식을 보여준다. 잡초론은 "사회주의의 잡초를 심을지언정 자본주의 싹을 키워서는 안 된다(寧要社會主義的草, 不要資本主義的苗)"라는 의미로 특정 이데올로기 중심의 극단적인 이념이다.

주요 내용은 어떤 일에서나 경제발전과 무관하게 모택동과 같은 최고 권력자가 결정한 가치판단 기준에 따라 어떤 정책이나 방식이 지닌 '사회주의'와 '자본주의'의 색깔 여부를 판단하고 실행여부를 결정한다는 것이다. 만약 자본주의적 색깔을 가진 정책이라고 판단되면 경제발전에 아무리 유리해도 반대해야 한다는 것이다. 그리고 사회주의적 색깔을 지닌 정책이라고 판단될 경우엔 경제발전에 아무리 손해를 주더라도 무조건 실시해야 한다는 것이다.

3) 모순론(矛盾論)

모택동은 모순론에서 모순을 극단적으로 확대하고 절대화하였다. 모택동은 "모순이 없다면 세계도 없다", "단결을 원해서 출발하여 비판, 투쟁을 통해서 모순을 해결한다"고 하였다.

모택동은 마르크스 이론을 고수하여 사회의 모든 모순은 사회집단 간의 계급투쟁이라고 하였다. 즉, 농민 대 지주, 프롤레타리아 대 부르주아의 투쟁을 예로 들 수 있다. 1957년에 모택동은 두 가지 유형의 모순에 대해 설명하였다. 하나는 아(我)와 적(敵) 간의 적대적 모순이 있고, 다른 하나는 농민과 노동자 간의 또는 간부와 군중 간의 비적대적 모순이 있다는 것이다. 적대적 모순을 해결하기 위해선 프롤레타리아의 독재를 통해서 사회 내 반동적 요소를 진압해야 하고, 비적대적 모순을 해결하기 위해서는 인민들의 의식수준을 높여야 하고, 잘못된 사고와 행위를 바로잡아야 한다고 하였다. 중국 내 비적대적 모순에 대해서 모택동은 중공업과 농업, 중앙과 지방, 도시와 농촌, 소수민족과 한족 등으로 분류하였다. 한편, 중국공산당 내 당원들 간의 갈등은 토론과 계급투쟁에 의한 정풍운동에 의해 정리되었다. 그리고 군중운동을 동원하여 해결하기도 하였다.

4) 실천론(實踐論)

모택동은 마르크스·레닌주의 말들을 공부하는 게 아니라 그들의 관점을 연구하고 문제를 찾아 해결하는 방식으로 접근해야 한다고 하였다. 이는 이론이 중요한 사상을 내포하더라도 실천을 내포하지 않는다면 가치가 없다는 것이다.

그리고 모택동은 마르크스주의가 중국이 목전(目前)에 처한 문제를 해결할 수 있는 대책을 찾아내기 위해서는 중국의 역사적 경험과 특성을 고려해야 한다고 하였다.

5) 민주집중제에 대한 의견

민주집중제는 민주적 중앙집권주의라고도 한다. 마르크스와 엥겔스에 의하여 처음으로 제기되었다. 레닌에 의하여 계승·발전된 공산주의국가체제 및 국가 운용상의 기본원리이다.

모택동은 중국공산당의 집중제로 포함되어야 할 네 가지 원칙으로 다음과 같이 언급하였다. 첫째는 소수의 다수에 대한 복종이고, 둘째는 개인의 집단에 대한 복종이며, 셋째는 하부의 상부에 대한 복종이고, 넷째는 전당의 중앙에 대한 복종이다.

모택동은 민주집중제의 기본정신은 '집중지도하의 민주와 민주기초상의 집중(聯合政府論)'에 있다고 하였다. 이 민주집중제는 중국공산당정권 수립 시 임시헌법의 구실을 한 공동강령과 1954년 헌법에서 1982년 채택된 신헌법에 이르기까지 중국공산당정권의 기본조직원칙이 되었다.

2. 화국봉(1921~2007)의 양개범시

1) 양개범시란?

중국공산당 지도자 중 공산당을 탈퇴한 것으로 알려진 화국봉은 1976년 모택동이 사망한 이후, 4인방을 제거한 뒤 모든 권력을 차지하였다. 그러나 화국봉은 등소평을 중심으로 한 개혁세력에게 모든 권력을 빼앗기게 된다.

'양개범시'는 1977년 2월 7일 ≪인민일보≫, 잡지 ≪홍기≫, ≪해방군보(解放軍報)≫의 사설 '學好文件仕綱(문헌을 잘 학습하여 기본 고리를 틀어줘자)'에서 구체화되었다. 화국봉은 "모 주석이 결정한 정책은 우리 모두 결연히 옹호해야 한다", "모 주석의 지시는 우리 모두 시종일관 변함없이 따라야 한다"고 주장하였다. 이에 등소평은 1977년 4월 10일 당 중앙에 보낸 편지에서 화국봉의 주장을 '양개범시'라고 비판하였다.

화국봉은 문화대혁명 도중에 지도자 자리에 올랐기 때문에 혁명선배들의 혁명 경력과 정치적 자산을 갖지 못했다. 그래서 그는 단지 모택동의 권위에 의지할 수밖에 없었다. 화국봉은 모택동 생전에 한 결정과 지시를 유지해야 한다는 주장을 하였고, 권력의 정당성을 모택동에게서 찾으려고 노력하였음을 알 수 있다.

'양개범시'론은 등소평 등 중국공산당 내부 개혁세력과 많은 사람들의 비판을 받았다. 그리고 마르크스주의에 부합되지 않는다는 이유로 진리표준 대토론이 일어났다. 등소평은 이 토론을 주도하면서 최종적으로 "실천이 진리를 검증하는 유일한 표준"이라는 지침으로 문혁 중 박해를 받았던 많은 원로 위정자들의 지지를 받아 권력을 장악하는 데 성공하였다. 화국봉은 1978년 12월에 개최된 3중전회에서 '범시파'라는 비판을 받았다.

2) 누가 먼저 '양개범시'를 반대하였는가?

'양개범시'를 가장 먼저 반대한 사람이 누구냐에 대한 논쟁이 많았지만, 많은 사람들은 1977년 북경 서산(西山)에서 등소평이 가장 먼저 반대하였다는 것에 동의하고 있다. 등소평은 1989년 11월 6일, 오스트레일리아 공산당 주석과의 대화에서 "3중전회 이전의 중앙 공작회의에서는 '양개범시'에 대한 변론이 전개되었다. 3중전회 이전의 당내에서는 '양개범시'에 대한 의견이 있었는데, 1977년 2월 서산에서 '양개범시'의 주장이 맞지 않다고 생각하였고, 이것은 마르크스주의가 아니고 모택동사상도 아니라고 여겼다"라며 명확하게 그리고 구체적으로 밝혔다.

1980년 11월 19일, 호요방이 중앙정치국회의석상에서 "1977년 2월 등소평 동지는 많은 동지의 주장을 공개적으로 찬성하였다. '양개범시'가 옳지 않다고 지적하였으며, 이것은 광범위하게 전해졌다. 우리 당의 사상해방의 선도가 되었다. 사상해방은 그때부터 시작되었다고"라고 말한 것에서도 알 수 있다.

3. 등소평이론: 1997년 당장에 삽입

1) 등소평이론이란?

등소평이론이란 1978년 11차 3중전회 이후 '사상해방'과 '실사구시'라는 두 가지 틀 속에서 개혁개방 정책을 추진해 오면서도 탄생된 이론을 말한다.

> 개혁개방의 총 설계사, 작은 거인, 오뚝이 등으로 불리는 등소평은 2세대 중국지도부 중 대표적인 인물이다. 연배로는 1세대에 속할 수 있겠지만, 스스로 2세대로 분류하면서 정치적으로는 2세대 지도자로 분류된다.

1977년 7월 복권된 등소평은 11차 3중전회에서 "모택동사상의 기본관점은 실사구시이며, 그리고 마르크스·레닌주의의 보편원리를 중국혁명의 구체적 실천과 함께 결합시키는 것"이라고 하였다. 또 "사상이 해방되지 않고, 사상이 경직화되면 많은 이상한 현상이 발생"한다면서 '본본주의(本本主義)'[11]를 우려하였다. 그리고 간부와 군중의 사상을 과감하게 해방시키지 않으면 4개 현대화는 무망하다고 결론을 내렸다.

화국봉을 위시한 범시파와의 사상해방에서 승리한 뒤 권력을 장악한 등소평은 실사구시를 주창하며 개혁개방을 천명하였다. 등소평의 실용주의 개혁노선은 자본주의든 사회주의든 인민을 잘 살도록 하는 것이다. 이는 등소평의 남순강화에 언급된 성자성사에서도 잘 나타난다. 등소평의 3개 유리어(3個有利於)는 1989년 천안문사건 이래로 보수세력이 장

---

11) 책에 쓰인 내용을 무조건 옳다고 하면서 이에 맹종하는 태도, 그리고 상부의 지시를 분석, 검토도 하지 않고 맹목적으로 수행하는 태도를 말한다.

악하면서 개혁개방의 속도를 늦추는 것에 제동을 거는 것으로, 성자성사 논쟁에 종지부를 찍게 된다.

'종합국력의 증강', '생산력의 발전', '인민생활의 향상' 등 3가지 중 어느 하나에 유리하다면 자본주의적 요소도 과감히 도입할 수 있다는 중국특색의 사회주의를 건설하는 데 필요한 정신적 토대이자 실천강령이다.

▌3개 유리어(3個有利於): 성사성자 논쟁에 종지부를 찍음

1. 사회주의 사회의 생산력발전에 유리한가?
2. 사회주의 국가의 국력을 결합하는 데 유리한가?
3. 인민생활의 수준을 제고하는 데 유리한가?

1997년 제15차 전국대표대회에서 당장에 삽입된 등소평이론은 중국특색의 사회주의 건설의 정신적 토대이자 실천 강령이었다. 3개 유리어와 흑묘백묘론은 등소평이론의 주요 내용이 되었다.

한편, 현 중국공산당과 중국정부의 주요 목표 중 하나는 2020년 전면적소강사회건설이다. 1990년 1월 당간부회의에서 등소평은 "이번 세기말에 1인당 국민소득 1000달러를 달성하면 소강수준에 이르렀다고 말할 수 있을 것"이라고 하면서 명확한 수치를 제시하였다.

▌소강(小康)사회

중국의 국가발전 목표로 식품·의복·주택·교통 등 물질조건, 공기·수질·녹화 등 생활환경, 사회질서·안전·사회도덕풍기 등 사회환경 등이 일정 수준에 오른 상태를 말하며, 현재 중국은 초급 소강단계라고 규정하고 있다.

▌제17대에서 제시한 소강(小康) 목표

첫째, 제16대에서는 2000년 기준 2020년까지 GDP총량의 4배였으나, 이번에는 이를 수정하여 평균 GDP의 4배이다.

둘째, "소모를 줄이고 환경을 보호하겠다." 국제적으로나 중국정부에서 1992년부터 강조하기 시작한 "지속가능한 발전"을 항시 주의하고 가능한 단계에서 적용하려는 의지를 보이는 것이라 평가할 수 있다.

'소강사회'의 목표 달성은 국제적 기준으로는 중진국수준으로의 진입 바로 직전의 단계가 될 것이고(2020년 전후), 그 과정의 진행정도에 따라 중진국수준의 국가진입을 목표로 하고 있다. 중국공산당과 중국정부는 그 목표의 진입시기를 2050년 전후로 상정한다.

---

2) 실사구시(實事求是)

문화대혁명 이후 화국봉은 "모택동이 결정한 정책은 옹호되어야 하고, 모택동의 지시는 준수되어야 한다"는 양개범시론을 내세웠다.

등소평은 11차 3중전회에서 "무산계급 세계관과 마르크스주의 세계관의 기초는 실사구시입니다. 실사구시의 전통을 회복하려면 무엇보다도 사상해방(思想解放)이 이루어져야 합니다. 그런데 요즘 우리 당은 사상이 경화(硬化)되어 있습니다. 무슨 이유에서인지 고정된 틀을 고집하고 사고(思考)의 근거를 현실에 두지 않는 괴상한 일들이 벌어지고 있습니다"라고 연설하였다. 주요 내용은 '죽은 모택동 동지가 한 말과 생전에 내린 결론은 무엇이든지 옳다'는 범시론(凡是論)은 말도 안 된다는 것이었다. 이와 같이 등소평은 실사구시를 내세워 "실천은 진리 평가의 표준"이라는 반론으로 화국봉 세력을 제거하였고, 현대화를 함에 있어 네 가지 기본원칙을 견지하여야 한다고 주장하였다.

3) 중국특색의 사회주의(中國特色的社會主義)

등소평은 1982년 제12차 전국대표대회 개막 연설에서 중국특색의 사회주의를 건설하자고 제창하면서 처음으로 '중국특색의 사회주의'라는 용어를 사용했다.

중국특색의 사회주의는 오늘날 중국의 이념적 지침이며 제반 개혁의 준거로 작용하고 있다. 중국특색의 사회주의는 '1개 중심, 2개 기본점'을 통해 4개 현대화 건설을 달성하여 고도의 사회주의 물질문명과 정신문명, 사회주의 민주와 법제의 발전이 갖추어진 국가를 건설한다는 것이다.

등소평의 중국특색의 사회주의 이론은 1997년 제15차 전국대표대회에서 정식으로 당장에 채택되었다. 그리고 21세기에도 중국특색의 사회주의 건설을 위한 개혁개방 정책은 지속적으로 추진한다는 내용이 명기되어 있다.

4) 선부론(先富論)

선부론이란 개혁개방정책을 천명한 이후, 동부 연해지역을 우선적으로 발전시킨다는 불균형발전전략의 주요 사상이다. 주요 내용은 "일부 지방, 일부 사람이 먼저 부자가 되도록 해야 한다. 그래야 나머지 지역과 사람들을 이끌고 도와 점진적으로 모두가 번영을 누릴 수 있다”는 것이다. 동서간의 차별적인 경제발전 전략으로 인해 도농 간, 지역 간, 동서 간, 민족 간의 격차가 심해지게 되었다. 이는 1989년 천안문사건의 발생 원인의 하나가 되기도 한다.

5) 삼론으로 대표되는 구체적 방법론

첫 번째는 ‘묘(猫)론’으로 ‘흑묘백묘론(黑猫白猫論)’을 가리킨다. 류백승의 황묘백묘를 변용하여, “검은 고양이든 흰 고양이든 쥐를 잘 잡는 고양이가 좋은 고양이다(不管黑猫白猫, 捉到老鼠就是好猫)”라고 하였다.

흑묘백묘론은 1979년 등소평이 미국 방문을 마친 뒤 “중국을 발전시키는 데는 자본주의 경제체제건 사회주의 경제체제건 관계없다”고 주장하고 나섰다. 개혁개방 이후 흑묘백묘론은 중국식 사회주의 시장경제를 대표하는 용어가 되었다. 흑묘백묘론은 원래 사천지방의 속담인 ‘흑묘황묘(黑猫黃猫)’에서 유래하였다고 하고, 1962년 식량증산을 언급한 발언에서 이미 나왔는데, “흰 고양이든 검은 고양이든 쥐를 잡는 고양이가 좋은 고양이다”라는 의미였다.

두 번째는 ‘모(摸)론’으로 ‘돌다리이론(石頭論)’이다. 이는 경거망동하지 않고 돌멩이의 위치와 높이를 확인하며 한 걸음 한 걸음 신중히 강을 건너겠다(摸著石頭過河)는 의미이다.

세 번째는 ‘등(燈)론’으로 ‘신호등이론’이다. 이는 밀어붙이기식으로 나아가지 않고 기회와 위기를 살피면서 빨간불이면 돌아서 가고 노란불이면 조심해서 걸어가며 초록불을 만나면 기회를 살려서 뛰어가자는 것이다.

6) 삼보주(三步走) 전략

삼보주 전략은 ‘3단계 발전전략’이라 불린다. 등소평은 1978년에 중국공산당의 기본 노선을 개혁·개방으로 선언하며 건국 100주년인 2050년을 향해 3단계 발전 전략인 삼보주의 방안을 제안하였다.

제1단계(1980~1990)는 GDP를 배가하여 온포(溫飽)문제를 해결하고, 제2단계(1990~2000)는 GDP를 배가하여 소강(小康)을 실현하며, 제3단계(2001~2050)는 1인당 GDP를 중진국

수준으로 향상시켜 사회주의 현대화를 실현하는 것이다.

7) 남순강화(南巡講話)

1992년 1월 18일부터 2월 21일까지 등소평은 남부지역인 무창, 심수, 주해, 상해 등지를 시찰하면서 개혁개방정책을 지속적으로 해야 한다고 강조하였다. 이를 두고 등소평의 '남순강화'라 부른다. 주요 내용은 주로 경제개혁. 개방정책 견지와 이의 가일층 심화, 확대에 관한 것으로 이후 대외경제부문의 개혁, 개방정책이 더욱 확대되었다.

1989년 천안문사건발생이후 이붕 등의 정치사상을 강조하는 보수파가 일시적으로 주도권을 쥐게 되면서, 개혁개방진행속도가 다소 느려졌다. 이러한 현상에 대해서 등소평은 남부지역을 시찰하면서 지속적인 개방정책을 강조하였고, 중국 사회에 전면적인 각성을 촉구하였다. 등소평은 남순강화에서 "사회주의에 시장이 있으며 자본주의에도 계획이 있다"고 지적하였고, '계획'과 '시장'이 현대국가에 필요한 조절수단이라고 밝혔다. 등소평은 남순강화를 통해 개혁개방정책의 이론적 기초를 제공하였으며, 확고한 시장경제 도입의지를 밝혔다. 그리고 남순강화에서 등소평은 주장은 그동안 진행되어 왔던 성사성자 논쟁을 결론지었다.

- 1992년 2월 12일 당정치국 확대회의에서 인준, **1992년 6월에는 강택민 총서기가 등소평의 '남순강화'를 구체화해 '사회주의 시장경제'를 공식적으로 제창하였다.**
- 1992년 10월 14차 전국대표대회에서 '사회주의 시장경제'를 개혁·개방의 최대 목표로 결정, 채택하였다.

4. 2세대 주요 지도자의 주요 이론

1) 진운(陳雲, 1905~1995)의 조롱(鳥籠)경제

진운은 개혁개방 초기인 1982년, 조롱경제를 언급하였고, 1984년에는 등소평의 14개 연해도시 개방정책에 대해서 조롱경제로 비판하였다. 조롱경제란 **계획경제와 시장메커니즘**

과의 관계를 새장과 새의 관계로 비유한 경제이론이다.

조롱경제란 명칭은 "새를 손에 쥐면(오직 계획에 의해서만 경제를 운용하면) 새가 죽기 때문에 새를 날게 해주어야 한다. 그러나 새장 없이 날아가게 하면(자유 경제를 실시하게 되면) 새가 날아가 버리기 때문에 새장 안에서 날도록 해 주어야 한다"는 비유에서 이름이 붙여졌다. 여기에서 시장경제를 새로, 계획경제체제를 새장으로 비유하였다.

2) 호요방의 3개세대론

1983년 10월에 개최되었던 12차 2중전회 결정에 의한 정당(整黨) 과정에서 중앙정당공작지도위원회 주임직을 맡은 총서기 호요방은 제3제대(梯隊[12], 세대)가 되는 후계자를 준비하는 문제의 중요성을 강조하면서 간부를 다음 3개 제대로 나누었다.

즉, 현재 당중앙 고문위원회 위원들을 비롯하여 고문역을 담당하는 고참혁명가를 제1제대(장정을 참가한 간부급)라 하고, 그들의 직무를 인계받은 50~60대의 현직 실권층을 제2제대(항일전쟁말기와 국공전참가자), 그리고 현 실권층의 직무를 인계받기 위하여 준비하고 있는 40~50대의 후계자집단을 제3제대라고 칭하였다.

3) 조자양의 사회주의 초급단계론(社會主義初級段階)

1981년 6월 11차 6중전회에서 통과되었던 "건국 이래 약간의 역사문제에 관한 결의"에서 처음 제기되었다. 그리고 1982년 9월 제12차 전국대표대회와 1986년 9월 12차 6중전회에서 구체화되었다.

1987년 10월 당 13차 전국대표대회에서 조자양 총서기가 정치보고를 통해 당 공식입장으로 발표하였다. 조자양은 정치보고에서 "생산수단의 공유제와 인민민주주의독재를 근간으로 하는 사회주의 정치 경제제도, 마르크스·레닌주의에 입각한 지도이념 확립 등 사회주의 하부구조는 형성되었으나 생산력이 낙후되어 상품경제가 발달하지 못한 상황"이라고 전제하였고, "중국이 사회주의를 건설해 나가는 과정에서 필연적으로 거쳐야 하는 특정단계가 사회주의초급단계"라고 규정하였다. 즉, 중국경제는 아직 생산력이 낮고, 상

---

12) '제대'란 단어는 대부대를 편의상 수개로 나누었을 때의 각 부대를 가리키는 군사용어로서 지금은 정치용어로서 3개로 나눈 지도간부 그룹을 말할 때 사용한다.

품경제가 발달하지 않은 상황에 있으므로 성숙된 자본주의로 이행하기 위해서는 반드시 거쳐야 하는 과정이 있다고 보고, 그 과정을 사회주의 초급단계라고 규정한 것이다.

5. 강택민의 주요 이론

1) 3개 대표론

2002년 11월 중국공산당 제16차 전국대표대회에서 당장(黨章)에 정식으로 삽입된 강택민의 '3개 대표'론은 자본가 계급의 입당을 공식으로 허용한 혁명적인 이론이다.

> 3개 대표론은 자본가 계급의 입당을 공식으로 허용한 혁명적인 이론이다. 당은 "선진 생산력(자본가 계급)', '선진 문화(지식인)', '광범위한 인민군중(노동자. 농민)'의 이익을 대표한다"는 내용이다.

총강은 이어 마르크스·레닌주의와 모택동사상, 등소평이론의 당에 대한 공헌을 열거한 뒤 "강택민 동지의 3개 대표 중요 사상은 현 세계와 중국의 발전을 위한 새로운 요구를 반영한 강대한 이론 무기"라면서 '당의 입당지본(入黨之本), 집정지기(執政之基), 역량지원(力量之源)'이라고 강조하였다.

2004년 3월 14일 폐막되었던 중국 제10차 전국인민대표대회 2차 회의에서 3개 대표 이론에 따라 "농민과 노동자와 사영기업가"의 국가로 헌법을 수정하여, 사영기업의 장려와 사유재산 보호 등을 골자로 하는 헌법개정안을 가결하였다.

2) 강택민의 광동강화와 7·1담화: '三個代表' 학습의 공식 천명

(1) 광동강화(2000)

강택민은 2000년 2월 21일 광동성을 시찰하던 중 영도간부회의에서 처음으로 3개 대표를 언급하였다. 이러한 이유로 강택민의 '광동강화'를 등소평의 남순강화에 비유하기도 한다.

(2) 7 · 1담화(2001)

강택민은 2001년 7월 1일 공산당 창당 80주년 기념 담화에서 "중국공산당은 중국선진 생산력의 발전요구를 시종 대표해야 하며, 이것이 바로 당의 이론·노선·강령·방침·정책과 각 업무이다. 따라서 공산당은 생산력의 발전기율에 부합하도록 노력해야 하면 사회생산력의 해방과 발전의 추진을 실현해야 한다. 특별히 선진생산력의 발전추진을 실현하고 생산력 발전을 통해 인민군중의 생활수준을 향상시켜야 한다"고 강조하였다.

(3) 5 · 31강화(2002.5.31.)

강택민은 2002년 5월 31일 중앙당교 졸업식에서 "실천으로서의 3개대표"를 주장하였다. 이 때 3개대표를 21세기 중국공산당의 새로운 좌표로 삼을 것을 역설하였다. 중앙방송과 인민일보 등 관영매체를 통해 군중에 대한 선전작업을 본격적으로 시작하였다.

3) 5 · 29강화(講話, 1997.5.29.)

강택민은 1997년 5월 29일 중국공산당 중앙당교 성부급 간부 진학반 졸업식에서 중요한 말을 발표하였다. 이를 '5·29강화(講話)'라고 부른다.

'5·29강화'에서 강택민은 **"등소평의 중국특색의 사회주의 이론 건설, 사회주의 초급단계, 경제발전과 경제체제 개혁, 당의 건설" 등을 강조**하였다. 강택민은 등소평의 중국특색의 사회주의 이론 기치를 높이 들고 어떠한 시련과 곤경 속에서도 동요하지 말 것을 강조하였다. 또 그는 현재 중국이 처한 문제를 해결할 수 있는 것은 등소평의 이론이라고 강조하였다. 이러한 강택민의 '5·29강화'는 중국공산당 15차 전국대표대회를 위한 사상적 이론적 기초가 되는 작용을 하였다.

'5·29강화'는 오랫동안 사람들이 성이 공(公)인지 성이 사(私)인지 하는 곤란스럽게 하는 의혹을 해결하였다. 국유기업개혁을 위해 사상장애를 없앤 것이다. '5·29강화'는 당의 15대에서 사상이론적인 기초를 추정하도록 하였다.

'5·29강화'는 중국이 확고부동하게 개혁개방과 시장경제의 길을 걸어간다는 목표를 명확하게 이끌었다. 그러나 "사영경제의 발전은 앞으로 사회주의국가의 기초를 위협한다"는 논조는 여전히 매우 많이 존재하고 있었고, 많은 사람들의 의문과 관망 속에 있었다.

4) 애국주의(1991, 1994)

강택민 전 총서기는 1991년 공산당 창당 70주년 기념식에서 "애국주의는 평화연변에 대응하는 효과적인 무기로 전환될 수 있다"고 하였다. 1994년에는 "애국주의교육실시강요(愛國主義敎育實施綱要)"(이하 강요)를 발표하여, 애국주의 교육을 전국적으로 전개하였다.

강요의 기본원칙은 "등소평의 중국특색의 사회주의이론과 당의 기본노선을 지도로 삼아야 하고, 사회주의 현대화 건설과 개혁개방을 촉진하는 데 이바지해야 하며, 국가와 국민의 명예와 존엄 그리고 단결과 이익을 보호해야 하며, 조국통일에 이바지해야 한다고 되어 있다. 그리고 이러한 것이 신시기 애국주의교육의 기본적인 지도사상이다"라고 하였다.

1990년대에 시작된 중국 애국주의는 당시 급변하고 있던 세계와 중국의 변화 속에서 중국을 온전하게 지켜야 한다는 것에서 출발하였다. 대외적으로 동부유럽 사회주의체제의 붕괴와 소련의 붕괴 등은 사회주의 국가인 중국을 긴장케 하였다. 대내적으로 1980년대 말 발생하였던 티베트 민족주의와 6·4 천안문사건은 중국지도자로 하여금 국정 안정을 필요로 느끼도록 하였다. 중국정부는 중국 국민에게 중화민족을 강조하면서 조국에 대한 애국심을 갖도록 교육하고자 하였다.

5) 사회주의 시장경제(社會主義 市場經濟, 1993)

1974년 등소평은 "세상은 처음부터 길이 있었던 것은 아니다. 사람들이 걸어다니면서 길을 만든 것이다"라고 말하면서, 사회주의적 시장경제라는 말을 처음 사용하였다.

▌사회주의 시장경제

1992년 남순강화. 등소평의 '사회주의에 시장이 있고, 자본주의에도 계획이 있다'는 주장
1992년 6월 강택민 사회주의시장경제 공식적으로 제창
1992년 10월 제14차 전국대표대회에서 '사회주의시장경제'를 개혁개방의 최대목표로 결정
1993년 3월 29일 제8차 전국인민대표대회에서 개정된 헌법에 명시

등소평은 1992년 '남순강화'에서 "사회주의에 시장이 있으며 자본주의에도 계획이 있

다"고 지적하였다. 등소평의 이러한 대전제에 따라 내부논쟁을 통한 이론정립 과정을 거쳐 1992년 2월 12일 당 정치국 확대회의에서 이를 인준하였고, **1992년 6월에는 강택민 총서기가 등소평의 '남순강화'를 구체화해 '사회주의 시장경제'를 공식적으로 제창하였다.** 그리고 1992년 10월 제14차 전국대표대회에서 '사회주의 시장경제'를 개혁개방의 최대목표로 결정하여 채택하였다.

사회주의 시장경제라는 용어는 1993년 3월 29일 제 8차 전국인민대표대회 제1차 회의에서 개정된 헌법에 명시되었다. 구헌법은 제15조에서 경제체제를 '계획경제'로 규정하고 국가의 종합계획을 근간으로 시장경제를 보조적으로 활용하여 국민경제의 소비와 투자, 각 산업 간의 균형을 조정하면서 발전한다는 것을 기본 방침으로 정하고 있었다.

신헌법 17조에서는 '사회주의 시장경제' 체제하에서 정부가 경제 입법과 거시경제적 수단을 사용하여 경제를 운용한다고 규정하였다. 즉, 과거에는 생산자료를 국가가 소유하고 경영도 국가가 담당하는 국영경제를 지향하였으나, 신헌법에서는 생산자료를 국가가 경영하되 경영은 기업이 담당하는 국유경제로 전환한 것인데, 이를 '사회주의 시장경제'라고 한다.

사회주의 시장경제의 특징은 다음과 같다.

사회주의 시장경제는 공유제를 주체로 하여 사유경제를 포함한 다양한 경제요소가 함께 발전한다는 전제하에 운영된다.

자본주의 시장경제에서 나타나는 개인자본의 무제한 증대와 수입의 양극화를 방지하기 위해 정부가 통제하고, 적절한 분배와 조절정책을 통해 최종적으로 전 인민이 함께 부유해지는 것을 목표로 한다.

강력한 국가의 거시적 관리와 사회주의라는 정치적 우위성을 배경으로 정부가 경제, 사회정책, 경제법규, 계획지도 등 필요한 행정관리를 통해 시장경제 운영의 질서를 지켜나간다.

6) 3강(三講) 교육

1995년 11월 8일 강택민은 북경시를 시찰할 때, "목전의 간부대오의 상황과 존재하는 문제를 근거로 하면, 간부에게 교육을 할 때 학습을 말하고, 정치를 말하고, 정기를 말해야 한다고 강조했다. 전국에서 모두 이렇게 하면, 북경시는 솔선수범하는 역할을 할 것이다.

6. 후이즘(호금도, 과학발전관 외)

1) 과학발전관(科學發展觀, 2007)

과학발전관은 '16차 4중전회' 이래 줄곧 중국공산당의 관심사이다. 2007년 제17차 전국대표대회(전대)에서 당장으로 삽입된 '과학발전관'은 2002년 11월 16차 당 대회를 계기로 호금도-온가보 체제가 등장하면서 과거 등소평과 강택민 시대의 개혁개방 정책의 업적과 문제점을 평가하고, 제4세대 지도부가 추구하는 발전 목표와 전략을 제시하는 과정에서 제기되었다.

과학발전관은 먼저 인간중심(以人爲本)을 핵심가치로 삼고 있다. 중국이 추구하는 경제발전의 최종 목표는 인민의 생활수준 개선이라는 점을 강조한 개념이다. 인구 13억 명을 지닌 대국이 성장하는 과정에서는 국내외적으로 불균형과 마찰을 야기할 소지가 큰 만큼 균형발전에 주의를 기울여야 한다는 방법론이다. 또 세계 원자재 가격에 미치는 영향도 상대적으로 큰 만큼 에너지, 환경, 자원에도 각별한 관심을 기울여야 한다는 원칙이다.

2) 호금도의 '7 · 1강화'와 화해사회

중국공산당 창립 82주년인 2003년 7월 1일 담화에서 호금도는 "군중의 이익은 조그마한 것이라도 소홀히 할 수 없음"을 처음으로 명확하게 제시하였다. 또 "감정은 인민과 교감하고, 권력은 인민을 위해 사용하고, 이익은 인민을 위하여 도모한다"고 말하였다. 이를 '칠일강화(七一講話, 7 · 1강화)'라고 일컫는다.

강택민은 1997년 제15차 공산당대표대회에서 2020년에는 2000년보다 1인당 GDP를 4배 더 늘리겠다는 등의 구체적인 청사진을 제시하였다. 2002년 11월 제16차 전국대표대회에서 "2020년까지 중국에 소강사회를 전면적으로 건설한다"는 발전목표를 제시하였고, 주요 내용 중의 하나가 '사회를 더욱 화해롭게 하는 것'이라고 하였다. 2004년 16차 4중전회에서 호금도는 "화해사회의 건설을 중요 위치에 두어야 함"을 명확하게 제시하였다.

3) 사회주의 화해사회(2004)

호금도는 2004년 9월, 중국공산당 16차 4중전회(중앙위원회 전체회의)에서 공동부유를 기본으로 하는 '사회주의 화해사회' 건설을 처음으로 제시하였다. 그 후로 당정, 학계 등에서 이와 관련하여 광범위한 연구와 토론이 일어났다.

호금도가 제시한 화해사회의 6대 특징으로 "민주법치(民主法治), 공평정의(公平正義), 성신우애(誠信友愛), 충만활력(充滿活力), 질서안정(安定有序), 사람과 자연의 화해공존(和諧相處)"의 28글자로 체계적으로 제시하여 화해사회 건설의 연구를 위한 방향을 제시하였다.

2005년 16차 5중전회에서는 11차 5개년 규획안(2006~2010)을 다루면서 공동부유론을 구체적인 거시경제정책에 반영하였다. 2006년 10월, 16차 6중전회에서는 '화해사회' 건설이 호금도의 통치이념으로 공식적으로 제기되었고, 마침내 2007년 10월, 중국공산당 17차 대표자회의에서 조화사회와 같은 개념의 과학발전관이 '당장'에 포함됨으로써 등소평, 강택민의 지도이념과 같은 수준으로 당의 공식통치이념으로 받아들여지게 되었다.

16차 6중전회의 공보(公報)는 '2020년에 사회주의 화해사회의 건설'이라는 목표와 9대 임무 및 화해사회를 건설하기 위한 '6개 필수요건'을 제시하였다.[13]

첫째, 반드시 인민이 근본임을 견지해야 한다. 항상 수많은 인민의 근본이익을 당과 국가의 모든 사업의 출발점과 입각점으로 삼아야 하며 나날이 증가하는 물질문화에 대한 인민의 수요를 끊임없이 만족시켜 주어야 한다.

둘째, 반드시 과학발전을 견지해야 한다. 성장의 방식을 변화시키고 발전의 질을 제고하며 경제사회발전을 과학발전의 궤도로 확실하게 전환시켜야 한다.

셋째, 반드시 사회주의 시장경제의 개혁방향을 견지해야 한다. 사회발전의 요구에 부응하여 경제체제·정치제제·문화체제·사회체제의 개혁과 창신(創新)을 추진해야 한다.

넷째, 반드시 민주법치(民主法治)를 견지해야 한다. 사회주의 민주정치의 건설을 강화하고 법에 의해 국가를 통치해야 한다.

다섯째, 반드시 안정적인 개혁과 발전을 추진해야 한다. 개혁의 정도, 발전의 속도 및 사회의 수용가능 정도를 통일적으로 관리하여 과학적·민주적·합법적 행정을 견지해야 한다.

---

13) http://www.seonamforum.net/newsletter/view.asp?board_id=16&idx=1194&page=14 (검색일: 2009.3.31.)

여섯째, 반드시 당의 영도 하에 전 사회가 함께 건설할 것을 견지해야 한다. 가능한 한 모든 역량을 결집시키고 모든 적극적인 요소들을 동원하여 사회화해의 강대한 역량을 형성하여야 한다.

4) 6 · 25 강화(2007.6.)

2007년 6월 호금도 국가주석은 북경 중앙당교에서 전국의 고위 간부를 모아 놓고 강론을 하였다. 이른바 '6 · 25 강화'이다. '6 · 25 강화'에서 호금도는 자신이 주창한 '과학발전관'을 이론적으로 설명하며 사상의 통일을 강조하였다. 그리고 "'과학 발전관'의 요지는 발전이요, 핵심은 '이인위본(以人爲本)'이며, 기본적인 요구는 전면적이고 지속적인 조화사회"이며, "발전이란 인민을 위해, 인민에 의지해 실현하는 것으로 과학 발전의 성과는 반드시 인민과 함께 향유해야 한다"고 강조하였다.

호금도는 4개 확고부동론, 즉 "사상의 해방과 개혁개방, '과학적 발전' 및 조화사회의 구현, 전면적인 '소강(小康)사회'의 달성 등 네 가지는 부동의 원칙"을 강조하였다.

5) 우호우쾌(又好又快, 2007): 양적 성장에서 질적 성장으로

호금도는 제17차 전국대표대회 개막(2007.10.15.) 연설에서 향후 5년간의 중국 경제가 '우호우쾌(又好又快)'라고 강조했다. '우호우쾌'는 '좋고도 빠른 경제'다. 2006년까지는 '우쾌우호(又快又好)'였지만 2007년부터는 '우호우쾌'로 '쾌(快)'와 '호(好)'의 순서를 바꿨다. 그 이유는 빠른 성장보다는 성장방식까지 고려해 '좋은 성장'을 추구하겠다는 의미다. 이는 성장우선 정책에서 돌출된 문제, 즉 빈부 격차, 도농(都農) 간의 격차, 그리고 투자와 소비, 수출의 불균형으로 인한 무역상대국과의 마찰, 에너지 과소비형 경제구조 등을 되돌아보고 이를 수정하겠다는 의미다.

호금도는 궁극적으로 중국 경제를 개방형 경제로 끌고 가겠다고 밝혔다. "끌어들인다"는 의미의 '인진래(引進來)'와 "밖으로 내보낸다"의 의미의 '주출거(走出去, 해외진출)'를 결합해 개방을 확대하고 개방의 질을 높이겠다는 강한 의지를 표출했다.

6) 호금도의 3불(不)이론(2008)[14]

호금도 국가주석은 2008년 12월 18일 개혁개방 30주년 기념발언(언론사에서는 이를 '1218기념사'라 명명함)에서 '3불이론'을 제기하였다. 호금도는 인민대회당에서 '앞으로 개혁개방 노선을 지속해 나아갈 것'이라며 '동요하지 말고(不動搖), 태만하지 말며(不懈怠), 낭비하지 말라(不折騰)'는 3가지 원칙을 제기했다. 이때 동요하지 말라는 것은 1992년 남순강화 때 등소평의 연설에서 나온 말이다.

---

14) http://blog.daum.net/drynnn/17201739(검색일: 2009.3.5.)

제**6**장

중국공산당 주요 인물

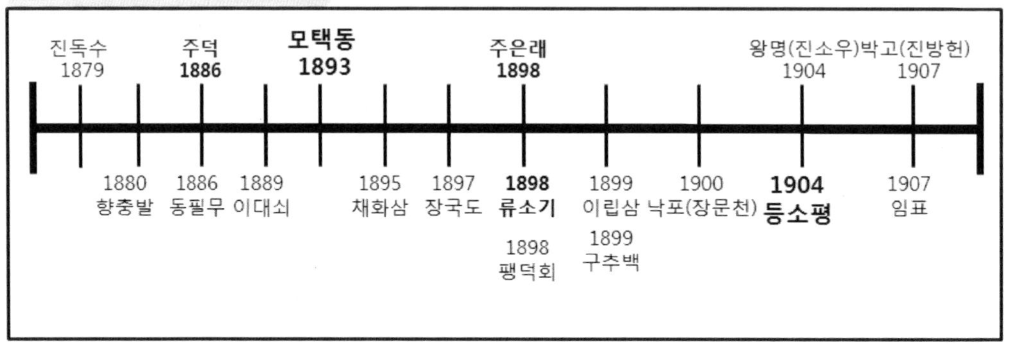

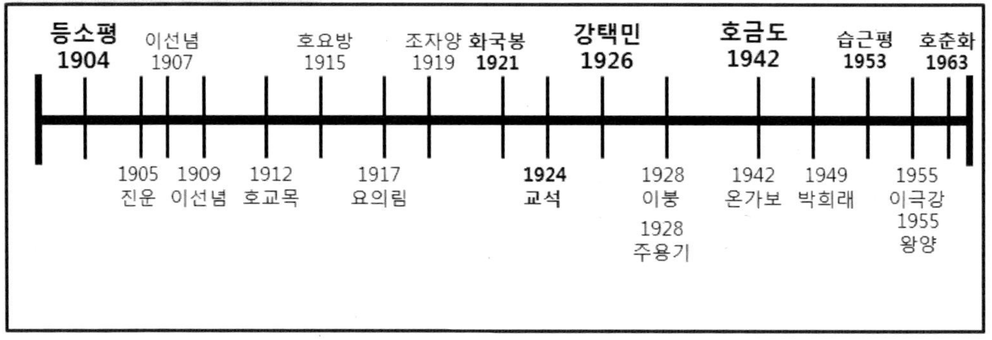

모택동 - 등소평 - 강택민 - 호금도 - 습근평(2012 예정)

1. 건국 이전의 주요 인물

1) 이대쇠(李大釗, 1889~1927): 중국 최초의 마르크스주의자

하북성에서 태어난 이대쇠의 자는 수상(守常)이다. 1918년 북경대학 도서관 주임을 지냈고, 1920년에 교수를 지내면서 마르크스주의에 대한 연구와 강의를 시작했다. 이대쇠는 중국 최초의 마르크스주의자로 알려져 있으며, 중국공산당 창시자 중의 한 명이다. 그는 1920년 북경에서 공산당 초기조직을 설립하였고, 1921년 중국공산당이 창당된 이후에는 북방 지역을 담당했다. 그는 당 지도자라기보다는 당내 이론가였다. 1927년 4월 6일 군벌 장작림에게 체포되어 4월 28일 북경에서 처형되었다.

이대쇠는 『갑인(甲寅)』, 『신청년(新靑年)』, 『매주평론(每週評論)』 등 당시의 대표적인 문화와 사상 잡지를 통해 **구중국의 전통 타파와 서구 근대민주사상을 전파하는 데 선구자적인 역할**을 하였다. 또 민족주의에 바탕을 둔 중국 사상과 서양 근대 사상을 융합한 독특한 사상을 제시하였다. 제1차 세계대전 이후에 마르크스주의를 중국 최초로 체계적으로 소개하였다. 그리고 중화민족이라는 용어를 현대 민족주의 관점에서 해석하여 사용하였다.

2) 진독수(陳獨秀, 1879~1942): 중국공산당 창설자

진독수는 안휘성 출신으로 호는 실암(實庵)이며, **중국공산당의 창설자이다.** 1915년 『신청년』 잡지를 발간하였고, 1918년 이대쇠와 함께 『매주평론』을 창간하였으며, 신문화운동과 5·4운동을 주도하였다.

> 진독수는 '중국식 무정부주의'에서 "나는 대담하게 선언한다. 정치상으로뿐만 아니라 교육상 엄격한 간섭주의를 실시해야 한다"고 하였다.

진독수는 1920년에 상해에서 공산주의소조를 발기하였다. 1921년 7월에는 코민테른(제3인터내셔널)의 지도하에 상해에서 중국공산당 제1차 전국대표대회를 개최하여 중국공산당을 창당하였고, **중국공산당의 초대 중앙위원회의장이 되었다.** 중국의 레닌이라고도 불리기도 하였다.

진독수는 마일사변(1927.5.21.) 등 공산당원에 대한 학살이 자행되었을 때, 농민운동이 너무 지나쳤기 때문에 발생하였다고 단정했다. 그리고 진독수는 무한정부가 기율을 위반한 노동자를 제재하라는 통보를 하였고, 호북에 있는 두 개 현의 농민협회를 해산하라는 모든 조치에 동의하였다.

1927년 6월 28일, 무한의 노동자규찰대를 해산하였고, 규찰대의 총기와 탄약을 국민정부에 위임한다고 선포하면서, 진독수는 국민당에게 투항하는 자세를 보였다. 이러한 이유로, 1927년 제5차 전국대표대회에서 진독수는 국내외로부터 '우경 투항주의자'라는 거센 비판을 받았다. 1927년 총서기직에서 면직되었고, 1929년 11월에 공산당에 제명당하였다. 1932년 10월 국민당에 의해 체포되어 1937년까지 감옥에서 보냈으며, 이후 1942년 사천성에서 심장마비로 죽었다.

진독수는 "본지 범죄사건의 답변서(本志罪案之答辯書)"라는 글에서 민주(德先生)와 과학(賽先生)을 인정해야만 중국이 처한 정치·도덕·학술·사상의 모든 암흑을 치료할 수 있다고 말하였다.

3) 구추백(瞿秋白, 1899~1935): 좌경맹동(左傾盲動)노선

1899년 1월 29일 강소성에서 태어난 구추백은 아명이 구쌍(瞿雙)이고, 필명은 송양(宋陽)이다. 1927년 진독수를 이어 총서기가 된 구추백(총서기: 1927~1928)은 문예평론가이자 정치가이다.

구추백은 1922년 중국공산당에 가입하였고, 1923년 1월에 귀국하여 중공중앙기관간행물인 『신청년』, 『선봉』의 주필과 『안내』의 편집을 맡았다. 그해 6월 중국공산당 제3차 대회에 참석하여 당의 강령 초안 작성에 참석했다.

1930년 중국으로 돌아온 후 중공지도부에서 한동안 활동했으나 '조화주의자(調和主義者)'라는 비판을 받고 권력핵심인 정치국에서 밀려났다. 1935년 2월 국민당 군대에 체포돼 같은 해 6월 처형됐다. 게다가 문화대혁명 기간에는 홍위병에게 부관참시(剖棺斬屍)[15]까지 당하는 치욕을 당했다. 구추백의 지위는 1980년에 정식으로 복권되었다.

---

15) 중죄인에게 가하는 형벌로써, 죽은 후에 생전의 죄가 드러나면, 무덤을 파헤쳐서 관(棺)을 쪼개고 송장의 목을 베는 형벌이다.

구추백은 공산당의 승리는 도시들을 점령함으로써만 가능하다는 주장을 하였다. 공산당 요원들이 일으킨 광주봉기가 사흘 만에 국민당에 의해 패퇴하였다. 1928년 중공 제6차 대회에서 '좌경 모험주의자(좌경맹동노선)'라는 비판을 받고 직위를 박탈당한 후 소련으로 소환되었다. 그가 모스크바에 머물면서 고안해 낸 중국어를 로마자로 표기하는 방식은 광범위하게 이용되었다.

구추백은 노신(魯迅)과 함께 좌익작가연맹을 이끌며 문예평론, 보고문학(報告文學) 분야에 뛰어난 업적을 남기기도 하였다. 그리고 수감 중에 집필하였던 ≪다여적화(多餘的話)≫가 유명하다. 많이 알려진 내용은 "가시덤불 길을 개척하다가 죽는 것이 인생의 가장 큰 행복이다(爲革命而死, 是人生最大的快樂)"이다.

4) 향충발(向忠發, 1880~1931)

1880년 호북에서 태어난 향충발의 또 다른 이름은 중발(仲發)이며, 노동자 출신이다. 무한 상선회사에서 1등 항해사로 재직하였으며, 1922년에 중국공산당에 가입했다. 그는 무한노동자 규찰대 총 지휘자를 지냈고, 중화전국총공회(中華全國總工會) 집행위원을 역임하였으며, 제5차 전국대표대회에서 중앙위원이 되었다.

1926년 지식인을 중시하고 노동자 출신을 무시하는 진독수의 수정주의적 노선에 노골적으로 불만을 표시했다. 이러한 향충발의 태도에 코민테른은 향충발을 이용하여 코민테른 노선을 중국공산당에 주입하려 하였다. 1928년 향충발(총서기: 1928~1931)은 모스크바에서 열린 중국공산당 제6차 전국대표대회에서 구추백을 대신하여 총서기직에 올랐다. 하지만 향충발은 외형적인 지도자였고, 실질적인 지도자는 이립삼이었다.

1930년 6월 이립삼이 주관하여 중앙정치회의를 열었고, ≪새로운 혁명고조와 하나의 성 혹은 몇 개 성의 우선적 승리≫라는 결의안이 통과되었다.

이후 이립삼은 몇몇 도시중심으로 봉기를 시도하여 혁명을 이루려다가 실패하여 좌경 모험주의로 낙인찍혔다. 이를 지지하던 향충발도 비난을 받았다. 1931년 1월 6차 4중전회 이후 향충발은 비록 여전히 당의 지도자였지만, 왕명 등 소련유학생이 주도권을 잡고 있었다. 1931년 공산당의 비밀경호원 대장이었던 고순장(顧順章)의 밀고로 국민당에게 체포된 향충발은 6월 22일 처형당했다.

5) 이립삼(李立三, 1899~1967): 이립삼노선

호남성 출신으로 본명은 이융질(李隆郅)이다. 서당훈장이었던 아버지의 영향으로 전통 교육을 받았다. 1915년 고등교육을 위해 장사로 갔다가 모택동과 친구가 되었다.

1920년 프랑스에서 유학을 하면서 공산주의를 접하였고, 노동운동에 참가했다가 프랑스 당국에 체포되어 1921년 추방되었다. 이후 상해에서 진독수를 만나 중국공산당에 가입하였고, 1927년 남창봉기 이후 중국공산당의 선전부장이 되었다가 1929년에서 1930년까지 임시 총서기를 지냈다.

러시아 혁명을 모방하여 **도시지역을 중심으로 무장봉기를 하여 사회주의 혁명을 달성하려 하였다가 실패**하였다. 1930년 비판을 받고 실각하였다. 이러한 이립삼의 혁명방식을 **'이립삼노선'이라 부르며, 충분한 상황의 고려 없이 극좌모험주의나 외국의 예를 무비판적으로 따르는 교조주의를 지칭하는 말이 되었다.** 소련에 머물다가 중국 건국 후 노동부장에 임명되기도 하였다. 하지만 중소분쟁과 문혁이 시작되자 비판을 받고는 자살하였다.

6) 왕명[王明, 1904~1974, 본명 진소우(陳紹禹)]

안휘성 빈농출신인 왕명의 본명은 진소우이다. 1924년 무창(武昌) 대학에 입학한 뒤 중국공산당에 가입하였고, 1925년 당의 주선으로 소련으로 유학을 떠나 모스크바 중산대학교(中山大學校)[16]에서 공부하였다. 왕명은 레닌의 교조주의적 입장에서 중국혁명을 지도하였고, 1931년에 임시총서기를 지냈다. 1930년대 초반 모택동의 당내 주요 경쟁자 중의 한 명이다.

왕명은 '28인의 볼셰비키'를 구성하였고, 스스로 정통 마르크스 · 레닌주의자를 자처하였다. 1931년부터 1937년까지 모스크바에서 코민테른에 파견된 중국공산당을 대표를 맡았고 코민테른에서도 고위직에 올랐다. 1956년 건강을 핑계로 소련에 갔지만, 사실상 망명한 것으로 1974년 죽을 때까지 머물렀다.

---

16) 손문은 1925년 소비에트 연방과의 결속정책을 펼치면서 모스크바에 자신의 이름을 딴 중산대학교를 설립하였다. 이 학교로 유학을 온 많은 유학생들이 졸업 후 코민테른의 지시에 충실히 따르는 이른바 '친소련파'로 중국으로 돌아와 활동하였다.

7) 박고[博古, 1907~1946, 본명 진방헌(秦邦憲)]

　　1932년부터 1935년까지 중국공산당 임시총서기를 지낸 박고는 강소성 출신이고, 본명은 진방헌이다. 박고라는 이름은 모스크바 유학을 할 때 '신'을 뜻하는 러시아어 'Бor bog'에서 이름을 따왔다. 1926년 당의 주선으로 모스크바에 유학하여 모스크바 중산대학교에서 본격적으로 마르크스·레닌주의를 공부하였다.

　　1930년대 초반 '28인의 볼셰비키' 그룹의 수장으로서 당을 이끌었다. 마르크스·레닌주의의 교조적 입장에서 중국혁명을 지도하려고 하였다. 준의회의 이후 실각하였으나 정치국원으로 남았다. 1942년 정풍운동으로 모택동으로부터 비판을 받았다. 제7차 당 대회에서 중앙위원회 위원으로 남았지만, 서열은 최하위였다. 1946년 중경에서 열린 국민당과의 협상을 마치고 연안으로 돌아가던 도중 비행기 사고로 사망하였다.

8) 낙포[洛甫, 1900~1976, 본명은 장문천(張聞天)]

　　1935년부터 1943년까지 임시총서기를 지낸 낙포는 강소성에서 부유한 상인의 집안에서 태어났다. 남경의 공업학교를 마치고, 1922년 미국으로 건너가 캘리포니아대학교에서 1년간 수학했다. 귀국 후 교직생활을 하였고, 좌익 인사들과 교류하면서 '낙포'라는 이름으로 서구의 구전들을 번역했다. 1926년부터 1930년까지 모스크바 중산대학교에서 유학을 하였는데, 1928년 중앙위원으로 선출되었다.

　　1931년 상해로 돌아와 정치국원, 중앙위원회 조직국장이 되었다. 연안에서 모택동이 왕명과 장국도와 권력투쟁을 벌일 때 모택동과 연합하는 서약을 하였다. 중국이 건국된 이후 초대 주 소련주재 대사가 되어 1955년까지 활동했다. 1959년 모택동의 대약진운동을 비판하였다가 1966년 문혁 이후 숙청되었다. 1976년 병으로 사망하였고, 1978년 복권되었다.

9) 28인의 볼셰비키(二十八個布爾什維克, 28 Bolsheviks)

　　28인의 볼셰비키는 1920년대 말에서 1935년까지 모스크바 중산대학교에 유학한 중국 유학생 집단을 가리킨다. 중산대학교의 교장이던 파벨 미프(Pavel Mif)의 지원을 받았으며 중국공산당 제6차 대회에서 당권을 장악하였다. 1930년 이들은 당시 중국공산당을 장악하고 있던 이립삼과 그 연합파에 반대하여 당권을 장악했다.

28인의 볼셰비키 그룹은 모택동의 '농민노선' 정책을 비판하였다. 박고 등은 코민테른을 등에 업고 1933년 말 모택동을 정치국에서 실각시키고 정치국을 장악했다. 이들은 철저한 비타협 노선으로 당을 이끌었고 독일인 오토 브라운과 함께 정규전으로 장개석에 맞섰다. 이러한 군사전술로 인해 중국공산당은 패배하였고, 결국 강서소비에트를 포기하고 서북방면으로 후퇴하게 되었다.

장정도중에 개최되었던 준의회의에서 모택동은 28인의 볼셰비키 노선이 홍군의 파멸을 초래하였다고 비판하였고, 소련유학파를 실각시키면서 당권을 다시 장악하였다. 준의회의에서 낙포, 왕가상, 양상곤 등의 주요 멤버들이 모택동의 편에 서게 되면서 28인의 그룹은 붕괴되었다. 이후 28인의 볼셰비키는 급속하게 영향력을 상실하였다.

28명의 볼셰비키 중 대체적으로 귀국 후 중국공산당원으로 활동하기도 하였지만, 또 많은 사람들은 국민당에 잡힌 후 변절하였거나, 장정 중 사망하였다. 그리고 평범하게 살아간 사람들도 많다. 28명의 볼셰비키는 다음과 같다.

왕명(진소우), 맹경수[孟慶樹 혹은 맹경서(孟慶緒), 여], 박고(진방헌), 낙포(장문천), 왕가상, 양상곤, 진창호, 장금추(張琴秋, 여), 왕성영(王盛榮), 서이신[徐以新, 혹은 서일신(徐一新)], 개풍, 하극전(何克全)[17], 하자술(何子述), 심택민(沈澤民)[18], 송반민[宋潘民, 혹은 송반민(宋盤民)], 진원도[陳原道, 혹은 진원도(陳源道)], 은감(殷鑒), 이죽성(李竹聲), 성충량[盛忠亮, 성구(盛嶽)][19], 원가강[袁家鏞, 혹은 원맹초(袁孟超), 송삼(宋三)][20], 왕운정(王雲程), 손제민[孫濟民, 손제명(孫際明)], 하희(夏曦), 주아근(朱阿根), 왕성적(汪盛荻), 이원걸(李元傑), 왕보례[王保禮, 왕보례(王寶禮)], 주자순[朱自舜, 주자순(朱子純), 여], 두작상(杜作祥, 여), 초특보(肖特甫)

10) 동필무(董必武, 1886~1975)

중국공산당 창당인 중의 한 명인 동필무는 1911년 신해혁명에 참가했으며 손문이 이끄는 중국동맹회에 가입했다. 러시아 10월 혁명과 중국 5·4운동의 영향으로 마르크스주의

---

17) 준의회의 중 박고를 지지하였다가 뒤에는 모택동을 지지하면서 장국도를 반대하였다. 『抗日軍政大學校歌』의 작가이다.

18) 모순(茅盾)의 동생이다.

19) 미국으로 이민 간 이후 28명의 볼셰비키의 회고록인 『莫斯科中山大學與中國革命』을 편찬하였다.

20) 1934년 이죽성(李竹聲)과 함께 국민당에 체포된 이후 변절하였다. 엄영(嚴英)으로 개명하였다.

를 받아들여 선전하였다. 1920년 무한에서 공산주의조직을 만들고, 1921년 중국공산당을 창당하게 되는 제1차 중국공산당 전국대표대회에 참석했다. 이어 중국공산당 무한 지방 위원회 서기직과 중국공산당 호북성 성위원(省委員)을 맡았다.

1927년 중국공산당의 무장혁명이 실패로 돌아간 후 비밀활동을 시작하였고, 1928년 소련으로 유학을 떠났다. 1934년 10월 장정에 참가하여 1935년 섬서성 북부에 도달한 후 중국공산당 중앙당교의 교장직을 맡았다.

1941년 환남사변이 일어난 후에 등영초 등과 함께 참정회에 대한 출석을 거부했다. 1945년 샌프란시스코에서 열린 국제연합 제헌회의에 참석했으며, 항일전쟁에서 승리한 후에 중국공산당 측 대표의 일원으로서 국민정부와 담판을 진행했고, 1946년 중경에서 열린 정치협상회의에 참석했다.

11) 장국도(張國燾, 1897~1979)

중국공산당의 창립자이자 지도자였던 장국도는 1935년 지도권을 놓고 모택동과 경쟁하다가 실각하였다. 장국도는 5·4운동의 학생 지도자로 명성을 얻었는데, 원래 무정부주의자였다가 마르크스주의의 영향을 받아, 1921년 7월 중국공산당의 공식 창당대회에 참석했다. 장국도는 공산당의 주요 조직책으로 활동하면서 북경과 한구 철도파업을 이끌었다. 이 파업은 1923년 2월 7일 군벌인 오패부에 의해 진압되었다. 1927년 8월 1일에 공산당이 주도한 남창기의에 가담했다.

장국도는 제2차 국공합작의 협의회 대표로 임명된 기회를 이용하여 1938년 국민당으로 전향했다. 제2차 세계대전 중 국민당 정부의 수도인 중경에서 살았지만, 정치권력은 거의 얻지 못했다. 1949년 모택동이 국공내전에서 승리하자, 홍콩으로 도망쳤다가 1979년 캐나다에서 사망했다.

12) 채화삼(蔡和森, 1895~1931)

1895년 상해에서 태어난 채화삼은 1913년 호남성립 제1사범학교에 입학하였다. 1918년 모택동 등과 함께 신민학회를 조직하였고 '상강평론'을 설립했다. 1919년 말 프랑스에 유학을 떠났다가 공산주의를 접하게 되었고 국내친구들과 서신을 주고받으면서 공산당 조직을 제안하였다. 1921년 10월, 귀국한 뒤 중국공산당에 가입했다. 1922년 9월 중공 중앙 기관보 ≪향도≫ 주보의 주필을 맡았다.

채화삼은 당의 제3차, 4차 회의에서 중앙국 위원으로 당선되었고, 1925년 5·30반제애 국운동에 참여했다. 8·7회의에서 채화삼은 모택동의 의견을 지지하고 토지개혁과 무장 투쟁을 독립적으로 전개할 것을 주장했다. 1931년 6월, 채화삼은 고순장의 배반으로 홍콩 에서 체포되었다가 광동군벌에게 인도되었고, 8월 광주에서 36세 나이로 총살당했다.

13) 섭정(葉挺, 1896~1946): 공산당 첫 번째 사령관

본명은 섭순(葉洵)이고, 자는 희이(希夷)이며, 광동 사람이다. 북벌 때 명장이며, 8·1남 창기의 때 총지휘관이다. 중국인민해방군 창시자 중의 한 명으로 신사군 군장(軍長)을 지 냈다.

1919년 손중산 영도의 민주혁명에 가담하였다가 같은 해 중국국민당에 가입하였다. 1924년 12월에 중국공산당에 가입하였고, 1928년에 광주기의 실패 후 유럽으로 떠났다. 항일전쟁 이후, 섭정은 1938년 1월 국민혁명신편제4군(國民革命軍新編第四軍) 군장이 되었 다. 국민혁명군에게서 중장(中將) 직위를 받았다. 1946년 3월 4일 다시 중국공산당에 가입 하였던 섭정은 동년 4월 8일 비행기를 타고 중경에서 연안으로 가다가 비행기 사고로 사 망하였다. **모택동은 섭정을 "공산당 첫 번째 사령관이다. 인민군대의 전쟁사는 그에게서 시작되었다"**라고 일컬었다. 1988년 10월, 섭정은 중앙군사위에서 확정한 중공 33명 군사 가 중의 한 명이 되었다.

14) 조세염(趙世炎, 1901~1927)

1901년 사천성에서 태어난 조세염의 자는 금생(琴生)이고, 호는 국부(國富)이며, 필명은 시영(施英)이다. 조세염은 진독수의 ≪신청년≫ 영향을 받아 신문화운동에 뛰어 들었다. 1919년 이대쇠의 소개로 소년중국학회(少年中國學會)에 가입하였고, 5·4운동에 참가했다. 1920년 5월, 프랑스로 유학을 떠났고, 1921년 봄, 장신부·주은래 등과 함께 프랑스 중 국공산당조기조직을 발기, 조직하였다. 1922년 주은래 등과 함께 구라파 중국소년공산당 (中國少年共産黨)을 발기하여 설립하였고, 중앙집정위원회 서기를 맡았으며, 그 후 중공 구라파동지부위원과 중공프랑스조직서기를 맡았다.

　　제1, 2차 무장봉기가 실패한 후 조세염은 1927년 3월 21일 진독수·주은래·라역농 등과 함께 상해노동자들을 영도하며 제3차 무장봉기를 일으켰다. 30여 시간의 격정을 걸쳐 군벌부대를 격퇴하고 상해를 점령했다. 1927년 4월, 장개석이 4·12반혁명정변을 일으키자 조세염은 백색공포로 휩싸인 상해로 돌아와 계속해서 혁명투쟁을 견지했다. 1927년 7월 2일 조세염은 반역자의 배반으로 체포되었다.

15) 등중하(鄧中夏, 1894~1933)

　　1894년 호남에서 태어난 등중하는 자가 중해(仲澥)이고, 이름은 등강(鄧康)이다. 등중하는 1919년에 5·4운동에 참가하였고, 1920년 3월 이대쇠의 지도하에 북경대학 마르크스학설연구회를 발기하였다. 그리고 같은 해 10월 마르크스학설연구회 구성원을 핵심으로 한 북경공산당조기조직을 발기하였다.

　　1922년 5월 1일 장신점(長辛店)공인대표로 당선되었고, 광주에서 열린 제1차 전국노동대회에 참석하여 중국노동조합서기부 주임으로 당선되었다. 1927년 8·7회의에 참가하였고, 임시중앙정치국후보위원으로 되었다. 1928년 2월 광동성당위 서기로 임명되고 1928년 3월에는 모스크바에 가 적색종업원(赤色職工) 국제 제4차대표대회가 개최되었을 때, 소조정(蘇兆征)과 함께 중화전국총공회를 이끌고 참석하였다. 6월에는 주은래·구추백 등과 함께 모스크바에서 개최된 중국공산당 제6차 전국대표대회에서 중앙후보위원으로 당선되었다.

　　왕명이 정권을 장악한 이후 등중하는 해임되었다. 1932년 가을 국민당통치지역에서 지하활동을 하다가 1933년 5월 체포되었다. 9월 21일, 남경 우화대(雨花臺) 사형장에서 "국민당을 타도하자(打倒國民黨)!", "중국공산당 만세(中國共産黨萬歲)!"를 외치면서 죽었다.

16) 향경여(向警予, 1895~1928)

　　중국여성운동의 지도자인 향경여는 1895년 호남성에서 태어났다. 본명은 향준현이고, 토가족이다. 1914년 '여성혁명가의 요람'이라 불리는 장사 주남(周南)여자학교에서 공부를 하였다. 1919년 가을, 향경여는 모택동·채화삼 등이 창건한 혁명단체 신민학회에 참여하였다. 그해 12월, 향경여와 채화삼은 함께 프랑스로 유학을 갔고, 1920년 프랑스에서 결혼을 하였다. 향경여는 1921년에 귀국하였고, 1922년 초 중국공산당에 가입하였다. 그 이후 중국 최초의 무산계급여성운동을 영도하기 시작하였다. "여성운동결의안"(1926) 등 많은 중요한 지도문건을 작성하였다.

1925년 10월, 모스크바에 가서 동방노동자공산주의대학에서 공부하였고, 1927년 귀국한 뒤에는 중국공산당 한구시위 선전부, 시총공회 선전부에서 일을 하였다. 1928년 3월 20일, 반역자의 밀고로 체포되었다. 1928년 5월 1일, 전 세계 노동자의 날에 국민당에 의해 살해당했다.

17) 소조정(蘇兆征, 1885~1929)

광동성 출신인 소조정은 중국 초기 노동운동의 지도자 중의 한 명이다. 1908년 동맹회(同盟會)에 가입하여 청왕조 전복운동에 적극적으로 참여하였다. 1917년 러시아 10월 혁명의 영향을 받아 노동자운동에 참여하기 시작했다. 1920년에는 임위민(林偉民) 등과 해원(선원)공회조직(海員工會組織)을 설립하였고, 1921년 3월에는 홍콩에서 중화해원공업연합총회(中華海員工業聯合總會)를 설립하였다.

1922년 1월 홍콩선원 대파업을 벌였는데, 이는 중국공산당이 성립한 이후에 최초의 파업고조의 출발점이 되었다. 1925년에 중국공산당에 가입하였다. 1921년 5월 광주에서 제2차 전국노동대회에 참가하여 중화전국총공회집행위원(中華全國總工會執行委員)이 되었다.

1925년 6월 19일 홍콩과 광주에서 성항(省港, Guangdong-Hong Kong) 대파업이 발생하였다. 근로자들은 소조정을 파업위원회 위원장을 추대하였고, 재정위원회위원장을 겸했다. 성항 대파업은 1년 4개월간 진행되었는데, 중국노동운동사에서 한 획을 그을 정도였다.

1926년 1월 소조정은 전국해원(全國海員) 제1차 대표대회에서 총공회집행위원회 위원장이 되었다. 1926년 5월 1일 제3차 전국노동대회가 광주에서 열렸는데, 소조정은 전국총공회집행위원회 위원장이 되었고, 전국노동자가 추대한 지도자가 되었다. 8·7회의에서 소조정은 중앙임시정치국위원이 되었고, 구추백·이유한과 함께 중앙정치국 상무위원이 되어 당의 핵심 지도자가 되었다. 소조정은 모스크바에 있는 동안에 당의 6차 전국대표대회에서 중앙정치국위원 상무위원이 되었다. 1929년 2월 25일 병으로 사망하였다.

18) 방지민(方志敏, 1899~1935)

　　강서성 익양현(弋陽縣) 출신인 방지민은 강서 당 조직 창시자 중의 한 명이며, 민(閩)·절(浙)·환(皖)·공(贛) 혁명근거지 창건자이기도 하다. 현위서기(縣委書記), 특위서기(特委書記), 성위서기(省委書記), 군구사령원(軍區司令員), 홍10군정위(政委), 민절공성소비에트정부주석, 중화소비에트공화국중앙주석단 위원, 당중앙위원을 역임하였다.

　　1922년 봄, 비기독교대동맹(非基督敎大同盟)에 가입하였고, 7월에는 상해로 건너갔으며 중국사회주의청년단(中國社會主義靑年團)에 가입하였다. 그리고 1924년 3월에 중국공산당에 가입하였다. 국민당강서성당부집행위원 겸 농민부부장을 맡았으며, 곧 익양으로 돌아가 중공칠공진소조(中共漆工鎭小組)를 창건하였고, 익양청년사(弋陽靑年社)를 설립하였으며, ≪촌철(寸鐵)≫을 출간하였다. 농민협회를 건립하였으며, 농민운동을 일으켰다. 1926년 12월, 강서성농민협회주비처(江西省農民協會籌備處) 비서장에 임명되었다. 1927년 남창기의 이후 익양에 들어가서 중공 익양구위(弋陽區委) 서기, 중공 횡봉구위(橫峰區委) 서기를 맡았다.

　　1931년 중공공동북성위상위(中共贛東北省委常委)에 선출되었고, 1931년에는 중화소비에트공화국임시중앙정부(中華蘇維埃共和國臨時中央政府) 집행위원, 주석단 위원으로 당선되었다. 1935년 1월 24일 체포되었고, 옥중에서 ≪可愛的中國≫·≪淸貧≫ 등의 저서를 집필하였다. 1935년 8월 6일 남창에서 죽었다.

19) 조상지(趙尙志, 1908~1942)

　　동북항일연합군 창립자이며 지도자인 조상지는 1908년에 태어났고, 1925년에 중국공산당에 가입하였다. 1925년 겨울 당조직의 파견으로 황포군관학교에서 공부를 하다가 1926년 5월, 장개석의 '중산함사건'과 '당무정리사건'에 불만을 품고, 황포군관학교를 떠나 당의 요구에 따라 하얼빈에서 혁명활동을 하였다. 조상지는 적에게 체포되었다가 1931년 9·18사변 후 구출되었고, 이후 중공 만주성당위 상무위원, 군위서기를 역임하였다.

　　1934년 6월, 조상지는 동북반일유격대 합동지대 사령직을 맡고 이조린 (李兆麟) 등 지도자들과 함께 흑룡강 주하(珠河)항일유격근거지를 건립했다. 1940년 조상지는 당시 북만성당위의 잘못된 판단으로 당적에서 제명되었다. 1942년 2월 12일, 부대를 이끌고 적과 전투 중 체포되었다.

20) 섭이(聶耳, 1912~1935)

운남성 출신인 섭이는 1912년에 태어났다. 1928년 중국공산주의청년단에 가입하였고, 1933년에 중국공산당에 가입하였다. 1932년 섭이는 북경에서 혁명음악활동에 참가하였다. 얼마 후 상해로 돌아와서 중국신흥음악연구회를 발기, 조직했다.

공산당 가입 이후, 가극, 연극과 영화의 주제곡과 삽입곡 30여 수를 창작하였다. 이러한 노래는 민중들의 항일구국운동정신을 불러일으키는 데 중요한 역할을 하였다. 섭이를 체포하려 하자 중국공산당은 섭이에게 일본을 거쳐 소련으로 가게 하였는데, 1935년 일본에서 수영을 하다가 사망하였다. 섭이는 1935년 영화 "풍운아녀(風雲兒女)"의 주제곡 '의용군행진곡'의 작곡을 맡았다. 1982년 12월 제5차 전인대 제5차 전체회의에서 '의용군행진곡'을 중화인민공화국 국가로 확정했다.

21) 쌍백(雙百)인물

신중국 성립 이래 애국주의 교육활동이 진행되면서, 신중국 성립 60주년을 맞이하여, 중앙 비준을 통해 중앙선전부·중앙조직부·중앙통전부·중앙문헌연구실·중앙당사연구실·민정부·인력자원사회보장부·전국총공회·공청단중앙·전국부련(全國婦聯)·해방군총정치부 11개 부서에서 협력하여 100명의 신중국 성립을 위해 공헌을 한 모범인물과 신중국 성립 이래로 감동을 준 중국인물 100명을 선정하기 위해 노력하였다. 그리고 2009년 9월 10일 전국"쌍백"평선활동조위회(全國"雙百"評選活動組委會)에서 공포하였다.

(1) 신중국성립에 지대한 공헌을 한 영웅 100명

팔녀투강(八女投江), 어화호(於化虎), 소엽단(小葉丹), 마본재(馬本齋), 마립훈(馬立訓), 방지민, 모택민(毛澤民), 모택담(毛澤覃), 왕이탁(王爾琢), 왕진미, 왕극근(王克勤), 왕약비, 등평(鄧萍), 등중하, 등은명, 위발군(韋拔群), 풍평(馮平), 로덕명(盧德銘), 섭정, 섭성환(葉成煥), 좌권(左權), 백구은(白求恩), 임상륜(任常倫), 관향응, 류로장련(劉老莊連), 류백견(劉伯堅), 류지단, 류호란(劉胡蘭), 길홍창(吉鴻昌), 향경여, 심회주(尋淮洲), 융관수(戎冠秀), 주서(朱瑞), 강상청(江上青), 강죽균(江竹筠), 허계신(許繼愼), 완소선(阮嘯仙), 하숙형, 동린각(佟麟閣), 오운탁(吳運鐸), 오환선(吳煥先), 장태뢰, 장자충(張自忠), 장학량, 장사덕(張思德), 광계훈(曠繼勳), 이백(李白), 이림(李林), 이대쇠, 이공박(李公樸), 이조린, 이석훈(李碩勳), 양은, 양자영(楊子榮), 양개혜(楊開慧), 양호성(楊虎城), 양정우(楊靖宇), 양암공(楊闇公), 초초녀(肖楚女), 소조정, 추도분(鄒韜奮), 진연년[陳延年, 진수상(陳樹湘)], 진가경(陳嘉庚), 진담추, 승성해(冼星海), 주문옹과 진철군부부(周文雍和陳鐵軍夫婦), 주일군, 명덕영(明德英), 임상겸, 라역농, 라충의(羅忠毅), 라병휘, 정률성(鄭律成), 운대영(惲代英), 단덕창(段德昌), 하영(賀英), 조일만(趙一曼), 조세염, 조상지, 조박생(趙博生), 조등우(趙登禹), 문일다(聞一多), 애덕가·사낙(埃德加·斯諾), 하명한(夏明翰), 격리과리·고리신과(格裏戈裏·庫裏申科), 랑아산 다섯 장사(狼牙山五壯士), 섭이, 곽준경(郭俊卿), 전장비(錢壯飛), 황공략, 팽배, 팽설풍(彭雪楓), 동존서(董存瑞), 동진당(董振堂), 사자장(謝子長), 노신(魯迅), 채화삼, 대안란(戴安瀾), 구추백

(2) 신중국 성립 이래로 중국에 감동을 준 인물 100명

정효병(丁曉兵), 마만수(馬萬水), 마영순(馬永順), 마항창(馬恒昌), 마해덕(馬海德), 중국여자배구 올림픽팀(中國女排五連冠群體), 공상서(孔祥瑞), 공번삼(孔繁森), 문화지(文花枝), 방영강(方永剛), 방홍소(方紅霄), 모안영(毛岸英), 왕걸(王傑), 왕선(王選), 왕영(王瑛), 왕악의(王樂義), 왕유덕(王有德), 왕계민(王啟民), 왕진희(王進喜), 왕순우(王順友), 등평수(鄧平壽), 등건군(鄧建軍), 등가선(鄧稼先), 총비(叢飛), 포기범(包起帆), 사광주(史光柱), 사래하(史來賀), 섭흔(葉欣), 감원지(甘遠志), 신기란(申紀蘭), 백방례(白芳禮), 임장하(任長霞), 류문학(劉文學), 류영준(劉英俊), 화라경(華羅庚), 향수려(向秀麗), 정·파특이(廷·巴特爾), 허진초(許振超), 달오제·아서목(達吾提·阿西木), 형연자(邢燕子), 오대관(吳大觀), 오인보(吳仁寶), 오천상(吳天祥), 오금인(吳金印), 오등운(吳登雲), 송어수(宋魚水), 장화(張華), 장운천(張雲泉), 장병귀(張秉貴), 장해적(張海迪), 시전상(時傳祥), 이사광(李四光), 이춘연(李春燕), 이계림과 륙건분부부(李桂林和陸建芬夫婦), 이소지(李素芝), 이몽도(李夢桃), 이등해(李登海), 양리위(楊利偉), 양부원(楊懷遠), 양근사(楊根思), 소저(蘇寧), 곡문창(穀文昌), 태려화(邰麗華), 구소운(邱少雲), 구광화(邱光華), 구아국(邱娥國), 진경윤(陳景潤), 맥현득(麥賢得), 맹태(孟泰), 맹이동(孟二冬), 임호(林浩), 임교치(林巧稚), 임수정(林秀貞), 구양해(歐陽海), 라영진(羅映珍), 라건부(羅健夫), 라성교(羅盛教), 초원영웅 자매(草原英雄小姐妹), 조몽도(趙夢桃), 종남산(鍾南山), 당산13농민(唐山十三農民), 용국단(容國團), 서호(徐虎), 진문귀(秦文貴), 원륭평(袁隆平), 전학삼(錢學森),

상향옥(常香玉), 황계광(黃繼光), 팽가목(彭加木), 초유록(焦裕祿), 장축영(蔣築英), 사연신(謝延信), 한소운(韓素雲), 두철성(竇鐵成), 뢰저(賴寧), 뢰봉, 담언(譚彥), 담천추(譚千秋), 담죽청(譚竹青), 번금시(樊錦詩).

2. 건국 이후~개혁개방 이전의 주요 인물

중국공산당 창당 이후부터 중화인민공화국 건국 이전까지도 중요한 역사적 활동을 하였던 인물이지만, 중국 건국 이후에도 주요 활동을 하였던 인물에 대해 살펴본다. 많은 인물들이 있겠지만, 모택동(1893~1976), 주덕(1886~1976), 주은래(1898~1976), 류소기(1898~1969), 팽덕회(1898~1974), 임표(1907~1971), 화국봉(1921~2008) 등을 살펴보고, 주자파와 홍위병 및 4인방에 대해서 살펴본다.

1) 모택동(毛澤東, 1893~1976)

당주석을 지낸 모택동은 호남성 출신으로, 1918년 진독수와 이대쇠가 주도하던 마르크스주의 연구회에 가담하였고, 1920년에는 호남성 공산주의소조를 조직하였으며, 1921년에는 중국공산당창당에 참여하였다. 1926년에는 "호남농민운동 시찰보고"를 발표하였고, 1927년에 호남봉기를 지휘하였다가, 1000명을 이끌고 정강산으로 퇴각하여, 근거지와 홍군 건설을 주도하였다.

1931년 11월에 강서 소비에트 주석이 되었고, 국민당에 쫓겨 퇴각하다가 1935년 준의에서 개최된 정치국 확대회의에서 지도권을 장악하였다. 그리고 1935년 12월에 당 중앙군사위 주석에 취임하였다. 준의 회의 이후 모택동은 중국공산당을 이끌었고, 중화인민공화국을 건국하는 데 주도적인 역할을 하였고, 건국 이후에는 당과 군 및 정부의 전권을 행사하였다.

2) 주덕(朱德, 1886.~1976.7.6.): 건군의 아버지

인민해방군 '건군의 아버지'라 불리는 주덕은 사천성 출신으로 신해혁명 당시 운남성에서 무장봉기에 참가하였다. 1922년 독일 유학 중에 베를린에서 공산당에 가입하였다.

1927년 8월에 일어난 남창봉기를 지휘하였으며, 1929년에 모택동과 더불어 정강산에서 근거지를 만들었고, 홍군을 창설하였다. 1930년에는 **주모군(朱毛軍)을 주축으로 형성된 홍군의 총사령관이었고,** 1937년 이후 팔로군 총사령관으로 항일전쟁 지휘하였다. 1959년 이후에는 중국공산당 중앙위원회 부주석을 역임하였다.

3) 주은래(周恩來, 1898~1976): 영원한 국무원 총리

'중국 인민의 아버지', '영원한 국무원 총리'라 불리는 주은래는 강소성 출신으로 1922년에 파리에서 중국공산당 유럽지부 창설을 주도하였다. 건국 이후의 제1차 천안문사건과 관련이 있으며, 문화대혁명 시기에 '비림비공'이라는 말이 나왔을 때, 유가교육을 받은 주은래를 은유적으로 '공(孔)'에 비유하였다는 얘기도 있다. 또, 임표가 비행기사고로 사망하였을 때에 관련이 있다는 얘기도 있다.

무엇보다도 주목해서 알아야 할 것은 한국전쟁에 중공군 개입을 반대하였고, 중국군을 이끌고 티베트를 공격하였으며, 고조선의 위치를 찾으려면 동북3성보다는 복건성 쪽을 알아봐야 한다는 말을 하기도 하였다는 점이다.

4) 류소기(劉少奇, 1898~1969)

류소기는 모택동사상을 체계화해 마르크스·레닌주의와 나란히 당 지도사상의 반열에 올렸다. 류소기는 호남성 출신으로 1920년에 프랑스 유학을 하였다. 1921년에 귀국하였고, 1922년에 중국공산당 지부에 가입하였다. 1929년 당 만주성 위원회 서기로 있다가 장학량에게 체포되었고, 석방이후에는 강서소비에트에서 전국총공회 공작을 담당하였다. 1943년에 중앙서기처 서기, 인민혁명군사위원회 부주석이 되었다.

1945년 장개석과의 담판에 모택동을 대신해서 참가하였고, 당내 2인자로 인정받았다. 1956년 8차 당 대회에서 중앙위원회 부주석이 되었고, 1959년에는 국가주석이 되었다, 그러나 문화대혁명 때, 주자파로 몰려 숙청당하였고, 1969년 11월 개봉 감옥에서 죽었다. 1980년이 되어서야 비로소 류소기의 명예는 회복되었다.

5) 팽덕회(彭德懷, 1898~1974)

6·25전쟁 때 중공군 사령관으로 참전하였던 팽덕회는 1959년 7, 8월에 개최되었던 여산회의에서 모택동을 비판하였던 것으로 유명하다. 1959년 8월 16일 8차 8중전회에서 팽덕회는 비판을 받고 숙청당하였다.

호남성 출신인 팽덕회는 1928년에 중국공산당에 가입하였다. 1930년 홍군 제1 방면군 부총사령관이 되었고, 1931년 중앙혁명군사위원회 부주석이 되었다. 항일전쟁 때 주덕이 이끄는 팔로군의 부사령관을 역임하였고, 1940년에는 주덕을 대신하여 팔로군을 이끌고 '백단대전(百團大戰)'을 지휘하였다. 팽덕회는 1959년 7, 8월 여산에서 대약진의 3가지 모순점 들고 모택동을 비판하였다.

6) 이유한(李維漢, 1896~1984)

이유한은 호남사람으로 중국공산당 초기 주요 지도자 중의 한 명이다. 1919년 프랑스로 유학을 갔고, 중국공산당 유럽지부건설계획에 참여했다. 8·7회의 이후 중국공산당정치국상위가 되었고, 통전부 부장을 역임하였다. 이철영(李鐵映)과 이철림(李鐵林)이 그의 아들이다.

1921년 이유한은 주은래, 조세염 등과 함께 유럽중국소년공산당을 조직하는 것에 대해 상의를 하였다. 1922년 유럽중국소년공산당이 성립하였을 때 이유한은 조직공작을 맡았다. 같은 해 귀국하여 중국사회주의청년단에 가입을 하였으며, 연말에는 모택동과 채화삼의 소개로 중국공산당에 가입하였다.

이유한이 중앙서북공작위원회 비서장으로 재임하던 시절에, ≪회회민족문제제강(回回民族問題提綱)≫와 ≪몽고민족문제제강(蒙古民族問題提綱)≫를 기초하였고, 중공중앙의 토론을 거쳐 비준되었다. 이것은 **중국공산당의 체계적인 소수민족문제 연구의 시작**이었다. 섬북공학(陝北公學)은 대혁명동안 많은 지식청년을 배양하였다.

1942년 9월에서 1946년 4월까지 이유한은 중공서북국위원, 섬감녕변구정부(陝甘寧邊區政府) 비서장이었다. 이 기간에 섬감녕변구는 생산이 발전하기 시작하였고, 문화와 교육 및 위생공작과 소수민족공작을 전개하기 시작하였으며, 삼삼제(三三制)를 실시하였다.

7) 강생(康生, 1898~1975)

1898년 부유한 집에서 태어난 강생의 본명은 장종가(張宗可)이다. 산동 출신이고, 자는 소경(少卿)이다. 이름은 강생 외에도 장유선(張裕先), 장숙평(張叔平), 장운(張耘), 조용(趙容)을 사용하였다.

1925년 강생은 중국공산당에 가입하였다. 일찍이 상해의 호중(滬中)·갑북(閘北)·호서(滬西)·호동(滬東) 등지의 구위서기(區委書記)를 지냈다. 1930년에 6차 3중전회에서 중앙심사위원이 되었다. 1942년, 중국공산당은 정풍운동을 전개하였고, 중공 중앙정치국은 중앙총학습위원회(中央總學習委員會)를 설립하였다. 그리고 모택동이 주임이 되었고, 강생은 부주임이 되었다. 강생이 "정풍(整風)—간부심사(審幹)—숙청(肅反)"의 공식을 제안하였고, "실족자를 구한다(搶救失足者)"는 운동으로 많은 날조된 사건을 조작하여, 300만 이상의 反毛세력을 숙청하였다.

강생은 중국의 '라브렌티 베리아(1899-1953, 소련 비밀경찰)'라고 불리기도 하였다. 해방전쟁 기간에는 중국공산당 중앙위원회 산동분국 서기, 산동군구 정치위원, 산동성인민정부 주석을 역임하였다.

중국 건국 이후에는 중공중앙서기처 서기, 전국정협 부주석, 전국인대상위회 부위원장, 중앙이론소조 조장, 『모택동선집』출판위원회 부주임을 역임하였다. 문혁기간에는 임표, 강청 등이 권력을 찬탈하는 음모활동에 참여하였고, 당과 국가의 많은 지도자들을 모함하고 숙청하였다. 1976년 북경에서 사망하였고, 1980년 중국공산당 중앙위원회에서는 강생이 저지른 죄를 물어 당적을 박탈하였고, 추도사(悼詞)를 철회하였다.

8) 진의(陳毅, 1901~1972)

사천성에서 태어난 진의는 1919년 근공검학단(勤工儉學團)의 일원으로 프랑스에 유학하였다. 1923년 중국공산당에 가입하였고, 1931년에는 중화소비에트 임시정부 중앙집행위원이 되었다. 1934년 신사군(新四軍) 제1지대 사령원이었으며, 1949년 제3야전군 사령원, 화동군구 사령원 겸 당 화동국 제2서기였다.

진의는 대장정에 참가하지 않고, 남부에 남아 유격활동을 계속했다. 그리고 1955년 원수(元帥)의 직위를 받았고, 1958년부터 1966년까지 외교부장을 지냈다. 1967년 '2월 역류'

사건으로 직무 정지를 당하였고, 이후 비판을 받았으며, 1969년 제9차 당대회에서 모든 공직을 박탈당하였다.

9) 섭검영(葉劍英, 1897~1986)

섭검영은 광동사람으로, 손중산을 따라 민주혁명을 하였다. 그리고 국민혁명군제4군 참모장을 임명받아 북벌전쟁에 참가하였다. 1927년에는 중국공산당에 가입하였고, 광주기의를 영도하였다. 1928년 소련모스크바노동대학에서 공부를 하다가 1930년에 귀국하였다.

중공공농홍군 제1방면군 참모장을 역임하였고, 주은래를 도와 서안사변의 담판을 승리로 이끌었다. 항일전쟁 시, 팔로군 참모장, 중앙혁명군사위원회 참모장을 역임하였다. 건국 후 국방위원회 부주석, 군사과학원장 겸 정치위원, 전국정협 부주석, 중앙군위 부주석 및 비서장, 중앙서기처 서기, 중공중앙부주석, 국방부 부장, 전국인대상무위원회원장, 중화인민공화국 군사위원회 부주석을 역임하였다.

1955년 중국 원수 군위를 수여받았다. 문혁 기간에는 임표, 강청반혁명집단과 투쟁을 벌였고, 강청반혁명집단을 분쇄시킬 때 결정적인 역할을 하였다.

10) 임표(林彪, 1907~1971)

문화대혁명 시기에 모택동의 후계자로 지목되었다가, 1971년 9월 쿠데타를 일으켰다가 실패하여 외몽고로 비행기를 타고 가다가 의문의 사고로 추락하여 사망하였다. 임표는 호북성 출신으로 1925년에 중국공산당에 가입하였다. 1927년 남창-호남봉기에 참여하였고, 1928년에 정강산으로 들어갔다. 임표는 홍군의 창설멤버로 대장정, 항일전쟁, 내전 등에서 홍군 지휘관으로 활약하였다.

1951년에 중앙군사위 부주석, 1954년에는 국무원 부총리가 되었고, 1959년에는 팽덕회가 해임된 후 국방부장관이 되었다. 1964년부터 군 내부에서 모택동사상운동을 전개하여, 문화대혁명을 적극적으로 지원하였고, 1969년 9전 대회에서 중앙위원회 부주석으로 모택동 후계자로 명시되었다. '비림비공'이라는 용어에서 '임(林)'에 해당하는 인물이다.

11) 호교목(胡喬木, 1912~1992)

강소성에서 태어난 호교목의 본명은 호정신(胡鼎新)이다. 교목은 필명이다. 1930년에 중국공산주의청년단에 가입하였고, 1932년에 중국공산당에 들어갔다. 1941년에 모택동의 비서를 지냈고, ≪약간의 역사문제에 관한 결의≫의 초안작업을 하였고, 1954년 중공중앙 부비서장으로 지내면서 ≪중화인민공화국헌법≫의 초안 작업을 하였다. 1980년부터 1981년까지 ≪건국 이래 당의 약간의 역사문제에 관한 결의≫의 초안작업에 참여하였다.

1951년에 그가 편찬한 ≪중국공산당 30년(中國共産黨的三十年)≫은 신중국 최초의 간명당사(簡明黨史)이다. 그리고 ≪모택동선집≫제1권에서 4권까지 편집 작업에 참여하였고, 모택동사상을 선전하기 위한 많은 노력을 기울였다. 4인방 몰락 후, 호교목은 임표와 강청반혁명집단의 죄행을 폭로하는 동시에 등소평을 적극적으로 지지하며 양개범시의 착오를 비판하였다. 1977년에 설립된 중국사회과학원의 초대 원장을 역임하였다.

호교목은 1978년 11차 3중전회에 발표될 문건의 초안 작업 책임자였다. 등소평의 개혁개방정책을 적극적으로 지지하였다. 중국공산당 창당 70주년 때, 그가 발표한 ≪中國共産黨怎樣發展了馬克思主義≫은 그의 마지막 작품이었다. 저서로는 『중국공산당 30년』 등이 있다.

12) 화국봉(華國鋒, 1921~2008)

화국봉은 모택동이 "당신이 일을 한다면 나는 안심한다(你辦事, 我放心)"라 말할 정도로 모택동의 신뢰를 얻은 후계자였다. 모택동이 사망한 이후 모든 권력을 차지하였으나, 등소평을 위시한 개혁세력에게 모든 권력을 빼앗겼다.

화국봉은 산서성 출신으로 1938년에 유격전에 참가하였고 중국공산당에 가입하였다. 건국 이후 여러 요직을 지내다가, 모택동이 사망한 이후 1976년에 국무원 총리, 1976년 10월에는 당중앙 주석, 군사위원회 주석을 차지하였다가 이후 실각하였다. 1976년 9월 모택동 사망 이후 화국봉은 쿠데타로 정적들을 숙청하고 당 내부에서 '영명한 지도자'로 칭송을 받았다.

화국봉은 1977년 2월 중국의 3대 잡지[인민일보, 해방일보, 홍기(紅旗)]에 공동사설에서 양개범시를 주장하였다. 화국봉은 1978년 12월에 개최된 3중전회에서 '범시파'로 비판을 받아 실각하였다.

13) 주자파(走資派, 자본주의의 길을 걷는 실권파)

주자파는 '走資資本主義道路的當權派(자본주의의 길을 걷는 실권파)'의 약어이다. '농촌 사회주의 교육운동'이 전개되던 중, **1965년 1월 14일 중공당 중앙위원회 발표한 '23조'에 이 용어가 처음으로 등장하였다.** 모택동과 4인방이 정치적 반대파를 反모택동주의자로서 숙청하여 제거할 때 사용했던 호칭이다.

1966년 8월 8일, 8차 11중전회에서 채택된 '문혁16조(文革十六條)'에 다시 문혁의 주요목적이 당내의 주자파를 타도하는 것이라고 밝힘으로써 이 용어가 일반화되었다. 이후 모택동과 4인방은 자본주의의 길을 걷는 당내 최대의 실권파가 바로 류소기일파라고 하면서 그를 반대하는 대대적인 비판운동을 전개하였다.

14) 4인방(강청, 장춘교, 왕홍문, 요문원)

4인방이라는 호칭은 모택동이 1975년 5월 3일 당중앙정치국 회의에서 사용한데서 유래되었다. 문화대혁명 당시 모택동을 등에 업은 급진파 지도자들이던 강청(모택동의 처), 장춘교(부총리, 당정치국 상무위원), 왕홍문(王洪文, 당부주석), 요문원(당 정치국원)을 가리키는 말이다. 모택동 사망(1976.9.9.) 직후인 10월 6일, '반혁명집단'으로 몰려 화국봉, 섭검영, 왕동흥 등 당 중앙에 의하여 체포당했다. 1980년 11월~1981년 1월, 이들은 '강청반혁명집단'이라고 불리면서 '임표반혁명집단'과 함께 최고인민법원 특별법정에서 재판을 받았고, 1981년 1월 25일, 江張은 집행유예 2년의 사형(1983년 1월, 무기징역으로 감형), 왕은 무기, 요는 징역 20년의 판결을 받았다. 문예비평가이기도 하였던 요문원과 장춘교 등은 <해서파관>을 비판하는 논문을 작성하여 문화대혁명의 원인을 제공하였다.

15) 뢰봉(雷鋒, 1940.~1962.8.15.)

인민을 위해 성심성의껏 봉사를 한 모범이고, 공산주의 전사로 인식되고 있는 뢰봉은 1940년 12월 호남성에서 태어났다. 1954년에 중국소년선봉대에 가입을 하였다. 7살에 고아가 된 그는 소학교를 졸업하던 해(1956), 왕청현 당위원회에서 문서송달업무 통신원으로 일을 했다. 1957년 2월 8일 중국공산주의청년단에 가입하였다. 규수공정(潙水工程), 단산호농장(團山湖農場)과 안강(鞍鋼)의 건설에 여러차례 노동모범과 선진생산자로 평가되었다. 1960년 중국인민해방군에 참가하였고, 입대한 지 3년이 채 되지 않아서 한 차례의 2등 공로와 두 차례의 3등 공로를 인정받았고, 절약을 잘하는 본보기로 인정받았다. 그리고 모범 공청단원이라는 호칭을 얻었으며, 심양 부대 공청단대표회의에 출석한 적이 있다. 1961년에 반장으로 승진하였고, 무순(撫順)시 인민대표로 선출되었다. 1962년 8월 15일 공무 중에 순직하였다. 모택동은 1963년 3월 5일에 친필로 그를 위해 "뢰봉동지에게 배우라(向雷鋒同志學習)"라고 적었다. 그리고 3월 5일을 "뢰봉을 학습하는 기념일"로 정했다.

16) 고강(高崗, 1902~1954)

고강은 섬서성 출신으로, 1926년에 중국공산당에 가입하였다. 1927년부터 섬서성에서 무장투쟁을 지도하였으며, 1935년경에는 중국공산당 섬강녕 근거지를 건립하였다.

1940년대와 1950년대에는 동북지역의 책임자였다가, 1954년 당 7차 4중전회에서 고강-요수석 사건으로 비판받았고, 1955년 감옥에서 자살하였다.

17) 요수석(饒漱石, 1903~1975)

요수석은 강서성 출신으로 1925년에 중국공산당에 가입하였다. 1935년에는 소련 주재 코민테른 대표였고, 중국 건국 후에는 중국공산당 화동국 제1서기를 지냈다.

1953년 공산당중앙조직부장에 전출되면서 고강의 '반당연맹'의 일원이 되었다가, 1954년 7차 4중전회에서 비판받았고, 1955년 제명되었다. 1975년 옥중에서 사망하였다.

18) 라명(羅明, 1909~1987)

라명은 광동 출신으로 1925년 중국공산당에 가입하였다. 중공 산두지위(中共汕頭地委), 민남특위(閩南特委) 복건성위(福建省委) 서기를 역임하였다. 1928년 모스크바로 가서 중공 제6차 전국대표대회에 출석하였다. 1931년 후에는 중공민월공특위조직(中共閩粤贛特委組織) 부장, 복건성위(福建省委) 대리서기를 역임하였다.

라명은 모택동의 유격전쟁의 전개와 우세한 병력을 집중하여 적을 공격한다는 전략방침을 지지하였다. 1933년 '라명노선(羅明路線)'은 왕명의 좌경모험주의로부터 비판을 받았다. 후에 서금 중앙당교에서 공작을 하였으며, 건국 후에는 남방대학교 부교장과 광동민족학원 원장을 역임하였다.

3. 개혁개방 이후의 주요 인물

개혁개방 이후의 시기로 구분된 인물 중에는 중국공산당 창당 이후부터 개혁개방 이전까지 주요 활동을 하였던 인물도 있다. 2세대 지도자부터 5세대 지도자 주요 인물에 대해서 소개하고, 그 밖에 주요 파벌에 대해서 알아본다.

1) 등소평(鄧小平, 1904~1997)

3번의 실각과 3번의 복권을 하였기 때문에 '오뚝이'이라는 불리는 등소평은 사천성 출신으로 1978년 개혁개방정책을 실시하는 데 주도적 역할을 하였고, 오늘날 중국이 경제 강대국으로 부상하는 데 커다란 역할을 한 인물이다. 등소평은 1920년 프랑스에 유학을 갔다가 주은래와 가까이 지냈다.

> **▌등소평을 왜 오뚝이라 부르는가? 3번의 실각과 3번의 복권**
>
> 1933년 강서 소비에트 때, 등소평은 소련 유학파들이 주도하는 반라명(反羅明)캠페인, 즉 모택동의 주장을 옹호하다가 당내의 좌경 세력에 의해 비판 대상자가 되어 실권(**제1차 실각**)하게 된다. 1934년 대장정 초기에 사병으로 참가하였다가 장정 과정에 복권되었고, 후기에는 정치위원으로 활약하였다. 그리고 항일전쟁과 국공내전에서 등소평은 군사전략가로서 활약했는데, 이러한 이유로 등소평은 제2세대로 분류되었다. 1956년에는 총서기가 되었다가 문혁 시기에 주자파로 몰려 숙청(**제2차 실각**)되었다. 1973년에 복권한 뒤 주은래를 돕다가 주은래가 사망한 1976년 4월에 다시 해임되었다(**제3차 실각**). 1977년 7월에 재복권된 이후, 화국봉을 몰아내고 권력을 장악하였고, 1978년 개혁개방을 천명하였다.

개혁개방의 총설계사라 불리는 등소평의 가장 커다란 취약점의 하나가 1989년에 발발한 천안문사건을 군대의 힘을 빌려 무력으로 진압하도록 한 점이다.

2) 진운(陳雲, 1905~1995)

강소성에서 태어난 진운은 1925년에 중국공산당에 입당하였고, 류소기 등과 노동운동
참가하였다. 1948년에는 전국총공회 주석이 되었고, 건국이후에는 국무원 부총리 겸 재정
경제위원회 주임을 역임하였다.

1953년 중공 부주석 고강(高崗)이 동북지역에서 당 분열활동을 벌일 때, 중앙지도자 중
에서 처음으로 이를 적극적으로 반대하였다. 1956년 8차 1중전회에서 중앙위원회 부주석
및 정치국 상무위원이 되었다. 그리고 1978년 중앙위원회 부주석과 신설된 당 중앙기율심
사위원회 위원장을 역임하였고, 1987년 13차 1중전회에서 중앙고문위원회 주임이 되었다.
한편, 1982년 진운이 조롱경제로 개혁개방을 비판하였으나, 이후 진운이 개혁개방 지지로
돌아서면서 개혁개방정책은 박차를 가하였다.

3) 이선념(李先念, 1909~1992)

호북 출신인 이선념은 1927년에 중국공산당에 가입하였고, 1927년 황마기의에 참가하
였으며, 황안현 공농민주정부(工農民主政府) 주석을 역임하였다. 항일전쟁시기에 중국공산
당 예악변구위원회(豫鄂邊區委員會) 서기를 역임하면서 예악변구항일근거지(豫鄂邊區抗日
根據地)를 설립하였다.

1954년 국무원 부총리를 역임하면서 재정부 장관을 겸임하였다. 문혁 기간에는 주은래
가 주관하는 경제공작을 협조하였다. 1976년 10월 4인방을 몰락시키는 데 중요한 역할을
하였으며 등소평이 집권하는 데 주요 조력자였다. 1983년 6월 6차 전인대에서 중화인민공
화국 주석으로 당선되었다. 1988년 4월 제7차 정협 주석이 되었다.

4) 호요방(胡耀邦, 1915~1989)

개혁개방정책을 실시할 때, 호요방은 당총서기로서 등소평을 지원하였다. 이후 요의림으로부터 개혁개방정책실시로 초래된 여러 문제점을 비판받았고, 이후 심장병으로 사망하였다. 호남성 출신인 호요방은 1930년에 공산주의청년단에 가입하였고, 1933년에는 중국공산당에 가입하였으며 이후 항일전쟁에 참여하였다. 문화대혁명 시기에 실각하였다가 4인방이 체포된 뒤에 다시 복권된 호요방은 1981년부터 1987년까지 총서기로 역임하였다.

1989년 4월 심장병으로 사망한 이후 학생과 지식인들은 호요방에 대한 재평가를 요구하는 시위를 벌였고, 이것이 천안문사건의 발단이 되었다. 호요방에 대해서 역사적으로 완전히 재평가되지는 않았지만, 2005년 호금도에 의해 복권되었다.

증경홍 전 국가 부주석이 호요방의 탄생 90주년이었던 2005년 호요방 추모 글을 쓰기도 했다. 그리고 2011년에는 호요방의 장남인 호덕평(胡德平)이『중국은 왜 개혁해야 하나 -부친 후야오방을 회상하며』라는 제목으로 책을 출간하였다.

5) 조자양(趙紫陽, 1919~2005)

조자양은 1989년 천안문사건 당시, 등소평과 당 원로들의 강경진압책을 반대하다가 실각하였다. 조자양은 하남성 출신으로, 1932년 공산주의청년단에 가입하였고, 1938년에 중국공산당에 가입하였다. 1980년에는 국무원 총리, 1987년에는 총서기, 군사위원회 제1부주석을 역임하였다. 1989년 천안문사건이 발생하였을 때 학생과의 대화를 시도하였고, 당의 강경진압정책에 반대하다가 당원자격을 제외한 모든 직위를 박탈당하였고, 가택 연금되었다. 1996년부터 광동성과 사천성의 시찰이 허용되었고, 가택연금이 부분적으로 완화되었다.

조자양은 2005년 가택연금 상태에서 사망하기 전까지 천안문사건을 포함한 과거의 역사를 30개 분량의 테이프에 녹음하였다. 이 내용은『Prisoner of the State』라는 제목으로 2009년 5월 미국에서 출간되었다. 한국에서는『국가의 죄수』라는 이름으로 2010년에 출간되었다. 책에서 조자양은 "사실 가장 활기 있는 제도는 서구식 의회민주주의다. 만약 우리가 이 목표를 향해 나아가지 않으면 중국 시장 경제의 비정상적인 상태를 해결할 수 없다. 중국 문제를 해결하기 위해선 민주주의를 향해 서서히, 끊임없이 나아가야 한다"고 주장했다.

6) 양상곤(楊尙昆, 1907~1998)

중국공산당 8대 원로 중의 한 명인 양상곤은 사천성에서 출생하였다. 그리고 개혁개방 이후 가장 격동기라 할 수 있는 시기에 제6대 국가주석(1988~1993)을 역임했다. 양상곤은 1925년 공산주의 청년단에 가입하였고, 1926년 형의 영향을 받아 중국공산당에 입당했다. 1927~30년 모스크바 중산대학교에 유학을 하였다.

1937~1945년 북방국 서기, 중국공산당 화북국 서기 겸 통일전선 공작부장, 중앙군사위원회 비서장 등을 역임하면서 중국공산당의 지도급 인사로 부상했다. 문화대혁명 초기인 1966년 반혁명집단의 일원으로 규탄받았고, 1968년 ≪인민일보≫에서 소련과 내통한 반혁명분자로 몰려 실각했다.

1978년 12월 제11회 3차 중앙위원회 전체회의에서 류소기와 함께 완전 복권되었다. 1992년 10월에 개최된 중국공산당 제14회 전국대표대회 이후 일체의 당직에서 은퇴했다.

> **▋ 양가장(楊家將)**
>
> 중국인민해방군을 움직이는 최대 파벌을 가리킨다. 국가주석을 역임한 양상곤과 그의 이복동생 양백빙(楊白氷)을 가리켜 양가장이라 불렀다. 1989년 6월 천안문사건 때 양상곤과 인민해방군 총정치부 주임이었던 양백빙은 보수 강경노선을 견지하면서 양가장 기반을 마련했다. 하지만 1992년 10월 14전대회에서 양상곤과 양백빙은 세력을 잃어버렸다.

7) 요의림(姚依林, 1917~1994)

1917년 안휘성에서 출신인 요의림의 본명은 요극광(姚克廣)이다. 1935년에 중국공산당에 가입하였다. 1935년 일본이 동북지역을 점령한 뒤 화북지역으로 공격할 때, 요의림은 팽도(彭濤)·황경(黃敬)·곽명추(郭明秋) 등과 함께 수천 명의 북경애국학생운동을 주도했다. 12·9, 12·16 두 차례의 학생운동을 주도했다.

문화대혁명 기간에 삼반분자(三反分子)라는 비판을 받고 실각되었다가, 1973년 중앙위원회 후보위원으로서 복권되었다. 1979년 7월부터 1993년 3월까지 국무원 부총리를 역임하였고, 1980년 8월부터 1987년 11월까지 중공중앙서기처 서기를 역임하였다. 1994년 북경에서 사망하였다.

8) 이붕(李鵬, 1928~)

　1928년 사천성 성도에 태어난 이붕은 주은래의 양자로 알려진 태자당이다. 1945년에 중국공산당에 가입한 이붕은 1948년부터 1955년까지 소련 모스크바 동력대학(動力學院) 수력발전학과에서 유학을 하였고, 유학생총회 주석을 역임하였다.

　1988년 4월부터 1998년 3월까지 국무원 총리를 역임하였고, 1998년 3월에는 9차 전인대 위원장에 당선되었다. 그리고 13차, 14차, 15차 중앙정치국 상무위원이었다. 1989년 천안문사건 때 강경진압을 강경하게 제안한 인물로 알려져 있다.

9) 강택민(江澤民, 1926~)

　강택민은 강소성 출신으로 1946년에 공산당에 가입하였다. 강택민은 천안문 사건으로 물러난 조자양의 뒤를 이어 총서기가 되었다.　강택민이 총서기가 된 이후 상해방이 정치권을 장악하였고, 호금도가 집권할 때까지 상해방이 주도권을 잡았다. 1989년 13차 4중전회에서 당 중앙위원회 총서기 겸 중앙정치국 상무위원 선출되었고, 1989년 13차 5중전회에서 당중앙위원회 주석으로 당선되었고, 1990년 제7차 전인대 3차회의에서 국가 중앙군사위 주석으로 겸임하였으며, 1992년 14차 1중전회에서 당중앙위원회 총서기가 되었다.

　1993년 제8차 전인대 1차회의에서 국가 주석 및 동 중앙군사위원회 주석이 됨으로써, 당·정·군의 최고지도자로 부상하였다. 강택민은 1989년 6월 이후부터 2003년 3월까지 총서기, 중앙정치국 상무위원, 국가주석, 당 국가 중앙군사위 주석을 지냈고, 2003년 10차 전인대를 계기로 당과 국가 중앙군사위원회 주석직만 유지하고 다른 직책에서 사임하였다. 강택민은 1990년대에 들어와서 강택민 시대를 이끌었다.

10) 교석(喬石, 1924~)

　상무위원회 위원장을 역임한 교석은 상해 출신으로, 1940년 8월에 중국공산당에 입당하였다. 1986년 부총리에 취임하였고, 1987년 중국공산당 중앙정치국 상무위원회 위원, 중앙서기처 제1서기, 중앙기율검사위원회 서기, 중앙정법위원회 서기가 되어 서열 제3위가 되었다. 1989년 6월, 총서기에서 해임된 조자양의 후계자로 물망에 오르기도 하였다.

1993년에는 전국인민대표대회 상무위원장에 임명되었고, 1998년에 정년인 70세를 넘었기 때문에 은퇴하였다고는 하지만, 실질적으로는 강택민과의 권력 다툼으로 실각하였다고 전해진다. 실질적으로 1997년 등소평 사망 이후 군사권을 상무위원회 위원장에 주어져야 하다는 발언을 하였다.

11) 주용기(朱鎔基, 1928~)

호남성 출신으로 주원장의 14대손으로 알려졌다. 1949년 중국공산당에 입당하였으며, 1998년 3월부터 2003년 3월까지 국무원 총리를 역임하였다. 1957년 대명대방운동 중 우파로 몰려 숙청당하였다.

1989년 천안문사건으로 강택민이 총서기로 간 이후, 주용기는 상해시 위원회서기로 진급하였다. 1992년부터 1993년까지 중앙정치국 상무위원, 국무원 부총리 겸 국무원 경제무역 판공실 주임 당조(黨組) 서기를 역임하였다. 2002년 11월 중국공산당 16차 1중전회에서 중앙정치국 위원직에서 물러났으며, 2003년 제10차 전인대 1차회의에서는 국무원 총리직에서 물러났다.

12) 호금도(胡錦濤, 1942~)

호금도는 상해에서 태어났고, 청화대학 수리공정과(水利工程)를 졸업하였다. **2011년 현재 중국공산당 중앙위원회 총서기, 국가주석, 중앙군사위원회 주석이다.** 호금도는 1964년에 공산당에 입당하였고, 1982년부터 1985년까지 공산주의청년단 중앙서기처 서기를 역임하였고, 전국청년연맹 주석을 역임하였다.

1988년부터 1992년까지 티베트자치구 당위서기를 역임하였다. 2002년에 중앙위원회 총서기로 선임되었고, 2003년에는 국가주석에 선임되었다. 2004년에는 당 중앙군사위원회 주석으로 선임되었으며, 2005년에는 국가 중앙군사위원회 주석으로 선임됨으로 해서 호금도는 당·정·군을 장악한 최고지도자가 되었다.

13) 온가보(溫家寶, 1942~)

　　호금도 국가주석 겸 총서기와 온가보 총리를 함께 지칭하는 용어인 '호-온 체제'에서 온가보의 정치적 위상을 알 수 있다. 2007년 사천 지진이 났을 때, 지진 현장에 직접 가서 이재민을 위로하는 등의 모습이 비친 이후 중국 국민으로부터 사랑을 한 몸에 받았다.

　　온가보는 천진 출신으로, 1965년에 중국공산당에 입당하였다. 현 중국공산당 중앙정치국 상무위원, 국무원 총리를 역임하고 있다. 온가보는 1965년 북경지질대학 지질광산계열(지질측량 및 탐사 전공)을 졸업하였다. 1986년에 중앙판공청 주임을 역임하였고, 1992년에 중앙정치국 후보위원, 중앙서기처 서기가 되었고, 1998년에 국무원 부총리가 되었고, 2003년에 국무원 총리가 되었다.

14) 습근평(習近平, 1953~)

　　습근평은 11차 전인대 제1차 회의에서 중국 부주석으로 당선되었고, 2010년 10월 18일 17차 5중전회에서는 중국공산당 중앙군사위원회 부주석에 선출됨으로써 제5세대 지도자 중 가장 부각된 인물이다.

　　1953년에 섬서성에서 태어난 습근평은 태자당에 속하는데, 아버지가 전인대 부위원장을 지낸 습중훈(習仲勳)이다. 습근평은 1979년 청화대 공정화학과를 졸업하였고, 동 대학에서 법학 박사학위를 취득하였다.

　　청화(淸華)대 화공과를 졸업하고 같은 대학에서 법학 박사학위를 받았다. 국무원 경표(耿彪) 부총리의 비서로 정치 생활을 시작하였으며, 복건성(2000), 절강성(2002~2007), 상해시(2007) 당서기를 지냈다. 특히 복건성과 절강성에서 당서기로 재직할 때 경제발전에 많은 공을 세워 정치적 입지를 강화하였다. 2007년 당 정치국 상무위원, 2008년 국가 부주석이 됐다. 현재 중국공산당 중앙위정치국원 겸 정치국 상무위원이며 공산당 중앙 서기처 서기, 중국 국가부주석, 중앙 당교 교장이다. 부인은 중국의 국민가수로 통하는 팽려원(彭麗媛)이다.

15) 이극강(李克强, 1955~)

북경대 경제학박사 출신인 이극강은 1974년 인민공사의 한 대대 산하인 삽대(揷隊)에 들어갔고, 1976년에는 당 지부서기가 되었다. 1978년 북경대학교에 입학한 이극강은 학생 대표를 거쳐 북경대 공청단 서기가 되었다.

그리고 1993년 5월에는 공청단 제1서기에 선출되었다. 공청단 제1서기는 부장급(장관급)으로, 이극강은 당시 부장급 고위관리 중 최연소였다. 1998년 43세의 나이로 하남성 성장에 임명되었고, 다음 해 하남성 서기로 승진하였으며, 2005년 요녕성 서기로 전임했다.

16) 왕양(汪洋, 1955~)

1955년 안휘성에서 태어난 왕양은 17세가 되던 해 가난 때문에 고등학교를 중퇴하고 식풍공장에서 일을 하였다. 중국공산당은 1975년에 가입하였고, 이후 중앙당교에서 2년제 대학과정을 마치고, 안휘성 공산주의청년단 간부로 공직생활을 시작했다.

1988년 안휘성 동령(銅陵) 시장을 맡고 있을 때 국영기업 내 임금차등제를 도입하였고, 외자를 유치해 대대적인 경제개혁을 단행했다. 이후 등소평의 눈에 든 뒤 1993년 안휘성 부성장으로 진급했다. 2007년 '세계의 공장'이라 불리는 광동성의 당서기로 부임한 뒤, '등롱환조(騰籠換鳥·새장을 비워 새로운 새로 바꾼다)'의 구호를 내걸고 대대적인 경제개혁을 대대적으로 단행했다. 그리고 2009년에는 진소기(陳紹基) 광동성 정협 주석과 허종형(許宗衡) 심수 시장 등 고위관료들의 부정부패를 단속하였다. 2011년 중국공산당 창당 90주년을 앞두고 왕양은 "공산당은 업적을 찬양하기 위해 노래를 부르기보다는 잠재적인 위기에 대해 관심을 기울여야 한다. 왜냐하면 그렇게 하는 것이 공산당의 장기적인 집권에 유리하기 때문이다"고 말했다.

17) 박희래(薄熙來, 1949~)

현재 중경 당서기인 박희래는 1949년 산서성에 태어났다. 태자당에 속하는 그는 아버지가 중국공산당 8대 원로에 속하는 박일파(薄一波)이고, 장인이 곡목(穀牧)이다. 모두 부총리를 역임했다. 박희래는 문혁 시기에 홍위병으로 활동하였고, "뿌리가 붉으면 곧은 싹이 나온다"는 혈통론을 강조했다. 1980년에 중국공산당에 입당했다. 1992년부터 2000년까지 대련(大連) 시장으로 있으면서 대련을 '북방의 상해'로 불릴 정도의 경제발전과 환경친화적 미래형 도시로 발전시켰다. 중경 당서기로 재직하면서 '범죄와의 전쟁'을 통해 폭력조직 해체하기 위해 폭력배를 구속시켰고, 중경시 공안과 사법기관 내 비호세력을 척결하였다.

박희래는 중국공산당 창당 90주년을 맞이하면서 홍색열풍을 일으켰다. 홍색가요(紅歌, 중국공산당의 혁명가요) 10만 곡 이어 부르기 행사를 주관하기도 하였고, 모택동식사회체험 교육, 홍색 마이크로블로그 개설 등 홍색 캠페인을 열었다.

18) 호춘화(胡春華, 1963~)

'리틀 호금도'라 불리는 호춘화는 호북성 출신으로 북경대 중문과를 졸업하였다. 1983년에 중국공산당에 입당하였다. 1983년부터 1985년까지 공청단 서장자치구위원회 조직간부를 역임하였다. 20여 년간 티베트에서 근무를 하면서 정치기반을 다졌다. 서장자치구 당부서기(2003~2006), 공산주의청년단 제1서기(2006~2008)를 맡으면서 제6세대 대표주자로 꼽히고 있다.

2009년 11월부터 내몽고자치구 당서기를 맡고 있다. 2011년 내몽고자치구에서 발생한 몽골족과 한족 간의 갈등을 어떻게 해결하느냐에 따라 호춘화의 정치적 입지에 변화가 있을 수 있다.

19) 중국공산당 주요 파벌

(1) 태자당

중국공산당 원로간부들의 자제로서 고위간부직을 맡고 있는 자신들의 아버지 또는 장인의 후광을 업고 당 중앙위원회에 진출한 2세를 말한다. 중국공산당은 인사방침으로「젊고 덕(德: 사상 중시, 당에 대한 충성도) 재(才: 각 분야에 걸쳐 전문지식을 보유)를 겸비한 인재」를 등용한다는 원칙을 세워 놓고 있다. 원로들의 자녀들은 대부분이 정부·당·군 등에서 고관이 되거나 대공사의 임원직을 차지하고 있고 아버지의 권위를 업고 관도(官倒, 불법적인 행위를 하는 간부나 공무원)라고 불리는 블로커가 되어 사복을 채우는 일이 많을 뿐만 아니라 복잡한 인척관계를 맺는 등 특권집단을 형성하고 있다.

(2) 상해방

강택민이 사사롭게 개인적으로 정치적 파벌을 만든 것을 의미한다. 1989년 6월 천안문 사건 이후 주용기, 오방국 등 상해시 당위원회 제1서기 출신들이 중앙의 정치무대에 진출을 계기로 상해 인맥을 형성하게 되었고, 이후로 중앙 정계에 강택민 인맥이 대거 포진하게 되었는데, 이러한 정치 지도자들을 상해방이라고 부르고 있다.

상해방에는 두 가지가 있다. 하나는 강택민을 중심으로 상해에서 함께 근무했거나 상해에서 근무한 경력을 통해 북경의 중앙정계에 진출한 고위 정치지도자들의 집단으로 이른바 일반적으로 통칭하는 상해방이고, 다른 하나는 지역적으로 상해와는 관련이 있지만, 인맥상으로는 직접적으로 관계를 맺고 있지 않음에도 중앙정계에 진출한 상해 지역 출신의 경우로 이들을 범상해방이라고 부른다.

상해방 인맥에는 강택민계와 주용기계가 있다. 강택민이 성장론자라면, 주용기는 긴축론자에 가깝다. 강택민계열에는 지호전(遲浩田), 증경홍(曾慶紅), 당가선(唐家璇) 등이 있고, 주용기 계열에는 이람청(李嵐淸), 오방국, 대상룡(戴相龍) 등이 있다.

상해방 중 상해 출신이 아닌 사람도 있다. 교석은 고향이 상해 근처 강소성 출신이고, 전기침은 상해 출신이지만, 파벌로는 북경방으로 분류되며, 주용기와 오방국은 상해에서 성장하지 않았고, 특히 주용기는 상해에서 4년 밖에 근무하지 않았지만, 상해방으로 분류된다.

강택민은 1995년 보수세력의 대표자인 진희동 북경시 당 서기를 부패 혐의로 제거하고, 1997년 유력한 경쟁자인 교석 당시 전국인민대표대회 상무위원장을 실각시킴으로써 권력을 강화했다. 그리고 자신과 정치적 배경을 같이하는 상해 세력을 중앙으로 영입해 상해방을 형성함으로써 권력기반을 확대했다.

70세 연령제한은 1980년대 방향성으로 제시되었지만, 1990년대에 들어서는 사실상의 규정으로 승격되었다. 70세 제한은 5년 주기의 당 대회가 개최되는 해를 따진다. 이때 70세를 초과한 당 중앙 정치국 상무위원은 퇴진해야 한다. 연령제한은 법적한계를 극복해 세대교체를 강요하는 기능을 하게 되었다.

(3) 안휘방과 청화방

안휘방이란, 제4세대 지도부 중 중국 권력의 실세로 떠오르고 있는 안휘성 출신을 일컫는다. 호금도 주석, 오방국 전인대상무위원회 위원장 등이 대표적인 인물이다.

청화방이란 북경 청화대학 출신들로, 현재 차관급 이상의 관료로 있는 사람들을 일컫는 말이다.

(4) 공청단(공산주의청년단)

'공청단파' 혹은 '단파(團派)'라고 불리는데, 호금도가 중국공산청년단 제1서기를 맡고 있던 시절 인연을 맺었던 이들을 말한다.

4. 중국공산당 내 조선족 주요 인물

오늘날 재중동포인 조선족은 한민족임에 틀림없지만, 중국정부의 중화민족만들기 계획에 의해 중국 내 조선족을 중화민족으로 간주하고 있다. 이러한 이유로 인해 중국 내 조선족의 역사와 문화가 마치 중국의 역사와 문화인 것처럼 둔갑하고 있다. 한국에서는 중국의 이러한 중화민족주의적 역사관과 문화관을 경계해야만 할 것이다.

한편, 일제강점시기에 많은 조선인들이 중국으로 건너가 항일운동을 하면서 중국역사에 공헌을 한 사람들이 많다. 현재 중국역사를 통해 접하게 되지만, 한국에서는 중국에서 활동하였던 선조들에 대해 많은 관심을 가져야 할 것이다.

재중동포인 조선족은 중국 건국 당시 공인되었던 9개 소수민족 중 하나였다. 그런데 조선족의 민족성에 대해서 1928년, 중국공산당 만주성위원회는 '조선인을 중국 내의 소수민족으로 간주할 것, 혁명 성공의 날에는 연변(延邊)에서 조선족의 자치권을 인정할 것'을 결정하면서 조선인을 중국 소수민족으로 간주하였다. 1932년 당시 중국에 살고 있었던 조선인은 약 67만 명, 그중에서 중국에 귀화한 사람은 약 8만 명이라고 한다.

1945년 8·15 광복 후 약 220만 명 중 약 100만 명이 북한으로 갔다. 중국 내 알려진 조선인으로는 ≪쌍백≫ 인물에 뽑힌 조선족으로는 정률성과 ≪8녀투강(八女投江)≫의 이봉선(李鳳善)과 안순복(安順福)이 있지만, 그 이외에 한국에서 재조명해야 할 인물들이 적지 않다.

1) 주덕해(朱德海, 1911~1972)

1955년 중국연변조선족자치주의 초대 주장으로 임명되었던 주덕해의 본명은 오기섭(吳基涉)이다. 1911년 3월 러시아 연해주 우쓰리스크(소왕령(小王嶺)) 부근 산촌에서 태어났고, 부모의 고향은 함경북도이다. 1931년에 중국공산당에 가입하였다.

1936년 모스크바 동방노동대학에서 공부를 하였고, 중국으로 돌아온 후 팔로군 359여 단 탄공급처 지도원, 연안조선혁명군정대학 총무처 처장, 동북민주연군 조선의용군 제3지 대 정위, 동북행정위원회 민정부 처장을 역임하였다. 문화대혁명 기간 중 숙청당한 뒤 병 사하였다.

2) 이조린(李兆麟, 1910~1946)

1910년 요녕성에서 태어난 이조린은 1932년에 중국공산당에 가입하였다. 1931년 9·18 사변 이후 북경에 가서 중공북경지하공산당원 항일민중구국회에 참가하였고 평서일대에 서 항일구국운동을 진행하면서 당의 지하조직과 밀접한 관계를 가졌다. 1932년 초, 당 조 직의 명령에 따라 고향으로 내려가서 동북민중항일의용군을 조직하였고, 요양일대에서 항일무장투쟁을 벌렸다.

1935년 1월, 동북인민혁명군 제3군이 설립되었고, 한족인 조상지가 군장을, 이조린이 정치부 주임을 역임하였다. 목단강 연안에서 새로운 유격근거지를 건립하였다. 1936년 1 월에는 북만항일연합군 총사령부 총 정치부 주임을 맡았다. 1939년 6월부터 1940년 3월까 지, 동북항일연군 제3로군은 30여 차례의 전투에서 승리를 거두었고, 적군 250여 명을 소 멸하였다.

항일전쟁 승리 후 이조린은 중국공산당 대표의 신분으로 빈강성(濱江省, 현 흑룡강성 동부) 부성장 겸 하얼빈 중소친선협회 회장직을 맡았다. 1946년 3월 9일, 이조린은 하얼빈 에서 국민당특무한테 암살당했다. 그를 기념하기 위해 하얼빈시는 도리공원(道裏公園)을 '조린공원(兆麟公園)'으로 고쳤다.

3) 정률성(鄭律成, 1914~1976)

중국에서 활약한 조선족 작곡가인 정율성은 전라남도 광주(光州)에서 태어났고, 초명은 부은이다. 1937년 연안의 노신예술학교에서 작곡을 전공하였고, 1939년 중국공산당에 입 당하였다. 정률성은 ≪연안송(延安頌)≫, ≪팔로군대합창≫ 등을 작곡하였다. 특히 ≪팔로 군대합창≫ 중 <팔로군행진곡>이 1988년에 ≪인민해방군가≫로 정식으로 비준받았다.

중국에서는 공식 군가(軍歌)를 만든 정률성을 '군혼(軍魂)'이라고도 부른다.

1941년 7월부터 화북조선청년연합회 섬감녕분회(華北朝鮮靑年聯合會陝甘寧分會), 이듬해 12월부터 태행산(太行山)의 화북조선혁명청년학교(華北朝鮮革命靑年學校) 등에서 항일운동을 하였다. 광복 후 북한에 머물다가 6·25전쟁이 발발하면서 중국으로 건너갔다.

4) 한낙연(韓樂然, 1898~1947): 최초의 조선족 공산당원

'홍색화가'로 불리는 한낙연은 1898년 12월 8일 용정(龍井)에서 출생하였다. 초명은 광우(光宇)이고, 자는 낙연(樂然)이다. 중국인들에게 '중국의 피카소'라고 불린다.

1919년 3·13운동에 참가한 초기 고려공산당원이다. 채화삼의 영향을 받아 중국공산당에 가입한 최초의 조선족 공산당원이다. 그리고 동북지역 초기 공산당창시자 중 한 명이다. 1929년 서양회화를 배우기 위해 프랑스로 유학을 떠났다. 오늘날 중국 미술계로부터 '20세기 중국을 대표하는 걸출한 화가'로 인정받았다.

1940년 6월 초 서안을 거쳐 중경으로 가다가 국민당헌병에게 체포되었고, 섬서성 당부 특종구류소에 수감되었다. 1943년에 가석방되었다가 1947년 7월 비행기사고로 사망하였다. 1956년 중국 정부로부터 혁명열사로 인정받았다. 2005년에는 한국정부로부터 독립유공자로 인정받았다.

5) 무정(武亭, 1905~1951)

1905년 함경북도에서 태어난 무정의 본명은 김무정(金武亭)이다. 김무정은 1919년 3·1운동에 참가하였고, 1923년 초 압록강을 건너 중국대륙으로 가서 조선독립운동을 하였다.

무정은 중국공농홍군에 있으면서 중앙소비에트구의 반5차토벌전에 참가하였고, 장정이 시작한 후에는 군위 제1종대(縱隊) 제3제대(梯隊) 대장 겸 정위(政委)를 맡았다. 1934년 12월 여평회의(黎平會議) 이후, 무정은 팽덕회의 홍3군단에 있으면서, 창설된 포병대대의 초대 대대장을 맡았다. 그래서 무정은 중국에서 '포병의 아버지(炮兵之父)'로 불린다.

중앙홍군에는 조선인 10여 명이 있었는데, 대부분 장정에 참가하였으나 섬북까지 간 사람은 무정과 양림뿐이었고, 연안에서 끝까지 활동했던 사람은 무정뿐이었다. 항일전쟁 승리 이후 무정은 북한으로 갔고, 1951년 평양에서 병사하였다.

6) 양림(楊林, 1898~1936)

　1898년 평안북도에서 태어난 양림의 본명은 김훈(金勛)이다. 양주평(楊州平)이라는 이름도 사용했는데, 강서 소비에트지구로 온 뒤 필사제(畢士悌, 비스티)로 이름을 바꿨다. 12살 때 반일학생운동에 참가하였고, 1919년 3·1운동에 참가하였다가 몰래 중국대륙으로 갔다. 1920년 봉오동전투와 청산리 전투에도 참가하였던 양림은 중국 해방을 통해서만 조선의 독립이 가능하다고 판단하고 군사학을 배우기 위해 1921년 초 운남성 곤명(昆明)으로 갔다. 곤명에서 이름을 양주평이라고 바꾸었고, 운남강무학교 포병과에 입학하였다. 이후 황포군관학교에서 교관을 지냈다.

　1925년 6월 주은래의 제2차 동정군과 광주에서 합류하여 운남과 광서 군벌과의 전쟁을 치를 때 공산당에 가입하였다. 11월에 섭정이 영도하던 광동 국민혁명군 제4군 독립연대 제3대대장을 지냈다. 이후 국민혁명군의 북벌과 광주기의에 참여하였다. 양림은 소비에트지구 중공중앙에서 조선인을 대표해 중화소비에트공화국 중앙 집행위원으로 있으면서 홍군대학(紅軍大學) 교무를 주관하였다. 장정 때는 홍군대학이 간부여단(干部團)으로 개편되면서 여단 참모장을 맡았다. 1936년 2월 22일 양림은 부대를 이끌고 황하를 건너 항일전선으로 가서 전투 중에 전사하였다.

▌장개석(蔣介石, 1887.10.31.~1975.4.5.)

　절강성 봉화(奉化) 출신으로, 그의 부인은 송미령(宋美齡)이다. 장개석의 아명(兒名)은 서원(瑞元), 족보명(族譜名)은 주태(周泰), 항렬이 주(周)이다. 학명(學名)은 지청(志淸)이다. 1903년 영파(寧波)에서 학교 다닐 때 학명을 얻었다. 1910년 전에는 손문은 이 이름을 사용하여 장개석을 불렀다. 일반적으로 전 세계에 알려진 이름은 개석(介石)이다. 1912년 일본에서 유학할 때 중국어 잡지인 《군성(軍聲)》에서 장개석이라는 필명을 사용하였다가, 이후 자(字)가 되었고, 이 이름이 널리 알려지게 되었다. 영문으로는 'Chiang Kai-shek'이다. 여기서 'Kai-shek'은 광동어 병음이다. 중정(中正)은 장개석이 동맹회(同盟會)에 참가한 이후에 바꾼 이름이다. 중정이라는 이름은 손문 즉 중산(中山)과 관련이 있다. 이 이름은 마치 손중산을 계승한다는 인상을 주었다. 중국공산당에서는 이 이름을 사용하지 않는다. 한국에서는 중정이 호(號)로 알려져 있다. 그런데 중화민국의 성명조례에서는 호적등기의 이름을 본명으로 삼고 있다. 장개석의 호적등기상의 이름은 장중정이다.

　장개석은 황포군관학교 교장과 국민혁명군 사령관 및 중화민국 국민정부 주석을 역임하였다. 대만으로 건너 간 뒤 1950년부터 1975년까지 2~5대 중화민국 총통을 역임하였다. 장개석은 1943년 11월 미국의 루즈벨트, 영국의 처칠과 이집트 카이로에서 '카이로 회담'을 하였다. 1947년에 발생하였던 2·28 사건의 학살자이자 독재자로서 비판받고 있다.

제7장

중국공산당 문예활동, 역사인식, 교육

중국 문예

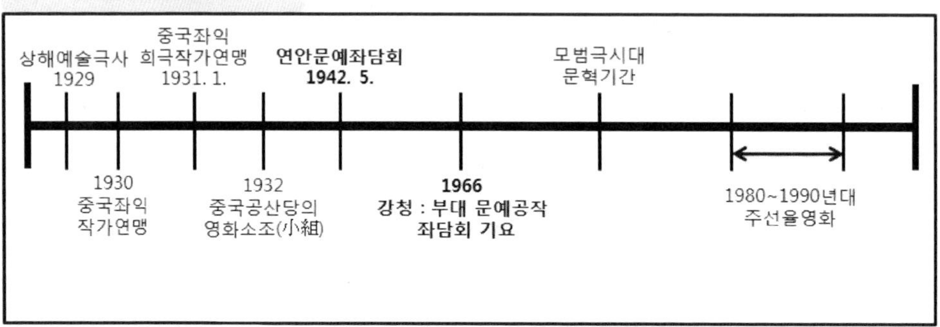

중국공산당 교육, 애국주의

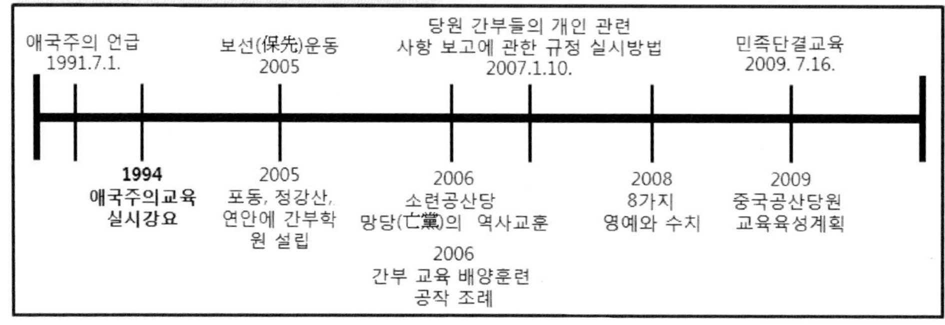

1. 문예활동

1) 연안문예좌담회(1942. 5. 연안)

연안문예좌담회에서 언급되었던 내용은 1976년 모택동이 사망하고 문화대혁명이 끝날 때까지 중국문학과 문화 및 학술을 통제하는 최고의 강령이었다. 1942년 5월, 모택동은 세 차례의 연안 문인들과 공산당 간부와의 좌담회 석상에서 연설하였다. 이 연설은 중국 공산당 정풍운동의 일환이었으나, 사회주의 현실주의 문학이념의 이론적 근거가 되었다. 연안문예좌담회는 중국의 문화와 문학 활동 전반을 규정하는 원칙이 되었다. 주요 내용은 다음과 같다.

첫째, 문학은 인민군중을 위해 봉사해야 하는데, 그 인민군중은 구체적으로 노동자, 농민, 병사, 소자산계급이라는 네 계급임을 밝혔다.

둘째, 인민에게 글자교육부터 시킨다. 인민군중을 위해 봉사하는 방법을 제시하였다. 무엇보다도 우선 대다수 인민이 글자를 모르므로 글자교육부터 시키면서 문학을 알게 해야 한다고 하였다.

셋째, 정치적 목표에 따라 활동해야 함을 명시하였다. 문학과 예술은 정치의 하위에 속하는 것이기 때문에 반드시 정치적 목표에 따라 활동하여야 함을 규정하였다.

넷째, 정치적 표준이 예술적 표준에 앞선다는 비평의 표준을 설정하였다. 예술적 표준은 그다음이어야 한다고 하였다. 따라서 적의 암흑은 폭로하되 우리 편의 암흑은 덮어주어야 하며, 적의 좋은 면을 찬양하거나 우리 편의 단점을 들추어서는 결코 안 된다는 것을 명시하였다.

다섯째, 부르주아 작가들의 경우 정신 개조와 공산주의 학습이 필요함을 천명하였다.

2) 중국공산당 창당~중국건국

(1) 좌익희극가연맹(左翼戲劇家聯盟, 1931)

1929년 하연(夏衍) 등은 최초의 좌익 희극단체인 상해예술극사(上海藝術劇社)를 조직하여 신흥희극(무산계급 희극, 또는 프롤레타리아 희극)을 만들자는 구호를 내세웠다.

1930년 3월에는 상해예술극사, 마등극사(摩登劇社), 희극협사(戲劇協社), 남국사(南國社),

신유극사(辛酉劇社) 등의 희극 단체들은 연합하여 상해극단연합회(上海劇團聯合會)를 설립하였다. 그리고 1930년 8월에 중국 좌익극단연맹(左翼劇團聯盟)으로 명칭을 바꾸었다. 1931년 1월에는 중국 좌익희극가연맹[左翼戲劇家聯盟, 극련(劇聯)이라 약칭]으로 명칭을 바꾸었다.

극련은 좌익영화는 반드시 노동자, 농민, 도시소자산계급을 대상으로 해야 한다는 행동강령을 채택하였다. 좌익영화는 제국주의의 침략 부당성, 자본가와 지주들의 착취, 국민당 독재정권의 압박 등을 폭로해야 하였다. 그리고 무산계급과 농민대중의 계급투쟁과 소자산계급의 변화가능성을 긍정적으로 묘사해야 하였다.

(2) 중국좌익작가연맹(1930)과 영화소조(1932)

1930년 3월 상해에서 중국공산당의 영도하에 중국좌익작가연맹이 설립되었다. 그리고 1932년 중국공산당은 당의 영화소조(小組)를 만들어, 구추백의 지도와 하연의 주최로 진보영화 활동을 진행하였다. 그들은 "신문의 희극평론가들을 영화비평으로 전환시키고", "연극계 진보의식을 갖고 있는 감독이나 배우들을 서로 다른 통로로 영화계로 영입해 새로운 영화인, 영화의 장을 구축하며", "외국의 진보적인 영화이론이나 영화문학 극본을 번역 소개해 우리의 사상예술 수준을 제고시킨다"는 기초 방안을 만들었다.

중국공산당의 영화소조는 영화계에서 극본창작과 새로운 영화인 배출 작업에 종사했으며 영화를 통한 군중들의 현실 각성과 항전의식을 고취시켰다. 영화문화를 통해 시민들의 항전의식을 모으고 장개석 정부하의 사회현실과 문화탄압을 폭로하였다.

장개석 정부는 점점 확대되는 진보의식을 지닌 영화계를 지배하고 탄압할 필요성을 느꼈고, 좌익 성향의 예술단체 결성을 금지했으며, 공산주의와 반제국주의 노선을 추종하는 문화예술인들을 탄압하고 처형하였다.

중국영화계는 진보 영화 인사들을 주축으로 조계지역에서 "중국영화문화운동(신흥영화문화운동)"을 발기하였다. 1930년대 초 서방 열강의 조계지역은 일본군이나 장개석 정부로부터 피할 수 있는 공간이었다. 또 이 곳은 상해 진보 문화 인사들의 은신처였고, 중국영화문화운동과 문화계 인사들이 자유롭게 문화활동을 할 수 있었다. 중국영화문화운동은 진보 영화 문화 인사들을 모아서 국민정부나 제국주의 영화에 대응하였고, 사회현실을 반영하는 국산영화를 제작하였다.

1933년 2월 9일 영화계 진보 인사와 좌익영화 종사자들 32명이 연합해 상해에서 '중국영화문화협회'를 성립해 정식으로 본격적인 운동을 펼쳤다. 협회 <선언>에서 "최근 10여

년, 중국영화 사업은 험난한 환경에 처해 있었다. 외부 침략을 받았고 내부적으로 압박을 받았으며"라고 묘사하였다. 이는 제국의 문화침략과 국민당 정부의 억압적인 문화정책과 검열을 말하는 것이었다.

3) 중국 건국 이후~개혁개방 이전

(1) 중국 건국 이후

중국 건국 이후 영화는 국유화되고 국가정책의 선전도구로 전락하였다. 사회체제의 우월성을 선전하는 혁명영화가 주류를 이루었고, 이는 질적인 면에서 퇴보를 가져왔다.

1949년에서 1965년 사이의 대표적인 감독들과 그 작품들을 보면, 주로 공산주의 혁명기에 있었던 지주 대 혁명 당원의 대립과 전통적 노예생활자 대 주체적 새 인간형의 대조가 뚜렷하게 드러났다.

(2) 문혁시기: 강청의 문예정풍운동

1966년 3월 강청은 문예 정풍운동에 더욱 박차를 가하기 위하여, 장춘교, 진백달(陳伯達), 유지견(劉志堅), 진아정(陳亞丁) 등과 함께 논의하여 <부대 문예공작 좌담회 기요(部隊文藝工作座談會紀要)>를 작성하였다.

당시 모택동은 "우리는 반드시 당중앙의 지시에 따라 문화전선상의 사회주의 대혁명을 꿋꿋이 전개하여 반동노선을 철저하게 짓밟아야 한다"라는 구절 뒤에, "이 반동노선을 짓밟은 후에도 새로운 반동노선이 생길지 모르니 계속 투쟁해 나가야 한다"라는 구절을 덧붙이는 등 <기요(紀要)> 내용을 몇 군데 수정을 가하기도 하였다. **1966년 4월 10일 이 <기요>는 중국공산당 중앙의 중요 문건으로 채택 발간되어 전국 각지에 배포**되었다.

문화 방면에 있어서 '대혁명'이 없으면 안 된다는 것을 골자로 하고 있는 이 <기요>는 문예사업에 대한 강청의 의견을 철저하게 집행하도록 전국 각지에 하달한 것이었다. 이 문건에는 "모택동 동지가 친히 세 차례나 수정하였다" "임표 동지가 위탁한 것이다"라는 등의 문구가 삽입되어 있는 것에서 배후세력이 누구인지 짐작할 수 있다. <기요>를 통해 강청은 중국공산당 내에서 위상이 강화되었고, 새로운 정치 실세로 전면에 부각되기 시작하였다.

> 삼돌출(三突出) 문예: 문혁기간에 "정치를 돌출시키고, 계급성을 돌출시키고, 당성(黨性)을 돌
> 출시킨다."라는 삼돌출 방식에 따라 영화나 소설 등에서 영웅적 프롤레타리아 인물의 모범화와 신
> 화화가 주를 이루었다.

4) 개혁개방 이후의 문예

(1) 신시기 영화 특징: 문혁과 사인방에 대한 비판

신시기 영화는 등소평의 개혁개방 정책과 더불어 시작하였다. 이 시기의 영화 소재는
대체적으로 문혁에 대한 원망이라는 보편적 정서를 토대로 문혁 비판이나 사인방에 대한
규탄을 담고 있다. 하지만 당의 권위를 손상시키지 않는 범위 내에서 문혁에 대한 원한을
토로하였다.

이 시기에는 새로운 문예정책이 채택되었는데, 주요 내용은 인민과 사회주의를 위해
봉사해야 한다는 것이었다. 기존에는 "문예는 정치를 위해 봉사하고 공인, 농민, 병사를
위해 봉사해야 한다"는 것이었다. 사실, 사상해방과 실사구시의 방침은 영화계에 커다란
영향을 미쳤다.

(2) 주선율(主旋律)영화: 정부정책 선전과 교화를 목적

주선율영화는 정부정책 선전과 교화를 목적으로 하는 영화이다. 주선율영화는 국가에
대해 또는 국가가 가지는 의식 형태를 선양하면서 시대마다의 주류 문화를 알리기 위한
목적으로 중국에 새 정권이 수립된 후 정치 영화의 계승, 발전을 위해 만들어진 영화를
일컫는다.

주선율영화는 '인민을 위해 봉사하고, 사회를 위해 봉사해야 한다'는 중국 정부가 제시한
영화예술에 대한 기본적인 방침을 실현한 결과이자 중국 사회주의가 요구하는 영화사업의
구체적인 모습이라고 볼 수 있다. 국가적인 표현수단으로 분명한 목적을 갖는 주선율영화
는 대부분 새 정권 수립 후의 사회주의 혁명사상과 영웅주의 등을 기본 소재로 삼고 있다.

1987년부터 "주선율을 확대시키고, 다양화를 견지하자"며 정책적으로 주선율영화의 개
혁을 적극적으로 지지했다. 1990년대에 들어와 주선율영화의 대중화가 일어났다. 중국의
정치영화의 계승, 발전을 위해 만들어진 영화로서, 인민을 위해 봉사하고 사회를 위해 봉
사해야 한다는 중국정부의 방침을 실현한 결과물이었다. 이전의 정치영화와는 다르게

1990년대에 들어와 선전교육적 요소의 비유를 줄이고 비교적 완곡한 표현으로 작품의 군중적 현실감과 예술감을 중요하게 여기기 시작하였다. 무엇보다도 주선율영화 제작자들은 관객들의 눈으로 작품을 바라보기 시작했다.

영화 소재의 범위를 넓혀 애국주의, 사회주의 사상, 개혁개방, 현대화 정신, 민족단결, 사회 발전과 개인들의 행복 추구 등에 관한 내용들을 담아내기 시작했다.

(3) 문학의 새로운 변화
① 상흔문학(傷痕文學)

상흔문학은 1970년대 말에서 1980년대 초에 중국에서 일어난 문학현상으로서, 신시기에 출현한 첫 번째 문학사조이다. 사회주의 신시기는 문화대혁명을 철저하게 부정하는 것으로 역사기점을 삼는다. 상흔문학은 문혁 속에서 발생했던 인간에 대한 정치적 탄압과 폭력, 삭막한 인간의 정신세계와 대인관계의 파탄, 특히 부모와 자식 간의 대립과 갈등을 주제로 삼은 문학을 말한다. '상흔'이라는 명칭은 1978년 8월 11일 ≪문회보(文滙報)≫에 발표되었던 노신화(盧新華)의 『상흔(傷痕)』에서 유래하였다. 이후 문혁기간동안 경험했던 자신들의 상처 입은 경험들을 묘사한 작품들이 대거 나오면서 문혁에 대한 강도 높은 비판을 하였다.

② 반사문학(反思文學)

1980년대 전반기에 출현한 문학사조로서, 신시기 두 번째 문학사조이다. 반사(反思)는 철학적인 용어로 '반성(反省), 회고(回顧), 재인식, 재평가, 회의(懷疑) 등'의 의미를 담고 있다. 반사내용은 건국 초기에서 문혁시기에 이르는 역사, 사회, 개인의 명운에 대한 비판적 사고를 띠고 있다. 반사대상은 간부·우파·지청(知靑)·농촌·군영생활·상인·내간(內奸) 등 광범위하다. 반사문학은 상흔문학이 심화하고 발전한 것으로, 문화대혁명의 오류를 중국 현대사라는 배경 속에서 재조명하였다. 반사문학초기에는 '반우(反右)'의 확대화, 대약진, 문혁 등의 모든 사건의 진실을 끊임없이 문학 속에서 표현하였다. 그리고 인간이 실존하기 위한 조건에 대하여 섬세하고 심도 깊은 접근으로 인간주체를 반성하고 성찰하였다.

두 문학의 커다란 차이점은, 상흔문학이 표현이나 내용에 있어서 4인방의 죄악을 폭로하고 비판하는 것에 머물렀다면, 반사문학은 문혁 이전의 역사로 거슬러 올라가 과거에 대한 반성적 사고로 나아갔다.

③ 심근문학(尋根文學)

개혁개방정책 이후 들어온 시장경제와 서구 문화의 영향을 받고, 기존의 사회주의와 전통적인 문화의식에 대한 반성과 재인식이 일어나게 된다. 1983년에서 1984년에 일부 지청(知靑)작가들은 '문학에서의 뿌리 찾기' 문제에 관심을 갖게 되었다.

역사문화 방면에서 중국민족의 근원을 찾으려는 시도이기도 한데, 이를 심근문학이라고 부른다. 심근문학은 향토문학의 성격을 띤 것으로서 작가들이 고향의 풍속과 전설 등의 소재를 작품화하였다.

2. 중국공산당의 역사관

1) 중국공산당의 인식

중국공산당은 '아시아적 생산양식' 개념을 도입하여 중국에는 중세 없이 고대 상태에 머물러 있다고 생각하였다. 그리고 서양으로부터 '근대'를 이식했다고 인식하여 외세 영향력이 강화된 아편전쟁을 '근대'의 기점으로 본다.

시기구분론

유물사관	원시공동체: 170만 년 전~삼황오제
	노예제 사회: 夏~春秋
	봉건제 사회: 戰國~淸 1840 아편전쟁
	반식민지 반봉건사회: 1840 아편전쟁~1949 중화인민공화국
	사회주의사회: 중화인인공화국
통용되는 구분법	고대: 원시·노예·봉건사회로 1840 아편전쟁까지
	근대: 1840년 이후~1919.5.4. 모택동의 신민주주의론에 의거 구민주주의 혁명시기
	현대: 1919.5.4. 이후~1949 중화인민공화국 성립, 신민주주의 혁명시기
	당대: 현 중화인민공화국 시대

1920~1930년대 벌어졌던 역사 시기 구분 논쟁(사회 구성체 논쟁)을 통해 역사 인식의 변화가 일어났다. 중국에선 항일전쟁시기에 인민의 항일정신을 고양하기 위해서 많은 역사서적이 출간되었는데 대체적으로 한족 중심의 관점이었다.

개혁개방 이후로 계급투쟁의 일변도였던 역사관이 변하기 시작하였다. 사회주의 체제하에서 자본주의 생산요소를 도입하여 생산력을 향상시켜야 진정한 사회주의를 달성시킬 수 있다고 보았다. 이에 서양 문물과 기술을 수용한 양무운동, 변법운동, 광서신정에 대한 재평가 작업이 이루어졌다.

그리고 1980년대 말에서 1990년대 중반으로 가면서 중국은 국민국가 관점에서 역사인식을 하기 시작하였고, 1990년대 중반에 출간되는 역사서적은 새로운 개념의 중화민족 중심으로 저술되었다.

2) 중화민족주의적 역사관

중화주의는 '중화민족주의'라고 부를 수 있는데, 일반적으로는 중화주의를 '중화세계' 혹은 '중국적 세계질서관'으로 부르고 있다. 많은 사람들은 근대 이전 동아시아의 국제질서를 '한족(漢族)을 중심으로 한 중화세계(中華世界)', 즉 중원을 차지한 한족의 최고 유덕자(有德者)인 천자(天子, 황제)가 사위(四圍)의 세계를 통일한다는 의미로서 중화세계질서(中華世界秩序, Chinese World Order)로 보았다.21) 이러한 관점은 그동안 중국대륙에서 발생하였던 문명과 역사들이 한족 중심으로 형성되었다고 보는 것으로서, 한족 중심의 역사관과 문명관이며 세계질서관인 것이었다.

중화주의는 청말 이후에 들어온 서구의 'nation'의 개념이 '한인(漢人)'과 결합되어 새롭게 생겨난 게 '한족(漢族)'이었다. 그리고 한족과 민족주의가 합쳐진 것이 중화주의인 것이다. 이러한 중화주의는 1949년 중국이 건국되기까지 경험한 중국 한족 중심의 역사관과 문명관으로서, '만들어진 의식상태'라고 할 수 있다.

중국의 전통적 역사 서술 체제

기전체 (紀傳體)	본기(황제 중심 연대기)와 열전(개인 전기)을 중심으로 표(연표), 지(또는 서: 정치·사회·경제·문화의 각 주제), 세가(제후 중심 연대기) 등으로 나누어 서술하는 체제이다. 사마천의 『사기』, 반고의 『한서』 이후 대부분의 정사가 기전체로 편찬되었다.
편년체 (編年體)	수많은 사건과 사실을 발생한 연대순으로 서술하는 방식이다. 공자의 『춘추』가 최초의 작품이다. 통감류나 실록류를 비롯한 대부분의 동아시아 사서는 대체로 이 체제를 따르고 있다. 『자치통감』, 『자치통감강목』
기사본말체 (記事本末體)	한 사건이나 주제를 중심으로 그 발생, 경과, 결과 등을 체계적으로 서술하는 방식이다. 남송 때 원 추의 『통감기사본말』이 그 예이다.
강목체	큰 줄기(강)와 작은 내용(목)으로 나누어 정통성을 강조하는 방식이다. 주희의 『자치통감강목』이 그 대표적이다.

---

21) 김봉진, 「華夷질서의 재해석」, 『전통과 현대』, 1997, 겨울호. **pp.244-245.**

중국은 1930~40년대에 중국역사서를 편찬하면서 이들을 모두 중화민족의 범위로 넣는 한족 중심의 역사관을 드러내었다. 그리고 왕조들이 변천하는 과정에서 이들 민족 대부분이 한족에 동화되었거나 융화되었다고 해석하였다. 즉, 지배민족이 이민족일지라도 피지배민족이었던 한족의 문화에 동화되거나 융화되어, 결국에는 한족이 되었다는 것이다. 이러한 인식은 '중화사상' 혹은 '화이사상'으로 인식되어 왔고, '한족=중심부', '한족 이외의 민족=주변부'라는 인식이 고착되었다.

한족 중심의 역사관과 문명관은 동아시아를 인식하고 해석하는 데까지 확대되었다. 이와 같이 한족 중심의 역사관과 민족관으로 중국을 포함한 동아시아를 인식하고 해석하는 것을 '중화주의'라 불렀다. 이러한 중화주의는 오늘날까지 동아시아의 역사와 문명을 해석할 때 선입견과 편견으로서 작용하고 있다.

1980년대에 들어오면서 한족 중심의 역사관에서 점차적으로 국가 단위의 중화민족주의적의가 등장하게 된다. 이를 신중화주의라고 부른다. 신중화주의는 한족과 소수민족을 하나의 민족으로 융화하여 새로운 민족체인 중화민족이 되었다고 보고, 중국이라는 국가를 구성하는 국민과 민족을 중심으로 하여 중국대륙에서 발생한 역사와 문화를 해석하는 것이다. 신중화주의란 한마디로 국가 중심의 그리고 중화민족 중심의 역사와 민족 해석이다.

3) 중화민족 역사 · 문화 재정립

중국은 영토 안에 있는 모든 민족은 고대로부터 중화민족이고, 중국의 역사라는 중화주의 이념을 구현하기 위해 하상주단대공정(夏商周斷代工程, 이하 '단대공정'이라 약칭), 중화문명탐원공정(中華文明探源工程, 이하 '탐원공정'으로 약칭) 등의 역사 관련 프로젝트를 실시하였다.

(1) 단대공정(斷代工程, 1995~2000)

단대공정은 1995년 가을부터 준비하여 1996년 5월 16일에 정식으로 시작하였고, 2000년 11월 9일에 완료되었다. 제9차 5개년계획의 공정 중 하나이다. 단대공정의 정식명칭은 '하상주단대공정'이다. 단대공정에 역사학자·고고학자·천문학자 등 각 분야 전문가 200명이 투입되었다. **단대공정은 구체적인 연대가 판명되지 않은 하상주(夏商周) 고대국가의 연대를 확정하는 프로젝트였다.**

주된 내용은 하·상·주 3대 왕조의 연대를 확정하는 것이었는데, 중국은 연구 결과로서 하(夏)왕조가 기원전 2070년에 시작된 것으로 '확정'하였고, 상(商)왕조는 기원전 1600년 무렵에 건국했다는 학설을 정립시켰다. 나아가 상(商)왕조 임금인 반경(盤庚)이 은(殷)으로 천도한 때는 기원전 1300년 무렵, 주왕조의 시작은 기원전 1046년으로 각각 설정하였다. 그동안, 중국 고대 역사에서 연대가 알려진 가장 이른 시기는 B.C. 841년 서주(西周) 말 공화(共和) 원년(元年)이었는데, 단대공정을 통해 중국의 역사를 약 1200여 년이나 끌어올렸다. 이로써 중국의 역사시대를 1229년이나 끌어올렸다.

(2) 탐원공정(探源工程, 2003~2008)

탐원공정의 정식명칭은 중화문명탐원공정이다. 탐원공정은 단대공정의 연장선 성격을 띤 프로젝트로서 2001년부터 국가과학기술연구계획 중점 항목이었고, 2002년 11월 중국 언론에서 시작을 예고하였다가 2003년부터 본격적으로 실시하였다. 중화문명의 시원(始源)을 캐는 프로젝트로서, 신화와 전설로 알려진 삼황오제(三皇五帝) 시대를 역사적 사실로 만들어, 중국문명을 5000년에서 최고 1만 년 전까지 끌어올릴 목적이었다.

탐원공정은 3년간의 예비연구(2001~2003)를 거쳐 제1단계 연구(2004~2005년)와 2단계 연구(2006~2008년)로 진행하였다. 1단계에서는 기원전 2500~1500년경 중원 지역을 시공간 대상으로 삼았다. 2단계에서는 기원전 3500년 무렵 장강과 요하 유역까지 확대해 중국문명의 토대를 추적했다.

(3) 서북공정(2002~)

서북공정은 2002년에 중국사회과학원 산하 변강사지연구중심하에 실시되었다. 이 프로젝트는 신강위구르자치구에 거주하는 위구르족을 대상으로 역사와 지리에 대한 종합적인 연구로서, 실질적인 의도는 위구르족의 독립운동을 막기 위한 프로젝트이다. 1991년 소련 붕괴로 중앙아시아에 있는 무슬림들이 잇달아 독립선언하며 국가를 이루었다. 이러한 정세변화는 신강위구르족에게 중국으로부터 독립하려는 민족의식을 고양시켰고, 1990년대에는 신강위구르족의 주권회복을 위한 민족운동을 굉장히 활발하게 일어났다. 이러한 중국 내외 정세변화는 중국정부에게 영토분할의 위기를 느끼게 하였다.

서북공정은 변강사지연구중심 내에 '신강발전연구팀'을 별도로 구성해 추진되었다. 이는 한족을 신강 지역으로 이주시켜 위구르족을 한족화시키기 위함이었다. 또 이슬람계 민족을 인정하면서도 분열을 유도하며, 언론을 이용해 '한족과 소수민족은 결코 떨어질 수 없는 개념'으로 만들고자 했다. 서북공정의 결과로 '서역통사'를 출간했는데, 책에서 신강이 한(漢) 대 이후로 중국에 편입되었고, 위구르족은 중화민족의 일원이라는 것이었다. 즉, 신강 지역은 오래전부터 중국 왕조와 가까운 관계를 유지해 왔고 '중화민족대가정(大家庭)'에 포함되었으며, 늘 중국의 지배하에 있었다는 것이다.

중국의 아시아공정[22]

(4) 서남공정(1986∼)

서남공정은 1986년에 실시한 프로젝트로서 인도차이나 지역의 국경정리와 운남성에 거주하는 소수민족을 효율적으로 관리하기 위한 정책이지만, 본질적인 목적은 티베트의 독립운동을 막기 위한 정책이고, 운남지역에 거주하는 소수민족의 정체성을 약화시키기 위한 프로젝트이다.

티베트에 대한 프로젝트는 1986년 등소평의 지시에 따라 중국사회과학원 산하 중국장학연구중심(中國藏學研究中心)에서 '서남공정'이라는 이름으로 본격적으로 시작하였다. 이

---

22) http://blog.daum.net/historyfoundation/3903531?srchid=BR1http%3A%2F%2Fblog.daum.net%2Fhistoryfoundation%2F3903531

때 티베트는 13세기 원대부터 중국의 일부였다며 티베트의 역사를 중화민족사의 일부로 포함시켰다. 중국정부가 티베트에 대해 역사 재정립을 하게 된 이유는 티베트의 민족운동을 저지하기 위함이고, 티베트민족을 중화민족으로 동화시키기 위함이다.

서남공정은 티베트의 역사·지리·민족문제 등을 연구하는 국가적 사업이다. 연구핵심은 한장동원론(漢藏同源論)으로 한족(漢族)과 티베트민족은 문화와 언어의 뿌리가 같다는 것이다. 그리고 7세기 초 국가를 형성한 이래로 원과 청 왕조를 제외하고는 독립된 왕조를 이루었던 티베트의 역사를 왜곡하였는데, 특히 8세기 당나라를 위협할 정도로 세력을 확대하였던 티베트의 역사를 완전히 빼버렸다. 서남공정 이후 중국은 티베트를 지방정부로 격하했고, 중화민족사의 범위에 포함시켰다.

(5) 동북공정(1996~)

동북공정은 동북지방의 역사와 지리 그리고 민족문제 등을 연구하는 국가적 연구사업으로, 중국사회과학원 직속 변강사지연구중심(邊疆史地硏究中心)에서 2002년 2월 18일 중국정부의 승인을 받고 공식적으로 시작하여 2007년까지 약 5년 동안 진행되었던 프로젝트였다. 그러나 동북공정은 1996년에 중국 사회과학원이 핵심 연구과제로 '동북공정'을 지정하면서부터 철저하게 준비되었다. 동북공정의 정식 명칭은 '동북변강역사여현상계열연구공정(東北邊疆歷史與現狀系列研究工程)'으로서, '동북 변경지역의 역사와 현상에 관한 체계적인 연구 과제'를 뜻한다. 이 프로젝트를 통해 중국은 고대 역사와 문화를 확대하였다.

중국은 "중국 국경 안에서 이루어진 모든 역사와 문화는 중국의 역사이다"라는 역사관을 통해 고구려와 발해 등의 역사와 문화를 중국의 것이라고 주장하였다. 또 고려를 세운 왕건은 한족(漢族)의 후예라며 족보(성씨) 연구를 한국인의 민족정체성을 부정하고 있다.

그런데 중국정부는 동북공정을 이후에도 지속적으로 한국 고대 역사와 문화를 왜곡하거나 부정하고 있다. 동북 3성에서의 한국 고대민족의 역사와 문화를 없애기 위해 시조공정, 백두산공정, 온돌공정 등을 전개하고 있다. 특히 백두산을 만주족의 민족발상지로 알리면서 한국민족과의 관련성을 배제하고 있다.

2011년 6월 중국 국무원은 조선족 민요와 풍습이 포함된 제3차 국가무형문화유산을 발표했다. 요녕성 철령(鐵嶺)시 판소리와 연변조선족자치구 아리랑, 가야금, 결혼 60주년을 기념하는 회혼례, 씨름 등이고, 조선족 전통풍습인 환갑례와 전통혼례, 한복, 연변조선족자치주 왕청현의 농악무 등은 국가무형문화재로 지정하였다.

중국 내 소수민족의 문화유산을 국가유산으로 등재하는 것은 중화민족만들기 정책의 일환이다. 지난 2008년 북경올림픽 개막식 때 조선족의 부채춤과 장구춤을 선보이면서 대외적으로 마치 중국문화인 것처럼 알리고 있다. 이러한 것은 동북공정의 연장선에 진행되는 것이기 때문에 한국에서는 대처방안을 모색해야 할 것이고, 중국의 문화적 제국주의적 행태에 관심을 가져야 할 것이다.

(6) 북방공정(1995~)

1995년 '몽골국통사' 3권을 출판하면서 "몽골의 영토는 중국의 영토"라고 주장했다. 몽골공화국이 강하게 반발했지만 "학술활동일 뿐 중국 정부의 공식 입장은 아니다"라는 말로 비켜 갔다.

중국이 몽골 역사에 집착하는 것은 몽골이 현재 몽골공화국과 중국의 내몽고자치구로 분할돼 있어 언제든지 영토분쟁이 일어날 수 있기 때문이다. 몽골은 청의 멸망을 틈타 1911년 독립을 선언했다. 현재 몽골공화국인 당시의 외몽골은 소련의 지원을 받아 1924년에는 몽골인민공화국의 개국을 선언했다.

(7) 남방공정(1997~)

운남을 비롯한 미얀마, 태국, 베트남 접경지역과 관련된 공정이다. 기원전 208년 중국 역사에 처음 등장하는 남월(南越)의 수도는 지금의 광주(廣州)인 피언응우다. 남비엣(Nam Viet: 남월)은 기원전 196년 중국에 대한 조공관계를 인정했다가 기원전 112년에 이를 철회했다.

문제가 되는 것은 남비엣이다. 베트남은 남비엣이 자주독립 국가였다고 주장하는 반면, 중국은 남방지역에 할거한 지방정권이었다고 역사책에 기술하고 있다. 남비엣 건국 이전, 남비엣 멸망 이후에도 이 지역은 중국 영토에 속하였다는 것이다. 중국의 이러한 주장은 베트남이 나중에라도 광동과 광서에 대한 영유권을 주장할 가능성에 대비한 것이고, 중국 대륙에서 발생한 역사와 문화는 오늘날 중국의 것으로 보는 중화민족주의적 역사관에서 비롯되었다.

(8) 중화민족만들기

중국정부는 민족통합을 완성하기 위해 한족을 소수민족지역으로 이주시키거나 소수민족을 다른 지역으로 이주시켰다. 물론 학교 진학이나 일자리를 찾기 위해 이주하는 경우가 많았지만 대체적으로 정책에 의한 이주사례가 많았다. 특히 중국정부의 한족 이주는 한족과 소수민족을 섞어 민족통합을 하기 위함이다. 중국정부는 보조금과 일자리 등 각종 혜택을 제공하며 한족을 서부지역으로 이주하도록 장려하고 있다. 최근 기사보도에 의하면, 감숙성 농부 50만 명이 각종혜택을 받고 신강위구르자치구로 이주하였다.

중국 정부의 신강지역으로 한족 이주는 이미 1950년대부터 시작되었다. 당시 중국정부는 '황무지개척'과 '치안유지'라는 명목으로 군사와 생산복합조직인 '신강병단'을 창설하였다. 1954년 12월 5일 '중국판 서부개척'이라 불리는 신강생산건설병단이 창설되면서 한족은 신강지역으로 이주하였다. 그리고 중국정부는 광활한 영토와 중앙정부의 미약한 통치력, 외세의 간섭, 미개발지의 경제 낙후 등을 우려하여 1950~70년대에 이르기까지 전국에 총 12개의 생산건설병단23)을 창설하였다.

중국 소수민족 사회는 한족화 현상이 두드러지게 나타나고 있다. 이는 '민고한(民考漢)'이라는 새로운 사회계층의 등장에서 알 수 있다. '민고한(民考漢)'이란 '소수민족이면서(民), 한족말로 대학입시를 치른다(考漢)'는 뜻이다. 반대로 소수민족어로 교육받은 전통적인 소수민족을 '민고민(民考民)'이라고 부른다.

민고한이라는 용어는 소수민족 학생 중 한족 학교에서 한어를 공부하기 시작하면서 등장하였다. 1978년도 대입 시험이 부활하면서 소수민족들도 시험을 치를 수 있게 되었다. 이때 중국정부는 한족학교에서 공부하고 한어로 시험을 치는 소수민족에게 가산점을 주는 제도를 만들었는데, 이로 인해 낮은 점수에도 한족과 같은 학과에 들어가서 공부할 수 있는 기회를 주었다. 민고한은 어릴 때부터 한족에 섞여 한어 교육을 받기 때문에 이들은 자민족과는 구별되는 특성을 가지게 된다. 이들은 유치원부터 한어를 배우고 한족과 어울려 지내기 때문에 외모만 소수민족이지 내면의 사상이나 행동하는 모습은 모두 한족을 닮게 된다. 심지어 자기 민족의 전통문화를 무시하는 경향까지 보이기도 한다. 그래서 민고한이란 용어는 실질적으로는 한족화된 소수민족을 지칭하는 말로 폭넓게 사용되고 있다. 취업을 할 때도 한어를 구사하지 못한다면, 일자리를 구할 수 없기 때문에 민고한은

---

23) 독특한 특색의 공동체 형식인 생산건설병단은 독자적인 정치·경제·군사·사회·문화·교육 시스템을 지닌 공산당·행정조직·인민해방군·국영기업이었다.

계속해서 늘 수밖에 없는 상황이다.

민고한의 등장은 중국정부의 '중화민족 만들기' 정책과 관련이 있다. 미래를 짊어지고 나갈 소수민족 학생에게 한어교육을 장려하고, 한족으로의 동화를 촉진시킬 수 있다는 점이다. 또, 한족의 지배에 협조적이거나 정부기관에 근무하는 소수민족의 자녀들이 한족학교에 많이 다니고 있는데, 민고한 제도를 운영함으로써 한족지배에 협조적인 소수민족계층을 배려하는 것이라고 할 수 있다.

3. 민족영웅 재평가와 빙점(氷點)사건

1) '민족영웅' 재평가(2002)

남송의 두 영웅 악비(岳飛, 1103~1142)와 문천상(文天祥, 1236~1282)은 역사가들로부터 '구국의 영웅' '민족영웅'으로 추앙받았다. 먼저 악비는 남송 초기에 여진족(금)에 대항하여 싸웠던 장군이었다. 128차례의 전투에서 승리하였으나 진회(秦檜, 1090~1155)에 모함을 받아 독살당했다. 1178년 무목(武穆)의 시호를 받았다가 뒤에 충무로 개정되었고, 1204년 왕으로 추존되어 악왕(岳王)으로 되었으며, 명나라 이후 민족의 영웅으로 추앙받았다. 남송 재상인 문천상은 몽고침입 때 의용군을 조직(1275)하여 대항하였다. 남송 멸망 후 남송 회복에 힘썼다가 체포되어 처형되었다.

그런데 '민족의 영웅'으로 여기던 인식은 1980년대 이후 다민족일체론이 등장하면서 변하기 시작했다. 특히 악비에 대한 인식 변화가 농후하게 나타났다. 1988년에 항주에서 1집이 나온 『악비연구(岳飛研究)』의 경우 1996년 제4집 발행까지만 해도 악비를 민족영웅으로 여기는 논문이 대다수였는데, 다민족일체론이 강화된 이후 약 10년 동안 논문집 발행이 중단되었고, 이후 논문집에서는 악비를 다룬 논문이 거의 사라졌다.

최근에는 민족영웅이었던 악비를 깎아내리기 시작하였는데, 떠나려 하던 부하장수를 참살하고 군대를 접수하였다고 평하든가, 악가군대가 약탈을 일삼았다든가 하는 등이었다. 이와 같이 중국에서 악비를 민족영웅으로 보지 않는 이유는 금나라를 세운 아골타(阿骨打)는 중화민족의 일원이고 금나라 역사는 중화민족사의 한 부분이라는 것이다.

이러한 민족영웅에 대한 인식은 2000년에 들어와 본격화되었다. 2002년 12월 6일 중국

교육부의 『고등역사교학대강(高中歷史敎學大綱)』(試驗修訂版)에서 악비와 문천상을 민족전쟁(민족 간의 전쟁)에 참가한 것이지, 외적에 반항한 전쟁은 아니라는 이유에서 악비와 문천상을 민족영웅으로 여기지 않았다. 척계광(戚繼光)과 정성공(鄭成功)은 민족영웅으로 승인하였다. 여계원(餘桂元)이 주편한 『대강(大綱)』에서 "역사유물주의 관점에서 중국역사상의 민족전쟁을 과학적으로 분석하면 국내민족 간의 전쟁이고, 형제간의 다툼이며, 집안싸움인 것이다. 이러한 관점을 바탕으로 외래침략에 반대한 인물인 척계광과 정성공 등을 민족영웅이라 부른다. 악비와 문천상에 대해서는 비록 그들이 민족약탈과 민족 압박 속에서의 지위와 역할은 긍정적으로 볼지라도 결코 민족영웅이라 부를 수 없다"라고 언급하였다.

중국 역사상 몽골족, 여진족 등 많은 이민족이 중국대륙에서 왕조를 이루었다. 그런데 중국에서는 역사상 외래민족과의 전쟁은 아편전쟁과 항일전쟁 등으로 소수에 불과하고, 대다수의 민족전쟁은 형제간의 다툼인 국내전쟁으로 간주하고 있다. 이러한 인식은 집안싸움이라 할 수 있는 민족전쟁에서 민족영웅이라 추앙받는 것은 좌(左)적 사상의 영향을 받았기 때문이다. 즉, 건국이래의 각 시기의 역사교과서에 악비와 문천상을 모두 민족영웅이라 칭하는 착오를 범했다고 여기고 있다. 그리고 이러한 착오적 관점은 역사평가에 부정적인 영향을 끼쳤다고 여기고 있다.

2) 빙점(氷點)사건(2006.1.11.)

2006년 1월 11일 홍콩 중산대학의 원위시(袁偉時) 교수가 『빙점주간』에 「현대화와 역사교과서」라는 글을 실었는데, 그 내용이 공산당의 역사관점에 위배되었다는 이유로 빙점주간은 정간되었고, 편집 관련자는 면직당했다.

'빙점'사건은 1978년 11차 3중전회 이후의 경향, 즉 잘못된 세상을 바로잡고 좌경화된 교조를 파괴하며 사상을 해방하자는 운동을 크게 뒤집는 사건이었다. 그리고 중국 차세대가 어떤 역사관으로 역사를 바라보아야 하고, 어떻게 역사공부를 하며, 이를 통해 어떠한 사회관과 가치관을 수립해야 하는가에 고민을 던지는 중요한 사건이었다.

원위시 교수는 글을 통해 역사교과서의 서술내용과 중국공산당의 역사관을 비판하였다. 아편전쟁과 '의화단(義和團)의 난'에 대해 기술하고 있는 중국 역사교과서가 이념편향적이라고 지적하였다. 그러면서 "중국 대륙의 청소년은 아직도 계속 늑대의 젖을 먹으며 자라고 있다"고 적었다. 여기서 늑대는 중국공산당을, 늑대의 젖은 중국공산당의 교육이

넘을 빗댄 표현이라는 것이었다. 이미 빙점주간은 국공합작을 통해 항일전쟁 과정을 기술할 때 국민당을 찬양하고 공산당을 폄하하여 한 차례 비난을 받았었다. 그런데 빙점사건으로 정간이 되고 면직당하는 사람도 생겨났다.

중국역사가 호승(胡繩)은 혁명의 3대 고조기로 태평천국, 의화단사건, 신해혁명을 두었는데, 중국공산당은 이를 토대로 하여 중국역사교과서에서 가르치고 있었다. 그런데 원위시 교수는 이에 대해 새롭게 해석하면서 역사를 단면적으로 보지 않았고, 또 있는 역사 그대로 접근하자는 것이었는데, 이러한 태도가 중국공산당에 대한 도전이었던 것이다. 그는 역사교과서는 '진실을 이야기해야 한다'는 문제를 제기하였다.

원위시는 1988년에 "근대중국연구: 독단적인 주장에서 3파의 정립으로(近代中國研究: 一論獨覇到三派鼎立)"라는 글에서 "역사 연구에도 사상해방이 되어야 한다"고 주장하였다. 또 "역사서술은 본래 독립적인 학술인가 아니면 권력자의 선전도구인가"라고 문제를 제기하면서 역사교육이 중국공산당의 사상교육의 전위수단이 되어서는 안 된다"고 강조하였다.

중국정부가 중화민족 만들기와 애국주의 교육을 실시하는 것을 보면 여전히 중국공산당이 주도하는 국가 중심의 역사관이 그대로 유지되고 있는 셈이다. **중국공산당은 역사해석을 있는 그대로 해석하는 것이 아니라 중국공산당을 유지하기 위한 사상교육의 수단으로 사용되고 있다고 보겠다.**

4. 애국주의교육과 공산당 간부교육

1) 애국주의교육

신중국의 애국주의교육은 1980년대 말 1990년대 초 소련과 동구 등의 붕괴되던 시기에 등장하였다. 강택민 총서기는 1991년 중국공산당 창당 70주년 기념식에서 "애국주의는 평화연변에 대응하는 효과적인 무기로 전환될 수 있다"고 하였다. 이후 1994년에는 《애국주의교육실시강요(愛國主義敎育實施綱要)》(이하 강요)를 발표하여 애국주의 교육을 전국적으로 전개하였다.

<강요>에서는 애국주의교육의 기본원칙으로 "등소평의 중국특색의 사회주의이론과 당의 기본노선을 지도로 삼아야 하고, 사회주의 현대화 건설과 개혁개방을 촉진하는 데 이

바지해야 하며, 국가와 국민의 명예와 존엄 그리고 단결과 이익을 보호해야 하며, 조국통일에 이바지해야 한다고 되어 있다. 그리고 이러한 것이 신시기 애국주의교육의 기본적인 지도사상이다"고 하였다.

애국주의교육의 주요 목적은 "민족정신을 드높이고, 민족응집력을 증강시켜 민족의 자존심과 자긍심을 확립하고, 광범위한 애국통일전선을 공고히 발전시키며, 중국 인민의 애국열정을 중국 특색의 사회주의를 건설하는 데 인도하고 결집하고, 또 통일과 번영 및 부강을 위해 인도하고 결집하는 데 공헌한다. 그리고 이상, 도덕, 문화, 기율이 있는 사회주의 공민을 만들고, 4개 현대화를 실현하고, 중화의 공동 이상을 위해 단결하고 분투하도록 하는 데 있다"고 하였다.

애국주의의 주요 교육 내용으로는 "중화민족의 유구한 역사교육, 중화민족의 우수한 전통문화 교육, 공산당의 기본노선과 사회주의 현대화 건설의 성취교육, 중국국정의 교육, 사회주의의 민주와 법제에 관한 교육, 국방과 국가 안보에 관한 교육, 민족단결에 관한 교육, 평화통일과 일국양제에 관한 교육" 등으로 삼고 있다.

역사교육에서는 특히 근대사와 현대사 교육에 중점을 두고, 특히 중국공산당이 중국인민을 영도하여 신중국을 세운 것에 대한 이해를 교육하고자 한다.

호금도 시대에 들어와서도 애국주의가 언급되고 있는데, 지난 2008년 8가지의 영예와 수치를 언급하였다.

┃호금도의 8가지의 영예와 수치(2008년)

① 조국을 열렬히 사랑하는 것은 영예이고, 조국에 해를 끼치는 것은 수치다.
② 인민을 위해 봉사하는 것은 영예이고, 인민을 위배하는 것은 수치다.
③ 과학을 숭상하는 것은 영예이고, 우매하고 무지한 것은 수치다.
④ 근면 성실하게 일하는 것은 영예이고, 편한 것만 찾고 일하기 싫어하는 것은 수치다.
⑤ 단결해 서로 돕는 것은 영예이고, 남에게 해를 끼치며 자신의 이익만을 좇는 것은 수치다.
⑥ 성실하게 신의를 지키는 것은 영예이고, 이익을 좇아 의를 저버리는 것은 수치다.
⑦ 법과 기율을 지키는 것은 영예이고, 법을 어기고 기율을 혼란하게 하는 것은 수치다.
⑧ 어려움을 참으며 분발하는 것은 영예이고, 교만하고 사치하며 방탕한 것은 수치다.

---

2) 민족단결교육

중국정부는 7·5 우루무치사건 이후, 이와 유사한 사건이 재발하지 않도록 하기 위해 민족교육의 변화를 가속화했다. 특히 중국 초·중·고교에서 '민족단결' 교육을 본격적으로 실시하기로 결정하였다.

중국정부의 대변자로서의 역할을 해 왔던 신화통신은 2009년 7월 16일 교육부와 국가민족사무위원회에서 발표하였던 내용을 보도하였다. 이 보도를 보면, 중국은 앞으로 '민족 단결' 과목을 전국의 초·중·고교와 중등 직업학교에 개설하여 정식으로 교육하기로 결정하였음을 알 수 있다. 그동안 중국은 민족교육을 정치과목의 일부로 다루었다. 그런데 신강 우루무치사건을 계기로 독립과목으로 분리하였다.

민족단결 교육의 구체적인 내용을 살펴보면 다음과 같다.

초등학교 3~4학년에 '중국은 한가족(中華大家庭)', 5~6학년에는 '민족상식', 중학교 1~2학년에는 '민족정책상식', 고교 1~2학년에는 '민족이론상식', 중등 직업학교에는 '민족이론상식 실천교육' 과목이 신설된다. 또 중국정부는 고교와 대학 입학시험에도 정치 과목의 15% 이내에서 민족단결 교과 성적을 반영키로 했다. 교과서와 영상자료 등 교재는 교육부와 국가민족사무위가 일괄 제작해 배포한다. 각 성급 교육행정 당국은 2009년부터 매년 11월 말에 지역별 민족단결 교육 현황을 상부에 보고해야 한다. 중국 정부는 호금도가 7월 9일 정치국 상무위원 회의에서 사상 정치공작에 나서라고 당부한 이후 전국 각지에서 민족단결을 강조하는 선전 홍보 활동을 강화하고 있다.

3) 간부교육

(1) 1교5원(一校五院) 교육

중국공산당은 당 간부 교육을 위해 '1교5원(一校五院)'이라는 독특한 교육 시스템을 운용하고 있다. 1교5원이란 북경의 중앙당교를 구심점으로 국가행정학원, 중앙사회주의학원, 상해 중국 포동(浦東)간부학원, 정강산(井岡山)간부학원, 연안간부학원을 말한다. 포동, 정강산, 연안 간부학원은 2005년에 설립되었다. 중국공산당 제1차 당 대회가 열린 상해 포동에, 공산혁명의 첫 근거지인 정강산에, 모택동이 장정 이후 국민당과 일본의 침략에 맞서 싸운 연안에 각각 학원을 설립하였다.

중앙당교에서는 장관과 성장급 간부를 주로 교육을 한다. 그러나 나머지 학원에서는 국장급과 청장급 중견간부를 주로 교육한다. 진보생(陳寶生) 중앙당교 부교장은 "시장·민주·인터넷은 인류가 발전시킨 세 가지 위대한 창조"라며 현재 "당원들에게 뉴미디어를 중요한 과정으로 가르치고 있다"고 소개했다.

강서성 정강산 간부학원은 강서성 남부 해발 800m 산악지대에 자리 잡고 있다. 이곳에서는 지난 2005년부터 지금까지 당정 간부 2만 7,520명을 교육시켰는데, 연수생들이 먹는 밥은 홍미(紅米)인데, 홍미는 붉고 거칠어서 조금만 먹어도 허기가 지지 않는다. 이는 "공산당이 가장 힘들었던 시기에 홍군(紅軍)들의 간고분투(艱苦奮鬪) 정신을 체험토록 하기 위한 조치"라는 것이다. 그리고 극기훈련 체험을 하는데, 당시 부족한 식량을 조달하기 위해 달렸던 100리(40㎞)를 사용하고 있다.

섬서성 연안간부학원은 대장정의 종착지인 연안에 있는데, 이곳에서는 전국 각지에서 온 중견간부를 교육한다. 그리고 이곳에서는 미래의 중국공산당을 짊어지고 나갈 학생들을 교육하고 있다. 연안중학은 전교생 7,000명 중 공산주의청년단 단원이 6,150명이나 됐다.

한편, 중국공산당이 당과 정부의 중견 간부급 당원들을 대상으로 '모택동식, 홍위병식' 당성교육을 하고 있는 2010년 7월부터 2012년 상반기까지 모두 4만여 명의 청년 당간부들에게 이 같은 당성교육을 실시할 방침이다. 중앙선전부의 방침에 따라 '중국 공산혁명의 요람'으로 불리는 정강산에 위치한 정강산 간부학원은 7월부터 입소한 청년 당간부들을 대상으로 혹독한 혁명체험 운동을 실시하였다.

(2) 소련 붕괴에서 교훈을 얻다

중국공산당은 2006년 소련공산당 정권 해체 15주년을 맞아 "거안위사(居安思危. 편안한 처지에서도 위급한 상황에 대비한다)-소련공산당 망당(亡黨)의 역사교훈"이라는 제목의 교육용 동영상을 제작, 전국에 배포하였다.

이 비디오테이프는 중앙기율검사위, 사회과학원 등이 공동으로 제작하였다. 비디오테이프는 각 40분짜리 8편으로 소련공산당의 흥망성쇠, 기본이론 및 지도방침, 이념공작, 당풍, 특권계층, 조직노선, 지도부, 노선분리 등의 내용을 담고 있다.

(3) 3강(三講) 교육(1995)

1995년 11월 8일 강택민은 북경시를 시찰할 때, "목전의 간부대오의 상황과 존재하는 문제를 근거로 하면, 간부에게 교육을 할 때 학습을 말하고(講學習), 정치를 말하고(講政治), 정기를 말해야(講正氣) 한다"고 강조했다. 그리고 전국에서 모두 이렇게 하면, 북경시는 솔선수범하는 역할을 할 것이라고 언급하였다.

11월 25일, ≪인민일보≫에 <講學習 講政治 講正氣>라는 제목으로 평론가가 글을 적었다. "학습을 말한다는 것은 주로 이론을 배우고, 지식을 배우고, 기술을 배우는 것이다. 무엇보다는 이론을 먼저 배우야 한다. 정치를 말하는 것은, 정치방향·정치입장·정치기율·정치감별력·정치민첩성을 포함한다. 정기를 말한다는 것은 바로 당의 오랜 기간의 혁명과 건설사업 중에 나타난 좋은 전통, 좋은 작풍을 계승하고 발양해야 하며, 진리를 견지하고, 원칙을 견지하며, 좋지 않은 기풍과 부패현상과 투쟁하는 것을 견지해야 한다"고 밝혔다.

1996년, 14차 6중전회에서 현처(縣處)급 이상의 영도간부에게 '講學習·講政治·講正氣'를 주요 내용으로 하고, 3년을 기한으로 하는 당성당풍(黨性黨風) 교육을 진행하였다. 연안 정풍정신을 발양하였고 상명하달을 얻었으며, 기간을 나누고 그룹을 나누어 진행하였다. 당내의 비평과 자아비평이 서로 결합하였다. 전당 동지로 하여금 더욱이 영도간부에게 심각한 당성당풍교육을 받게 하였다.

(4) 보선(保先)운동(2005)

'보선운동'은 '당원선진성유지교육활동(保持黨員先進性教育活動)'을 줄인 말이다. 공산당 당원을 쇄신하기 위해서 "선진을 유지한다"는 뜻이다. 보선운동은 부패 척결을 위한 것이다.

그런데 고도성장으로 인해 나타나고 있는 이농현상 등으로 붕괴되고 있는 당 하부조직을 재정비하기 위해 보선운동을 한다는 목적을 갖고 있는 것으로 보기도 한다.

(5) 간부 교육 배양훈련 공작 조례(2006)

중국은 중앙정부와 성의 청·국장급 이상, 현의 처장급 이상 고위간부는 5년마다 최소 3개월 이상 교육을 받도록 했다. 다른 공산당 일반 간부도 매년 최소 12일 이상 교육을 받도록 했다.

국유기업의 고위간부에게도 이 규정이 적용된다. 이들은 중앙당학교와 행정학원, 간부학원 등에서 정치이론과 정책법규, 직무 관련 지식, 문화소양, 기술훈련을 받게 된다.

(6) 당원 간부들의 개인 관련사항 보고에 관한 규정 실시방법(2007.1.10.)

중국 북경시의 공산당 간부들은 본인의 결혼·이혼 등 혼인 변동상황은 물론 외국인 배우자와 결혼한 자녀의 혼인상황을 일정한 시일 내에 당 조직에 보고해야만 한다. 중국공산당 북경시위원회 상무위원회는 당 간부들의 부패가 첩이나 정부 등 혼외 여성문제와 밀접한 관계가 있다고 판단, 그 방지대책의 하나로 2007년 1월 10일 "당원 간부들의 개인 관련사항 보고에 관한 규정 실시방법"을 통과시켰다.

이에 따라 해당 당 간부들은 본인의 혼인 변동상황은 물론 공무여권 아닌 개인 일반여권 등 사적인 출국증명서 소지, 외국인이나 홍콩·마카오·대만인 배우자 및 결혼한 자녀, 배우자·자녀의 출국 등에 관해서도 반드시 보고해야 한다.

그리고 의무적으로 본인의 혼인 변동상황을 보고해야 하는 당 간부를 부처장급 이상으로, 보고 기한을 변동이 있었던 날로부터 30일 이내로 각각 정하는 등 이들의 혼인생활을 청렴결백의 기준으로 삼겠다는 취지를 담고 있다. 의무적인 보고사항에는 자녀가 사법기관에 의해 형사책임을 받은 경우, 배우자 또는 함께 생활하는 자녀가 외국에서 기업을 운영하거나 중국 내에 설치된 외국 기업 및 홍콩·마카오·대만 기업에 관리직으로 근무하는 경우도 포함된다.

▎'금병매' 중국공산당 교양강좌 채택(2007)

2007년 3월 31일 중국공산당 광주시 위원회 선전부가 시민을 대상으로 "금병매 읽기 안내"라는 제목으로 광주도서관에서 교양강좌를 개최하였다.

기남대학(暨南大學) 고대문학 전공인 사소군(史小軍) 교수는 "금병매의 작가는 저질 음서를 쓰는 작가가 아니라 도덕과 이상, 전통윤리 관념을 강하게 갖추고 유머감과 풍자의식이 뛰어난 수준 높은 문인"이라며 "오랜 기간 중국인들은 금병매를 음서로 취급해 왔지만 중국 고대의 기서(奇書) 중에서도 최상급 문학작품으로 주목하고 발굴해야 한다"고 언급하였다.

(7) '11차 5개년 기간' 행정기관 공무원 교육 훈련요강(2007)

: 2010년까지 중국공무원 전체 교육훈련 실시

국무원 판공청은 인사부의 ≪'11차 5개년 기간' 행정기관 공무원 교육 훈련요강≫을 발표했다. 이는 새로운 정세와 임무에 적응하고 자질을 갖춘 행정기관공무원을 육성하기 위한 조치로서 ≪요강≫은 '11차5개년기간' 전체공무원이 한 번씩은 교육훈련을 받도록 했으며 공무원의 사상적·정치적 소질 및 업무능력이 뚜렷이 제고되도록 했다. 또 경제적·사회적으로 지속가능발전을 이루는 능력을 강화하도록 했다.

≪요강≫은 공무원법과 ≪간부교육훈련공작조례(시행안)≫, <2006~2010년 전국간부교육훈련규획>에 따라, 또 경제사회발전과 행정기관공무원육성을 위한 실질적인 필요에 따

라, '11차 5개년규획' 기간에 실시하게 될 행정기관공무원 교육훈련 업무의 지도사상, 총체적 요구, 기본적 목표, 주요임무와 보장조치를 명확히 했다.

≪요강≫은 행정기관공무원교육훈련업무를 지도할 중요문건으로 간주되고 있다. ≪요강≫은 '11차 5개년' 기간에 6개 주요임무를 완수해야 한다고 지적했다.

6개 임무는 다음과 같다. ① 사상적, 정치적 소질을 제고하는 것과 관련해 정치이론교육을 강화한다. ② 능력배양과 관련해 4종류24) 교육을 심화한다. ③ 정부행정효율 제고와 관련해 공공관리핵심내용의 교육훈련을 강화한다. ④ 사회주의신농촌건설과 지역사업의 조화로운 발전 촉진과 관련해 기층공무원교육훈련을 강화한다. ⑤ 서부 대개발, 동북지역 등 노후공업기지진흥, 중부지역발전촉진 등 관련정책 관철과 관련해 공무원교육훈련을 강화한다. ⑥ 뛰어난 소질을 가진, 전문화된 공무원 양성과 관련해 학력, 학위 교육에 매진한다.

(8) 중국공산당원 교육육성계획(2009)

중국공산당원 교육육성계획은 공산당원 소질 개선을 위한 교육강화이다. 중국정부는 7,600만 명에 달하는 중국공산당원들의 소질을 높이기 위해 5년간 공산당원을 집중 육성하기로 결정하였다.

목표는 지도사상, 임무, 소양, 사업목표 등의 중점 프로젝트가 포함되어 공산당원들이 공산주의 이상과 신념, 당에 대한 충성심 강화 등이다. 일반 당원들은 매년 16시간 이상, 당정 기관이나 국유기업 당원들은 24시간 이상을 텔레비전과 인터넷 등을 통해 교육을 받게 된다.

(9) 공산당원 지도자 및 간부의 청렴한 공직활동에 관한 약간의 준칙(2009)

2009년 12월 29일 중앙기률검사위원회가 **"중국공산당 당원 지도간부 청렴자률 몇 가지 준칙" 실시방안을 반포하였다.** 실시방안은 청렴준칙의 개념을 가일층 해석하고 청렴준칙 규정 위반에 대해 8개 면에서 52개 금지성 규정을 "중국공산당 기률처벌조례"에 적응시킬 데 대해 명확히 하고 조직처리 등 조치의 기률위반행위에 대해 상응한 처리 방식을 규정했다.

---

24) 1. 초임교육훈련, 2. 직무교육훈련, 3. 최신지식교육, 4. 전문업무교육

8개 금지령으로는 "당의 간부들은 권한과 직무에서의 영향력을 이용해 부당한 이득을 취해서는 안 되며, 개인적으로 영리활동을 해서도 안 된다. 공적인 명의를 빌어 이속을 챙기거나 공공재산을 개인적으로 사용해서도 안 되며, 간부의 임용규정을 위반해서도 안 된다. 권한과 직무상의 영향력을 이용해 가족과 업무상 관계자들에게 부당한 이득을 제공하는 것도 금지하고 허례허식과 겉치레에 집착해 공금을 낭비해서도 안 되며, 시장의 경제활동에 부당하게 개입하는 것을 금지하고, 실제에서 벗어난 허위과장행위로 대중의 이익과 당과 대중과의 관계에 손해를 끼치는 것도 금지한다"이다. 이 같은 8대 금지규정을 구체화한 52개 항목의 부당행위도 명시하였다. 중국공산당은 각급 당원 간부들에게 이 규정을 철저히 지키라고 요구하는 한편, 배우자, 자녀, 다른 가족과 업무상 관계자들에게도 규정 준수를 요구하라고 지시하였다.

5. 홍색도시와 홍색열풍

주요 홍색도시

— 정강산(井岡山) : 혁명근거지. 홍군의 탄생지로 유명

— 서금(瑞金) : 홍도(紅都) : 중화소비에트공화국이 설립된 곳

— 준의(遵義) : 모택동 중국공산당 내 지위 확립

— 연안(延安) : 장정의 종착지. 중국공산당중앙위원회의 소재지

— 서백파(西栢坡) : 사회주의 신중국의 청사진 구상

— 남가촌(南街村) : 공산주의 집체마을

1) 홍색도시

홍색(紅色)은 사전상으로 "혁명의, 혁명적인"이라는 뜻이 있다. 따라서 홍색도시는 혁명과 관련된 도시를 의미하고, 중국공산당이 중국을 건국하는 과정에서 주요한 역할을 하였던 도시가 포함된다.

(1) 홍색 성지: 정강산(井岡山)

강서성과 호남성의 경계에 위치해 있는 정강산은 중국공산당엔 '공산혁명의 성지(聖地) 중의 성지'로 꼽힌다. 정강산은 중국인민해방군의 전신인 홍군의 탄생지로 유명하며, '중국 혁명의 요람'이라고도 불린다. 문혁시기에는 어린 홍위병들의 성지로 반드시 방문해야 하는 장소가 되었다. 현재에도 유격전이 치열했던 황양계(黃洋界) 등의 전투현장에는 참호와 포대 등이 보존돼 있다.

정강산은 높고 험한 산이 많아 사람이 사는 곳은 마치 우물(井)처럼 깊다고 해서 붙은 이름이다. 그리고 정강산은 '대소5정(大小五井)'이라고도 부르는데, 대정(大井)·소정(小井)·상정(上井)·하정(下井)·중정(中井) 5개의 샘이 있기 때문이다. 면적은 670km²이고 평균 고도는 해발 381.5m, 가장 높은 곳은 1,841m이다.

추수기의(1927.9.9.)에 실패한 모택동은 1,000여 명의 병력을 이끌고 정강산으로 들어와 근거지를 구축하였다. 그리고 남창봉기(1927.8.1.)를 일으켰다가 실패했던 홍군사령관 주덕이 1928년 5월에 부대를 이끌고 이곳으로 들어왔다. 이후 주덕 군대는 모택동 부대와 합류하였고 이후 홍군 제4군이 되었다.

(2) 홍도(紅都) 서금(瑞金)

1934년 10월 중국공산당의 대장정이 시작된 곳으로 유명하다. 물론 우도와 서금 두 지역 중 어느 곳이 진짜 대장정의 시작점인지 논란이 있다. 서금은 혁명의 성지로 불리는 곳으로서 홍기가 1년 내내 밤에도 내려지지 않는 곳이기도 하다. 그러한 이유로 서금을 '홍도(붉은 수도)'라 부르기도 한다.

서금은 중화소비에트공화국이 설립된 곳으로서, 공산당이 일반 군중을 상대로 처음으로 사회주의 통치를 시도했던 곳이기도 하다. 서금의 섭평(葉坪)과 사주패(沙州壩)에는 현 정부의 초기 형태의 청사들이 그대로 보존되어 있고, 신화통신도 1931년 11월 서금에서 홍색중화통신사로 출발하였다. 그래서 서금을 공화국 요람이라 부르기도 한다. 한편, 서금의 모든 소학교 학교이름에는 '장정(長征)○○○소학교' 식으로 되어 있다. 이는 오늘날 중국에서 서금이 장정을 출발한 곳이었다고 여기고 있기 때문에 붙여져 있다.

(3) 준의(遵義)

귀주성의 북부, 오강(烏江)의 지류인 상강(湘江) 기슭에 위치한 소도시인 준의는 남쪽의

귀양과 북쪽의 사천성 중경을 연결하는 주요 도로선상에 있다. 1935년 1월, 장정 중이던 중국공산당은 이곳에서 중국공산당 중앙정치국 확대회의를 개최하였다. 이 회의에서 모택동은 당시 당 중앙위원회의 지도권과 군사지휘권을 장악하고 있던 박고·리틀로프·주은래 등의 조직면과 군사면에서의 오류를 비판하였다. 즉 친소련파를 제압하고, 공산당 내 지도권을 확립하였다.

준의회의는 모택동이 중국공산당 내 지위를 확립하였기 때문에 중국공산당 역사에서 매우 중요한 의의를 지닌다. 그래서 지금도 준의회의 개최지가 문화재로 남아 있고, 1982년 국무원이 정한 24개 관광도시로 선정되었다. 중국 술 중에서도 유명한 모태주가 준의에서 만들어져 준의를 '중국 술문화의 명 도시'로 부르기도 한다.

(4) 연안(延安)

섬서성 북부에 위치하는 연안은 중국공산당의 장정의 종착지점이고, 1935년부터 1947년까지 중국공산당중앙위원회의 소재지였고, 이곳에서 항일전쟁과 공산혁명을 하였던 곳이라서 '혁명의 성지'라고 불린다. 연안시의 북쪽 봉황산(鳳凰山) 기슭에는 중공혁명기념관과 모택동고거(毛澤東舊居)가 있다.

모택동은 이 집에서 모택동사상의 이론적 골격을 형성하는 "실천론"(1937), "모순론"(1937), "연합정부론"(1937), "론지구전(論持久戰)"(1938)을 비롯한 여러 논문과 정책 보고문·담화문 등을 저술하였다. 모택동은 이곳에서 공산당세력의 확대와 자신의 권력기반을 다졌다. 그리고 공산당은 이곳에서 정풍운동을 벌여 사상통제운동을 실시했다. 1997년 중국국무원은 연안지구 행정총서를 철폐하였고, 섬서성 관할의 연안시 성립을 결정하였다.

(5) 서백파(西栢坡): 사회주의 신중국의 청사진 구상

서백파는 1948년 5월 26일부터 1949년 3월 23일까지, 중국공산당중앙위원회와 중국인민해방군총부 소재지였다. 이러한 이유로 서백파는 혁명성지(革命聖地)로 불린다. 2004년 7월 이래로, 북경·상해·남경 등 10여 개 도시에서 '서백파정신순회전람(西柏坡精神巡回展覽)'을 하기 시작하였다.

서백파는 하북성 석가장에서 서북쪽으로 90㎞가량 떨어진 산골마을이었다. 중국공산당이 서백파를 수뇌부의 거처로 정한 이유는 이곳이 교통요지인 석가장에서 가깝고, 전국의 혁명구와 연락이 쉽기 때문이었다. 그리고 지정학적으로 산을 등져 있었기 때문에 국민당의 공습을 피할 수 있는 안전지대였기 때문이었다.

서백파가 중국의 혁명성지가 된 이유는 사회주의 신중국의 청사진을 이곳 서백파에서 시작하였기 때문이다. 대장정을 거쳐 연안에서 근거지를 구축하여 항일전쟁과 국민당과의 전쟁을 해 온 중국공산당은 총지휘부의 거점을 서백파로 옮겼다.

이곳에서 모택동은 중국공산당이 주도하되 여러 민주정파를 보조적으로 국정에 참여토록 하는 인민민주독재 구상을 완성했다. 이러한 기반은 전인대와 정협에까지 이어져 내려오고 있다. 그러한 이유로 중국인들은 전쟁에서 건설의 시대로 넘어가는 '전환기의 고충'이 서려 있는 이곳에서 신중국이 비로소 출현했다고 말한다. 주은래는 "서백파는 당 중앙과 모 주석이 북평(북경)에 들어가 전 중국을 해방시키는 과정에서 최후의 농촌 지휘소로서의 구실을 했다. 3대전역 지휘를 이곳에서 하였고, 당의 7차 2중전회를 이곳에서 개최하였다"고 회상하였다.

이곳에는 당시 지도자들의 거처가 모두 복원되어 있다. 모택동·주은래·주덕·류소기 등 당시 당과 정 수뇌부의 삶의 흔적이 그대로 남아 있다. 또 당시 인민해방군 총지휘부가 있던 건물도 옛 모습을 그대로 간직하고 있다.

(6) 공산주의 마을 남가촌(南街村)

'공산주의 집체마을'이라 알려진 남가촌은 하남성에 위치한다. 남가촌 입구 도로 양옆에 서 있는 가로등에는 '모택동어록'이 걸려 있다. 그리고 건물 벽에는 모택동 시절의 정치구호들이 여기저기 적혀 있다.

이곳에 사는 주민들에게 아파트·가구·숟가락 등이 집체소유이고, 쌀·계란·밀가루 등 14가지 생필품이 무상으로 제공되고 있다. 게다가 이들이 사용하는 전기요금, 전화요금 수도요금도 무료이다. 그리고 무상의료보험에다가, 학비와 생활비도 무상으로 제공된다.

하지만, 사회주의 시대처럼 말 한마디 잘못하였다간 민병대에게 잡혀가거나 무일푼으로 마을에서 쫓겨나게 되고, 외지인들은 공산당이 제공하는 복지혜택을 제공받지 못한다.

2) 홍색열풍

중국공산당 창당 90주년을 맞이하면서 중국에서는 홍색열풍이 일어났다. 북경을 비롯한 중국의 주요 도시에서는 중국공산당의 업적을 기념하는 행사를 열었고, 각종 언론매체에서도 홍색열풍과 관련한 기사를 싣고 있다. 관연 신화통신을 비롯한 국영방송인 CCTV, 공산당 기관지 인민일보 등은 더욱 그러하다.

중국에서의 홍색열풍은 개혁개방 이후 빈부격차가 심해지면서 모택동시대를 그리워하는 현상으로 보기도 한다. 그리고 빈부격차, 부정부패, 물가급등 등에 따른 사회 불만을 달래고 일당독재의 정당성을 강화하려는 포석도 깔려 있다. 지역 간, 계층 간 소득 격차와 만연한 부패, 부동산과 물가 급등 등으로 인한 서민들의 좌절과 불만을 '붉은 이데올로기'로 무마하려는 것이라는 분석도 나온다.

홍색관광 열풍은 이전부터 꾸준하게 진행되었는데, 2011년 들어 더욱 고조되었다. 중국공산당 혁명 유적지를 방문하거나 모택동 고택 등을 방문하는 홍색관광 열풍이 일고 있다. 홍색관광을 하는 대부분의 사람들은 공산당원으로서, 이들은 선열을 추모하고 혁명전통을 체험하거나 혁명정신을 본받기 위해 홍색 관광지를 방문하고 있다.

이에 여행사들이 내 놓은 중국공산당혁명 성지순례관광이나 기념주화·우표·서화 등을 판매하는 '홍색경제(red economy)'가 호황을 누렸다. 혁명성지 관광은 강서성 정강산,

섬서성 연안, 모택동의 고향인 호남성 소산(韶山)이 대표적이다. 그리고 기념박물관, 열사 기념관 등을 묶은 혁명성지순례 관광상품도 나왔다.

중국인민은행은 2011년 6월 16일 기념주화를 5원(약 840원)짜리 기념주화 6,000만 개를 1인당 1개로 제한하여 판매하였다. 직경 3㎝의 기념주화는 앞면에는 국가 휘장이 도안되어 있고, 앞면의 위쪽에는 "中華人民共和國"이라는 국명이 새겨져 있고, 아래쪽에는 '2011'이라는 연도가 새겨져 있다. 그리고 뒷면에는 공산당 휘장(黨徽), 당기(黨旗), 목단(牡丹), 평화의 비둘기(和平鴿), 오각별(五角星)이 있고, 당 휘장 위에는 '中國共産黨成立90周年' 글자가 있다. 휘장 아래에는 '1921~2011'가 새겨져 있다. 왼쪽에는 5원이라는 금액 숫자가 적혔다.

그리고 모택동에 대한 추모 열기도 오르면서 모택동 탄생 110주년 기념우표의 가격이 5월에 105원이던 게 6월에 190원으로 오르는 현상도 나타났다.

중국공산당 관련 역사서적이 100만 권 이상 팔리기도 하였고, 중국공산당 혁명 관련 연속극도 약 40여 개가 된다. 혁명가요인 홍가(紅歌) 경연대회가 여러 지역에서 개최되었고, 라디오에서도 '나의 조국', '오성홍기', '황하를 지켜라' 같은 혁명가요가 계속 흘러나온다.

중국공산당 창당 90주년을 기념하는 열풍은 TV와 영화에서도 여실히 드러나고 있다. 중국의 방송·영화 등을 감독하는 국가광전총국은 지난주 중국 전역의 주요 방송사에 공산당 창당 90주년을 앞둔 3개월 동안 첩보물이나 추리물, 애정 드라마 방영을 금지하고, 공산혁명을 다룬 40편의 '홍색 드라마'를 방송하도록 했다. 중국공산당창당과정을 담은 블록버스터 '건당위업(建黨偉業)'을 비롯한 약 30여 편의 영화가 개봉하였다.

유토피아닷컴(wyzxsx.com, 烏有之鄕)이나 모택동깃발(maoflag.net) 등 좌파 사이트를 중심으로 모택동 정신 되살리기 움직임도 강해지고 있다. 이를 가리켜 신'마오주의자'라고 부르는데, 신모택동주의들은 좌파성향의 인터넷 사이트인 유토피아닷컴을 통해 모택동을 비판해 온 지식인에 대한 '기소'를 촉구하는 서명운동을 펼쳤다.

유토피아닷컴 운영자인 범경강(範景剛)은 "모택동 주석을 지키는 것은 헌법이 보장한 권리 가운데 하나"라고 주장했다. 신모택동주의자들의 서명운동 캠페인은 중국공산당 창당 90주년(7월 1일)과 중국공산당 제18차 당 대회(2012년 가을)를 앞두고 이루어져서 정치적 배경과 연관 짓기도 한다. 홍콩의 중국 전문가들은 신모택동주의자들이 표면상으로는 지식인을 공격 목표로 삼고 있지만, 실제로는 중국공산당 내 개혁파들을 겨냥하는 것으로 보았다.

한편, 호남성은 건국 60주년을 계기로 일고 있는 홍색열풍을 활용해 모택동요리 표준화에 나섰다. 호남성 경제활성화를 위해 홍색열풍을 이용하여 호남성의 이미지를 높여 관광객을 유인하고자 한다. 호남성은 2010년 성도인 장사에 높이 32m에 달하는 모택동 흉상을 세우는 등 모택동 상품화를 이미 시작했다.

3) 홍색열풍을 바라보는 시선

중국이 안고 있는 정치·사회 문제를 해결할 수 있는 방법을 제시하지 않고 홍색열풍을 통한 중국공산당 이데올로기 선전 풍조를 비난하는 학자들도 있다. 하위방(賀衛方) 북경대 교수는 인터넷에 '중경 동지들에게'라는 공개서한을 발표해 "문화대혁명이 재연되고 법치의 이상이 사라지고 있다"고 홍색 캠페인을 비판했다. 조사림(趙士林) 중앙민족대학 교수는 2011년 6월 29일 당 지도부에 보낸 공개서한을 통해 "공산당을 신격화하지 말라"고 비난했다. 그리고 경제학자인 모어식(茅於軾)도 최근 '인간 마오로 돌아가기'라는 글을 발표해 모택동의 30년 집권 기간 과오를 신랄하게 비판하였다. 그리고 장성 출신인 신자릉(辛子陵)은 ≪천추공죄(千秋功罪. 오랜 세월의 공적과 죄과) 모택동≫이라는 책에서는 모택동에 대한 비판적인 시각을 드러내었다.

한편, 홍색열풍에 좋지 않은 시각으로 바라보는 사람들도 많다. 당장 먹고살기도 힘든 농민공 등 일반 서민들의 시선은 곱지 않다. 게다가 한쪽에서 홍색열풍이 일어나고 있지만, 다른 한쪽에서는 몽골족 시위와 노동분규 등 정반대의 현상도 일어나고 있다.

제8장

중국공산당과 군

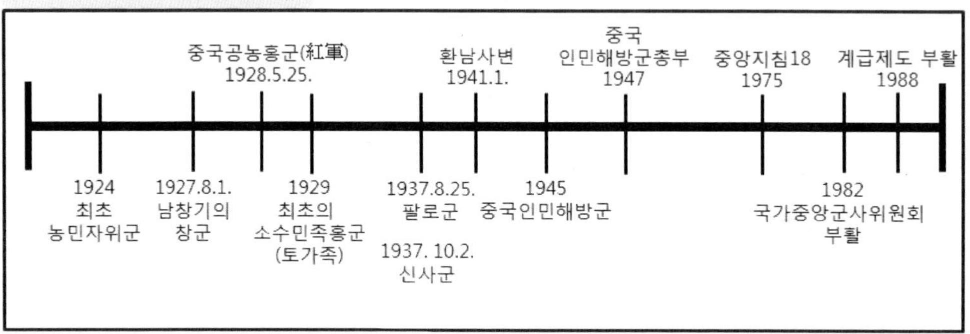

모택동: 군은 당의 절대적인 지배하에 놓여야 한다는 원칙 제출(1927년)
　　　　"당이 군을 지휘해야지, 군이 당을 지휘해서는 안 된다."(모택동선집 2권)
등소평: "당의 영도를 떠나서 누가 사회주의 경제와 정치 그리고 군사와 문화를 말할 수 있겠
　　　　는가?"
고전회의(古田會議, 1929): 당의 군에 대한 영도권을 확립할 기율을 제도화. 고전회의는 당
이 군대를 영도하는 사실을 결정

1. 2010년 중국 국방백서(白書)

2011년 4월 31일 중국정부는 ≪2010년 중국국방≫ 백서를 발표하였다. 백서에서는 주로 국가 주권, 안전, 발전이익 수호, 사회 조화와 안정수호, 국방 및 군대현대화 추진, 세계 평화와 안정 수호가 포함되어 있는 새로운 시기의 중국국방의 목표와 임무를 소개했다.

그리고 대만의 독립을 저지하고, 동돌궐(東突, 동투르키스탄)과 티베트독립 등의 분열 세력을 타격하여, 국가주권 안정과 영토 보존에 힘쓴다는 부분도 주목할 내용이다.

이번에 발표한 국방백서는 1990년 이래로 7번째로 발표한 백서이다. 약 3만 자에 이르 는 이번 백서는 중어, 영어, 프랑스어, 스페인어, 독일어, 러시아어, 일본어, 아랍어 8가지 문자로 발표되었다. 그리고 서언과 총 10장으로 구성되어 있으며, 안보정세, 국방정책, 인 민해방군의 현대화 건설, 무장역량 운용, 국방동원과 예비역량 건설, 군사법제, 국방과학 기술공업, 국방경비, 군사신뢰 구축, 군비통제와 감축의 내용을 담고 있다.

국방백서에서 ① 중국은 평화발전의 노선을 견지하고 방위적 국방정책을 시행하며, ② 국방건설과 경제건설의 협조적 발전을 촉진하면서 전면적 소강사회 건설 과정에서 부국 (富國)과 강군(强軍)의 통일을 실현하며, ③ 군사적 대외교류와 협력을 적극적으로 전개하 면서 각 국가들과의 군사적 상호신뢰를 증진하며, ④ 국제적 의무와 책임을 이행하고, 세 계평화와 안정을 유지할 것을 강조하였다.

그리고 이번 국방백서에서는 처음으로 '사이버 공간'에서 안보이익을 지키는 것을 국 방의 임무 중 하나로 삽입하였다. 국방백서에서 중국 국방의 목표 4가지 중 첫 번째인 국 가주권이익, 안보이익, 발전이익의 보호와 관련한 구체적 임무를 설명하면서 '사이버 공 간'에서의 안보이익을 언급하였다. 오늘날 중국은 군 현대화의 핵심 중 하나인 '연합작전 시스템(聯合作戰體系)' 구축을 위해 사이버상의 안보는 필요하다고 인식하고 있다.

2. 인민해방군 10대 패전

1위: 금문전역(金門戰役) 1949년 10월

제3야전군 10병단 28군은 금문(金門)도에 대하여 진공을 개시하였다. 전투를 급박하게 시작하였기 때문에 운송선이 파괴되고, 후방의 지원이 끊어졌다. 3일간의 전투 끝에 주력부대 총 9,086명 중에서 몇 사람이 바다를 건너 살아남은 사람 외에는 전부 전사하거나 포로가 되었다. 해방군의 전투사상 전부대원이 전멸당한 가장 참혹한 전투였다.

2위: 서로군(西路軍)의 전투. 1936년 말

홍군 4방면군 부대는 영하(寧夏) 전투계획을 집행하기 위하여 황하를 건너 서쪽으로 나아갔고, 서로군(西路軍)을 조직하였다. 몇 개월 동안의 전투에서 전투력이 우세한 청해군벌(青海軍閥) 마가군(馬家軍)의 포위공격을 받았다. 전략의 잘못으로 힘든 전투에서 벗어나지 못하여 결국 전군이 전멸당했다. 전군 2만 1천여 명 중에서 1만여 명은 전사하고, 6천여 명은 포로가 되었으며, 나머지는 대부분 도망쳤다. 신강까지 살아온 사람은 겨우 400여 명이었다.

3위: 환남사변(皖南事變) 1941년 1월

신4군(新四軍) 군부와 2개 종대(縱隊)는 환남지구에서 국민당군 8개 사단의 포위공격을 받았다. 10일간 전투를 벌였는데, 전군 9천여 명 중에서 2천여 명이 포위를 돌파한 것을 제외하고는 모두 사망하거나 포로가 되었다. 군단장 섭정은 포로로 잡혔고, 정치위원 항영은 전사했다.

4위: 회옥산(懷玉山)의 패전 1934년 말

방지민이 항일전투를 하기 위해 홍10군을 이끌고 북상하였다. 강서성 회옥산에서 국민당군 수십 개 연대의 포위공격을 받았다. 나중에는 총알이 떨어지고 식량이 바닥나서 궤멸되었다. 전군 2만여 명 중에서 겨우 1천여 명이 포위를 돌파했고, 방지민과 군단장 유주서(劉疇西)는 포로로 잡혀 죽었다.

5위: 한국전쟁 5차전역(五次戰役) 이동단계의 전투 1951년 5월

한국전쟁 5차전역에서 진공섬멸단계를 완성한 후, 지원군의 각 병단은 북쪽으로 이동하였다. 그런데 적을 너무 경시하다가 엄호계획을 제대로 세우지 않아, 미군의 신속한 반격을 받았고, 순식간에 적에게 포위되었다. 주력부대는 위험에서 벗어났으나 3병단 60군의 180사단은 절반의 병사를 잃어서 거의 전멸이었다. 전체 전투에서 중공군과 조선군은 8만 5천 명이 사망하였는데, 그중 지원군의 사망인원이 7만 5천 명이었다. 이때 실종자가 2만여 명에 달하였는데, 나중에 확인한 바에 의하면 그중 17,000여 명이 포로로 잡혔다.

그 이외에는 전장에서 사망하였을 것으로 추정된다.

6위: 상강혈전(湘江血戰) 1934년 11월

중앙홍군이 장정에 나섰을 때, 국민당군과 상강변에서 격렬한 전투를 벌였다. 6일간의 혈전을 거쳐 홍군은 상강을 넘어 위험에서 벗어났다. 그러나 이 전투에서 병사 3만여 명을 잃었다. 전군이 장정을 시작할 때의 8만 6천 명에서 3만 명도 안 되는 인원으로 줄어버렸다. 손실이 참혹했다. 거의 전군몰살의 지경에 처할 뻔하였다.

7위: 제1차 사평전역(四平戰役) 1946년 4월

동북민주연합군(東北民主聯軍)은 국민당군과 사평을 방어하기 위한 전투를 벌였다. 1개월을 버티다가 8천 명이 전사하였고, 패퇴하였다. 국민당군에 추격을 당해서 천 리 이상을 도망갔는데, 송화강까지 후퇴하였다.

8위: 서부전역(西府戰役) 1948년 4월

서북야전군이 섬서성 보계(寶鷄)를 향하여 진공하였고, 연속하여 몇 개 도시를 함락시켜 초기에는 대승을 거두었다. 그러나 국민당군이 신속하게 반격하여, 해방군은 포위를 당했다. 나중에 1천여 리를 싸우면서 패퇴하며 포위를 벗어났다. 이 전투에서 사상자가 1만 5천여 명이나 되었다.

9위: 광창전역(廣昌戰役) 1934년 4월

제5차포위섬멸 전투 중에, 홍1방면군 1, 3, 5, 9군단은 강서성 광창구(廣昌區)에서 보루를 쌓고 국민당군의 진공을 방어하였다. 18일 동안 힘들게 싸우다가 광창을 포기하였다. 5,093명이 전사했다. 국민당군은 2,626명이 전사했다. 홍3군단은 2,705명이 전사하여 전군 총 인원수의 1/4을 잃었다.

10위: 남마(南麻)·임구(臨朐)전역 1947년 10월

화동야전군(華東野戰軍)이 국민당군과 남마와 임구에서 전투를 벌였다. 10일간 전투를 벌였으나 두 지역을 점령할 수 없었고 사상자가 5만여 명에 달하였다. 국민당군은 사상자가 2만여 명이었다. 결국 후퇴하게 되었다.

3. 중국공산당군의 성격변화

▌군의 통수권: 당에서 국가로

1982년 신헌법에서 국가중앙군사위원회가 신설되어 군의 통수권이 당에서 국가로 옮겨감으로서 군은 당군으로부터 국군으로서의 성격을 띠게 되었다. 그렇지만 현실적인 측면에서 당중앙사위원회는 인적 구성에 있어서 동일인에 의해 운영되고 있다.

중국공산당 창당 이후부터 1949년 중국이 건국할 때까지의 중국공산군은 순수한 군사적 역할을 담한 군대였다기보다는 혁명을 위한 혁명군으로서의 성격이 강했다.

인민해방군은 전투 외에 공산당의 목표를 지원하기 위하여 공산화된 지역의 인민들을 동원하는 의무를 중시했었고, 이들 주민에 대한 정치, 경제, 그리고 특히 행정적 차원에서의 봉사에 깊이 관여했었다.

1) 중앙지침(中央指針)18(1975)

1975년에 발표된 중앙지침은 **군이 정치의 장으로부터 퇴진해야 된다는 것과 함께 군사지도자들에게 훈련과 방위에 전념토록 명하고 있다.**

등소평은 1975년 1월에 총참모장에 취임하였다. 취임 직후 군 간부회의에서 군대의 정돈이 필요하다고 역설하였다. 같은 해 7월에 있었던 중공중앙군사위원 확대회의에서 군대의 정돈에 대해 견해를 밝혔다. 등소평은 군대건설과정에 온 문제로서 비대·산만·오만·사치·게으름 등을 들었다.

2) 1982년 신헌법과 당 장정

당(黨)·정(政) 분리를 추진하면서, 당에 의한 지나친 권력집중과 당과 정부 간의 기능적 중복을 배제하려는 노력을 기울였다. 군사관계에서도 1982년 새로운 당 장정에 당중앙군사위와 별도로 국가중앙군사위원회 신설을 명문화하였다.

당 장정에는 국가군사위원회가 "중국의 무장군을 지휘한다"는 것 외에 별다른 내용이 없지만, 기본적인 기능은 군의 건설에 있어 여러 국방산업들과 국방관계 위원회들 간의 조정을 담당하는 것이었다. 즉, 예산책정 및 배분, 훈련, 연구개발과 집행을 관장하는 것이다.

1982년 신 헌법 개정과 더불어 국가주석제와 국가중앙군사위원회제가 부활하였다. 이후 당중앙군사위원회 주석직을 맡은 자가 국가주석직도 겸임하는 제도가 관례화되었다.

국가 최고 지도자의 경우, 역시 1949년 10월 신중국 성립과 더불어 모택동이 국가주석 겸 군 최고통수권자가 되었다. 1957년 4월, 제2차 전국인민대표대회에서 류소기가 국가주석에 당선됨으로써 국가의 군 최고통수권은 류소기에게 넘어갔다. 그러나 류소기가 숙청됨과 동시에 국가주석제와 국방위원회제는 폐지되고, 그 공백을 당 중앙군사위원회가 장악하게 되었다.

4. 중국인민해방군 군사가 36인

1989년 11월, 중앙군위가 33인을 중국인민해방군군사가(中國人民解放軍軍事家)라는 칭호를 붙였다. 그리고 1994년 8월 3명을 더 추가하여 총 36명이 되었다.

그들은 "모택동(1893~1976), 주은래(1898~1976), 주덕(1886~1976), 등소평(1904~1997), 팽덕회(1898~1974: 원수), 류백승(1892~1986: 원수), 하룡(1896~1969: 원수), 진의(1901~1972: 원수), 라영환(1902~1963: 원수), 서향전(1901~1990: 원수), 섭영진(1899~1992: 원수), 섭검영(1897~1986: 원수), 임표(1907~1971), 양상곤(1907~1998), 이선념(1909~1992), 속유(1907~1984), 서해동(1900~1970), 황극성(1902~1986), 진갱(1903~1961), 담정(譚政, 1906~1988), 소경광(蕭勁光, 1903~1989), 장운일(1892~1974), 라서경(羅瑞卿, 1906~1978), 왕수성(王樹聲, 1905~1974), 허광달(許光達, 1908~1969), 섭정(1896~1946), 허계신(1901~1931), 채신희(蔡申熙, 1906~1932), 단덕창(1904~1933), 증중생(曾中生, 1900~1935), 좌권(1905~1942), 팽설풍(1907~1944), 라병휘(1897~1946), 황공략(1898~1931), 방지민(1899~1935), 류지단(1903~1936)"이다.

그중 5명이 국가주요 지도자이고, 10명이 원수(元帥)이고, 10명이 대장(大將)이다. 그리고 11명은 신중국 건국 이전에 목숨을 잃었다.

5. 중국군 변천사

중국군의 명칭을 역사적으로 살펴보면, 1927년 '공농홍군(工農紅軍)'으로 창설되어 항일전쟁 당시에는 8로군·신사군으로 나뉘었다가 1947년 인민해방군으로 통합·개칭되었다. 모택동 헌법 당시에는 국가주석에게, 1975년 수정헌법에서는 당중앙위 주석에게 통수권이 귀속되었으나, 1982년 수정헌법에서는 국가가 무장력을 감독하도록 '국가 중앙군사위원회'를 신설하였다. 그러나 당중앙군사위가 계속 정치사상 공작을 전담하고, 국가중앙군사위 역시 당의 세력권 안에 놓음으로써 그 원칙에는 변함이 없다.

병사들의 군모에는 붉은 별이 한 개 그려져 있다. '홍군'은 중국에서 '공산당, 통일전선'과 함께 중국 공산혁명을 성공으로 이끈 '세 가지 보물' 가운데 하나로 꼽혔다.

> 중국에는 홍군 이외에 청군(Blue Army)이 있는데, 사이버 부대를 가리킨다. 사이버 부대를 청군으로 창설하게 된 배경은 중국군의 취약한 네트워크를 보호하기 위해 창설되었다.

1) 중국공농홍군(中國工農紅軍, 약칭: 紅軍, 1928.5.25.)

중국공농홍군은 중국토지혁명전쟁시기에 중국공산당이 영도하던 인민군대이다. 간칭하여 '홍군'이라 부르는데, 중국인민해방군의 전신이다. 1920~1930년대의 중국공산당의 무장조직을 말한다. 1928년 5월 25일 중국공산당 중앙위원회가 결정하였다. 

홍군은 시기와 지역에서 여러 가지 호칭, 조직을 가지고 있었다. 비슷한 명칭이 같은 시기 또는 다른 시기에, 같은 지역 또는 다른 지역에서 사용되고 있다. 당시는 지역명 등을 붙여 군대의 이름으로 사용하였다. 이들 군대는 같은 이데올로기를 가진 군대였기 때문에 모두 '홍군'(중국공산당의 홍군)이라고 통칭하였다.

1927년 8월 1일, 중국공산당의 영도하에 남창기의가 폭발하였다. 1928년 4월 주덕이 영도하는 남창기의의 군대가 정강산에 도착하였고, 모택동이 영도하였던 추수기의의 군대와 정강산에 모여서, 중국공농혁명군제4군(中國工農革命軍第四軍)을 조직하였다. 후에 중국공농홍군제4군(中國工農紅軍第四軍)으로 바꾸었다.

> 1928년 5월 28일 중국공농혁명군으로 창립하였으며, 1937년 제2차 국공합작이 개시되자 편제
> 상 국민당군에 편입되어 국민혁명군 제8로군과 신사군의 명칭으로 불렸다. 일본 항복 이후 국공내
> 전이 시작되자 1947년 인민해방군으로 이름이 바뀌었다.

제1방면군(중앙홍군이라 불림), 제4방면군, 제2방면군과 서북홍군(西北紅軍) 등의 홍군
부대는 중앙혁명근거지와 상악서(湘鄂西), 악예환(鄂豫皖), 경애(瓊崖), 민절공(閩浙贛), 상
악공(湘鄂贛), 상공(湘贛), 좌우강(左右江), 천섬(川陝), 섬감(陝甘), 상악천검(湘鄂川黔) 등의
혁명근거지를 설립하였다. 여러 차례에 걸친 국민당군의 '포위섬멸(圍剿)'과 "소탕(淸剿)"
을 분쇄하였다. 전국 홍군의 숫자가 최고로 많을 때는 약 30만 명에 이르렀다.

> 홍군은 그들의 목표를 달성하기 위해 "1. 적과 대항해서는 죽음으로써 끝까지 투쟁할 것. 2. 인
> 민을 무장시킬 것. 3. 투쟁을 지원하기 위한 자금을 확보할 것"이라는 세 가지 지침을 외우도록
> 하였다. 그리고 홍군의 주된 전투방식은 유격전술이었다.
> 모택동은 "1. 적이 전진하면 우리는 물러선다. 2. 적이 멈춰 서면 우리는 적을 교란시킨다. 3.
> 적이 전투를 피하면 우리는 공격한다. 4. 적이 물러서면 우리는 추격한다"라는 유격전술 원칙을
> 제안하였다.

1935년 9월, 10월과 1936년 10월 순서대로 섬감혁명근거지와 감숙남부지역에 군대가
모였다. 항일전쟁이 전면적으로 폭발한 이후에 중공중앙과 국민당정부의 협의에 따라, 주
력 홍군을 '국민혁명군제팔로군(國民革命軍第八路軍)'으로 개편하였고, '팔로군(八路軍)'이
라 간칭하였다.

강서, 복건, 절강, 광동, 호남, 호북, 하남, 안휘 8개성 13개 지역에서 투쟁하던 홍군과
유격대를 '국민혁명군육군신편제사군(國民革命軍陸軍新編第四軍)'으로 개편하였고, '신사군
(新四軍)'이라 간칭하였다.

(1) 홍1방면군(紅一方面軍): 중앙홍군

홍1방면군의 창설시기가 가장 이르다. **1930년 8월 23일**, 모택동·주덕이 통솔하는 홍1
군단과 팽덕회·등대원이 통솔하는 홍3군단이 호남성 류양현(瀏陽縣) 영화시(永和市)에서
군이 합쳐졌다. 중공중앙의 군사지휘 통일에 관한 지시에 따라 양 군단 전위는 연석회의
를 개최하였고 홍1과 홍3군단을 합쳐 중공홍군 제1방면군으로 편제할 것을 결정하였다.

총사령관은 주덕이었고, 총정치위원은 모택동이었다. 팽덕회가 부총사령관, 등대원이 부총정치위원이 되었다. 당시 홍1군단은 홍3, 4, 12군을 관할하였고, 홍3군단은 홍5, 8, 16군을 관할하였다. 1931년 8월, 장운일, 등소평의 홍7군이 3군단으로 편입하였다. 1931년 12월 24일, 영도기의의 국민당군 26로군이 홍5군단으로 편입하였다. 1932년 6월 홍1방면군으로 개칭하였다.

1935년 모아개회의 이후, 홍1방면군은 홍4방면군을 떠나 섬북으로 향했다. 그때 5, 9군단은 북상하지 않고, 4방면군에 편입하였다. 아계회의 이후, 1, 3군단과 간부단(幹部團)은 중앙종대(中央縱隊)에 편승하여 섬북까지 섬감지대(陝甘支隊)로 구성되었다. 섬북에 이르기 전에 전 군은 홍1군단으로 편제되었고, 1935년 11월 홍15군단과 회합하여 홍1방면군이 되었다. 홍1방면군은 제1, 제3군단 및 특무단·총의원(總醫院)과 군관학교분교 등을 관할하였고, 총 3만여 명이었다.

(2) 홍2방면군(紅二方面軍)

홍2방면군은 장정도중에 성립하였다. 게다가 중앙군위가 직접 명령하여 창설되었다. 홍2방면군은 원래 홍2, 6군단이다. 1935년 중앙의 명령에 따라 홍2방면군이 되었다. 이후에 4방면군과 모인 후 편성 중 9군단과 33군 일부를 32군(4방면군의 9군과 구분)으로 조직하였다.

1936년 7월 1일, 하룡과 임필시가 이끄는 홍2, 홍6군단이 감자(甘孜, 사천성)에서 홍4방면과 합쳐져 홍2방면군이 되었다. 원래 1방면군이었던 32군(32군은 바로 1방면군의 9군단이다)이 편입되었다. 7월 5일, 중앙군위는 홍2, 홍6군단과 2군에 홍군 제2방면군으로 편제할 것을 명령하였다.

하룡이 총지휘, 임필시가 정치위원, 소극(蕭克)이 부총지휘, 관향응이 부정치위원이 되었다. 머지않아 홍2방면군과 홍4방면군이 모두 북상하였고, 10월 홍1방면군과 승리하여 합류하였다.

(3) 홍4방면군(紅四方面軍, 1931.11.7.)

홍4방면군은 1931년 11월 7일에 성립하였다. '시월혁명절(十月革命節)'에 맞추어, 악예환 중앙분국은 호북성 황안[黃安, 오늘날 홍안(紅安)]현 칠리평(七裏坪)에서 홍군 제4방면군 창설을 결정하였다.

홍4방면군은 연원은 1927년 황마기의 이후에 성립되었던 홍7군이다. 황마기의 실패 후 남은 부대는 이후에 홍11군 31사가 되었다. 그리고 육곽기의와 상남기의 도중에 탄생하였던 홍32사와 홍33사가 개편되어 홍1군이 되었다.

1930년 홍15군과 홍1군이 합쳐져 홍4군이 되었다. 군장은 광계훈(鄺繼勳)이었다. 정치위원은 증중생이고, 참모장은 서향전이었다. 1931년 11월, 악예환혁명근거지의 홍4군과 홍25군이 정식으로 홍4방면군이 되었다.

4방면군의 총지휘관은 서향전이었고, 정치위원은 장국도와 진창호였고, 정치부주임은 류소기였다. 홍4방면군은 제4군·제25군·교도단(教導團)과 팽양군정간부학교(彭楊軍政幹部學校) 등을 관할하였고, 전군은 거의 3만 명에 이르렀다.

(4) 왜 홍3방면군(紅三方面軍)은 없는가?

토지혁명전쟁시기에 홍군에는 3개의 주력부대가 있었다. 홍1방면군, 홍2방면군과 홍4방면군이었다. 그런데 순서에 따르면 홍3방면군이 있어야 하는데 없다. 왜 홍군에는 제3방면군이 편제되지 못하였는가?

사실 제1방면군, 제2방면군과 홍4방면군은 모두 건제(建制)관계에 따라 통일적으로 만들어진 것이 아니라. 각각 전쟁을 치르는 과정에서 형성되었다. 당시 전쟁형세와 군대건설의 특수한 역사조건에 따라 결정되었다. 홍1방면군이 성립한 후, 중앙은 1931년 12월 편제순서에 따라 악예환소구(鄂豫皖蘇區)의 홍군을 제2방면군으로 삼을 계획이었다(중앙은 이때 아직 홍4방면군이 성립한 소식을 알지 못했다).

그런데 홍4방면군이 이미 성립하였고, 이 때문에 제3방면군의 성립은 실현될 수 없었다. 1, 4방면군의 성립은 중앙에서 통일적으로 계획한 것은 아니었다. 당시에 중앙과 각 지역의 연락망은 교통이 불편하여 매우 어려움이 많았다. 각 지역의 상황 또한 변화가 심했기 때문이었다. 중앙은 이후 이를 승인하였고, 1, 4방면군은 홍군의 주력부대가 되었다. 이 두 부대를 제외하고 홍2, 6군단이 있었다. 1936년 7월 홍2, 6군단은 중앙의 지시에 따라 홍2방면군이 되었다. 하룡이 총지휘관이 되었고, 임필시가 정치위원이 되었다. 그래서 제3방면군은 부득불 편제가 되지 않았다.

다른 설에 의하면, 홍군방면군은 제 몇 군에서 시작하여 변화되어 왔다. 제4군이 시작한 것은 1930년 5월 황공략 5000명의 제3군(후에 제1방면군에 가입)이었다.

1931년 하룡은 10,000명의 제3군을 조직하였다. 1934년 10월 26일, 제2군단과 제6군단이 합병하여 제2방면군이 되었다.

　제1방면군은 제1군단의 임표, 제3군단이 팽덕회, 제5군단의 이진동(李振同), 제8, 제9군단을 영도하였다. 그리고 홍4군은 제4방면군이 되었다. 제7군단의 유주(維洲) 6,000명, 제10군단의 방지민이 이끄는 10,000명의 병력을 제3방면군을 구성할 예정이었으나, 북상 중에 손실이 심각하여 제3방면군이 되지 못하였다. 만약 북상하지 않고 남방근거지에 있었으면 커다란 주력군이 되어 제3방면군도 있게 되었을 것이다.

　또 다른 설에 의하면, 1930년 5월 당중앙은 전국소비에트구역대표회의와 전국홍군대표회의를 개최하였다. 민서(閩西)와 공남(贛南) 및 상악서(湘鄂西), 상악공(湘鄂贛), 악예환(鄂豫皖) 등의 혁명근거지의 홍군을 제1, 제2, 제3, 제4군단으로 나눌 계획이었다. 이 4군단의 기초하에 홍군을 확대할 준비를 하였고, 그런 후에 이들을 제4방면군으로 편제하였다.

　같은 해 6월, 홍4군, 홍12군과 홍3군이 복건 정주(汀州)에서 중국공농홍군 제1군단과 합쳤다. 주덕이 총지휘관이 되었고, 모택동이 정치위원이 되었다. 홍5군, 홍8군이 호북 대야(大冶)에서 제3군단과 합쳤다. 팽덕회가 총지휘관이 되었고, 등대원이 정치위원이 되었다. 상악공변(湘鄂贛邊) 일부 지방홍군이 홍-16군이 되었고, 제3군단에 편입되었다. 7월, 상악변 공농혁명군 제4군이 개편한 홍4군과 홍6군이 호북 공안(公安)에 군을 합쳐, 제2군단이 되었다. 하룡이 총지휘관이 되었고, 주일군이 정치위원이 되었다. 악예환의 홍군은 당시 아직 제4군단으로 편제되지 않았다. 1930년 8월 하순, 1, 3군단이 호남 류양(瀏陽)에서 군을 합쳐 두 개 군단의 전위(前委)에서 팽덕회를 서기로 삼은 3군단 전위가 제1방면군과 총전위 성립을 제안하였고, 3군단이 1방면군으로 편제되었다. 이러한 이유로 3군단이 더 이상 제3방면군으로 확대 편제되지 않았다. 팽덕회는 “전략방침에서 보면, 나는 3군단이 제1방면군으로 되는데 찬성한다. 지휘를 통일하는 것이 혁명에 필요하다”라고 말하였다. 1, 3군단 전위회의에서 3군단 전위의 이러한 제안을 통과시켰다. 주덕을 총사령관으로 삼는 데 동의를 하였다. 모택동이 총정치위원과 제1방면군의 총전위 서기가 되었다. 이렇게 하여 제3방면군이 성립되지 않았다.

■ 전위(前委)

　중국공산당 중앙은 제2차 국내혁명전쟁시기에 전선에는 작전지휘를 하는 전적위원회(前敵委員會)를 설치하였다. 제3차 국내혁명전쟁시기에도 유사한 전선위원회가 있었다. 이를 모두 전위라고 부른다. 전위의 역할은 지역, 시기, 기구단체의 권리에 따라 달라진다. 정강산 전위는 중공중앙의 지휘를 받은 최초의 조직으로, 직접적으로 특정 지역의 무장기의를 영도하는 당의 최고 영도기관이다. 전위는 군대, 지방당조직, 조직, 군조직의 통일된 지도권을 갖고 있다. 전위의 집중적인 통일된 영도는 근거지의 정권을 공고히 하고 모든 적극적인 요소와 협조하는 적과 투쟁할 수 있다. 동시에 당의 각 공작을 위한 풍부한 경험을 축적하였다.

　전위는 1928년 11월 6일 새롭게 조직되었는데, 중앙은 모택동, 주덕, 지방당 부서기(담진림), 1명의 노동자 동지(송교생(宋喬生)), 1명의 농민 동지(모과문(毛科文)) 5명으로 구성되었고, 모택동을 서기로 삼았다. 전위는 잠시 서기처(秘書處), 선전과(宣傳科), 조직과(組織科)와 직공운동위원회(職工運動委員會), 군사위원회(軍事委員會)를 조직하였다. 그리고 지방당을 관리하였다. 특위(特委)와 군위(軍委)는 전위(前委)에서 관할하였다. 1929년 홍 4군 전위(前委) 내부에서 전위 영도 역할 등을 둘러싸고 약간의 논쟁이 발생하였다. 주요 원인은 건군초기에 경험이 풍부하지 못하였고, 당중앙에 대해 홍군의 영도지휘체계규정에 관한 이해가 서로 달랐기 때문이었다. 일부 구성원은 당의 절대 영도(前委, 軍委, 師委 등) 제도에 회의감을 나타냈었다. 당시 전위는 당시에 일상행정사무를 직접적으로 처리하였다.

　1931년 1월, 악예환근거지의 홍1군과 홍15군이 하남 상성(商城) 성남(城南)의 장죽원(長竹園)에서 군을 합친 후, 홍4군이 되었다. 같은 해 11월, 홍4군과 홍25군이 호북 황안 칠리평에서 중국공농홍군 제4방면군을 성립하였다. 서향전이 총지휘관이 되었고, 진창호가 정치위원이 되었다. 1934년 10월, 제2군단과 제6군단이 귀주 인강(印江)의 목황(木黃)에서 군을 합쳐 하룡과 임필시가 영도자로 한 총지휘부를 성립하였다. 1936년 7월 초, 2, 6군단 및 총지휘부와 제32군(원래 제1방면군의 제9군단) 장정중에 명령에 따라 제2방면군이 되었다. 하룡이 총지휘관이 되었고, 임필시가 정치위원이 되었다. 1933년 가을, 중앙군위 또한 새롭게 성립한 7, 8, 9, 10 네 개 군단을 합쳐 제3방면군을 성립할 계획을 갖고 있었다. 그러나 5차 포위토벌로 인해 실패를 함으로 하여 이 4개 군단 일부는 북상항일 선견대(先遣隊)가 되었고, 일부는 제1방면군과 장정에 참여하였으며 그래서 3방면군 창설계획은 실현할 수 없었다.

2) 팔로군(八路軍)과 신사군(新四軍)

(1) 팔로군(Eighth Route Army, 1937.8.25.)

항일전쟁 시기에 화북지역에서 활약하였던 중국공산당 군대이다. 1937년 제2차 국공합작 이후에 명칭인 국민혁명군제팔로군의 약칭이다. 화중(華中)의 신사군(新四軍)과 더불어 항일전의 최전선에서 싸웠으며, 1947년 인민해방군으로 개칭되었다.

팔로군의 정식명칭은 '국민혁명군제팔로군(國民革命軍第八路軍)'이고, 중국인민해방군의 전신이다. 1937년 8월 25일 중국공산당이 영도하는 중국공농홍군 제1, 2, 4방면군(4.6만 명)이 개편된 것이다.

1937년 9월 11일, 국민정부는 중국육해공군 전투서열의 개편 요구에 따라 이름을 '국민혁명군제십팔집단군(國民革命軍第十八集團軍)'으로 바꾸었고, 밑에 3개의 사단을 관할하였다.

1947년, 국공합작이 파기된 후, 국민혁명군제팔집단군은 중국인민해방군으로 바꾸었다. 팔로군은 평형관전역(平型關戰役)·태원회전(太原會戰)·백단대전(百團大戰) 등 주요 전쟁에 참가하였다. 그리고 **팔로군 행진곡 작곡자는 조선인 정율성**이다.

(2) 신사군(New Fourth Army, 1937.10.2.)

정식명칭은 '중국국민혁명군육군신편제사군(中國國民革命軍陸軍新編第四軍)'이었다. 중국공산당이 영도한 화중항일투쟁의 인민군대이다. 국공합작으로 항일전쟁을 할 때 국민당군의 동의를 얻어서, 강서·복건·광동·호남·호북·하남·절강·안휘 8개성 14개 지역의 홍군유격대를 **1937년 10월 2일 '국민혁명군육군신편제사군'로 개편**하였다.

제4군은 독자적인 작전권을 부여받고 주로 장강 남부 지역에서 일본군의 배후를 공격하는 유격전을 벌였다. 신사군은 유격전술로 병력을 보전할 수 있었고, 사병의 대우가 좋다고 하여 지원병이 많이 늘어나 1940년에 이르러서는 총병력이 약 10만여 명에 달했다.

공산당 군대의 세력이 급속하게 팽창하자 장개석은 신사군을 안휘 남부지구에서 철수하라는 명령을 내렸다. 처음에는 공산군당 장교들이 이 명령에 반발하다가 국부군의 압박에 굴복해 안휘 지역에서 북으로 이동하는 중 국부군 8만여 명의 포위공격을 받았다. 이때 신사군은 거의 전멸하고 말았다. 후에 공산당은 다시 신사군을 7개 사단으로 재편성하여 재건하였다. 일본이 패망한 이후에는 동북에서 작전하던 팔로군과 합쳐져서 1947년 중국인민해방군으로 재편되었다.

3) 민병(民兵, 민병대)

중국공산당이 영도하는 민병은 오랜 기간 혁명전쟁 속에서 점차적으로 발전하여 새롭게 형성된 인민군중무장조직이다. 공농혁명운동이 흥기함에 따라 1922년 1월 홍콩선원대파업 중에 최초의 근로자규찰대가 생겨났다. 1924년 8월 광동에서 최초로 농민자위군이 생겼다. 국공합작으로 북벌전쟁을 할 때, 노동규찰대와 농민자위군은 크게 발전하였다.

1925년 1월 중국공산당 제4차 대표대회에서 농민협회 조직이 제안되었고, 농민자위군으로 발전하였다. 팽배·모택동·주은래 등이 광주와 무한에서 농민운동강습소를 열었다. 그리고 농민운동을 전개하기 위해 농민자위군을 건립하였다.

광동농민협회는 최초로 ≪농민자위군조직대강(農民自衛軍組織大綱)≫을 반포하였다. 광동의 농민자위군의 발전에 따라, 전국 각지의 농민자위군의 건립과 발전을 가져왔다. 호남농민협회의 사표대(梭鏢隊) 세력이 더욱 커졌다. 1927년 3월 21일 주은래 등의 영도하에 상해노동자규찰대가 골간이 되어, 성공적으로 상해근로자 제3차 무장기의를 일으켰다.

1952년 ≪중화인민공화국민병조직잠행조례(中華人民共和國民兵組織暫行條例)≫를 발표하였는데, 민병제도법은 국가의 군사제도로 정해졌다. 1984년 5월 31일 새로운 공포한 ≪중화인민공화국병역법≫에서 민병은 예비역(預備役)과 결합한 제도로 실행되었고, 민병은 국가무장역량의 조직부분이고, 예비적의 기본조직형식이다.

4) 중국인민해방군(PLA: People's Liberation Army, 1945)

중국공산당 중앙 군사 위원회의 지휘하에 있는 당의 군대이다. 1927년 8월 1일에 창군한 후 1946년 6월까지는 '적군(赤軍)' 또는 '홍군(紅軍)'으로 불렸었다.

1945년 8월 11일에 내려진 팔로군 총사령관 주덕의 전략대반격 3호 명령 속에서 '해방군(解放軍)'과 팔로군이 병용되어 사용되었다. 8월 13일 중공중앙기관보인 ≪해방일보≫에서 해방군과 팔로군 및 신사군이라는 명칭이 여러 차례 혼용되었다. 그리고 1946년 가을 이후 해방군이라는 단어를 연속으로 사용하였고, 1947년 3월 중공중앙군위는 대외에 발표한 명령에서 정식으로 '중국인민해방군총부(中國人民解放軍總部)'라는 명의를 사용하기 시작하였다.

    1945년 중공 영도하의 관내 각 해방구 부대 대부분이 동북지역으로 들어왔다. 10월 31일 동북 항일연합군(東北抗日聯軍) 등과 동북인민자치군을 조직하였다. 1946년 1월 14일 동북인민자치군 (東北人民自治軍)은 동북민주연합군(東北民主聯軍)으로 개칭하였다.

    중앙군사위원회에는 인민해방군 4총부장(총참모장, 총정치부장, 총장비부장, 총후근부장)과 해군사령관 및 공군사령관과 제2포병[25] 사령관이 참여한다.

▌최초 소수민족 홍군

    토지혁명전쟁초기 악서소구(鄂西蘇區) 홍호(洪湖) 홍6군 군장은 손덕청(孫德清)이고, 후에는 광계훈(曠繼勳), 단덕창(段德昌)이다. 이외에, 또 악서 장양현(長陽縣)의 홍6군이 있었다. 장양 홍 6군은 토가족의 남녀가 주체가 된 정규 홍군 무장세력이고, 중국 홍군 역사상 최초의 소수민족 홍 군이다. 1929년 7월 9일 장양현위는 서만(西灣)에서 공농군중대회를 개최하였고, 정식으로 무장 기의를 선포하였으며, '중국공농홍군제6군'을 창설하였다. 이훈(李勳)이 군장, 진수산(陳壽山)이 부군장, 리자준(李子俊)이 참모장으로 임명되었다. 이 소수민족 홍군은 약 1000명이었다.

    이훈(李勳, 1899~1929): 원명은 세현(世賢)이고, 자는 준후(駿侯)이다. 토가족으로서 호북 장 양 사람이다. 하남건국군교(河南建國軍校)를 졸업하였고, 1926년에 중국공산당에 가입하였다. 같 은 해 광주중앙농민운동강습소(廣州中央農民運動講習所)에서 공부를 하였다. 1929년 7월 서만(西 灣)에서 보위단(保衛團)을 이끌고 기의를 일으켰다. 같은 해 장양유격대, 인민자위단(人民目衛團) 을 합쳐 중국 최초로 소수민족이 주체가 된 혁명무장인 공농혁명군 제6군(工農革命軍第六軍, 또는 홍군 제6군)을 창설하였다. 군장이 되어 장양에서 유격활동을 하다가 국민당군의 공격을 받고 일 부 무장세력을 이끌고 학봉(鶴峰)으로 옮겨갔다. 9월 장양으로 돌아가 혁명무장을 재건하다가 살 해당했다.

---

25) 제2포병은 구 소련의 전략로켓군을 본뜬 전략핵미사일부대이다.

중국공산당의 통일정책과 민족문제

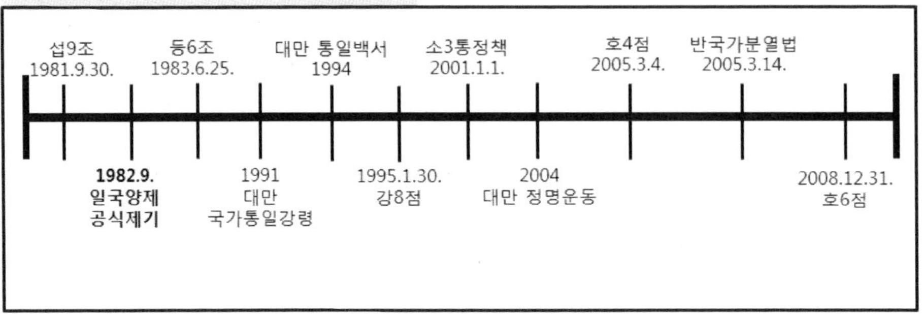

중국공산당과 대만 : 양안관계
섭9조
1981.9.30.
등6조
1983.6.25.
대만 통일백서
1994
소3통정책
2001.1.1.
호4점
2005.3.4.
반국가분열법
2005.3.14.
1982.9.
일국양제
공식제기
1991
대만
국가통일강령
1995.1.30.
강8점
2004
대만 정명운동
2008.12.31.
호6점

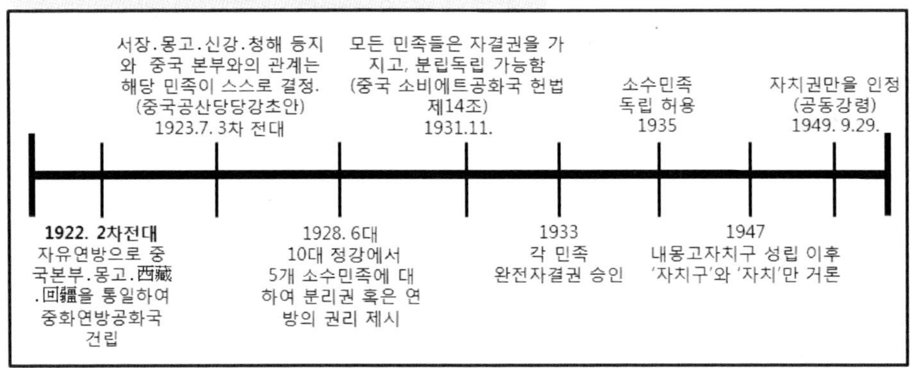

중국공산당과 소수민족(1921~1949.9.29.)
서장.몽고.신강.청해 등지
와 중국 본부와의 관계는
해당 민족이 스스로 결정.
(중국공산당당강초안)
1923.7. 3차 전대
모든 민족들은 자결권을 가
지고, 분립독립 가능함
(중국 소비에트공화국 헌법
제14조)
1931.11.
소수민족
독립 허용
1935
자치권만을 인정
(공동강령)
1949. 9. 29.
1922. 2차전대
자유연방으로 중
국본부.몽고.西藏
.回疆을 통일하여
중화연방공화국
건립
1928. 6대
10대 정강에서
5개 소수민족에 대
하여 분리권 혹은 연
방의 권리 제시
1933
각 민족
완전자결권 승인
1947
내몽고자치구 성립 이후
'자치구'와 '자치'만 거론

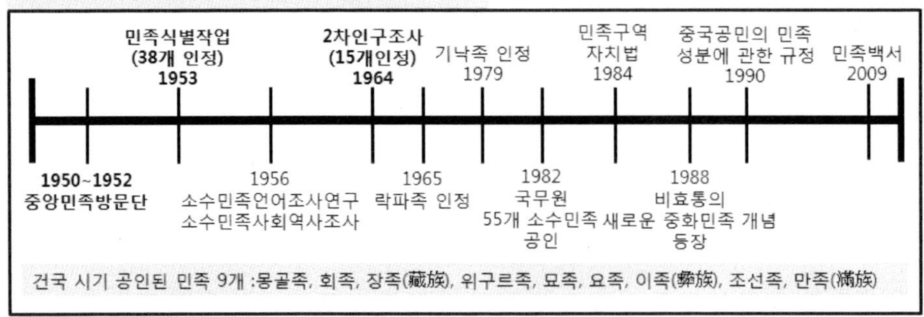

중국공산당과 소수민족(1949.10.1~)
민족식별작업
(38개 인정)
1953
2차인구조사
(15개인정)
1964
기낙족 인정
1979
민족구역
자치법
1984
중국공민의 민족
성분에 관한 규정
1990
민족백서
2009
1950~1952
중앙민족방문단
1956
소수민족언어조사연구
소수민족사회역사조사
1965
락파족 인정
1982
국무원
55개 소수민족
공인
1988
비효통의
새로운 중화민족 개념
등장
건국 시기 공인된 민족 9개 :몽골족, 회족, 장족(藏族), 위구르족, 묘족, 요족, 이족(彝族), 조선족, 만족(滿族)

1. 중국의 통일정책

1) 개혁개방 이전

모택동 시기의 對대만정책은 1958년 8월 23일을 기준으로 하여 전후기로 나눌 수 있다. 1958년 8월 23일은 중국인민해방군이 금문도(金門島)에 4만여 발의 포탄을 발사하였고, 해군과 공군이 금문도를 봉쇄하였던 날이다. 그 이전에는 군사적 공격으로 대만을 통일하려 하였고, 그 이후에는 정치적 해결을 통한 통일을 이루려 하였다.

대만 통일과 관련하여, 1949년 9월 30일 중국공산당 제1차 정치협상회의 1차 전체회의에서 통과된 중국인민정치협상회의공동강령(中國人民政治協商會議共同綱領), 이하 '공동강령'이라 함)에서 중화인민공화국 중앙인민정부는 **인민해방 전쟁을 통해 전 중국영토를 반드시 해방시키고 중국통일을 이룰 책임이 있다**고 규정하였다. 그리고 1949년 12월 31일 중국공산당은 ≪전선의 장병과 전국 동포에게 고하는 글(告前線將士和全國同胞書)≫에서 "대만·해남도·서장(西藏)을 해방시켜 조국통일의 과업을 완수하고, 미국 제국주의 침략 세력이 우리 영토에서 어떠한 근거지도 갖지 못하게 하자"고 하였다.

1979년 1월 30일 등소평은 더 이상 '대만 해방'이라는 구호를 사용하지 않을 것이라고 발언하였다.

중국은 1957년 5월 대만에게 10가지 회담조건을 제시하였다. 여기에서 중국은 '하나의 중국'이라는 개념을 여실히 드러내고 있었다. 10가지 조건 내용은 다음과 같다.

첫째, 장개석은 북경정부 부주석으로 대만자치구의 주석이다.

둘째, 대만은 중국의 일부분으로 자치권을 누리고 자치구를 설치할 수 있다.

셋째, 국민당군은 그대로 장개석의 통수권 하에 있을 수 있다. 그러나 인민해방군으로 개편되어 장개석은 북경정부의 국방위원회 부주석으로서 대만의 군사권을 갖는다. 국방위원회 주석은 모택동이고, 부주석은 주덕 등이다.

넷째, 국민당의 군정인원은 지원에 따라 대륙으로 돌아오든지, 미국 등지로 가든지 자유롭게 선택할 수 있다. 대륙으로 돌아오는 사람들에겐 일자리를 마련해주며, 미국 등 그 밖의 지역으로 떠나기를 원하는 사람들도 언제든지 다시 돌아올 수 있다.

다섯째, 해외 중국인들은 어떠한 당파를 불문하고 대륙으로 돌아와 적당한 공직을 맡을 수 있는데, 호적은 북경 중국과학원 부원장으로 재임할 수 있다. 전인대와 정협은 조직을 확대하고 인원을 증가할 것이다.

여섯째, UN 대표단은 북경정부가 파견하는데 송경령을 대표단장으로 하며 현재의 국민당 대표는 철수한다.

일곱째, 대만과 해외에 있는 각 당의 지위는 협상을 통해 해결한다. 국민당은 국민당혁명위원회와 협상하며 민사당(民社黨)·청년당(靑年黨) 등은 민주동맹과 협상하여 합병 혹은 독립적인 존재 여부를 결정한다.

여덟째, 종교는 자유이며, 어빈(於斌, 1901~1978, 천주교 남경총교구 총주교)은 대륙으로 돌아올 수 있는데, 외국과 정치상 특수연계를 맺을 수는 없다.

아홉째, 학술문화의 자유로 '백화제방, 백가쟁명' 방침을 확인한다.

열째, 사유재산은 보호받을 수 있으며, 현재 갖고 있는 외화도 자유롭게 사용할 권리를 준다.

한편, 1959년 4월 18일부터 24일까지 인도네시아 반둥에서 개최된 아시아·아프리카회의에서 주은래는 "대만은 중국의 영토이고, 대만해방은 중국의 내정문제이다"고 발언하였다. 1959년 9월 당시 국가주석이던 류소기는 특별사면령을 공포하였고, 1949년 중국 건국 이후 처음으로 '개전의 정이 뚜렷한 국민당의 전범'에 대한 사면을 단행했다.

중국은 1971년 10월 25일 UN에 가입하였다. 이듬해 2월 미국의 닉슨 대통령이 중국을 방문하였을 때 맺은 '상해성명'에서 중국의 對대만정책에 변화가 일어났다.

성명에서 "중국은 중화인민공화국정부로 중국의 유일 합법정부이며, 대만은 정부의 하나의 성에 지나지 않으며, 대만해방은 중국의 내정으로 다른 나라는 간섭할 권리가 없다"고 하였다. 그리고 중국정부는 '하나의 중국 하나의 대만(一中一臺)', '하나의 중국(一個中國) 두 개의 정부(兩個政府)', '두 개의 중국(兩個中國)'을 반대한다고 하였다. 대만독립과 대만지위를 결정짓지 않는다는 것(未定論)을 반대한다고 하였다. 미국 측은 성명에서 "대만은 중국의 일부분"이라고 강조했다.

1975년 1월 13일 주은래는 제4차 전인대 1차회의 정부 공작보고에서 "우리는 반드시 대만을 해방해야 한다. 대만동포와 전국 인민은 단결해야 하며, 대만해방과 조국통일의 숭고한 목표실현을 위해 함께 노력해야 한다"고 제안하였다.

2) 개혁개방 이후의 통일전략과 통일백서

1978년 개혁개방정책의 선언은 중국의 정치와 경제 등 모든 방면에 변화를 주었다. 대만에 대한 통일정책도 약간의 변화를 보였다. 1980년 1월 26일 중앙간부회의에서 등소평은 "80년대의 중앙당 3대 임무"를 언급하였다. 3대 임무로는 "첫째, 국제무대에서 패권주의를 반대하고 세계 평화를 유지하는 것이다. 둘째, 대만을 조국에 복귀시켜 조국통일을 실현하는 것이다. 셋째, 경제건설을 가속화시키는 것이다"라고 제안하였다.

이후 동년 5월 21일 중국은 홍콩 대공보를 통해 대만에 '조국회귀 5조건' 즉, "① 사회제도의 불변, ② 생활수준 유지와 생활방식의 불변, ③ 각국과의 관계 계속 유지, ④ 고도의 자치권, ⑤ 군대를 보유할 수 있으며 대만당국이 인사권을 가질 수 있다"를 발표하였다.

1981년 9월 30일 전인대 상무위원장이었던 섭검영(한국에서는 엽검영으로 부른다)은 대만의 사회제도와 자치권 보유를 전제로 한 대만 평화통일정책을 발표하였고, 제3차 국공합작 제안을 하였다.

1993년 8월 31일, 중국은 ≪대만문제와 중국통일≫이라는 백서를 발표하였다. 이 백서는 기존의 선언과 결의안 등을 하나의 문서로 집대성하고 체계화한 것이었다. 백서는 서언과 결어를 제외하고, 모두 5개 부문으로 구성되어 있다. 첫째, 대만은 중국의 분할 불가능한 일부분임을 천명하였다. 둘째, 대만문제의 유래, 셋째, 대만문제 해결을 위한 중국의 기본방침, 넷째, 대만해협 양안관계의 발전과 걸림돌, 다섯째 국제문제 중 대만과 관련된 몇 가지 문제를 다루었다.

3) 개혁개방 이후의 주요 양안정책 변화

'양안관계'란 중국과 대만의 관계를 일컫는 일반화된 용어가 되었다. 원래의 의미는 중국 복건성과 대만의 양 해안을 가리키는 것이었다. 중국정부는 대만은 중국영토의 일부분이며 중화인민공화국 정부가 세계 유일한 합법적 중국정부이라고 주장한다.

2009년 7월 28일 중국 양의(楊毅) 국장은 양안 간의 영구적인 뉴스 아웃렛(News outlet)을 설치하자고 제안하였다. 그는 "복잡하지 않은 간단한 문제부터 차근차근 해결해가는 원칙으로 양안 간 언론 교류를 시행해 나가기를 희망한다"고 전했다.26)

중국의 양안정책 역사는 '섭구조(葉9條)'와 '등육조(鄧6條)', '강팔점(江8點)', '호사점(胡4

點)', '호육점(胡6點)' 등으로 이어졌다.

(1) 섭구조(葉九條, 九條和平方案. 섭9조)

1981년 9월 30일 섭검영은 신화사 기자들에게 대만의 사회제도와 자치권 보유를 전제로 한 대만평화통일정책 9가지 기본원칙을 발표하였다.

주요내용은 "**1. 중화민족이 분열된 불행한 국면을 빨리 종결하기 위해 공산당과 국민당 양당이 대등하게 담편을 하여 제3차 국공합작을 실현함으로써 조국통일 대업을 완성하길 건의한다.** 쌍방은 먼저 대표를 파견하여 접촉하고 충분히 의견을 교환한다. 2. 쌍방이 공동으로 통우(通郵)·통상(通商)·통항(通航)·탐친(探親)·여행 및 학술·문화·체육의 교류를 전개하기 위한 편리를 제공하기 위한 관련 협의를 달성하길 건의한다. 3. **국가통일 후 대만은 특별행정구가 되어 고도의 자치권을 향유하며 아울러 군대를 보유할 수 있다.** 중앙정부는 대만의 지방사무에 간여하지 않는다. 4. 대만의 현행 사회·경제제도는 불변할 것이고, 생활방식이 불변할 것이며, 외국과의 경제·문화 관계가 불변할 것이다. 개인 재산·가옥·토지·기업소유권·합법계승권 및 외국투자는 침해받지 않는다. 5. 대만 당국과 각계 대표인사들은 전국적 정치기구의 영도 직무를 맡아 국가 관리에 참여할 수 있다. 6. 대만 지방재정에 곤란이 생길 때 중앙정부가 정황을 참작하여 보조할 수 있다. 7. 대만 각 민족 인민과 각계 인사가 조국 대륙에 돌아와 정착하고자 하면 적절히 안배하여, 질시를 받지 않고 자유 왕래할 수 있도록 보장할 것이다. 8. 대만 공상계 인사가 조국 대륙에 투자하여 각종 경제사업을 벌이는 것을 환영하며 합법권익과 이윤을 보장할 것이다. 9. 조국의 통일은 모든 사람의 책임이다"이다.

위의 내용을 살펴보면, 섭검영은 평화통일원칙을 언급하면서 3차 국공합작을 제의하였고, 통일 후에도 대만은 고도의 자치권을 향유하는 특별행정구로서 자체 군사력을 보유할 수 있다고 밝혔다. 특히 특별행정구라는 명제와 실천방안이 처음으로 나타나 있다. 또 3통4류를 추진하고, 대만사람이 중앙정부에 참여하는 것을 허용하였다.

> 삼통사류(三通四流) 정책: 1987년 대만인의 친척 방문을 위한 중국대륙 여행이 허용되면서 중국과 대만 사이에는 실질적인 삼통과 사류가 허용되었다. 삼통(三通)은 양안 사이의 '상업·우편·항공'의 직접 교류를 일컫고, 사류(四流)는 '학술·문화·체육·과학기술 방면'의 교류를 일컫는다.

---

26) http://www.newscani.com/news/138092(검색일: 2009.8.6.)

> 1981년 10월 9일 호요방 총서기는 신해혁명 70주년 기념연설에서 대만 장경국(蔣經國) 총통 등 고위인사에게 대륙방문과 회담을 제안하였다.
> 1982년 12월 4일 전인대 제5기 5차 회의에서 신헌법을 통과시키면서 서언에 "대만은 중화인민공화국의 신성한 영토의 일부분이다. 조국의 통일대업을 완성하는 것은 대만동포를 포함해 전 인민의 신성한 직책"이라고 강조하였다.

(2) 등육조(鄧六條, 등6조)

1983년 6월 26일 등소평은 미국 센톤 홀 대학(Seton Hall University)에서 양력우(楊力宇) 교수와의 만남에서 대만에 대한 6가지의 기본원칙을 밝혔다.

주요 내용은 "1. 통일 후 북경은 군대를 파견하여 대만에 진주시키지 않으며, 대만 내정에 개입하거나 간섭하지 않으며 대만의 인사와 군사에 간섭하지 않는다. 대만은 스스로 외국으로부터 무기를 구입하여 자위능력을 보유할 수 있다. 그 외에 경제·사회제도·생활방식 및 당·정·군과 정보조직을 유지할 수 있다. 2. 통일 후 대만은 독립된 입법권을 가질 수 있고, 원칙상 현재의 법률을 유지할 수 있다. 중국의 헌법을 위반하지 않는 원칙 아래 입법기관은 스스로 법률을 제정할 수 있고, 아울러 이에 근거하여 대만을 관리할 수 있다. 3. 통일 후 대만은 독자의 사법권 및 사법기관을 보유할 수 있으며, 중국의 법률은 대만에 적용되지 않는다. 대만은 최종심판권을 보유하여 북경의 최고법원에 상소할 필요가 없다. 4. 통일 후 대만은 독립된 외교권을 보유할 수 있다. 대만은 독립된 대외경제관계를 유지할 수 있고, 외국인에게 출입경(출입국) 허가증을 발급할 수 있으며, 인민에게 특별한 비자를 발급할 수 있고, 외국과 협정을 체결할 수 있다. 5. 통일 후 대만은 '중화인민공화국'의 칭호를 사용할 필요가 없다. 대만은 자기의 기치를 사용할 수 있고, '중국대만'의 칭호를 사용할 수 있다. 6. 통일 후 대만은 '특별행정구'로 설치되어 완전한 자치권을 향유하여 삼민주의 또는 자본주의를 실시할 수 있다"이다.

등소평은 대만의 완전 자치를 반대한다는 의사를 분명하게 밝혔다. 그리고 대만은 '중화민국'이라고 다시는 지칭할 수 없으나 '중국대북' 혹은 '중국대만'으로 지칭될 수 있다고 하였고, 중화인민공화국은 외교와 국제관계에 있어 유일한 대표임을 강조하였다.

(3) 1국가2제도(一國兩制)

중국의 통일정책은 '1국가2제도'로 요약할 수 있는데 이는 중국정부가 역사가 남겨놓은 문제를 해결하고 국가통일을 실현하기 위해 제출한 구상이다. 1949년 건국당시 홍콩과 마카오는 중국에 환원되지 않았고 대만도 통일되지 않았기 때문에 중국은 국가통일을 위한 노력을 했다.

'1국가2제도'의 구상은 1978년 말 11차 3중전회 이후 점차 형성된 것으로 1개 중국의 전체하에서 국가의 주체는 사회주의제도를 견지하고 홍콩·마카오·대만은 원래의 자본주의 제도를 유지, 장기불변하는 것으로서 이 원칙에 따라 평화적 통일 대업을 추진하는 것이다.

1982년 9월, 마가레트 대처(Margaret Thatcher) 영국 수상이 중국을 방문하였을 때, 등소평은 대처 수상에게 홍콩주권의 회수 문제는 '하나의 국가, 두 개의 제도(一個國家, 兩個制度)'의 방안을 이용해 해결할 수 있다고 말했다. 이 때 '1국가2제도(체제) 방안이 처음 제기되었다. 의미는 단일국가가 이질적인 2개의 체제를 유지하겠다는 것이다. 이는 대만과 중국이 통일되었을 때, 대만에 대해서도 이 시스템을 적용하겠다는 방안이다.

중국은 이것을 '홍콩과 대만에서는 자본주의를 실시하고, 중국대륙에서는 사회주의를 실시하는 것'이라고   표현하였다. 또 헌법 제31조(1982.12.)로 규정하고 이것을 홍콩처리방식(香港處理方式)이라고 하며 "收回主權 保持繁榮 港人治港 制度不變"의 16자 방침이다. 이 구상은 중국정부의 통일방침으로 되었으며, 중국통일 문제 해결뿐만 아니라 국제상의 유사한 문제 및 여타 중대한 국제분쟁 해결에도 현실적 의의가 있다고 할 수 있다.

등소평은 1984년 2월 22일 미국 워싱턴대학교 전략과국제문제연구센터 고문인 브레진스키(Zbigniew Kazimierz Brzezinski)와의 북경 회견에서 "통일 후 대만은 그들의 자본주의를 계속 유지하고 대륙은 사회주의를 실시하지만 하나의 통일된 중국이다. 하나의 중국, 두 개의 제도이다. 홍콩문제도 같다. 하나의 중국, 두 개의 제도이다"라고 밝혔다.

1993년 8월 국무원이 발표한 통일백서(統一白書)인 "대만문제와 중국의 통일"을 통해 대만문제 해결을 위한 기본방침으로서 일국양제를 구체적으로 제시하였다. **'하나의 중국(一個中國)' 원칙은 일국양제 통일방안 중 가장 핵심적인 부분이다. 중국정부의 대만에 대한 기본적인 입장은 "중국은 오직 하나이고, 대만은 중국의 불가분한 일부분이다. 중국의 중앙정부는 북경에 있다"**는 것이다.

1993년 3월 24일, 14전인대에서 "14전인대 평화통일 중국에 대해 말한 의의(談十四大對和平統一中國的意義)"라는 글에서 "對대만정책의 기본방침은 새로운 역사조건하에서 진일보 발전과 연장된다" "대만에 대한 중국의 방침은 정책의 연속성과 일관성을 추구하며 현실성을 실현하는데, 祖國 평화통일 실현의 중대 의의를 지닌다"라고 밝혔다.

(4) 강팔점(江八點, 강8점)

1995년 1월 30일 춘절 전야, 강택민 중국공산당 총서기는 중공중앙 대만공작판공실(中共中央 臺灣工作辦公室), 국무원대만사무판공실(國務院臺灣事務辦公室), 대만민주자치동맹(臺灣民主自治同盟), 중국화평통일촉진회(中國和平統一促進會). 전국정협조국통일연의위원회(全國政協祖國統一聯誼委員會), 중화전원대만동포연의회(中華全園臺灣同胞聯誼會), 해협양안관계협회(海峽兩岸關系協會) 등이 북경 인민대회당에서 공동으로 개최한 신춘 다화회(茶話會)에서 "조국통일의 대업의 완성을 촉진하기 위해 계속분투하자(爲促進祖國統一大業的完成而繼續奮鬪)"라는 담화를 발표하였다.

강택민의 양안관계에 관한 8가지의 견해와 주장을 일반적으로 '강팔점(江八點)'이라 부른다. 강팔점의 최대 핵심 내용은 **'하나의 중국' 원칙하에 중국의 정통성과 중앙지위를 천명**한 것이다.

8개항의 주요 내용은 "첫째, **'하나의 중국(一個中國)' 원칙을 견지**한다. 중국의 주권과 영토는 절대로 분할할 수 없으며, 대만독립을 조장하는 어떠한 언동과 행동도 결연히 반대한다. 둘째, 대만의 외국과의 민간경제 문화관계에 대해 우리는 이의를 나타내지 않는다. 그러나 '양개중국(兩個中國) 일중일대(一中一臺)'를 실현할 목적으로 하는 대만의 국제 생존공간의 확대라는 활동을 반대한다. 평화통일을 이룩한 후에만 대만동포는 전 국가 각 민족들과 하나의 길을 걸어갈 수 있으며 위대한 조국에 대한 국제상의 존엄과 명예를 진정으로 공유할 수 있다. 셋째, 해협 양안의 평화통일 담판을 갖는다. 담판과정 중 양안 각 당파 단체의 대표성을 띠는 인사들도 참여할 수 있다. 하나의 중국이라는 전제하에 어떠한 것도 대화할 수 있고 대만당국이 관심을 갖는 각종 문제가 포함된다. 제 일보를 위해 양측 모두 먼저 정식으로 양안의 적대 상황을 종식시키는 회담을 가질 수 있으며 협의에 도달할 수 있다. 이러한 기초 위에 공동으로 의무를 맡으며 중국의 주권과 영토보전을 수호하며 향후의 양안 관계발전에 대해 계획한다. 넷째, 평화통일 실현에 노력하며 중국인이 중국인을 공격하지 않는다. 우리는 무력 사용을 포기하지 않으나 절대로 대만동포에 대한 것이 아니며, 중국의 통일을 간섭하고 대만독립을 획책하는 외국 세력에 대한 것이다. 다섯째, 양안 경제교류와 합작에 진력해 양안 경제가 공동으로 번영을 이루어 전 중화민족을 행복하게 한다. 중국은 정치분열이 영향을 끼쳐 양안경제합작을 방해하지 않기를 주장한다. 어떤 상황하에 있든 대만상공인의 정당한 권익을 철저히 보호할 것이다. 상호호혜의 기초 위에 상담할 뿐만 아니라 대만상공인의 투자 권익을 보호하는 민간협의를 조인하는 것을 찬성한다. 응당 실질적인 절차를 취해 3통을 빨리 실현할 것이며 양안 사무성 회담을 촉진할 것이다. 여섯째, 중화문화는 전 중국인의 정신연대를 유지하며 평화통일을 실현하는 중요한 기초이다. 양안 동포는 서로 중화문화의 우수한 전통을 계승 발전시켜야 한다. 일곱째, 대만동포의 생활방식과 주인노릇 하려는 바람을 충분히 존중해 대만동포의 정당한 권익을 보호할 것이다. 재외기구를 포함해 중국공산당과 정부 각 관련 부서는 대만동포와 연계를 강화해 그들의 의견과 요구를 경청할 것이며 그들의 이익에 관심을 갖고 어려움을 해결하도록 가능한 한 돕는 데 진력할 것이다. 중국은 대만 각 당파 각계인사들이 양안관계와 평화통일에 관련된 의견을 교환하는 것을 환영하며 그들의 왕래와 방문을 환영한다. 여덟째, 중국은 대만당국 영도자가 적당한 신분으로 방문하는 것을 환영한다. 중국은 대만 측의 초청을 받기를 바라며 대만으로 갈 수도 있고 먼저 어떠한 문제에 대해서도 의견교환을 할 수 있다. 중국인의 일은 중국인 스스로 해내야 하며 어떠한 국제상황의 도움을 빌릴 필요가 없다”이다.

　1995년 9월 21일 UN에서는 “중화민국(Republic of China on Taiwan)”이라는 명의로 대만의 회원가입을 승인하자는 안건이 카리비안, 중앙아메리카, 일부 아프리카 국가들의 지지하에 제출되었으나 부결되었다.
　10월 21일 장만년(張萬年) 당중앙군사위 부주석은 대만이 독립을 시도할 경우 직접적으로 대만에 무력을 투입하겠다는 입장을 밝혔다.

　江八條에 대한 공식적인 대만정부의 발표는 1995년 2월 21일 대만 행정원장인 련전(連戰)이 발표한 련4조(連四條)라 할 수 있다. 주요 내용은 하나의 중국에 반대하는 것으로 “현실을 직시하고(面對現況), 교류를 증진시키고(增加交流), 상호존중하고(相互尊重), 통일을 추구하자(追求統一)”는 것이었다.

(5) 호사점(胡四點, 호4점)

2005년 3월 4일, 호금도는 전국 정협 10차 3차회의에서 민혁(民革), 대맹(臺盟), 대련(臺聯)계 위원들을 만나 양안관계 4개 원칙을 밝혔다. 이는 ‘강8점’을 대신하여 중국의 새로운 양안 지도원칙으로 강조되었다.

호금도의 양안 4원칙은 ‘4개결불(四個決不)’ 원칙으로 명명되었다가, ‘강8점’을 의식하여 ‘호4점(胡四點)’으로 불린다. 주요 내용은 “1. ‘하나의 중국’ 원칙은 결코 흔들리지 않을 것이다, 2. 평화통일 노력을 결코 방기하지 않을 것이다. 3. 대만 인민에 희망을 건다는 방침은 결코 바꾸지 않을 것이다. 4. 대독 분열활동을 반대하는 것과 관련 결코 타협은 없다"이다.

(6) 호육점(胡六點)

2008년 12월 31일, "대만동포에게 고하는 글(1979.1.1.)" 발표 30주년을 기념하는 연설에서 호금도는 양안관계에 대한 6가지 원칙을 밝혔다. 이를 호육점(胡六點)이라 부른다.

호금도는 "전 민족의 단결, 조화, 창성을 실현하기 위해 양안의 통일은 중화민족의 위대한 부흥의 역사적 필연"이라고 강조했다. 이는 양안협력을 주요 정책으로 내걸었던 대만 마영구(馬英九) 총통이 2008년 5월 총통에 취임한 이후 중국 최고지도자가 처음으로 양안정책에 대한 기본원칙을 밝힌 것이다.

주요 내용은 "1. 하나의 중국을 엄수하고, 정치적 신뢰를 증진한다. 2. 경제적 합작을 추진하고, 공동의 발전을 촉진한다. 3. 중화의 문화를 선양하고, 정신적 유대를 강화한다. 4. 사람의 왕래를 강화하고, 각계의 교류를 확대한다. 5. 국가의 주권을 수호하고, 외교적 사무를 협상한다. 6. 적대적 상황을 종결하고, 평화적 협의에 도달한다"는 것이다.

(7) 소3통(小3通) 정책

2001년 1월 1일부터 대만의 금문도, 마조도(馬祖島) 2개 섬과, 중국 본토 간의 직접 운항, 교역, 우편교환 등 '3통(通航, 通商, 通郵)'을 허용하는 정책이다.

금문도나 마조도에 6개월 이상 거주한 대만 국민은 관광이나 사업 목적으로 중국 본토를 방문해 최대 일주일간 머물 수 있고 반대로 본토 관광객이나 기업인도 두 섬을 방문할 수 있게 되었다.

2. 반(反)국가분열법

대만의 정명(正名)운동에 대응하는 것으로서, 2005년 3월 14일 전국인민대표대회에서 통과되었다. 이 법에서는 대만이 실질적으로 독립을 추진하거나 평화적인 통일의 틀을 파괴할 경우, 중국인민해방군이 무력을 사용할 수 있도록 규정하였다.

반국가분열법은 1조 입법취지, 2~3조 대만문제의 성격, 4조 통일의 역사적 사명, 5조 하나의 중국원칙, 6조 양안 간 안정과 평화를 위한 방안, 7조 평등한 협상과 담판의 원칙, 8조 비평화적 방식 동원조건, 9조 대만인과 대만 내 외국인의 권익보호, 10조 공포 일시로 구성되어 있다.

특히 3조에서는 **양안문제는 중국의 내전으로 야기된 내정문제라는 것을 강조**하였다. 그리고 8조에서는 대만이 어떤 방식으로는 독립을 시도한다거나, 대만독립을 야기할 수 있는 주요 사건들이 발생하였을 때 혹은 평화통일의 가능성이 완전히 사라졌을 때 비평화적 수단을 사용할 수 있다고 규정하였다.

▎정명(正名)운동

진수편(陳水扁) 총통은 취임 이후 "해협 양안에는 서로 다른 2개의 국가가 존재한다(一邊一國)"며 '대만 주권의 독립'을 주장해 왔다. 2004년 말 대만 정부는 '정명(이름 바로잡기)' 운동을 선포하면서 '중화민국' 국호를 '대만'으로 간칭(簡稱)해야 한다는 주장을 내놓았고, '중국'과의 혼돈을 피해야 한다는 명목으로 모든 해외공관과 국영 및 공영기업의 명칭에 '대만'을 삽입하도록 했다. 대만의 독립을 주장하는 민진당은 2007년 10월 당 대회에서 대만의 주권문제에 대한 국민투표를 실시, 새 헌법 제정 등의 요구를 담은 결의안을 통과시켰다. 결의안의 주요 내용은 "대만은 주권 및 독립 국가로 대만과 중국은 서로 속하거나 통치할 수 없다"며 "가능한 한 이른 시일 내 국호를 '타이완(Taiwan)'으로 바꾸고 대만이 주권 및 독립 국가임을 알리기 위해 적절한 시기에 새 헌법을 제정하고 국민투표를 개최해야 한다"고 밝혔다.

3. 대만의 통일전략

1) 미국과 단교 이전의 통일전략

1949년 국민당 정부가 대만으로 철수한 후부터 1978년 미국과의 단교할 때까지 대만의 통일정책은 주로 '반공부국(反共複國)'을 주요목표로 삼았다. 1950년 1월 장개석은 ≪전국동포에게 고하는 글(告全國同胞書)≫을 발표하였다. 이 글에서 장개석은 전 중국 인민에게 끝까지 반공할 것을 요구하였다. 그리고 대만정부는 국가영토, 주권회복, 국민의 생명, 재산의 자유를 보장하고 공산당을 물리치는 데 힘쓸 것이라고 강조했다.

같은 해 10월 10일 국경일, 장개석은 "대만건설과 반공대륙, 동포를 구해 중국을 부흥시킬 것"과 "4억 5천만 동포의 의지와 역량을 모아 공산당을 소멸시킬 것"이라고 선언하였다. 1971년부터 1978년까지 대만은 중국에 대한 삼불정책을 펼쳤다. 삼불정책이란 '불접촉(不接觸), 불담판(不談判), 불타협(不妥協)'이다.

2) 1980년대 통일전략

1979년 1월 1일 국민당 손운선(孫運璿) 행정원장은 중국이 제안하였던 ≪대만동포에게 고하는 글≫의 상호교류 제안에 대해, 협상에 참여하는 조건을 언급하였는데, 먼저 중국은 마르크스·레닌주의를 버리고 세계혁명을 포기하고, 다음은 공산독재를 폐기하고 자유 민권을 보장할 것이며, 마지막으로는 인민공사를 해체하고 인민의 재산을 반환하여 대륙인민이 대만인민과 동등하게 풍요로운 생활을 할 수 있도록 할 것을 주장하였다. 그리고 4월에는 장경국이 '삼불'의 입장을 밝혔다.

1981년 4월 5일 국민당은 제12차 전국대표대회를 개최하여 '삼민주의를 관철한 중국통일안(貫徹以三民主義統一中國案)'을 통과시켰다. 국민당은 정식으로 삼민주의에 의한 중국통일을 제기하였는데, 이는 중국의 섭9조에 대응한 것이었다. 같은해 9월 30일 송초유(宋楚瑜) 행정원 신문국장은 "중국의 통일을 위해선 중공이 공산주의를 포기하고 삼민주의에 의한 헌정을 선행해야 할 것"이라고 언급하였다.

1986년 3월 국민당은 제12차 3중전회를 개최하였는데, 이때 장경국은 '중국의 통일과 세계 평화'에서 라는 글에서 중국 통일과 관련하여 정치·경제·사회·문교(文敎)·대외관계 5가지를 제기하였다.

1987년 1월 15일 행정원 제2053차 회의에서 대륙탐친을 통과시키고, 3개 원칙에 따라 허가한다고 밝혔다. 3개 원칙은 "첫째, 반공국책과 국토수복의 목표불변. 둘째, 국가안정확보와 중국의 통전의 방지. 셋째, 전통윤리와 인도주의 입장의 기조"였다. 그리고 1987년 7월 계엄령을 해제하였고, 10월에는 인도주의 원칙에 따라 대만인의 대륙탐친을 허가했다. 이 결정은 대만의 對대륙정책의 변화를 주는 시작이었다.

3) 1988년 이후의 통일전략

국민당의 대륙에 대한 태도가 본격적으로 변하기 시작한 것은 1988년 장경국의 사망이었다. 특히 국민당 정부의 대만화 정책이 대만출신 중심으로 추진되면서부터 시작되었다.

1988년 2월 22일 대만 출신인 이등휘(李登輝) 총통은 "첫째 지속적인 삼불정책, 둘째 중국은 4항견지와 무력에 의한 대만침략 의도 포기, 셋째 일국양제는 중국에 맞지 않고, 넷째 하나의 중국원칙은 견지한다"라는 내용을 발표하였다.

1988년 7월 7일 국민당 제13차 전국대표대회에는 대중국정책 변화를 엿볼 수 있다. 대회에서 '중공과 중국의 한계분리', '중공정권과 대륙동포 분리간주' 및 '정부의 삼불정책과 해영양안사무(海映兩岸事務)의 분리처리' 등 3가지에 공통된 인식을 갖고 '현 단계 대륙정제안'을 통과시켰다. 그리고 민간, 간원(間援), 단향(單向), 점진(漸進), 안전'의 원칙하에 3통4류를 처리였다.

1991년 2월 23일 국가통일위원회는 '국가통일강령(國家統一綱領)'을 수정 통과시켰고, 3월 5일 이등휘 총통이 공고하였다. 국가통일강령은 대만의 양안관계와 통일정책의 주요 내용을 담고 있다. 국가통일위원회는 통일을 위하여 '3불정책'을 폐기하고 대신 '통우·통상·통항'의 3통정책 실시, 고위인사 상호방문 등을 내용으로 하는 획기적인 <국가통일강령>을 확정하였으나 성과를 거두지 못하였다. 국가통일강령에서 대만정부는 **'하나의 중국' 원칙을 직접적으로 언급하지 않았고, '대륙과 대만은 모두 중국의 영토'**라고 하였다. 그리고 상호교류와 상호수혜의 1단계, 상호신뢰와 협동의 2단계, 통일을 협의하는 3단계 통일과정을 제시하였다. 진수편 총통은 2006년 2월 통일정책기구인 국가통일위원회와 국시(國是)인 국가통일강령의 운용을 각각 중단한다고 밝혀 사실상 철폐를 선언하였다.

1991년 3월 14일 대만 행정원은 '국통강령(國統綱領)'을 통과시켰고, 양안관계의 처리원칙을 결정하였다. 과거 국민당은 중국공산당을 불법정권으로 여겼고, 그 실체를 인정하지 않았다. 그런데 이등휘는 이러한 대만의 중국관에서 벗어나 중화인민공화국이라는 국호를 직접 사용하면서 양안관계를 풀어나가고자 하였다.

1994년 대만정부는 <통일백서>를 발표하였다. 대만은 중국의 '일국양제'론에 반박하면서 '일국양부(一國兩府)'를 주장하였다. 대만정부는 '하나의 중국'이란 역사적 지리적 문화적 종족적 실체를 의미하며, 반드시 정치적 실체로서 대만의 존재를 부인하는 것이 아니라고 선언하였다.

마영구 총통은 임기 내에 양안 체제를 유지하면서도 독자 노선을 걷지 않으며 무력에 반대한다는 '불통(不統), 부독(不獨), 불무(不武)' '3불' 정책을 시행할 것이라고 밝혔다. 또 "차기에 총통으로 당선이 되든, 되지 않든 대륙과 평화 협의를 체결하는 것을 배제할 수 없으며, 양안 체제는 계속 유지해 나갈 것”이라고 밝혔다.

2009년 5월부터는 중국 기업의 대만 직접투자를 허용하는 등 전면적인 경제협력을 가속화하고 있다 그리고 2009년 6월 17일 자신의 정책 기조가 통일·독립·무장도 하지 않는 ‘불통(不統)·부독(不獨)·불무(不武)’라면서 현상유지를 원하고 있다고 밝혔다.

4. 중국공산당의 소수민족 정책

1) 중국공산당 창당~중국 건국 이전

중국공산당 초기에 소수민족 지식층은 ‘민족자결과 민족연방제’ 구상을 가지고 있었다. 그런데 중국공산당의 민족정책이 민족구역자치로 바뀌면서, 민족적 이익을 위해 중국공산당의 사회주의 운동에 가담하였던 많은 소수민족 지식인들과 민족주의자들은 당혹스럽게 되었다. 신해혁명 이후 중국대륙이 혼란하였던 시기에 소수민족들이 중국공산당이나 국민당에 협조했던 것은 주로 민족자결과 연방제 때문이었다. 이들은 중국이 건국된 이후에도 자결과 연방제에 대한 미련을 버리지 못하고 있었다.

(1) 제1차 국내전쟁시기(1921.7.~1937.6.)

1922년 중국공산당 제2차 전국대표대회에서 당의 첫 번째 민족강령을 제정하였다. 내용에는 “대외적으로는 국제제국주의의 압박을 전복하고, 중화민족의 완전한 독립을 이루고, 대내적으로는 중국본부(동북삼성포함)를 통일하여 진정한 민주공화국을 이루자, 몽고·서장(西藏)·회강(回疆)에 자치를 실시하여 민족자치방(民族自治邦)을 성립하자, 자유연방제(自由聯邦制)로서 중국본부·몽고·서장·회강을 통일하여 중화연방공화국(中華聯邦共和國)을 건립하자”가 포함되었다. 이는 중국의 최초로 반제반봉건성격이 있으면서 민족문제를 해결하려는 혁명 강령이다.

1925년 10월 중앙확대집행위원회에서 ≪몽고문제에 관한 결의안(關於蒙古問題的決議案)≫을 제출하였다. 결의안 내용에는 “중국변경공농군중의 공작은 우리 당에 있어서 매우 중요한 의미를 가진다. 그래서 우리는 마땅히 내몽고의 공작에 주의해야 한다. 몽고인민 중 일부는 민족각성을 하였고, 자신의 민족의 권력을 쟁취하기 시작하였다. 우리의 당은 마땅히 몽고인의 해방운동을 전 중국의 해방운동과 결합시켜야 한다. 우리 당은 몽고의 왕공 및 라마가 이러한 민족해방운동을 이용하여 그들이 몽고민중의 세력을 확대하려는 것을 안다. 그래서 우리 현실의 가장 중요한 책임은 곧 몽고인의 선진분자로 하여금, 더욱이 몽고의 지식계층으로 하여금 혁명에 참가하도록 해야 한다"고 하였다.

1926년 12월 호남성 제1차 농민대표대회에서 ≪묘요해방결의안(解放苗瑤決議案)≫을 제출하였다. 결의안에는 "묘족(苗族)과 요족(瑤族)은 역대 왕조에서 밖으로는 한족봉건군주로부터 대학살을 당했고, 안으로는 토사추장으로부터 착취를 당했다. 오랫동안 암울한 세계였다. 농민협회는 반드시 묘요족농민이 해방을 쟁취하도록 도와야 한다. 묘요족 등의 민족이 당지 농민협회에 가입하도록 방법을 마련하였다. 혹은 단독으로 묘요농민협회를 조직하도록 돕는다. 묘요족이 토사추장의 잔혹한 압박에서 해방되도록 원조해야 한다. 한족이 묘요족의 토지를 점유하지 않도록 엄금한다. 한족이 묘요족의 언론을 날조하고 모욕해서는 안 된다. 묘요족이 한인(漢人)정치경제와 일률적으로 평등하다"는 내용이 있다.

1928년 7월 9일 중국공산당 제6차 전국대표대회에서 ≪민족문제에 관한 결의(關於民族問題的決議)≫를 제출하였는데, 중국 경내 소수민족의 문제(*북부의 몽고, 회족, 만주의 고려인, 복건의 대만인 및 남부 묘족 여(黎)족 등의 원시민족, 신강과 서장*)는 혁명에 중대한 의의가 있다고 하였다. 그리고 결의안에서 "(3) 중국을 통일하고 민족자결권을 승인한다"고 하였다. 여기에서 중국공산당은 소수민족의 자결권을 승인함으로써 각 소수민족이 자신들만의 국가를 건설할 수 있다고 인정하였다.

1931년 11월 강서 서금에서 개최되었던 제1차 전국소비에트 대표대회에서 ≪중화소비에트공화국헌법대강(中華蘇維埃共和國憲法大綱)≫이 통과되었다. 헌법 제14조에서 "중국 소비에트정부는 중국 경내의 소수민족의 자결권을 승인한다. 곧 각 약소민족이 이탈할 수 있다. 스스로 독립된 국가를 성립할 수 있는 권리를 갖고 있다. 몽·회·장(藏)·묘·려(黎), 고려인(高麗人) 등은 모두 중국 지역 내에 거주하고 있다. 그들은 완전히 자결권을 갖고 있다. 중국 소비에트연방에 가입하거나 이탈하거나 혹은 스스로의 자치구역을 건립한다. 중국 소비에트정권은 현재 이러한 약소민족이 제국주의와 국민당의 군벌, 왕공, 라마, 토사(土司) 등의 압박통치에서 벗어나도록 도와야 한다. 그리고 완전한 자유를 얻도록 한다. 소비에트정권은 이러한 민족 중에서 그들 스스로 민족문화와 민족언어를 발전하도록 해야 한다"고 하였다. 이때 중국공산당은 구체적인 민족명칭을 거론하면서 소수민족의 민족자결권을 승인하였다.

1931년 제1차 전국 소비에트대회에서 ≪전국의 노동자농민 등 착취당하고 있는 민중에게 고하는 글(告全國工農勞苦民衆書)≫에서 "장차 국내 약소 민족의 자결권을 통과시킬 것이다"고 밝혔다.

그리고 ≪중국 경내 소수민족문제에 관한 결의안(關於中國境內少數民族問題的決議案)≫이 통과되었다. 결의안에서는 "중국 경내에는 적지 않은 소수민족이 있다. 예를 들면, 몽고인, 티베트인, 한국인, 안남인(安南人), 사천·운남·귀주·광서 등지에 거주하던 묘·려 등의 민족, 신강·감숙 등지에 거주하던 회족 등이 있다. 모두가 중국 황제·지주·관료·상업자본·고리대자본의 착취와 통치를 받았다. 또한 중화민국이 성립한 이래로 민족의 자유와 해방도 없었고, 군벌·지주·관료·상업고리대금업자들로부터 착취와 압박을 당하였다. 그들이 거주하는 지역에는 굶주림이 없는 날이 없었다. 그들의 반항에 가장 참혹한 학살정책을 취하였다"라고 하였다. 그리고 "중화소비에트공화국은 소수민족의 자결권을 무조건 승인한다. 非한족이 국민의 대다수를 점하고 있는 몽고·티베트·신강·운남·귀주 및 기타 지역의 소수민족 중 압박을 받는 인민은 중화소비에트공화국에서 탈퇴하여 자신들의 독립국가를 건립하거나 중화소비에트공화국 내에서 자치구역을 건립하여 중화소비에트공화국에 가입하는 것을 결정할 수 있는 권리를 갖고 있다"고 하였다.

이 결의안은 계급분석의 방법으로 당시의 민족관계의 핵심을 정리하였다. 즉, 제국주의와 중국군벌, 지주, 자본가의 압박과 착취, 학살을 당하는 소수민족 군중만이 아니라 한족의 고초를 받는 군중도 포함하였다. 소수민족의 군중은 외국제국주의와 중국군벌지주자본가의 압박을 받을 뿐만 아니라, 자기민족 내부통치계급의 착취와 압박을 받았다. 이러한 이유로, 각 민족은 단결하여 공동의 적을 반대해야 한다. 모든 제국주의와 착취와 압박을 가하는 국가를 반대해야 한다. 소비에트공화국은 반드시 특별히 민족공화국과 자치구역 내 생산력 발전과 문화의 제고를 실현할 것이다. 반드시 국내 소수민족이 완전히 민족언어문자를 사용하는 학교, 편집관과 인쇄국 설립하도록 할 것이다. 모든 정부의 기관에서 본 민족의 언어 문자를 사용하도록 허락할 것이다. 가능한 한 당지 민족의 공농간부가 국가의 관리공작을 맡을 수 있도록 할 것이며 모든 대한족주의의 경향을 반대할 것을 견지한다.

1934년 1월, 제2차 전국소비에트대표대회에서 新≪중화소비에트공화국헌법대강(中華蘇維埃共和國憲法大綱)≫을 수정하여 통과시켰고, 1931년 헌법대강에서 민족문제의 관점을 거듭 설명하였다. 주요 내용은 "소비에트 정권 영역 내에서는 공인 농민 홍색전사 및 모든 고충을 받는 민중과 그들의 가솔은 남녀를 구분하지 않고 종족*[한족·만족·몽고족·장조·묘족·려(黎)족과 중국의 대만·고려·안남인(安南人) 등]*과 종교는 소비에트법률 앞에 모두 평등하다. 모두 소비에트공화국의 공민이다"라고 하였다.

1934년 7월 검동특구(黔東特區) 제1차 공농병대표대회에서 ≪묘족문제에 관한 결의(關於苗族問題的決議)≫를 제출하였다. 내용에서 "반드시 묘족인민공동체와 연합하여 제국주의, 국민당군벌과 지주호족의 통치를 전복하자고 하였다. 이를 위해, 묘족농민이 지주의 토지를 몰수하고, 둔전제 제도 폐지하여, 가난하고 힘든 농민에게 분배하는 것을 도와야 한다. 묘족인민이 소비에트의 자치구를 건립하는 것을 도와야 한다. 묘족인민으로 조직된 공농홍군을 건립해야 한다. 묘족인민의 문화를 발전시킨다. 이러한 임무를 실현하기 위해, 묘족과 한인이 친밀한 혁명연맹을 건립한다"고 하였다.

1934년 10월, 중국공농홍군은 전략의 변화를 실행하여, 2만 5천 리의 장정을 시작하였다. 홍군은 중남, 서남, 서북의 묘족·요족·동(侗)·장(壯)·수(水)·포의(布依)·흘료(仡佬)·납서(納西)·이(彝)·장(藏)·강(羌)·회(回)·동향(東鄕)·토(土)·유고(裕固) 등의 소수민족이 거주하는 지역을 지났다. 중국공산당은 장정도중에 각 항 민족정책을 제정하였다. 서로 다른 지역의 서로 다른 민족의 특징에 근거하여 서로 다른 조치를 취하였고, 장정의 승리를 보증하였으며, 당의 민족정책이 한층 더 완전하고 성숙되도록 하였다.

1934년 11월, 중앙홍군은 계북(桂北) 소수민족의 집거지를 지날 때, 총정치부는 ≪묘요민족에 관한 구호(關於對苗瑤民族的口號)≫를 반포하였다. 구호에서 "공산당은 평등, 민족자치를 주장하고, 약소민족을 해방한다(共産黨是主張平等, 民族自治, 解放弱小民族的)"를 강조하였다.

장정하던 홍군은 검서북(黔西北) 전동북(滇東北) 및 사천 량산(涼山) 이족(彝族) 집거지로 진입하였다. 이곳에서 홍군은 "중국공농홍군은 약소민족을 해방하고, 모든 이한(彝漢)

빈민은 모두 골육형제이며, 이인(夷人)풍속을 존중하고, 한 톨의 곡식도 손대지 않고, 이인(夷人)의 정부를 설립하며 이족(夷族)이 이족(夷族)을 관리하며, 진정한 평등과 자유를 누린다"고 발표하였다.

장정 중, 당중앙은 각 민족인민이 자신의 혁명정권을 건립하도록 격려하였다. 홍4방면군은 장족집거지에 두 개의 장족인민혁명정권(藏族人民革命政權)을 건립하였다. 격륵득사공화국(格勒得沙共和國)과 파파인민공화국(波巴人民共和國)은 신중국성립 후 민족구역자정책을 실행하는 데 기초적인 실천 기초를 제공하였다.

1935년 1월, 중앙홍군은 귀주지역에 진입하였다. 중국공농홍군 총정치부는 이부춘의 명의하에 포고를 발표하였고, 각 민족 인민이 소비에트정권을 건립하기를 호소하였다. 같은 해 3월, 천섬(川陝)소비에트구에서 활동하던 홍4방면군이 가릉강(嘉陵江, 사천 지역이 장강 지류 중의 하나)전역을 치렀고 장정을 시작하였다. 장정 도중 홍4방면군은 중화소비에트공화국서북연방정부(中華蘇維埃共和國西北聯邦政府)를 수립하였다. 6월 중공중앙은 ≪강장 서번민중에게 고하는 글(告康藏西番民衆書)≫에서 "강장(康藏)의 민중은 이렇게 생활이 힘들고 고통스러운 상황을 끝맺어야 한다. 반드시 자신의 혁명정권을 건립해야 한다" 그리고 "이러한 정권은 광대한 노동군중이 기초가 되어야 한다"고 하였다. 그러나 제국주의 국민당군벌을 진정으로 반대하는 상층인사가 참가하는 것을 거절하지는 않았다. 중앙홍군은 장족지역을 머무는 시간이 비교적 짧았지만, 장족 구역에서 혁명정권을 건립하는 주요 공작은 홍4방면군이 완성하였다. 홍4방면군은 장정 중에 중공대금성위(中共大金省委)를 건립하였다. 성위는 수정성(綏靖城)에 주둔하면서 대금천(大金川)유역에 근거지를 건립하는 여러 공작을 영도하여 전선의 홍군작전을 지원하였다. 중공대금성위의 구체적인 조직 하에, 1935년 11월 8일 격륵득사(格勒得沙: 가융(嘉絨)의 티베트어 음. 뜻은 장족(藏族) 인민)공화국이 수정현(綏靖縣)에서 성립을 선포하였다. 공화국은 중공대금성위의 직접적인 영도를 받았고, 서북연방정부(西北聯邦政府)에 속하였다. 장족역사상 첫 번째 인민혁명정권이었다. 격륵득사공화국은 중국혁명사상 첫 번째 성급 소수민족혁명정권이었다. 또한 당이 민족지역에서 건립한 첫 번째 민족자치지방정권이었다. 이후 민족구역자치정책의 제정, 실시, 발전과 완성을 위한 중요한 경험을 제공하였다.

격륵득사공화국은 성립을 선포하는 동시에, 격륵득사공화국 최고행정영도기관은 격륵득사중앙혁명정부(格勒得沙中央革命政府) 수립을 선포하였다. 주석은 극기(克基)이고, 부주석은 양해산(楊海山)·맹흥발(孟興發)이며, 고문은 추통부(鄒通富)였다. 중앙정부 내에 내무·

양식·선전·부녀·토지·소공(少共, 중국소년공산당) 등의 부서를 설치하였다. 그중 내무부 부장은 아모삼(阿木參), 부녀부장은 이부덕(李富德)이었다. 격륵득사공화국 중앙혁명정부의 주요 임무는 중공대금성위의 영도하에 서북연방정부의 지시와 각 항의 정책에 따라 장족(藏族)·강족(羌族) 등의 각 민족 인민을 영도하여, 반봉건제도를 전개하고 국민당 군벌정치를 전복하고, 민족자결을 실행하고, 민족해방의 투쟁을 쟁취하는 것이었다.

강장(康藏)과 서장(西藏, 衛藏)의 구분은 방언구이면서 역사지리구획이기도 하다. 강(康)은 '강파(康巴)'지역을 가리킨다. 즉, 사천감자장족자치주(四川甘孜藏族自治州), 雲南迪慶藏族自治州(雲南迪慶藏族自治州), 서장창도지구(西藏昌都地區), 청해옥수장구(青海玉樹藏區)를 포함한다.

1936년 3월 도부(道孚)에서 소식평을 서기로 하는 중공천강성위(中共川康省委)를 건립하였고, 강북(康北)지방당의 최고영도기관이 되었다. 강북에 머무는 동안 홍4방면군은 장족인민(藏族人民)의 태녕(泰寧)·도부(道孚)·로곽(爐霍)·감자(甘孜)·아강(雅江)·첨화[瞻化, 오늘날 신용(新龍)] 6개 현에 파파[波巴, 장어(藏語) 중 '티베트민족'을 의미]인민정부를 건립하는 것을 도왔다. 현급 파파정부(波巴政府)가 수립된 후에 통일된 파파정부를 건립할 수 있는 조건을 갖추었다. 1936년 5월 1일부터 5일까지, 감자현성(甘孜縣城)에서 파파(波巴) 제1차 전국대표대회가 개최되었다. 도격(德格)·감자·로곽·도부·태녕·첨화·백옥(白玉)·등가(鄧柯)·석거(石渠)·동보(同普)·아강·대소금천(大小金川) 등 총 16개현의 700명의 대표가 대회에 출석하였다. 5월 5일 대회에서 ≪파파제1차전국대표대회선언(波巴第一次全國代表大會宣言)≫을 통과시켰고, 파파인민공화국중앙정부 성립을 선포하였다. 파파인민공화국 중앙정부는 중화소비에트서북연방정부(中華蘇維埃西北聯邦政府)에 속하였다. 대회에서 다덕(多德)이 주석으로 선출되었고, 달길(達吉)·공살(孔撒)·격달(格達)이 부주석으로 선출되었는데, 모두 장족(藏族)이었다. 그리고 중앙정부의 10개 정강을 반포하였다.

1935년 5월에서 1936년 10월까지 장정하던 홍군은 사천·청해·감숙·섬서·영하의 장족(藏族)·강족(羌族)·회족 지역으로 진입하였다. ≪공산당·홍군의 번인에 대한 주장(共産黨, 紅軍對番人主張)≫, ≪회번민족에 알림(告回番民衆)≫, ≪회민투쟁강령(回民鬪爭綱領)≫, ≪회족인민에 대한 선언(對回族人民的宣言)≫ 등의 공고문을 발표하였다. 중국공산당은 "번(番)·이(夷)·강(羌)·회(回) 민족자유해방만세", "회(回)·번(番)·강(羌)·이(夷) 민족이 단결하여 국민당을 타도하자", "각 민족의 당가작주(當家作主)의 권리를 실현하자", "홍군은 회, 장 인민이 종교신앙의 자유를 가진다고 주장하였다", "회민의 풍속습관과 종교신앙을 존중한다" 등의 정책을 제안하였다. 특히 ≪회족인민에 대한 선언(對回族人民的宣言)≫에서 중국공산당은 "회족의 자치정부 수립에 협력하고 회족민의 문화를 보호하며 종교의 자유를 보존하는 한편 연합중국, 외몽고, 신강, 소련 지역 내에 회족민이 독립정권을 수립하는 데 협조하는 것 등"의 내용을 승인하였다.

한편, 중국공산당은 1935년 12월 20일 ≪내몽고선언≫에서 "몽고민의 자주권을 승인하며 몽고민은 다른 민족과 연방을 결성하거나 완전한 독립을 할 수 있다"고 언급하였다.

(2) 항일전쟁 시기~공동강령 이전

항일전쟁시기(1937.7.~1945.7.) 중국공산당의 민족에 대한 인식과 민족정책을 살펴보면 다음과 같다.

모택동은 1938년 중공중앙 6차 6중전회 보고에서 "역량을 통일하기 위해 중화 각 민족은 단결해야 하고, 공동을 항일을 하여 살 길을 강구해야 한다"는 방침 및 국내 민족을 해결할 기본정책을 제안하였다. 중국공산당 영도자는 전국 각 족 인민의 공동 항일을 위한 기초를 닦았다.

중공중앙 서북공작위원회는 1940년에, ≪회회민족문제에 관한 제강(關於回回民族問題提綱)≫과 ≪항전중의 몽고민족문제에 관한 제강(關於抗戰中蒙古民族問題提綱)≫을 발표하였다. 그리고 몽골족과 회민족이 공동으로 항일에 참가할 수 있도록 구체적인 강령 및 정책을 제안하였다. 이 강령과 정책의 제정은 광대한 소수민족이 쟁취하고 단결하여 항일역량을 크게 하였고, 섬감녕 몽(蒙)회(回)민족지역의 항일투쟁을 이끌어내었다.

1941년 4월, ≪中共中央北方局對晉冀豫邊區目前建設的主張≫에서 "변구 내 모든 민족은 정치·경제·문화·교육에서 평등하고 자유롭게 권리를 향유할 수 있다"를 제안하였다.

1941년 5월 1일, ≪섬감녕변구시정강령(陝甘寧邊區施政綱領)≫에서 "민족평등원칙에 의거하여, 몽회(蒙回)민족은 한족과 정치경제문화상의 평등한 권리를 실행하였고, 몽회민족은 자치구를 건립하며, 회민족의 종교신앙과 풍속습관을 존중한다"고 제안하였다.

1945년 4월 제7차 전국대표대회에서 모택동은 ≪론연합정부(論聯合政府)≫의 보고에서 전국이 "철저하게 일본제국주의를 퇴패시켜 전국의 절대다수의 인민이 기초가 되어 공인계급이 영도하에 통일전선 민족연맹의 국가제도를 건립하자"라고 주장하였다. 각 소수민족의 앞날을 말할 때 모택동은 국내 소수민족의 대우를 개선하고, 각 소수민족의 자치를 하는 권리를 허락하였다.

1946년 1월 6일, 중공대표단이 제출한 ≪평화건국강령초안(和平建國綱領草案)≫에서는 소수민족구역에서 각 민족의 평등지위 및 자치권을 승인하였다고 밝혔다. 1947년 10월 10일, ≪중국인민해방군선언≫에서 중국 영토 내 각 소수민족은 평등한 자치의 권리가 있음을 승인하였다고 제기하였다.

신중국 성립 전에, 당은 당시의 민족공작의 주요한 임무는 신중국이 처리하는 민족문제의 기본원칙과 기본정책을 확립하는 것이다. **1949년 6월, 중국공산당의 영도하에 신정치협상회의주비회(新政治協商會議籌備會)를 열어 민주연합정부성립문제를 토론하였다.** 전국 각 민족, 각 민주계급, 각 민주당파, 각 인민단체의 공동의지에 근거하여 회의에서 통과한 공동강령은 신중국의 국체, 정체 및 기본정책에 대해서 중대한 결정을 만들었다. 이것은 바로, 중국 국정에 의거하여 단일한 통일된 다민족국가를 건립하는 것이다. 그리고 민족구역자치를 실행하여 중국내 민족문제를 해결하기 위한 기본정책을 확인하는 것이다. 법률형식으로 중국 경내 각 민족의 평등지위와 평등권리를 확정하는 것이다.

중국지주자산계급을 대표하는 국민당은 중국경내에 거주하는 소수민족에게 착취와 학살을 일삼았다. 중화공농병소비에트 제1차 전국대표대회에서는 전국 공농(工農)과 중국경내의 소수민족을 초대해서 손문의 '민족주의'에 반대하고자 하였다. 왜냐하면, 손문의 민족주의는 지주자산계급의 이익을 대표하는 것이고, 중화소비에트공화국의 주장과는 근본적으로 서로 다르기 때문이다. 이러한 이유로 중화공농병소비에트 제1차 전국대표대회에서는 "중화소비에트공화국의 기본법(헌법)에는 반드시 중국 내 소수민족의 민족자결권에 대해서 명백하게 규정한다. 중국에서 떨어져 독립된 자결권을 획득할 때까지이다. 그것은 조건 없이 외몽고의 독립을 승인한 것이다"고 하면서 몇몇 지역과 민족을 거론하면서 민족자결권을 명확하게 규정하였다.

2) 공동강령(1949.9.29.)

중국공산당은 1947년 내몽고자치구를 설립하기 이전까지만 하여도 각 소수민족들의 독립된 국가를 건설할 수 있는 '자결권'을 허용하였지만, 내몽고자치구를 설립한 이후부터는 자결권보다는 '자치권'을 강조하였다. 1949년 9월 29일 건국직전에 선포하였던 '공동강령'에서도 소수민족의 민족자결보다는 민족자치만을 허용하였다. 공동강령의 주요 내용을 살펴보면 아래와 같다.

제50조: 중화인민공화국 내의 각 민족은 일률적으로 평등하다. 단결하고 서로 간에 돕는
　　　　것을 실행한다. 제국주의와 각 민족 내부의 공민의 공적을 반대한다. 중화인민공
　　　　화국은 각 민족이 우애로 이루어진 대가정이다. 대민족주의와 지방민족주의에 반
　　　　대하다. 민족 간의 멸시, 압박과 각 민족의 단결을 분열시키는 행위를 금지한다.
제51조: 각 소수민족이 모여 거주하는 지역에는 민족구역자치를 실행하고자 한다. 모여
　　　　사는 사람들의 인구의 많고 적음과 지역이 크고 작은 것에 따라서 각 민족자치기
　　　　관을 구분하여 건립하다. 모든 각 민족이 섞여 사는 지방과 민족자치지역 내의
　　　　각 민족은 당지의 정권기관에는 균일하게 대표가 될 수 있다.
제52조: 중화인민공화국 내의 소수민족은 균등하게 통일된 국가의 군사제도에 따라서 인
　　　　민해방군 및 지방인민공안부대에 참여할 수 있는 권리가 있다.
제53조: 각 소수민족은 균일하게 그 언어와 문자를 발전시키고, 그 풍속습관과 종교신앙
　　　　을 유지하거나 개혁시킬 수 있는 자유가 있다. 인민정부는 마땅히 소수민족의 인
　　　　민군중이 정치, 경제, 문화, 교육의 건설사업을 발전시키는 데 도와야 한다.

중국공산당은 공동강령에서 소수민족의 자치권을 인정하였는데, 이는 이전에 소수민족에게 약속하였던 자결권을 허용하지 않겠다는 의미였다. 건국이후 '공동강령'을 좀 더 구체화한 것이 1952년에 발표한 ≪민족구역자치실시강요(民族區域自治實施綱要)≫'였다.

3) 건국 이후 민족조사

중국 변강 지역에는 건국 이전부터 제국주의와 지방민족주의의 영향권 안에 있었거나 소수민족이 세운 독립된 국가가 존재하였다. 1920, 30년대의 외몽고지역은 러시아, 티베트지역은 영국, 만주지역은 일본의 영향권에 있었다. 특히 신강지역은 동투르키스탄(동돌궐)이 건국되었던 곳이었다. 중국은 점차적으로 확대되어 가는 소수민족의 민족자각의식으로 인해 영토가 분할될 것을 염려하였다.

일부 지역에서 특정 소수민족이 독립된 국가를 건설하게 되면 다른 소수민족들도 자신들의 독립된 국가를 원할 수 있었다. 만약 소수민족이 독립국가를 건설하게 되면, 영토 분할이 이루어지게 되고, 자연적으로 중국 영토는 축소되어진다. 이를 막기 위해서 중국공산당은 소수민족의 자결권보다는 자치권만을 허용하였던 것이었다.

중국공산당은 건국 초기에 소수민족지역의 영토안정뿐만 아니라 정치적 안정을 자신할 수 없었다. 만약 건국 이후 민족자결과 연방제가 다시 부상할 경우, 지역과 인구비례에

의한 결정이 아닌 민족별 1표에 의한 결정이 이루어질 수 있었을 것이다. 이 경우 한족을 제외한 몽골족, 이슬람을 믿는 여러 민족, 티베트 민족들이 연방회의에서 독립을 주장할 가능성이 있었다.

한편, 1954년에 개최될 제1차 전국인민대표대회의 민족대표를 선출하기 위해서 1953년에 민족등기를 받았을 때 자신이 민족이라고 여긴 숫자가 400여 개였다. 중국 당국에서는 이러한 많은 숫자가 전국인민대표대회의 민족대표로 참여하게 된다면 국론의 분열이 있을 거라고 여겼다. 하지만, 민족명칭을 중화민국시기에서처럼 통칭해서 폭넓게 분류해 버리면, 소수민족의 숫자가 커질 뿐만 아니라 소수민족이 지배하는 지역 또한 매우 넓어지게 된다. 이러한 이유로 중국공산당은 이러한 민족을 분리해 놓을 필요가 있었던 것이다. 하나의 예로 살펴보면, 과거 중화민국 시기에 '5족공화론'에서 다섯 개 민족 중 '회(回)'는 오늘날의 '회족'을 가리키지만, 엄격하게 구분한다면, '회강'지역을 가리켰다. 즉, 회강 지역에 분포하는 이슬람교를 믿는 여러 지역을 포함하는 것이다. 결국 당시 회족은 이슬람교를 믿는 민족들의 통칭이었는데, 민족식별을 통해 회족·합살극족·탑길극족 등으로 나뉘게 되었다. 또 서남지역의 민족은 대체적으로 '묘'로 분류되었지만, 민족식별을 하는 과정에서 서남지역의 민족들은 아주 세부적으로 분류되었다.

중화인민공화국이 건립되는 데는 중국 내 소수민족도 중요한 역할을 하였다. 중국공산당은 새로운 국가를 건국한 뒤, 우선적으로 그동안 안고 있던 민족문제를 해결하고자 하였다. 이를 위해 중국 당과 정부에서는 소수민족의 정황을 상세하게 알기 위해서 몇 단계를 거치면서 조사와 연구를 하였다.

첫째는 '민족식별조사'였다. 1954년 전국보통선거 때 민족의 수가 수백에 달하였다. 이러한 족칭(族稱)이 단일민족인지 아닌지를 명확하게 하기 위해서, 당과 정부에서는 민족학자와 역사학자 그리고 언어학자를 모아서 민족식별조사팀을 조직하여 전국 범위 내에 민족식별조사를 실시하였다. 이 때, 마르크스사상의 민족과 민족문제의 주요 이론을 근거로 하여, 각 족칭의 단일한 언어, 지역분포, 경제생활과 문화전통, 각 민족의 뜻에 따라 조사하고 연구하였다.

둘째는 '소수민족언어조사연구'였다. 1956년, 중국과학원과 중앙민족사무위원회에서는 7개 언어조사팀을 조직하여, 총 700여 명이 각 지역으로 가서 보편적인 조사연구를 하였다. 이러한 조사연구는 1959년까지 15개 성, 자치구의 42개 민족언어의 기본적인 정황에 대해 조사하였다. 그런 뒤 60여 종의 언어 계통관계를 명확하게 하였고, 민족언어사전, 어법과 교과서를 출판하였다.

언어의 계보를 작성하는 과정에서 '지계'라는 것을 설정하게 되었는데, 이러한 언어학에서의 개념은 고대민족을 연구하고 고찰할 때 적용되었을 뿐만 아니라, 민족식별에서 민족을 판별하고 분류할 때, '지계'의 관점이 많이 반영되었다.

셋째는 '소수민족사회역사조사'였다. 1956년부터 전국 범위 내에 1차적으로 대규모적인 소수민족사회역사조사를 실시하였다. 처음에는 전국인민대표대회민족위원회가 영도하여 1958년에는 중국과학원민족연구소가 주도적으로 이끌었다. 민족학·역사학·고고학·사회학·경제학 등의 학과의 전문가들 약 1,000명이 참가하였다. 그리고 16개 조사팀을 조성하여 각 민족지역으로 가서, 각개 소수민족의 사회생산력, 소유제와 계급관계, 역사발전과 풍속습관에 대해서 조사하였고, 매우 많은 자료를 수집하였고, 동시에 매우 많은 중요한 민족문물을 수집하였다. 소수민족과 관련된 역사적인 기록영화를 촬영하였다.

4) 민족정책

1950년 11월, 중앙인민정부는 ≪소수민족간부배양시행방안(培養少數民族幹部試行方案)≫을 통과하였다. 보편적이고 대량으로 각 소수민족의 간부를 배양한다는 방침을 제출하였던 것이었다.

1951년 5월 중앙인민정부는 ≪정무원의 소수민족을 차별 혹은 모욕하는 성격을 띤 명칭·지명·비석·현판과 편액(扁額)을 처리하는 지시(政務院關於處理帶有歧視或侮辱少數民族性質的稱謂, 地名, 碑碣, 匾聯的指示)≫를 발표하였다. 역사상 전해 내려오던 멸시적이고 모욕적인 의미가 담겨 있는 소수민족의 지명 등 모든 흔적을 사용금지하거나 바꾸도록 하였다.

1952년 8월, ≪중화인민공화국민족구역자치실시강요(초안)[中華人民共和國民族區域自治實施綱要(草案)]≫을 반포하였다. 내용을 살펴보면 2조에서 각 민족자치구는 모두 중화인민공화국 영토와 떨어질 수 없는 한 부분을 차지하고 있다고 하였다. 3조에서는 공동강령은 중화인민공화국 각 민족의 단결투쟁의 모든 지침이며, 각 민족자치구의 인민은 본 민족 내부 사무를 관리함에서 있어서 반드시 이 모든 지침에 따라 전진해야 한다고 하였다.

1952년 12월 7일 ≪중앙의 소수민족지역의 5개년 건설계획에 관한 약간의 원칙성 의견(中央關於少數民族地區的五年建設計劃的若幹原則性意見)≫에서 전국소수민족지역의 건설과 민족사무의 기본임무를 언급하였다. 주요 내용은 "전력을 다해 민족구역자치 및 민족민주연합정부의 정책을 추진하고, 현재 처한 기초 하에서 소수민족의 경제와 문화를 발전시키고 점차적으로 소수민족인민의 생활을 개선해 나간다. 그리고 소수민족의 간부를 배양하고 훈련시켜 민족단결을 강화하고 공고해 나간다"는 것이었다.

1953년 7월, 중공통전부는 1952년 전국민족정책대조사의 상황을 근거로 하여 《과거 몇 년간 당의 진행한 소수민족 공작의 주요 경험에 관한 총결(關於過去幾年內黨在少數民族中進行工作的主要經驗總結)》에서 건국이래의 민족정책 집행상황에 대해 전면적으로 평가하였다. 중화인민공화국성립으로 국내 각 민족은 해방을 하게 되었고, 민족압박을 근본적으로 없앤 이후에, 당과 국가는 유관민족공작의 임무는 바로 "조국의 통일과 민족의 단결을 공고히 하고, 공동으로 위대한 조국의 대가정을 건설한다. 통일된 조국대가정 내에서 각 민족이 모든 권리방면에서 평등함을 보장하고, 민족구역자치를 실현한다. 조국의 공동사업의 발전 속에서 조국의 건설과 밀접하게 결합시켜 안정되고 필요한 사회개혁 내에서 각 민족의 정치, 경제, 문화를 점차적으로 발전시킨다. 역사적으로 전해겼던 각 민족 간의 사실상의 불평등을 없애고, 낙후된 민족을 선진된 민족으로 바꾸고, 사회주의사회가 되도록 한다고 하였다. 1954년 10월 중국공산당 중앙은 《중공중앙이 과도시기의 당의 민족문제에 관한 임무(中共中央關於過渡時期黨在民族問題方面的任務)》라는 내용에서 총결을 당내에 전달하였다.

1954년 9월, 중화인민공화국 최초의 헌법이 탄생했다. 헌법 제3조에서는 각 민족자치방은 모두 중화인민공화국의 불가분의 부분이라고 규정하였다. 6조에서는 전국의 지방각급 인민위원회는 모두 국무원의 통일된 다민족국가로 민족구역자치를 실시하는 지역은 모두 중화인민공화국의 불가분의 부분이라고 규정하였다. 헌법 제70조 규정에서 자치구, 자치주, 자치현의 자치기관은 그 지역 민족의 정치 경제 및 문화의 특성에 따라 자치조례를 제정할 권리를 가지며, 전국인민대표대회에 보고하여 비준을 신청한다고 규정하였다.

1955년 12월 국무원은 헌법에 근거하여 《구에 상당하는 민족자치구의 개편에 관한 지시(關於更改相當於區的民族自治區的指示)》와 《민족향건립에 관한 약간의 문제 지시(關於建立民族鄉若幹問題的指示)》를 반포하였다. 헌법과 국무원의 구체적인 지도하에, 민족구역자치 실시가 신속하게 민족지역에서 전개되었다.

내몽고자치구(內蒙古自治區): 1947.5.1.
신강위구르자치구(新疆維吾爾自治區): 1955.10.1.
광서장족자치구(廣西壯族自治區): 1958.3.15.
영하회족자치구(寧夏回族自治區): 1958.10.25.
서장자치구(西藏自治區): 1965.9.9.

중국 주요 지도자들의 민족문제에 대한 관점을 살펴보면 다음과 같다. 먼저 모택동은 1956년 4월 25일 ≪론십대관계(論十大關系)≫에서 한족과 소수민족의 관계를 말할 때, "우리 정책은 비교적 안정되었고, 비교적 소수민족이 찬성한 것이다. 우리는 대한족주의를 반대한다. 지방민족주의도 반대한다. 그러나 일반적으로 중점(重點)은 아니다"라고 하였다. 그리고 1957년 2월에는 "한족과 소수민족의 관계는 반드시 좋아야 한다. 이 문제의 관건은 대한족주의를 극복하는 것이다. 지방민족주의가 존재하는 소수민족 사이에서 지방민족주의를 극복해야 한다. 대한족주의 혹은 지방민족주의를 막론하고 모두 각 족의 인민의 단결에 이롭지 못하다. 이것은 극복해야 할 인민 내부 모순이다"라고 말하였다.

류소기는 1954년 9월 15일 ≪중화인민공화국헌법 초안에 관한 보고(關於中華人民共和國憲法草案的報告)≫에서 "각 민족은 서로 다른 역사조건을 갖고 있고, 결코 국내 각 민족이 모두 동일한 시기에 동일한 방식으로 사회주의에 진입할 수 있다고 여길 수 없다"고 언급하였다. 그리고 1956년 9월 25일 ≪중국공산당제8차전국대표대회 정치보고(在中國共產黨第八次全國代表大會上的政治報告)≫에서 "소수민족문제를 정확하게 처리하는 것은 우리의 국가공작 중 중대한 임무이다. 우리는 반드시 각 소수민족의 경제와 문화가 진보하는 데 돕도록 노력해야 한다. 소수민족이 사회주의건설사업에서 충분히 발휘하고 적극적인 역할을 하도록 도와야 한다"고 말하였다.

주은래는 1958년, 청도민족공작좌담회(靑島民族工作座談會)에서 ≪민족정책에 관한 몇 가지 문제(關於我國民族政策的幾個問題)≫를 발표할 때 "대한족주의 경향은 물론이고, 지방민족주의경향이든 간에 모두 인민 내부 모순에 속한다. 당연히 인민 내부 모순을 처리하는 원칙으로 해결해야 한다"고 강조하였다.

5) 민족구역자치법(民族區域自治法)

1952.2. 중화인민공화국 민족구역 자치 실시 요강
1984.5.31. 민족구역자치법(民族區域自治法)
2001.2.28. ≪〈중화인민공화국민족구역자치법〉 수정에 관한 결정(關於修改〈中華人民共和國民族
　　　　　區域自治法〉的決定)≫ 통과

(1) 민족구역자치실시강요(民族區域自治實施綱要)

1952년 2월 통과된 "중화인민공화국민족구역자치실시요강(中華人民共和國民族區域自治實施要綱)"은 공동강령을 더욱 구체화한 것이다. 실시요강에서 소수민족 거주지역을 거주지의 크기에 따라 '자치구(自治區)', '자치주(自治州)', '자치현(自治縣)'의 세 가지 형태로 나누어서 민족구역자치를 제도화하였다.

중국의 민족구역자치는 단일제 국가 내에서 각 소수민족이 모여 거주하는 곳이며, 국가의 통일적인 영도 하에 헌법과 법률의 규정에 따라 민족구역과 자치를 결합한 원칙에 따라 자치기관을 설립하고, 각급 지방에 상응하는 국가정권과 자치권을 행사하며 본 지역의 국가사무와 민족내부의 사무를 관리하는 제도이다.

중국 내 소수민족 자치지역의 기본조건은 해당 소수민족의 전체인구 중 구성 비율이 40% 이상 되어야 한다. 소수민족 자치지역의 행정 책임자는 그 지역 소수민족이지만 인사·재정 등 실권은 한족이 쥔다.

(2) 민족구역자치법(1984)

1952년 2월 통과된 "중화인민공화국 민족구역 자치 실시 요강"에 기초하여 1984년 5월 31일 제6차 전인대 제2차회의에서 '민족구역자치법(民族區域自治法)'을 통과시켰다. 그리고 2001년 2월 28일 제9차 전인대 상무위원회 제2차회의에서 ≪〈중화인민공화국민족구역자치법〉 수정에 관한 결정(關於修改〈中華人民共和國民族區域自治法〉的決定)≫을 통과시켰다.

중국정부는 4개현대화를 성공하기 위해서 1984년 민족구역자치법을 공포하였다. 민족자치구는 자치법의 규정에 의거해서 자치지역의 상황에 맞지 않는 경우 중앙정부가 제정한 법이나 규정을 바꾸거나 적용을 중지시킬 권한을 갖고, 지방의 경제적 조건에 따라 특별한 정책을 채택하거나 융통성 있는 조치를 채택할 수 있게 되었다. 민족문화와 민족언어 면에서는 "소수민족은 자신들의 언어와 문자를 사용할 수 있는 권리, 제정할 권리를 가지며, 민족풍속습관을 보존할 자유를 가지며, 자체적인 교육제도와 교육과정을 만들 수 있게 되었다.

민족구역자치법은 "서언, 제1장 총칙, 제2장 민족자치지방의 건립과 자치기관의 구성, 제3장 자치기관의 권리, 제4장 민족자치지방의 인민법원과 인민검찰원, 제5장 민족자치지방 내의 민족관계, 제6장 상급국가기관의 직책, 제7장 부칙"으로 이루어져 있다. 이 법에서 중국은 5개 자치구와 30개 자치주, 120개 자치현 및 1100여 개의 민족향을 두고 있다.

서언에는 "중화인민공화국은 전국 여러 민족인민이 공동으로 건립한 통일된 다민족 국가이다. 민족구역자치는 중국공산당이 마르크스·레닌주의이론에 근거해 민족문제를 해결하고자 제정한 기본정책이며 국가의 기본 정치제도이기도 하다. **민족구역자치란 국가의 통일된 영도하에 여러 소수 민족 집거구에 구역자치를 실시해 자치기관을 설립하고 자치권리를 행사하는 것을 말한다.** 민족구역자치를 실시하는 것은 국가에서 여러 소수민족이 자체 내부 사무를 관리하는 권리를 충분히 존중하고 보장하여 주는 구현이며 여러 민족의 평등과 단결 및 공동번영의 원칙을 보여주는 것이다. 민족구역자치의 실시는 각 민족 인민들이 나라의 주인공적 태도로 평등, 단결, 상호 협조의 정신으로 사회주의 민족관계를 발전시키며 국가의 통일을 공고히 하고 민족 자치지방과 나라의 사회주의 건설사업을 발전시키는 데 모두 커다란 역할을 일으켰다. 향후 민족구역자치제도를 계속 견지하고 완벽화함으로써 국가의 사회주의 현대화 건설사업을 추진하는 데 더욱 큰 역할을 일으키게 하여야 한다. 민족구역자치제도를 견결히 실시해 민족구역자치지방에서 본 지방 실정에 따라 국가의 법률과 정책을 정확하게 관철, 집행하는 동시에 소수민족 각급 간부와 여러 업종의 전문 인재, 기술 노동자를 많이 양성해 내야 하며 민족자치지방에서 반드시 자력갱생, 간고분투의 정신을 발양하여 본 지방을 발전시켜 나라건설에 공헌해야 한다. 국가에서는 나라의 국민경제와 사회발전 계획에 좇아 민족자치지방의 경제, 문화 등의 발전을 이끌어주어야 한다. 민족단결을 수호함에 있어서 대(大)민족주의를 반대해야 할 뿐만 아니라 대한족주의도 반대해야 하며 지방민족주의도 반대하여야 한다. 민족자치지방의 여러 민족 인민들은 중국공산당의 영도아래 마르크스·레닌주의, 모택동사상과 인민민주독재를 견지해야 하며, 개혁개방을 견지하고 중국특색의 사회주의 길을 견지해 사회주의 현대화 건설에 이바지해야 하며, 사회주의 시장경제를 발전시키며, 사회주의 민주와 법제 건설을 강화하고 사회주의 정신문명건설을 강화하며, 민족자치지방의 경제와 사회발전을 가속화하여 단결되고 번영한 민족자치지방을 건설하며, 여러 민족의 공동한 번영을 위하여, 조국을 부유하고 강대하며 민주적이고 문명한 사회주의국가로 건설하기 위하여 분투하여야 한다. 중화인민공화국민족구역자치법은 헌법에서 규정한 민족구역자치제도를 실시하는 기본법률이다"라고 되어 있다.

제1장 2조에는 "민족구역자치지방은 자치구, 자치주, 자치현으로 나뉜다. 각 민족 자치지방은 모두 중화인민공화국의 불가분리의 구성 부분이다"라고 하여 소수민족의 영토 분리운동을 불허하고 있다. 또 10조에는 "민족자치지방의 자치기관은 본 지방 여러 민족이 모두 자기 민족 언어문자를 사용하고 발전시킬 수 있는 자유와 자기 민족의 풍속습관을 보유, 개량할 수 있는 자유를 담보해주어야 한다"고 되어 있다.

제2장 제12조에는 "소수민족 집거구역은 그 지방 민족관계, 경제발전, 역사 사실을 참고로 하여 한개 혹은 몇 개 소수민족 집거구역으로 자치지방을 세울 수 있다. 민족자치지방 내 기타 소수민족 집거구역은 상응한 자치지방 혹은 자치향을 세울 수 있다"고 되어 있다. 제37조에는 "소수민족학생을 위주로 모집하는 학교(반급)와 기타 교육기관은 조건이 되면 소수민족문자로 된 교과서를 채용하고 또 소수민족언어로 강의해야 하며 상황에 따라 소학교 저급학년 혹은 고급학년에서부터 '한어(漢語)과'를 개설하여 전국에서 통용되는 표준말과 규범한자를 보급한다"고 되어 있다.

제5장 49조에는 "민족자치지방의 자치기관은 각 민족 간부들을 교육하고 격려하여 그들로 하여금 상호 민족의 언어문자를 배우게 한다. 한족간부는 당지 소수민족의 언어문자를 배우고 소수민족간부는 본 민족 언어문자를 배우고 사용하며 아울러 전국에서 통용되는 표준말과 규범화된 한자도 배워야 한다"고 되어 있다.

제10조에는 "민족 자치 지방의 자치 기관에서는 본 지방 각 민족이 모두 자기 언어 문자를 사용하고 발전시킬 자유, 자기 풍속 습관을 유지 혹은 개혁할 자유가 있도록 보장한다"고 규정되어 있다.

현재 일부 민족자치지역에서는 자기 민족의 혼인풍습에 따라 ≪중화인민공화국 혼인법≫을 '약간 달리 적용하고 있는데, 남녀 적혼 연령의 경우 법에 정해진 것보다 각각 2살 낮춰 시행하고 있다.

제11조에서는 "민족자치지방의 자치기관은 각 민족 공민의 종교신앙 자유를 담보해 주어야 한다. 어떠한 국가기관, 사회단체, 개인이든지 다른 공민을 억압적으로 종교를 믿게 하거나 종교를 믿지 못하게 하여서는 안되며 종교를 믿는 공민이든 종교를 믿지 않는 공

민이든 업신여겨서는 안된다. 국가에서는 정상적인 종교활동을 보호한다"고 하고 있다.

(3) 민족구역자치법 수정에 관한 결정(2001)

2001년 2월 28일 중국 제9차 전인대 상무위원회 제20차 회의에서 ≪<중화인민공화국민족구역자치법> 수정에 관한 결정≫을 통과시켜 공포하였다.

서언의 내용에서 "중화인민공화국은 전국 여러 민족인민이 공동으로 건립한 통일된 다민족 국가이다. 민족구역자치는 중국공산당이 마르크스·레닌주의 이론에 근거해 민족문제를 해결하고자 제정한 기본정책이며 국가의 기본 정치제도이기도 하다"로 바꾸었다.

서언의 세 번째 문단을 "민족구역자치의 실시는 각 민족 인민들이 나라의 주인공적 태도(當家作主)로 평등·단결·상호협조의 정신으로 사회주의 민족관계를 발전시키며 국가의 통일을 공고히 하고, 민족자치지방과 전국 사회주의 건설사업을 발전시키는 데 모두 커다란 역할을 일으켰다. 향후, 민족구역자치제도를 계속 견지하고 완벽화함으로써 국가의 사회주의 현대화 건설사업을 추진하는 데 더욱 큰 역할을 일으키게 하여야 한다"로 바꾸었다.

서언의 다섯째 문단을 "민족자치지방의 여러 민족 인민과 전국 인민들은 하나가 되어 중국공산당의 영도 아래 마르크스·레닌주의, 모택동사상과 등소평이론을 바탕으로 인민민주독재와 개혁개방을 견지하고 중국특색의 사회주의 길을 견지해 사회주의 현대화 건설에 역량을 집중하며, 사회주의 시장경제를 발전시키며, 사회주의 민주와 법제 건설을 강화하고 사회주의 정신문명 건설을 강화하며, 민족자치지방의 경제와 문화발전을 가속화하여, 단결되고 번영한 민족자치지방을 건설하며, 여러 민족의 공동한 번영을 위하여, 조국의 부강, 민주, 문명한 사회주의국가로 건설하기 위하여 분투하여야 한다"로 수정하였다.

제14조 두 번째 조항을 "일단 민족자치지방이 건립된 뒤에는 법정 절차를 거치지 않고 함부로 없애거나 합병하여서는 안 된다. 일단 민족자치지방의 구역계선이 확정된 뒤에는 법정절차를 거치지 않고 함부로 변동시켜서는 안 된다. 취소, 합병 혹은 변동할 필요가 있을 때에는 상급 국가기관의 해당 부서와 민족자치지방의 자치기관에서 충분히 협상하여 방안을 내놓은 후 법정 절차에 따라 해당 부문에 보고하여 비준을 받는다"로 바꾸었다.

제17조 첫 번째 조항인 "자치구 주석, 자치주 주장, 자치현 현장은 구역자치를 실시하는 민족의 공민이 담당하여야 한다. 자치구·자치주·자치현 인민정부의 기타 구성 부문

에는 마땅히 구역자치를 실시하는 민족과 기타 소수민족 인원이 합리하게 배치되어야 한다”로 수정하였다.

제18조를 “민족자치지방의 자치기관 소속 사업 부문의 간부 가운데는 마땅히 구역자치를 실시하는 민족과 기타 소수민족의 인원이 합리하게 배치되어야 한다”고 수정하였다.

제19조를 “민족자치지방의 인민대표대회는 그 지방 민족의 정치, 경제와 문화 특성에 따라 자치조례와 전문조례를 제정할 권리가 있다. 자치구의 자치조례와 전문조례는 전국인민대표대회 상무위원회에 보고하여 비준을 받은 후에야 효력을 발생한다. 자치주, 자치현의 자치조례와 전문조례는 성, 자치구, 직할시의 인민대표대회에 보고하여 비준을 받은 후에야 그 효력을 발생한다. 동시에 전국인민대표대회 상무위원회와 국무원에 보고서류를 남긴다”로 수정하였다. 그리고 16조, 34조와 35조 중의 자치구(自治區) 뒤에 직할시(直轄市)를 추가로 적었다.

6) 민족백서(2009)

2009년 9월 27일 발표된 민족관련 백서를 통해 중국정부의 민족정책의 변화가 있다. 2009년 7・5우루무치사건은 중국정부가 지속적으로 실시해 왔던 민족정책과 경제개발정책 변화에 영향을 주었다.

국무원은 2009년 9월 27일 ≪중국민족정책과 각 민족공동번영 발전(中國的民族政策與各民族共同繁榮發展)≫이라는 민족 관련 백서를 발표하면서 중국 민족정책을 다시 강조였다. 특히 테러와 분열을 조장하는 중국 내외 세력들을 경고하였다. 이 백서는 지난 1999년의 ‘중국 소수민족정책과 그 실천’과 2005년의 ‘중국민족지역자치’에 이어 3번째였다.

백서를 통해 중국정부는 민족구역자치를 천명하였다. 중국정부는 국가의 통일된 영도 하에 각 소수민족이 집거하는 지역에 구역자치를 실시하였고, 자치기관을 설립하고 자치권을 행사도록 한다고 한 번 더 강조하였다. 또 백서에서는 한족이거나 소수민족이거나 모두 중앙정권을 중화정통으로 삼고, 모두 다민족국가의 통일의 실현을 최고정치목표를 삼는다고 하였다. 백서에서는 민족단결은 중국이 민족문제를 처리는 근본원칙이고, 중국 민족정책의 핵심내용이라고 명확하게 밝혔다. 또 중국의 민족문제는 내부의 일이라고 명확하게 밝혔다.

중국정부는 외부세력이 ‘민족, 종교, 인권’의 구호를 갖고 개입하고, 중국의 민족문제에 참여하는 것을 결사코 반대하고 저지하겠다고 하였다. 또 중국 영토 내외의 각종 폭력주의세력, 분열주의세력, 극단주의세력이 중국에 침투, 파괴, 전복활동을 하는 것을 엄격하게 경계하고 법에 따라 척결하겠다고 하였다. 백서에서는 국가는 어떤 형태의 민족차별과 압박을 결사코 반대한다고 하였다.

1980년대 이후의 중국은 중화민족주의를 체계화하고 '단일민족국가 완성'을 시도하였다. 중국 정부는 국정단결과 민족통합을 저해하는 모든 행위는 허용하지 않았다. 소수민족에게는 문화적 민족주의는 허용하더라도 정치적 민족주의는 허용하지 않았다.

7) 중국공민의 민족성분 확정에 관한 규정(1990)

오늘날 중국의 민족성분은 민족식별 작업이 아닌 1990년에 정해진 ≪중국공민의 민족성분 확정에 관한 규정(關於中國公民確定民族成份的規定)≫(1990년 5월 10일)에 의해 결정된다. 그 내용을 살펴보면 다음과 같다.27)

첫째, 공민의 민족성분 확정은 반드시 국가가 정식으로 인정한 민족의 족칭(族稱)에 준한다. 국가가 아직 확정하지 않은 족칭을 자기의 민족성분으로 삼을 수는 없다. 그리고 개인의 민족성분은 아버지 혹은 어머니의 민족성분에만 의거하여 정해진다.

둘째, 다른 민족의 공민과 결혼해서 태어난 자녀, 혹은 다른 민족의 아이를 데려다 키운 경우는, 만 18세 이전에는 부모 혹은 양부모가 상의하여 민족성분을 결정한다. 만 18세가 되면 본인이 자유롭게 결정할 수 있다. 그런데 만 20세가 되면 민족성분을 더 이상 바꿀 수 없다.

셋째, 다른 민족의 공민이 재혼할 경우, 쌍방의 원래 자녀는 양자와 같다. 그 민족성분은 18세 이전에는 모친과 계부 혹은 부친과 계모가 서로 상의하여 결정한다. 쌍방 간 원래 있었던 아이가 이미 만 18세가 되었다면, 더 이상 원래의 민족성분을 바꿀 수 없다. 다른 민족의 성년들 간에 생겨난 수양관계, 혼인관계는 각자의 민족성분을 변하게 하지 않는다.

넷째, 원래부터 이미 확정되어 있던 어떤 소수민족 성분의 사람이 마음대로 기타민족 성분으로 변경할 수 없다.

---

27) 吳仕民. 『中國民族政策讀本』, 中央民族大學出版社, 1998, pp.20-21.

　　1952년 7월, 중공연변지위는 "길림성연변조선민족취거구실시구역자치적계획"을 만들었다. 그리고 "길림성연변조선민족자치구인민정부조직조례(초안)"을 입안하였다. 8월에는 연변각족각계인민대표회의주비위원회가 성립되었다. 그리고 9월 3일 연변조선민족자치구성립대회가 연길시에서 개최되었고, 조선민족자치구의 성립을 선포하였다. 1955년 12월에는 조선민족자치주로 바뀌었다. 조선족의 연변자치주건립은 중국건국 이래 세 번째로 자치구역이 되었다.[28] 흑룡강성에는 1956년에 33개의 조선족향이 있었고, 요녕성과 내몽골자치구에는 각각 3개의 조선족향이 있었으며, 길림성에는 7개의 조선족향과 1개의 조선족-만족 혼합향이 있었다. 장백조선족향은 1958년에 장백조선족자치현으로 승격되었다. 조선족 자치는 조선족을 위한 정치적 행정적 틀을 제공하였다.

8) 양개불리개(兩個不離開)와 삼개불리개(三個不離開)

　　1981년 7월 6일, 중앙서기처 회의에서 신강공작을 연구하였고 회의기요를 작성하였다. 7월 16일 ≪中共中央關於轉發<中央書記處討論新疆工作問題的紀要>的通知≫에서 처음으로 '양개불리개'의 관점을 제출하였다. 기요를 근거로 하여 등소평은 "민족관계를 좋게 하려면 민족단결을 강화하여야 한다. 그리고 한층 더 신강에 대한 여러 공작을 잘하는 게 관건이다. 신강의 한족간부는 이러한 관점을 확립해야 한다. 즉, 소수민족간부가 떠나면, 신강의 각 공작은 좋지 않게 된다. 신강의 소수민족간부 또한 이러한 정확한 관점을 확립해야 한다. 즉, 한족간부가 떠나면 신강의 각 공작도 좋지 않게 된다. 만약 한족간부가 소수민족간부가 떠나도 된다고 여긴다면, 그리고 소수민족간부도 한족간부가 없어도 된다고 여긴다면 모두 착오이고 위험한 것이다"라고 말하였다.

　　같은 해 호요방은 전국소수민족참관단 책임자를 접견할 때 "중앙서기처에서 최근에 신강민족문제를 토론하였는데, 한족과 소수민족의 관계는 한족이 소수민족을 떠나면 안 되고, 소수민족이 한족을 떠나도 안 된다. 두 민족은 서로 의존하고 도와야 하는 관계이다. 누구도 떠나서는 안 된다"라고 하였다. 그리고 '양개불리개' 사상은 신시기 중국민족관계에 부합하는 실제이고, 매우 빠르게 전국 각 민족간부들이 받아들여야 하고, 지지해야 한다라고 하였다.

　　1990년 9월 강택민은 신강을 시찰할 때 가는 곳마다 "한족은 소수민족을 떠나서는 안 되고, 소수민족은 한족을 떠나서는 안 된다"라고 강조하였다. 게다가 '양개불리개' 사상을 한 층 더 발전시켜 '삼개불리개' 사상을 강조하였다. 강택민은 "각 민족 간의 관계는 평등·

---

28) http://www.wikilib.com/wiki/%E5%BB%B6%E8%BE%B9(검색일: 2006.7.29.)

단결·상호협조하는 사회주의의 새로운 형태의 민족관계이다. 한족은 소수민족을 떠나서는 안 되고, 소수민족은 한족을 떠나서는 안 된다. 그리고 소수민족 간에도 서로 떠나서는 안 된다"라고 하였다. '양개불리개' 사상이 발전한 '삼개불리개' 사상은 중국 56개 민족이 역사발전과정에서 동고동락하고 상호 협조하는 긴밀한 관계임을 치밀하게 개괄하였다. 이러한 사상은 중국 민족이 중화민족다원일체 구조임을 보여주는 것이다. 또 강택민은 내몽골 시찰 중 중화민족은 중화대가정과 사회주의 조국 속에서 서로 떨어질 수 없는 친밀한 관계로 성장하였다고 언급하였다.

2005년 호금도는 중앙민족공작회의에서 "평등·단결·협력·화해의 사회주의 민족관계 공고와 발전을 견지해야 한다. 애국주의정신을 발양하고, 한족이 소수민족을 떠나지 않고, 소수민족이 한족을 떠나지 않으며, 각 소수민족 간에 떠나지 않는다는 사상을 견고하게 수립해야 한다"라고 하였다. 그리고 "각 민족 청소년에게 여러 형식의 민족단결선전 교육활동을 전개해야 한다. '삼개불리개'의 사상을 각 민족 청소년 마음속 깊이 뿌리내리도록 해야 한다"라고 하였다.

5. 신중화민족

국민국가로서의 단일민족의 성격을 띤 중화민족 개념은 1980년대부터 조성되기 시작하였다. 중국 사회학자인 비효통(費孝通)이 제기한 중화민족 개념으로부터 영향을 받았다.

비효통은 지난 1988년 중화민족의 개념을 새롭게 정의를 내렸다. 중국 정부는 새로운 중화민족 개념을 중국 애국주의와 민족주의를 강조할 때 적용해 왔다. 당시 비효통은 중화민족이란 만들어진 하나의 자각적 실체로서 오랜 역사과정에서 형성되어 왔다고 하였다. 그리고 중화민족은 다원일체(多元一體)로 이루어져 있으며, 한족이 지속적으로 다른 민족을 흡수하거나 한족 중심으로 융합되었다고 보았다.

1988년 홍콩에서 비효통은 "나는 앞으로 중화민족이라는 단어를 사용할 때 중국 강역 내에 민족으로 인정받은 11억 인민을 가리킨다. 50여 개의 민족은 '다원(多元)'이고, 중화민족은 '일체(一體)'이다. 이들을 모두 민족이라 부르지만, 그 단계는 다르다"고 하였다.

1996년 10월, 비효통은 일본국립민족학박물관에서 ≪중화민족다원일체론(中華民族多元一體論)≫이라는 주제로 개최된 국제학술대회에서 "나의 민족연구 경력과 사고의 간술(簡

述我的民族研究經歷和思考)""라는 글을 발표하는 가운데, '중화민족다원일체구조' 이론의 주요 관점을 "중화민족은 중국 영토 내에 56개 민족을 포괄하는 민족 실체이다. 결코 56개 민족을 더한 총칭을 아니다"라고 말하였다. 즉, 중국을 구성하는 56개 민족이 서로 의존하고 결합하여 이제는 더 이상 분리할 수 없는 존재가 되었다고 해석하였고, 이들의 민족 실체는 고도의 민족의식을 갖고 있다고 하였다. 또, 그는 다원일체구조에서 56개 민족은 기층이고, 중화민족은 고층이라고 하였으며, 분산되어진 다원(多元)에서 일체(一體)로 합쳐지는 과정에 있으며, 이 과정에서 응집력을 갖도록 작용하는 핵심적 역할은 한족이고, 한족은 다원기층의 일원(一元)이고, 다원이 일체가 되었을 때는 더 이상 한족이 아니라 중화민족이라고 보았다.

중화주의(중화민족주의)	비효통의 중화민족 개념	신중화주의(신중화민족주의)
1. 한족중심의 역사관 2. 소수민족 인정(중화민족 용어는 민족 총칭으로 사용) 3. 1930-1940년대 민족사 책이 출간되면서 중화민족사 라는 용어 사용하기 시작.	1988	1. 중화민족중심의 역사관 2. 1949년 건국이래로 한족과 소수민족은 융합 3. 중화민족은 중국을 구성하는 모든 민족을 가리키면서 구체적화되어 있음) 4. 1990년대 중반에 중화민족의 역사를 재출간

중국공산당의 변화와 반중국공산당

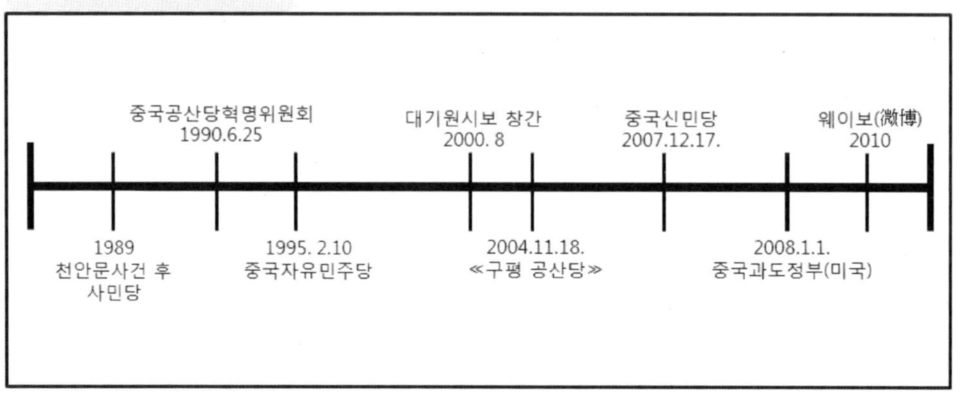

> 개혁의 내용은 우선 당·정이 분리되어야 하는 것이고, 당이 어떻게 이끌어 나가며, 어떻게 훌륭하게 지도해 갈 것인가 하는 문제를 해결하는 것이다. 이것이 관건이다. 나는 당·정 분리를 가장 우선적이 문제를 삼아야 한다고 생각한다(등소평, 1986.9.13.).

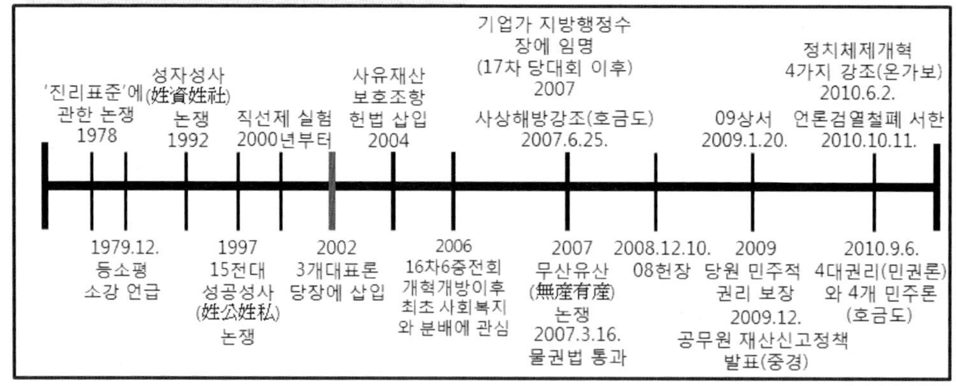

1. 중국공산당의 '변화(變)'

1) 변화의 시작

≪환구시보≫가 중국공산당 창당 90주년을 맞이하여 여론조사를 실시하였는데, 이 때 '변(變)'이 '당 발전의 핵심 요소'로 꼽혔다. 그런데 중국공산당은 지속적인 변화를 통해 존립해 왔다고 해도 과언은 아니다. 이는 1980년대 말 1990년대 초 동구와 소련의 붕괴에서 교훈을 얻었다고 볼 수 있다. 그리고 1978년 개혁개방천명이후 여러 차례의 사상해방 논쟁을 통해 중국공산당은 모습을 변해 왔다.

중국공산당은 1978년 개혁개방 이후 시장메커니즘을 도입한 뒤 경제발전과 아울러 사회가 변하면서 당의 이념도 변하기 시작했다. 그런 과정에서 중국공산당은 정신적 사상적 이데올로기로 애국주의와 중화민족주의를 강조하였다. 이와 더불어 유가와 공자를 내세운 공자학원 설립으로 중국문화를 전 세계에 알리고 있다.

중국공산당 변화 중 가장 혁명적이라 할 수 있는 것은 3개 대표 이론이다. 노동자와 농민이 중심이 된 중국에서 3개 대표론이 언급된 후 자본가들도 중국공산당에 입당할 수 있게 되었다. 자본가들의 공산당 가입은 2002년 3개 대표 이론이 공식적으로 중국공산당 당장에 삽입되면서 더욱 가속화되었다. 그리고 2007년 17차 당대회 이후 중국공산당은 리더십의 혁신을 우해 우수 기업가들을 지방 정치 행정 수장에 임명하였다.

2011년 3월 5일 온가보 총리는 전인대 업무보고에서 "불균형과 부조화, 지속불가능 문제가 여전히 두드러진다. 소득분배의 격차가 비교적 크다. 산업구조가 불합리하며 농업기초가 여전히 취약하다"라고 말하였다. 온가보의 지적처럼 중국공산당은 많은 과제를 안고 있다. 개혁개방 이후 동부 연해 도시 중심의 불균형발전전략으로 인해 중국사회는 빈부격차, 도농격차, 지역격차, 민족격차가 심각해졌다. 이러한 문제를 해결해야만 중국공산당도 앞으로도 계속해서 존재할 수 있을 것이다.

2) 직선제로 간부 선출

중공 당조직은 촌위에서 중앙위에 이르기까지 모두 당원대회에서 당위원회를 구성한 뒤 당위원회에서 다시 서기를 선출해 왔다. 그런데 이러한 선출방식에 변화가 일어나서 농촌지역의 말단조직 간부 선출에 직선제를 도입하였다. 이는 급증하는 농민의 불만을 해소하기 위한 것이고, 농촌 인력난을 해소하기 위함이다.

2000년부터 중국공산당의 민주화를 위해 20개 성·시에서 직선제 실험을 계속해 오고 있다. 사천성 등 여러 지역에서 선거를 통해 당서기 선출을 실험적으로 해 왔다. 그러나 산동성처럼 대규모적으로 선거를 치르기는 처음이다. 2005년 9월말부터 10월 초에 실시되었던 산동성 촌위 간부 선거에서 성 전체의 촌의 91.9%인 8만1271곳이 직선을 통해 촌위 간부와 서기를 선출하였다. 간부와 서기 후보를 공산당원이 추천하는 것 이외에 마을 주민들도 추천할 수 있게 하였다. 당원의 추천을 받았을지라도, 주민 추천이 없으면 입후보할 수 없도록 하였다. 이는 주민이 직접 선출하는 효과를 낳았다.

한편, 중국공산당 지도부가 2009년 9월 18일 17차 4중전회에서 ≪새로운 정세하에서 당 건설에 관한 중대 문제 결정≫이란 문건을 채택하였다. 중국공산당 지도부는 "당 건설을 개진하기 위해 당원들의 민주적인 권리를 보장하겠다"면서 "기층 당 조직 지도자 선발에서 직선제를 점진적으로 확대하겠다"고 약속하였다. 그리고 "모든 당원들은 당을 감독하고 당내 상황에 관한 정보를 얻으며 직선제에 참여할 권리가 있다"고 선언했다. 간부 직선제는 당 조직에만 해당되며 정부 조직에는 적용되지 않는다.

3) 중국 제한적 다당제(多黨制) 실험(2008)

중국공산당 일당독재를 고집해 왔던 중국이 지방행정 2인자에 비공산당 인사를 대거

기용하였다. 이는 중국의 또 하나의 실험이라고 볼 수 있다. 지방행정부터 제한적인 다당제 실험을 하고 있는 것이다.

31개 성·시·자치구 행정조직의 2인자 자리인 부성장·부시장·자치구 부주석에 비공산당계의 인사를 등용하였다. 이는 2008년 2월 10일 중국망(中國網)의 보도에서 알 수 있다. 31개 지방 정부 조직 중 신강 지역을 제외한 나머지 지역에 공산당원이 아닌 사람을 선출했다. 이러한 일은 1949년 중국이 건국한 이후에 처음 있는 일이다. 직업군인·교수·엔지니어·의사·검사 등 다양한데, 이는 행정의 전문성을 높이기 위한 것으로 보인다. 그리고 폐쇄적인 공산당에 활력을 넣기 위한 것으로 보인다.

민주당파 중 구삼학사 소속이 6명, 중국민주동맹과 중국치공당이 각각 5명, 농공민주당 소속이 2명이었으며 무소속도 6명이 선출되었다. 그동안 민주당파는 중국인민정치협상회의(정협)에 참여하는 형식으로 정치활동을 계속했으나 실제 행정조직에는 오를 수 없었다. 중국공산당이 권력을 잡은 이후에도 민주당파는 이름만 있었을 뿐 실제로는 공산당 일당독재 체제였다.

중앙정부의 경우는 공산당원이 아닌 인사가 발탁된 것은 2007년 과학기술부장이 된 만강(萬鋼)을 들 수 있다.

4) 토지관리법(1988.12.)과 물권법(2007.3.16.)

중국 ≪토지관리법≫이 1986년 6월 25일 제6차 전국인민대표대회 상무위원회 제16차 회의에서 통과되었고, 1988년 12월 29일 제7차 전국인민대표대회 상무위원회 제5차회의 ≪<중화인민공화국토지관리법> 수정 결정≫에 근거하여 수정되었다. 그리고 1998년 8월 29일 제9차 전국인민대표대회상무위원회 제4차회의에서 수정되었고, 1998년 8월 29일 중화인민공화국주석령 제8호로 공포한 뒤 1999년 1월 1일부터 시행하였다. 1988년 토지관리법의 통과는 중국 국유토지에 한해 유상취득 제도를 처음으로 도입하면서부터 시작되었다고 할 수 있다.

2007년 3월 16일 물권법이 통과하였다. 이 때 "국가는 사회주의 초기 단계 상황에서 공유제를 위주로 각종 소유제 경제가 공동 발전하는 기본 제도를 견지한다"고 규정하였고, 사회주의를 근간으로 한다는 기본 원칙을 제시했다. 물권법은 "국가와 단체, 개인의 물권

은 법률의 보호를 받으며 어떤 조직과 개인도 이를 침해할 수 없다"고 규정하였고, 사유
재산과 국·공유재산이 동등하게 보호받는다는 원칙을 명확히 했다. 공산주의식 공유재
산제도와 자본주의식 사유재산제도를 동시에 인정하였다.

물권법이 통과됨으로써 부동산 소유권과 관련, 주택용 토지 사용 기한의 만기 이후 자
동 연장이 가능해지게 되었다. 또, 농민들도 장기적인 토지 사용권을 가질 수 있게 됐다.

> 부동산 사용권의 기한은 주거용지는 70년, 공업·교육·과학·문화·위생·체육용지는 50년,
> 상업·관광·오락용지는 40년이다. 주거 외의 용지는 별도 규정에 따라 연장할 수 있다.

물권법 통과는 중국인민의 사유재산이 인정되는 역사적인 순간으로, 개혁개방정책의
새로운 전환점을 알리는 의미를 갖고 있다. 그동안 공유제 하의 중국에선 법적으로 국가
는 개인의 재산을 박탈할 권리를 갖고 있었다. 그리고 소유제만 존재할 뿐 소유권은 주장
할 수 없었다. 하지만 차별경제발전전략으로 인해 이미 동서 간, 지역 간, 도농 간, 민족
간의 빈부격차가 심한 상황에서 사유재산의 인정은 오히려 중국인민의 빈부격차를 더욱
심각하게 초래할 수 있는 우려를 남겼다.

5) 중국판 트위터 웨이보(微博)

웨이보는 미니(微, 작은) 블로그(博客)란 뜻의 소셜네트워크서비스(SNS)로 2010년 가입
자 수가 25% 증가해 2억4천만 명을 돌파했다.

2008년 북경올림픽을 전후로 하여 중국공산당은 엄중하게 트위터를 막았다. 그 이유는
중국인이 외부 정보에 접속하는 것을 당국이 꺼렸기 때문이다. 하지만 당국이 트위터를
차단하는 사이에, 미니블로그가 급격하게 성장하여 세계와 중국에서 일어나는 사건사고
와 주요 이슈에 대한 정보공유와 확산에 주요 역할을 하였다.

특히 2011년에 들어와 중동지역의 민주화운동이 중국에까지 영향을 주었고, 중국인들
은 미니블로그를 통해 자신들의 정치적 견해를 표출하기도 하였고, 미니블로그를 통해 전
국적으로 확산되기도 하였으며, 재스민 집회를 이끌기도 하였다. 이에 중국당국은 경찰병
력을 동원하여 집회를 무력으로 저지하였을 뿐만 아니라 미니블로그를 비롯한 중국 검색
사이트에서 재스민 등 민감한 어휘를 검색하지 못하도록 조치를 취하였다.

중국 당국의 반체제 내용을 게재한 인터넷 사이트를 폐쇄하고 관리자를 처벌하며, 24시간 동안 감시 인력을 편성하여 엄격하게 검열하였지만, 미니블로그는 급성장하고 있다. 이렇게 미니블로그가 급성장할 수 있었던 것은 중국 네티즌들의 창의력 때문이었다.

중국에는 수십 개의 소셜네트워크 서비스 업체가 있고, 1억 명 이상의 사용자들이 1시간에 100만 개의 글을 남기고 있다. 네티즌들은 동음이자(同音異字)가 많은 중국어 특징을 최대한 활용하여 검열에 걸리지 않도록 하고 있다. 네티즌들이 신조어를 만들어 내면 검열당국이 즉각 금지어로 등록하지만, 네티즌들은 또 유사한 뜻의 다른 언어를 만들어낸다.

2. 유가사상의 부활

1) 개혁개방 이후의 공자와 유가

1978년 10월 산동대학에서는 '문과이론토론회(文科理論討論會)'를 개최하였다. 토론회에서 학자들은 공자와 유가사상의 평가문제를 토론하였다. 대다수는 공자와 유학은 비판과 계승의 원칙을 취해야 한다고 여겼다. 이 회의는 문혁 이후 공자와 유학을 새롭게 평가한 첫 번째 모임이었다. 같은 해 당대 유명한 철학사학자인 방박(龐樸, 1928~) 선생은 ≪공자사상의 재평가(孔子思想的再評價)≫라는 글을 발표했는데, 이것은 문화대혁명 이후 비교적 빠른 시기에 공자를 정확하게 평가하였던 영향력이 있는 논문이었다.

1978년 12월 개혁개방 천명은 중국의 여러 방면에 영향을 주었다. 특히 사상과 학술 및 문화 측면에서 '문화열(文化熱)'이 본격적으로 전개되기 시작하였다. 그런 가운데 공자 관련 논문과 연구소 설립 등이 지속적으로 일어났다.

1980년 철학가인 이택후(李澤厚, 1930~) 선생은 ≪공자재평가(孔子再評價)≫라는 글을 발표했다. 1984년 9월에는 중국공자기금회(中國孔子基金會)가 설립되었다. 1985년 6월 중화공자연구소(中華孔子硏究所)가 북경에서 설립하였고, "공자사상학술토론회(孔子思想學術討論會)"를 개최하였다. 회의의 중심 주제는 "역사상의 '공자존중(尊孔)'과 '공자비판(批孔)'을 정확하게 보고, 과학적으로 공자를 평가하다"였다.

문화열의 배경하에 중국학술계는 현대 신유학에 관한 연구가 시작되었다. 그중 가장 규모가 있었던 것은 "현대 신유가 사조 연구(現代新儒家思潮硏究)" 과제였다.

1989년 10월 중국공자기금회와 연합국교과문조직(聯合國敎科文組織)이 공동으로 개최한 "공자 탄신 2540주년 기념과 학술토론회"에서 "공자유가사상의 역사지위와 현대사회에 대한 영향(孔子儒家思想的曆史地位和對現代社會的影響)"이라는 주제로 공자사상 및 그 평가, 유학의 내재된 구조와 기본 정신, 유학의 발전변천, 유학과 현대화 등의 문제에 대해서 학술적으로 토론을 전개하였다. 이 회의에서 이전처럼 격렬한 비판적 논조는 없었고, 유학이 현대사회의 가치와 역할에 대해서 기본적으로 긍정적인 평가를 내렸다.

1990년대에 들어와서는 '국학열(國學熱)'이 일어나기 시작하였고, 1992년 '8·5'계획의 중점과제로 되었다. 이 과제의 확립은 중국현대 신유학연구의 서막을 정식으로 열었음을 의미하였다. 이후 10년 간 현대신유학연구는 더욱 발전하기 시작하였다. 중국전통문화는 점차적으로 더욱 중시되었고, 유가사상은 중국전통문화에서 특수한 지위를 차지하였으며, 이러한 이유로 유학에 대한 사람들의 열망은 자연스러워졌다. 그러한 현상 속에서 국학열은 '유학열(儒學熱)'로 나타났다.

1992년 중화공자학회(中華孔子學會)가 주관한 "유학 및 그 현대의의 국제학술토론회(儒學及其現代意義國際學術研討會)"에서, 유학의 현대적 의의를 탐구하고 연구하는 것을 주요 목표로 삼았고, "유학의 현대의의(儒學的現代意義)", "유학과 동남아경제발전(儒學與東南亞經濟發展)", "유학의 윤리교육사상 및 그 현대 의의(儒學的倫理教育思想及其現代意義)" 3가지 주제를 둘러싸고 집중적으로 토론하였다. 회의에서 유학에 대한 현대적 의의를 적극적인 평가하였다.

1994년 10월 중국공자기금회(中國孔子基金會)는 북경에서 "공자 탄신 2545주년 기념과 국제학술토론회"를 개최하였다. 전 세계 20여 개 국가 300명의 대표와 중국국가지도자인 이서환과 이람청, 중국공자기금회 명예회장 곡목(穀牧)이 참가하였다. 회의기간에 강택민이 대표를 맞이하였다. 국제유학연합회(國際儒學聯合會)도 이 회의에서 성립을 선포하였다. 그리고 같은 해에 학술지 ≪원도(原道)≫를 창간하였다. 이것은 국학을 알리는 주된 간행물이었고, '전통과 현대', '중체서용(中體西用)', '문화재건(文化重建)' 등의 문제를 집중적으로 토론하였다.

2) 유가사상과 소강사회

2011년 1월 11일 공자 청동상이 천안문광장에 세워졌다가 4월 20일 야간에 국가박물관

서쪽 조각정원(雕塑園)으로 옮겨졌다. 그런데 모택동의 사진이 걸려 있는 천안문 앞 광장에 공자상 설치는 혁명적이라 할 수 있다. 이는 문혁시기에 비림비공으로 박해를 받았던 전통사상의 본격적인 부활이라고 말할 수 있을 것이다. 그러나 사실 이러한 현상은 하루 아침에 일어난 일은 아니라, 개혁개방 이후부터 점진적으로 진행되어 왔다.

모택동이 죽은 뒤 권력을 장악한 등소평은 공자를 부활시켰다. 등소평은 자신의 입으로 직접적으로 "공자를 부활시켜야 한다", "유교를 되살려야 한다"는 말은 언급하지 않았다. 등소평은 1978년 11차 3중전회에서 자신의 지휘로 추진되던 경제개혁의 목표를 "소강(小康)사회를 이루는 것"이라고 제시했다.

> '소강'이란 예기(禮記) 예운편(禮運篇)에 나오는 말이다. 소강은 '대동(大同)'의 전 단계로 "커다란 모순 없이 잘 어울려 사는 사회"라는 뜻의 유가(儒家) 용어다. 대동이 "대도(大道)가 행해지고 천하가 공정함을 이룬 사회"라는 뜻이었다면, 소강은 "예의가 서 있고, 군신(君臣)관계가 올바르며, 가족관계가 화목하고, 생활이 윤택한 사회"를 가리키는 말이었다.

등소평은 1979년 12월 북경을 방문한 일본 오히라 마사요시 총리와의 만남에서 처음으로 소강이라는 말을 언급했다. 등소평은 "우리가 이루고자 하는 현대화는 중국식의 현대화이며, 우리가 말하는 현대화의 개념은 일본과 같은 현대화 개념이 아니라 이번 세기 말까지 소강지가(小康之家)를 이루고자 하는 것"이라고 말했다.

경제적 의미의 소강사회건설에 대한 것도 지난 1986년 6월 캐나다 영(榮)씨 종친회에서 "우리의 목표는 소강사회를 건설하는 것인데, 소강사회란 국민소득 분배면에서 아주 잘 사는 사람도 없고, 아주 가난한 사람도 없는 사회를 말하는 것"이라고 밝혔다.

등소평은 '실사구시(實事求是)', '이인위본(以人爲本)', 호금도는 '화해(和諧)'라는 용어를 사용했는데, 이는 유가사상과 관련이 있다. 유가에서 말하는 '화해'란 "사회구성원들이 각자의 능력을 다 발휘하면서도 서로 충돌하지 않고 어울려 잘사는 이상사회"란 뜻을 가진 말이다. '화이부동(和而不同·서로 어울리면서도 서로 다름을 인정하는 것)'이란 개념을 포함한 말이다. 호금도 시대에는 중국공산당은 화해라는 개념을 가장 강조하고 있고, 등소평이 말한 '이인위본(以人爲本)'은 과학발전관의 중심 내용으로 자리 잡았다.

3) 21세기의 유가와 공자학원(http://college.chinese.cn/)

다니엘 벨(Daniel A. Bell) 교수[29]는 『중국의 새로운 유교(China's New Confucianism)』(2008)라는 책에서 "요즘 중국 관리들과 학자들은 공산주의에 대해 이야기하지 않는다. 그 이유는 이제 더 이상 마르크시즘(Marxism)이 중국의 장래에 대해 가르쳐주지 않는다는 사실을 모두 다 알게 됐기 때문이다"라고 언급하면서, 중국공산당과 유교 그리고 미래 중국 전망을 말하였다.

2004년 9월 산동성 곡부시 공묘에서 개최되었던 공자 탄생 2555주년 기념행사에 곡부시 시장과 부시장이 참석하였다. 2년 뒤인 2006년 9월 23일 중국 공자기금회가 산동성 곡부에 2.557m의 공자 표준상을 공개하였다.

호금도는 2005년 2월 '공자께서는 화해가 중요하다는 말씀을 했다'는 연설을 하였다. 이후 화해사회 건설을 강조하기 시작하였고, 그 내면에는 마르크스가 아닌 공자의 유가사상이 자리 잡기 시작했다. 중국공산당이 정치개혁을 하기 시작하였지만, 중국사회와 중국인민이 변하는 속도에 발맞추지 못한다면 중국인민으로부터 외면당하고 될 것이다. 중국공산당 중심의 중국은 존립할 수 없을 것이다.

2006년 10월 중국 국영TV는 논어 방송 강좌를 만들어 방영하였다. 북경사범대학 미디어대학원 부원장인 어단(於丹) 교수가 진행한 '백가강단(百家講壇)'의 논어강좌는 높은 시청률을 올렸다. 게다가 어단 교수의 논어강좌를 책으로 출간한 『논어심득(論語心得)』은 400만 부나 팔렸다.

중국은 프랑스의 알리앙스 프랑세즈(Alliance Franaise)나 독일의 괴테 인스티튜트(Goethe Insititut)를 본뜬 '공자학원'(孔子學院·Confucius Institute)을 전 세계 각국에 설립하고 있다. 2004년 11월 서울에 처음으로 설립된 공자학원은 2010년 10월 현재 세계 96개국(지역)에 322개의 공자학원과 369개의 공자과당(孔子課堂, 한국에서는 공자학당이라 부름)을 세웠다.

공자학원은 91개국(지역)에 322개를 세웠는데, 아시아 30개국에 81개소, 아프리카 16개국에 21개소, 유럽 31개국에 105개소, 미주 12국에 103개소, 대양주 2개국에 12개소를 세웠다. 공자과당은 34개국(지역)에 총 369개를 세웠다. 그런데 미얀마·말리·바하마·튀니스·탄자니아에는 공자과당만 있고 공자학원은 없다. 공자과당은 아시아에 11개국에 31개, 아프리카 5개국에 5개, 유럽 10개국에 82개, 미주 6개국에 240개, 대양주 2국에 11개를 세웠다.

---

29) 캐나다 출신의 정치철학자로 청화(淸華)대학교 교수이다.

지난 2009년 11월 대만에서 출판되었던 『대만대재난(臺灣大劫難)』의 저자 원홍빙(袁紅氷) 전 중국 법학 교수는 2011년 10월 28일 밤 도쿄에서 열린 강연에서 공자학원이 중국의 문화전쟁의 예라고 거론하였다.

원홍빙은 중국공산당 군부가 '초한전(超限戰)'이라는 새로운 전략을 제시하였는데, 여기에는 무력전뿐만 아니라 외교전 첩보전, 금융전쟁, 네트워크전쟁, 문화전쟁, 미디어전쟁 등 다양하다고 밝혔다. 그는 대만에서 출간된 대만대재난이라는 책에서 2012년까지 대만과 통일하겠다는 중국공산당의 계획을 언급하였다.

특히 "2012년에 정치적 통일을 실현하고, 2016년 이전에 대만사회민주당(臺灣社會民主黨)을 대만의 집정당이 될 수 있도록 돕는다"라는 비밀 문건 내용을 적고 있다. 원홍빙은 "중국공산당은 이미 '대만사회민주당주건공작조(臺灣社會民主黨籌建工作組)'를 구성하였고, 대만의 저명한 영화배우, 교수, 종교인, 탤런트 등의 사람들을 대만사회민주당의 후보로 거론하였고, 100명의 명단을 언급하면서 통전공작을 전개하려 한다고 밝혔다. 또 중국공산당은 2012년 대선이 끝난 후 새 총통이 취임하기 이전에 대만에서 공개적으로 대만사회민주당을 등록하고, 중공의 대만정치대리인으로 삼으며, 2012년 중공 제18차 전국대표대회 이전에 중화민국 국호를 철회한다는 정치협의를 이끌어낼 것이라고 밝혔다.

원홍빙은 2008년 5월 마영구가 당선 된 후 6월에 중국공산당은 정치국확대회의를 개최하였다고 밝혔다. 중공정치국 위원 외에 서기처, 외교부, 공안부, 국안부, 군대대군구와 군병종 영도자 200명이 참석하여 "2012년 전쟁을 하지 않고 대만에 승리한다"고 결의하였다는 것이다. 그리고 회의에서 "대만문제 해결의 정치전략", "대만군사투쟁에 관한 준비대비책", "대만통일의 정치법률처리대비책" 3대 기밀문건이 통과되었다고 밝혔다. 또 『대만대국책(臺灣大國策)』이라는 책에서는 중국공산당의 야심은 세계를 향하고 있다고 언급하였다.

3. 사상해방(思想解放) 논쟁을 통한 변화[30)]

중국의 체제 변화가 본격적으로 이루어지기 시작한 시점은 1978년 11차 3중전회에서 천명되었던 개혁개방이 실시되면서부터이다. 개혁개방의 천명은 범시파(凡是派)와 실무파

---

30) 졸고, 「중국 '사상해방(思想解放)' 논쟁에 관한 연구」, 『중국학』 33집, 대한중국학회, 2009, pp.299-327에서 요약하였다. 문장 중의 편의상 생략하였다(논문 참조).

(實務派, 개혁파) 사이에 있어 왔던 '진리표준' 논쟁에 종지부를 찍었다.

1) 제1차 사상해방: '진리표준'에 관한 논쟁

등소평의 "解放思想, 實事求是, 團結一致向前看"이라는 말은 제1차 사상해방의 선언서였다. 모택동 사망 이후 화국봉의 범시파(凡是派)와 등소평을 중심으로 한 실무파 간의 '진리표준'에 관한 논쟁이 발생했다. 주요 쟁점은 "무엇이 진리표준인가"하는 것이었다.

이 논쟁은 1978년 5월 11일, 남경대학 호복명(胡福明) 교수의 ≪실천은 진리를 검증하는 유일한 표준이다(實踐是檢驗眞理的唯一標準)≫라는 글이 ≪광명일보≫에 '특약평론원'이라는 이름으로 발표되면서부터 표면화되었다. 이 글은 당시 최고 권력자였던 화국봉의 '양개범시'와 정면으로 대치되었다.

'양개범시'라는 용어는 1977년 3월에 당 주석, 국무원 총리, 당 중앙 군사위 주석으로 당정군(黨政軍)의 최고 직위를 모두 차지하고 있던 화국봉이 제시한 두 개의 구호에서 비롯되었다. 즉, "모 주석이 결정한 정책은 우리 모두 결연히 옹호해야 한다", "모 주석의 지시는 우리 모두 시종일관 변함없이 따라야 한다"고 주장하였다.

화국봉의 양개범시는 문화대혁명의 중심세력이었던 강청이 포함된 4인방 세력을 축출하는 데 중요한 역할을 하였다. 하지만 모택동 노선을 수정 없이 지켜나가야 한다는 내용을 주로 하였기 때문에, 등소평을 중심으로 한 실무파의 공격을 받았다. 실무파는 옳고 그름을 판단하는 표준과 진리를 판단하는 표준은 '실천'이지 '양개범시'가 아니라고 하면서 범시파를 공격하였다. '실천'은 실사구시 사상으로서 이후 중국이 개혁개방을 전개해 나가는데 중요한 사상적 기초가 되었다. 이후 '진리표준'에 관한 토론은 전국적으로 확대되었다. "실천은 진리를 검증하는 유일한 표준"이라는 내용을 결론지은 것은 1978년 11차 3중전회였다.

11차 3중전회에서 실무파는 '양개범시론' 방침을 비판하였고 진리표준 문제에 관한 토론을 높이 평가하였다. 뿐만 아니라 '4인방'에 대한 비판운동이 끝났음을 확정하였고, '계급투쟁을 강령으로 한다(以階級鬪爭爲綱)', '무산계급전정하의 계속혁명(無産階級專政下繼續革命)'과 같은 구호를 사용하는 것을 중지시켰다.

11차 3중전회는 '중국의 운명을 바꾼 회의'로 기록되었다. 즉, 개혁개방의 기점이 되었을 뿐만 아니라 중국을 계획경제시기와 시장경제도입시기를 구분을 짓는 중요한 기점이 되었다. 그리고 당의 업무의 중심을 사회주의현대화 건설의 조기완성으로 전환시켰다.

결과적으로 '진리표준' 논쟁은 중국의 개혁개방을 이끄는 신호탄이 되었고, 이후 등소평은 여러 연설에서 "이 평론의 역사적 의의를 높이 평가한다"고 강조하며 개혁개방을 지속적으로 이끌었다.

사상해방 논쟁이 끝난 후 중국은 1982년 당 12차 대회에서 '중국식 사회주의시장경제'를 공식적으로 표명하였다. 그리고 중국은 사회주의노선을 견지하면서 자본주의적 요소를 도입하기 시작하였다. 즉, 1949년 중화인민공화국 성립 이후 모택동의 정책이 중국 사회에 사상적 편향, 경제적 피폐 등 여러 폐해를 가져왔다는 현실적인 진단하에 '중국 실정에 맞는' 사회주의 건설이라는 목표로 수정되어 제시되었다.

등소평의 실사구시는 계급투쟁의 좌경적 이념보다는 경제개혁을 실천을 통해서 사회주의 건설의 진리를 모색하였다. 제1차 사상해방 논쟁의 중국 경제사적 의의는 계획경제를 벗어나 시장메커니즘을 도입함으로써 중국의 경제발전을 시발점이 되었다는 것이다. 제1차 사상해방의 주요 내용을 정리하면 다음과 같다.

제1차 사상해방의 내용과 특징

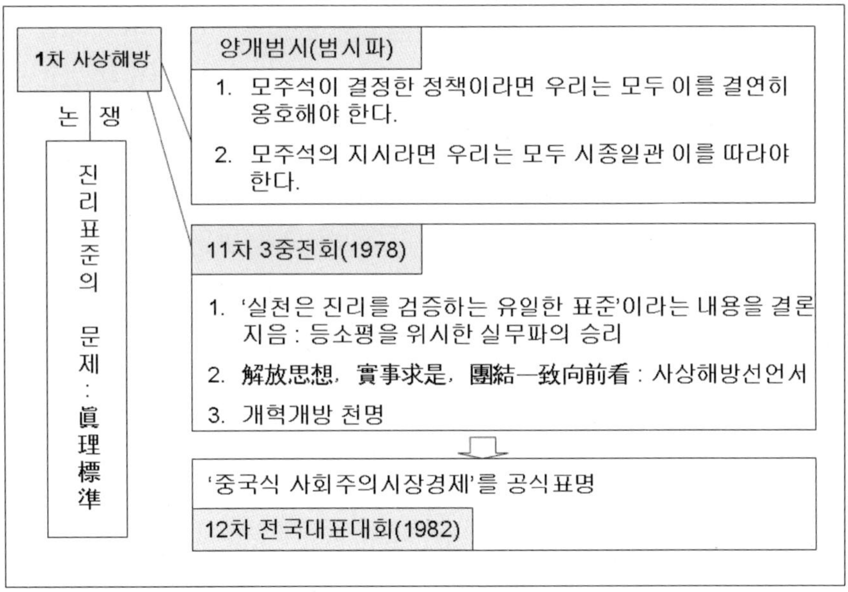

2) 제2차 사상해방: 성자성사(姓資姓社) 논쟁(1992)

등소평의 선부론을 기초사상으로 한 불균형발전전략은 중국 동부 연해지역의 경제성장을 가져왔다. 하지만 심각한 지역 간의 격차, 인플레이션, 도농(都農) 간의 격차를 초래하였다. 이로 인해 보수적 성향을 띤 사상이론가와 지도자들로부터 개혁개방에 대한 비판을 받기 시작하였다. 그 과정에서 당시 총서기였던 호요방이 비판을 받고 총서기 자리에서 물러났다. 이후 호요방의 갑작스러운 죽음은 1989년 6·4 천안문사건 발생의 원인이 되었고, 천안문사건 이후 이붕을 비롯한 보수세력이 집권하였으며, 성자성사(姓資姓社) 논쟁이 표출되었다.

'성자성사' 논쟁은 개혁개방 천명 이후 경제개발 과정에서 이미 나타났다. 중국 경제와 사회 변화 속에서 "중국은 과연 사회주의인가 아니면 자본주의인가" 하는 문제가 제기되었다. 이는 중국이 의도하고 있는 체제의 "성(姓)이 자(資)씨인지, 성(姓)이 사(社)씨인지"하는 논쟁이었다.

1987년부터 1991년까지 약 5년간 진행되었던 '성자성사'에 대한 논쟁은 1992년 1월에 있었던 등소평의 남순강화로 끝을 맺었다. 남순강화에서 등소평은 "계획경제냐, 시장경제냐 하는 것은 사회주의냐 자본주의냐 하는 것은 판단하는 기준이 아니다. 계획경제냐, 시장경제냐 하는 것은 모두 경제를 잘하기 위한 수단일 뿐이다"라고 강조하였다. 이는 그동안 발생하였던 성자성사론(성사성자론)의 논쟁을 끝맺게 하는 중요한 제안으로서, 본격적인 시장경제체제를 도입하기 시작하였다. 그리고 등소평은 중국공산당 내에 일고 있는 '좌'를 더욱 경계해야 한다고 강조하였다. 남순강화의 주요 내용은 '삼개유리어(三個有利於) 표준'으로 집약된다. 등소평은 "중요한 것은 생산력(경제) 발전, 국력 증강, 인민생활 수준 제고 등에 유리해야 한다"고 하는 '3개 유리'론을 제시하였다. 1992년 10월에 열린 14차 전국대표대회에서 중국의 경제체제 개혁의 목표는 '사회주의시장경제의 건설'에 있다고 선언하였다. 제2차 사상해방을 정리하면 다음과 같다.

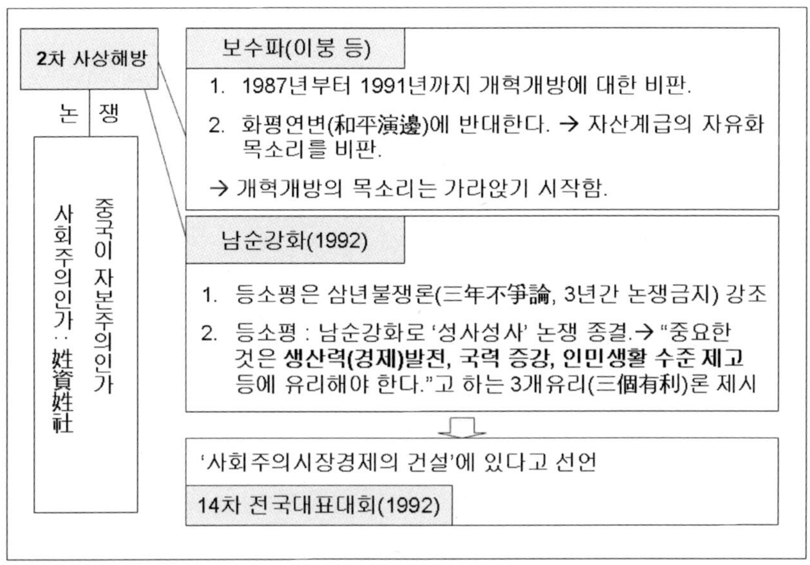

3) 제3차 사상해방: 성공성사(姓公姓私) 논쟁(1997)

1992년 남순강화 이후 많은 공무원과 지식인들이 돈을 벌기 위해 사영공상(私營工商)계에 뛰어들었다. 이를 "八仙過海, 各顯神通"[31]이라 불렀다. 당시 인사부 통계에 의하면, 1992년 관직에 있다가 돈을 벌기 위해서 그만 둔 사람이 12만 명이었다.[32] 이러한 사회적 분위기 속에서 사유제 경제는 신속하게 발전하였다. 1994년에 이르러서는 사영기업주가 30만 호가 되었고, 일부 연해 지역의 사기업에 고용된 공인은 천명을 넘었다.

중선부(中宣部) 이론국(理論局) 부국장 이군여(李君如)는 "두 가지를 묻지 않는다"라는 것을 제안하였다. 즉, "성이 자본주의인지 성이 사회주의인지 묻지 않는 것이 제2차 사상해방이고, 성이 공(公)인지 성이 사(私)인지 묻지 않는 것은 제3차 사상해방"이라는 것이다. 1996년부터 시작되어 1997년에 끝을 맺은 제3차 사상해방 논쟁은 '중국 사회주의의 본질론'에 대한 인식변화 과정에서 나타났고, 주요 쟁점은 "현재 중국은 공유제이냐, 사유제이냐" 하는 '성공성사(姓公姓私)'였다.

제3차 사상해방 논쟁이 등장하게 된 배경은 지난 1988년 12월 ≪토지관리법≫이 통과

---

31) 여덟 신선이 바다를 건널 때 각자의 독특한 방법으로 법술을 펼쳤다는 의미이다. 현재는 어떤 일에 대해 각자 나름대로 방법이 있거나 해결할 능력이 있다는 의미로 널리 쓰인다.

32) http://baike.baidu.com/view/2896.htm 下海(검색일: 2009.6.15.)

되면서 중국 국유토지에 한해 유상취득 제도를 처음으로 도입하면서부터 시작되었다고
할 수 있다.

1992년 중국은 <전인민소유제 공업기업경영 메커니즘 전환 조례>에 의해 기존의 '국영
기업'을 '국유기업'으로 바꾸었다. 특히 1993년 헌법 개정 때 '국영기업'이라는 용어를 '국
유기업'으로 바꾸었다. 국가가 소유와 동시에 경영을 하는 기업이라는 의미의 국영기업에
서 국가가 소유는 하되 경영은 기업 자신이 자주적으로 하는 기업이라는 의미의 국유기
업으로 전환하였던 것이다.

사회주의의 가장 근본이고 중요한 내용으로 여기는 것 중의 하나가 '공유제'인데, 중국
은 1997년 전후로 사영경제 점유율이 이미 50%를 넘어섰고, 사유제의 비율 또한 공유제
의 비율을 넘어서고 있었다. 이러한 중국의 변화 속에서 중국 보수세력은 문제를 제기하
였고, 학자들을 중심으로 논쟁이 벌어졌다. 이때 등장한 것이 바로 '주도권' 개념이었다.
즉, '사유' 부문의 비율이 증가하더라도 '공유' 부문이 결정되는 순간에 '사유'를 지배하면
사회주의를 하는 데 문제없다는 것이었다. 특히 중국의 기간산업 부문을 정부가 통제할
수 있느냐 하는 것이 중요한 관건이었다.

개혁이 심층적으로 진행되고 발전됨에 따라, "성이 공(公)인지 성이 사(私)인지" 하는
논쟁도 나타났다. 이것은 "성인 자(資)인지 성이 사(社)인지" 하는 문제의 연속선상이었다.
1997년에 이르러서, 주식제가 개혁이 취해야 할 방향으로 진행됨에 따라 주식제를 비판하
는 목소리는 높아지기 시작했다. 이러한 비판 속에서 마르크스 어록을 인용하고, 중국이
오늘날 이러하지 못하다 또 그러하지 못하다고 논평하였다. 일순간에, 사람들의 마음속에
"도대체 지금은 어떤 깃발을 들고 있는가? 어떤 길을 걷는가?"라는 의문을 갖도록 하였다.

이러한 의문이 제기될 때, 강택민은 1997년 5월 29일 중국공산당 중앙당교 성부급 간부
진학반 졸업식에서 중요한 말을 발표하였다. 이를 '5·29강화(講話)'라고 부른다. '5·29강
화'에서 강택민은 "등소평의 중국특색의 사회주의 이론 건설, 사회주의초급단계, 경제발
전과 경제체제 개혁, 당의 건설" 등을 강조하였다. 강택민은 등소평의 중국특색의 사회주
의 이론 기치를 높이 들고 어떠한 시련과 곤경 속에서도 동요하지 말 것을 강조하였다.
또 그는 현재 중국이 처한 문제를 해결할 수 있는 것은 등소평의 이론이라고 강조하였다.

'5·29강화'는 오랫동안 사람들이 성이 공(公)인지, 성이 사(私)인지 하는 곤란스럽게
하는 의혹을 해결하였다. 국유기업개혁을 위해 사상장애를 없앤 것이다. '5·29강화'는
당의 15대에서 사상이론적인 기초를 추정하도록 하였다. 이것은 바로 1978년 이래의 세

번째 사상해방이다.

성공성사 논쟁은 1997년 15대에서 끝이 났다. 15대 이후 강택민의 경제정책의 주된 논점은 공유제의 다양화 실현 형식으로 국유기업의 주식화, 종업원지주제의 실현, 국유기업과 사영기업 간의 주식합작제, 부실 국유기업의 매각, 합병을 통한 현대기업제도의 실현 등으로 구체화되었다. 15대에서 소유제 문제를 새롭게 재해석하였다. 특히 국유기업 개혁을 추진하는 데 중요한 영향을 끼쳤다. 제3차 사상해방을 정리하면 다음과 같다.

제3차 사상해방의 내용과 특징

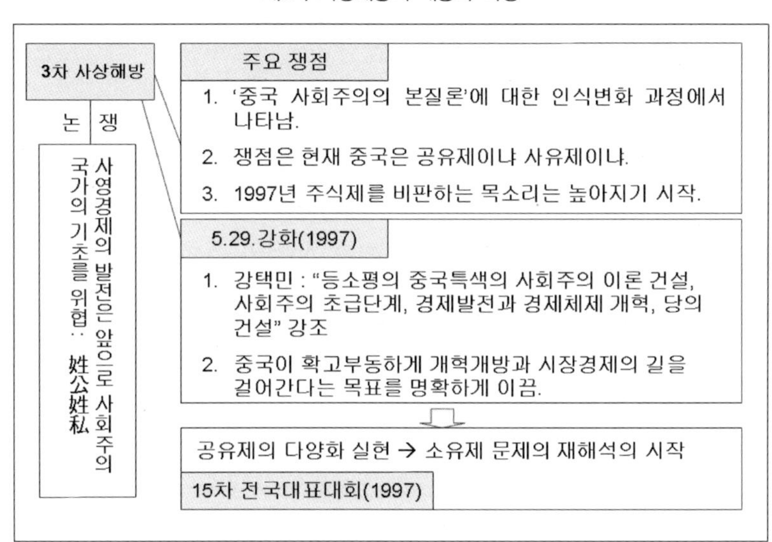

4) 제4차 사상해방: 무산유산(無産有産) 논쟁(2007)

제4차 사상해방은 이전과 같이 구체적이고도 두드러진 논쟁이 표출화되지 않았으나 대체적으로 중국의 인권, 완전한 사유재산, 호구제도, 민족문제 등이 주요 내용이라 할 수 있다. 즉, '양개범시', '성자성사'의 내용은 문혁이후 중국의 경제발전과 관련이 있는 주요 내용이라면, '성공성사'와 '무산유산'은 정치사회체제와 밀접한 관련이 있고, '개인'과도 밀접한 관련이 있다. 이는 중국의 체제가 달라짐을 의미하고, 인민들의 사고의 변화에도 많은 영향을 줄 것으로 보인다.

호금도는 지난 2006년도 6월 25일 "사상해방은 반드시 확고부동하게 견지해야 한다. 개혁개방은 확고하게 추진해야 한다. 과학발전, 사회조화는 확고부동하게 실현해야 한다"고

하였다. 그리고 "전면적 소강사회를 건설하기 위해서는 반드시 확고부동하게 분투해야 한다. 개혁개방은 중국특색의 사회주의를 발전시키고, 중화민족의 위대한 부흥을 실현시키고 위한 반드시 필요한 방법이다"고 하였다.

2006년 중앙편집국 부국장 유가평(俞可平)은 ≪민주는 좋은 것이다(民主是個好東西)≫라는 글에서, "중국식 민주주의를 표방한 것은 서방의 제도를 따르지 않는다는 점을 명확하게 하여야 한다. 경제와 정치의 안정을 유지하는 기초 위에서 법치를 세우고 점차적으로 정치개혁을 추구하는 '增量民主(Incremental Democracy)'가 중국식 민주주의모델"이라고 언급하였다. 또 그는 오래지 않아 광동청년논단에서 "개혁개방의 역사 또한 바로 사상해방사이다. 중화민족의 위대한 진흥은 반드시 끊임없는 사상해방이다"고 발언하였다. 그는 또 사상해방은 제도혁신에 있다고 말하였다. 중앙고위층은 '사상해방'에 관한 명확한 표현은 지방 정치요인들의 적극적인 지지를 얻어내었다.

광동에서 진행된 "새로운 사상해방의 대토론(新一輪解放思想大討論)"에서의 왕양의 발언은 광동과 광서지역에 '사상폭풍'을 가져다주었다. 2007년 12월 1일, 17대 새롭게 당선된 중앙정치국 위원인 왕양이 중경에서 광동성위 서기로 전근 갔었다. 25일 후 광동성위 10차 2차회의 석상에서 왕양은 낭랑하고 힘 있게 강조하였다. "우리는 반드시 인식해야 합니다. 다시 사상해방을 하지 않고, 마음을 단단히 먹고 앞으로 나아가려면, 개혁혁신으로 문제를 해결해야 합니다. 광동은 선두주자의 위치로 스스로 보호하기 힘듭니다. 전면적으로 소강의 실현하려는 목표는 스스로 실현하기 힘듭니다. 등소평 동지가 부탁한 임무는 완성하기 힘듭니다"라고 강조하였다.

7일 뒤, 2008년 1월 2일 광동성위는 통지를 보냈는데, "새로운 사상대해방으로 새로운 대발전을 이루자"고 요구하였다. 춘절이 막 지나고 왕양은 최대 규모의 관방관찰단을 인솔하여 상해와 강소성 및 절강성을 순방하였고, 장강삼각주경험을 학습하였다. 제11차 전국인민대표의 지방인원들의 예사롭지 않은 언행은 '사상해방'의 열기를 양회(兩會)석상까지 가져갔다.

유가평(俞可平)은 "사상해방 때문에 사상을 해방하는 것이 아니고, 효과를 얻기 위함이며, 사상해방은 공언된 말이 아니다. 사상해방의 가장 중요한 것은 개혁인데, 특히 제도의 개혁이다. 저돌적인 개혁조치가 있어야 한다. 그렇지 않으면 사상해방은 단지 공허한 말일 따름이다. 그래서 사상해방은 반드시 해 나가야 하고, 반드시 제도개혁에서 구현해야 한다. 우리 인민군중의 실제이익을 증가시킬 수 있어야 하고, 우리가 당면한 실제적인 문제를 해결할 수 있어야 한다"고 말하였다. 여기에서 제도개혁을 통해 인민에게 실질적인 이익을 주어야 한다는 것이다.

2007년 2월 26일 신화사는 온가보의 ≪사회주의초급단계의 역사임무와 대외정책에 관한 몇 가지 문제(關於社會主義初級階段的歷史任務和我國對外政策的幾個問題)≫라는 글을 실었고, 국내외 여론을 광범위하게 관심을 끌어들이도록 하였다.

3월 16일, 온가보는 "사회주의 초급단계에서 중국은 양대 임무를 실현하고자 하고, 양대 개혁을 추진하고자 한다"고 말하였다. 온가보가 양대 임무는 "정력을 집중하여 사회생산력을 발전시키고, 사회의 공과 정의를 추진한다"는 것이다. 특히 사회주의제도를 제일 중요한 가치로 삼고, 양대개혁은 시장화를 목표로 삼은 경제체제개혁을 추진하며, 정치체제 개혁을 통해 민주정치 발전을 목표로 삼는 것이다. 그는 **"사회주의 민주는 결국 인민으로 하여금 주인이 되게 하는 것이다. 이것은 인민의 민주선거, 민주정책, 민주관리와 민주감독의 권리를 보장하는 것이 필요하다. 바로 일종의 조건을 창조해야 하며, 인민으로 하여금 정부를 감독과 비평하도록 해야 한다. 평등. 공정과 자유의 환경에서 각 사람으로 하여금 모두 전면적인 발전을 얻도록 해야 한다. 사람들의 창조정신과 독립된 사유의 능력을 충분히 발휘하도록 해야 한다**"고 언급하였다. 그는 말하기를 "사회주의민주와 법제는 모순되지 않는 것이다. 민주·법제·자유·인권·평등·박애는 자본주의만이 갖는 특권이 아니다. 온전한 세계는 오랜 역사과정에서 공동으로 형성된 문명의 성과이며, 또한 인류가 공동으로 추구하는 가치관인 것이다"라고 하였다.

한편, 호금도는 지난 2007년 6월 25일 중앙당교의 고위급 간부 연수반에서 담화를 통해 "사상 해방은 당 노선의 본질적 요소로 앞으로 나아가는 데 있어 새로운 상황과 문제를 돌파할 수 있는 귀중한 보물"이라고 언급했다. 또 "새로운 정세와 임무에 맞서 등소평이론과 강택민의 '3개 대표' 사상을 위주로 한 지도방침을 견지하는 한편 사상해방과 개혁개방을 이어나가 과학발전과 조화사회를 이뤄야 한다"고 강조했다.

2007년 제17차 전국대표대회에서 호금도는 새로운 사상해방의 출발점이라고 하였다. 온가보와 습근평 또한 '사상해방'의 중요성을 강조하였다. 그리고 2008년도 신년사 중에서 호금도는 첫머리에 "사상해방을 계속하고, 개혁개방을 견지하며, 사회주의 시장경제를 발전시키고, 사회주의 민주정치를 발전시키며, 사회주의의 선진문화를 발전시키자"라고 강조하였다. 게다가 "개혁개방 30주년을 엄중하게 기념하자"고 명확하게 언급하였다.

제4차 사상해방은 중국공산당 역사상 중요한 이정표로 여기며, '이론의 창신(혁신)'을 강조하였다. 제4차 사상해방에서 강조되는 점은 마르크스주의의 노선을 견지하는 것으로서, 중국공산당이 "모든 것은 실제에서 출발하는 실사구시"라는 점이다.

한편, 2008년 9월 27일 ≪홍콩상보(香港商報)≫에 왕휘요(王輝耀)는 "중국의 굴기의 최종적으로 지향하는 것은 사람들의 굴기이다. 사람들 속에 각 중국인 자신이 개방, 평등 행복한 생활이다. 과거 30년이 가져온 것은 국가와 사회의 개방이었다면 미래의 30년은 더욱 많은 사람들의 개방을 가져올 것이다. 중화민족의 발전은 반드시 개인의 개방으로 새로운 원동력이 되어야 한다"고 하였다. 즉, **모든 중국이 앞으로 지속적으로 발전하려면 개인에 대한 개방이 있어야 한다는 것이다. 개인은 개방을 낳고, 개방은 민족과 사회의 공통된 인식을 낳으며, 이러한 것이 이루어져야 진정한 '기본 국책'이 될 수 있고, 중국이 실현하고자 하는 진정한 '대국굴기(大國崛起)'를 가져올 수 있다.** 중국에서는 진정한 국민 민족국가가 되려면 '상상의 공동체'인 민족을 통합해야 한다고 강조한다.

중국에서 제4차 사상해방은 '무산유산(無産有産)'으로 정리할 수 있다. 즉, 마르크스주의에 대한 갈등이라 할 수 있고, 중국공산당의 개선이라 할 수 있다. 제4차 사상해방은 두 가지를 강조하는데, 하나는 '중국발전방식'으로 전면적으로 과학발전관을 실시하는 것이다. 다른 하나는 "사회공정, 조화사회를 보장"하는 말로써 점진적으로 인민민주주의를 근본목표로 삼아서 정치체제를 개혁하는 것이다. 제4차 사상해방을 정리하면 다음과 같다.

제4차 사상해방의 내용과 특징

4. 반중국공산당 활동

중국에서 공산당을 비판하면 간첩 혹은 국가전복 죄를 적용하였다. 2009년 '08헌장'으로 인해 구금되었던 류효파(劉曉波, 류샤오보, 2010년 노벨평화상 수상)를 '국가체제 전복 선동' 혐의를 씌웠다. 그리고 인권운동가 황기(黃琦)에 대해 간첩 혐의를 적용, 징역 3년을 선고하였는데, 황기는 사천 지진이 발생하였을 때 자신의 블로그에 공산당 간부의 대응을 비판한 전 대학직원이 구속되었다는 기사를 게재하였다는 이유로 구속되었다.

민주인사에 대한 검거와 구속은 지난 2008년 북경올림픽과 2009년 신중국 성립 60주년일 때 더욱 집중되었다. 2008년 4월에 인터넷을 통해 환경, 에이즈 문제 등을 비판해온 인권운동가 호계(胡佳, 2008년 유럽의회가 수여하는 '사하로프상' 수상)가 국가전복죄로 3년 6개월의 징역형을 선고받았다.

중국과 해외에서 반중국공산당 활동과 인권운동을 하는 집단과 사람들이 많이 늘고 있다. 예를 들면, ≪대기원시보(大紀元時報)≫, 9평 공산당(九評共産黨), 중국사민당, 중국자유민주당, 중국신민당, 중국과도정부 등이다.

1) 대기원시보(2000.8.)와 9평 공산당(2004.11.)

≪대기원시보≫(Epochtimes, http://www.epochtimes.co.kr/)는 2000년 8월에 창간되었다. 당시 "중국의 실정을 국제사회에 정확히 보도하는 미디어가 부족하다"는 공통된 인식하에 중국, 대만, 홍콩, 싱가포르 출신 인사들이 세계 각국 중국어 미디어에 손을 뻗치고 있던 중국 공산정권으로부터 완전히 독립해 중국사회를 정확히 보도하고 역사적 전환점을 맞아 약동하는 세계를 새로운 시각에서 제시하며, 시대의 주역으로 적극 참여하겠다는 사명감에 탄생되었다. ≪대기원시보≫는 중국공산당의 본질과 지난 90여 년간 진행되어 왔던 중국공산당의 인권을 유린하고 있는 실상을 폭로하고 있다. 2010년 ≪대기원시보≫는 40개국에 지사를 두고 60개국에 보도거점을 거느리고 있다.

한편, 2004년 11월 18일, 『9평 공산당』(『9평』으로 약칭)이 발표되었다. 9평 공산당은 중국공산당의 본질을 9가지로 나누어 논평한 ≪대기원시보≫의 사설이다. 중국공산당 창당 이래로, 중공 사령(邪靈)의 사악함과 교활함, 테러와 광란 등을 전면적으로 철저히 폭로하였다. 이로부터 중국공산당 탈당 열풍이 일고 있다.

9평 공산당의 홈페이지(http://www.9ping.org/index.asp)를 보면, 공산당 탈당 인원수가 집계되고 있고, 현재 중국에서 일고 있는 여러 문제점을 그대로 싣고 있다. 2011년 7월 21일 현재 중국공산당 총 탈당 인원수가 약 98,985,481명으로 집계되었다.

『9평』 중 첫째인 공산당이란 무엇인가라는 부분의 주요 내용을 간략하게 살펴보면 다음과 같다.

"중국공산당의 성립은 바로 소련공산당이 통제하는 제3공산 국제(the Third Communist International)의 한 지부였으며 자연히 이런 폭력 전통을 계승하였다. 1927년부터 1936년에 이르는 이른바 첫 번째 국공(國共) 내전시기에 강서성의 인구가 2천여만에서 천여만으로 줄었으니 공산당 폭력의 심각한 재난을 가히 상상할 수 있다. (중략) 중국이 공산화된 1949년 이후 중국공산당의 폭력으로 상해(傷害)를 당한 중국인들의 숫자는 그전 30년의 전쟁시기를 훨씬 능가한다" (중략) 중국공산당이 정치권력을 잡은 후 숙반(肅反, 역주: 반동분자 숙청), 공사(公私) 합작경영, 반우파 투쟁, 문화대혁명, 6·4학생운동(역주: 천안문 민주화 운동), 파룬궁 탄압 등에 매번 동일한 수단을 채용하였다. 그중 가장 유명한 것은 1957년에 중국공산당이 지식인들에게 공산당에 대한 의견을 제출하라고 해놓고 그에 따라서 '우파'를 체포한 것이다. 사람들이 이 행동을 음모라고 지적했을 때 모택동은 공개적으로 "그것은 음모가 아니라 '양모(陽謀)'다"라고 말했다.

당백교(唐柏橋) 중국과도정부 대변인은 세미나에서 『9평 공산당』은 중공의 가면을 철저하게 벗겨낸 책이라면서 "인간에게 내재되어 있는 정의와 양심을 깨워준다"는 점이 이 책의 가장 큰 가치라고 말했다. 그는 또 '9평 공산당'과 탈당운동이 1989년 천안문 민주화운동 이후 민주화에 희망을 잃은 중국인들에게 희망을 안겨줬다고 평가했다.

그리고 뉴욕 탈당센터 본부의 고대유(高大維) 대표는 "『9평 공산당』을 읽으면 공산당이 얼마나 나쁜지 알게 되고 공산당의 잘못된 교육에서 벗어나 도덕적인 사람으로 거듭나야 된다는 생각을 하게 된다"고 말했다. 오범(伍凡) 중국 과도정부 대통령은 탈당운동에 대해 "중공을 평화적으로 해체할 수 있는 방법이고, 정신적으로 공산주의 이데올로기의 굴레로부터 자유로워질 수 있는 방법"이라고 높이 평가했다. 또 건물 외벽이나 지폐에서도 '신(神)이 중공을 멸한다', '빨리 탈당하여 자신의 목숨을 구하자' 등의 구호들을 쉽게 볼 수 있는데, 이는 중국인들이 공산당에 대한 공포에서 벗어나고 있고 탈당운동이 확산되고 있다는 것을 알 수 있는 부분이다.

중국인들이 중국공산당, 공산주의 청년단, 공산주의 소년선봉대 등 3가지 조직으로부터 탈퇴하기 시작한 것은 2004년 11월 말, 해외 ≪대기원시보≫가 공산당의 본질을 폭로한 『9평 공산당』을 발표하면서부터였다.

2) 반중국공산당 활동

(1) 중국 사민당(社民黨)

1989년 6월 4일 천안문사건 이후에 결성되어 비밀활동을 한 단체이다. 중국 사민당은 감숙성의 성도인 란주에서 결성되어 이 지역을 근간으로 하여 북경과 대외 경제개방 지역인 해안지역 등지에서 활동한 것으로 알려졌다. 1992년 6월초에 공산당 1당 독재에 반대하는 이 반체제 단체의 조직원이 모두 검거되었다.

(2) 중국자유민주당과 중국공산당혁명위원회

1995년 2월 10일 중국 무한에서 자유와 민주주의를 부르짖고, 공산당 타도 등을 위해 투쟁할 것을 강령으로 하는 '중국자유민주당'이 결성되었다. 구성원은 대체적으로 노동자와 지식인 등 30명으로 구성되었는데, 이들은 "우리는 서방국가들의 재정지원과 격려를 필요로 하고 있다"고 하면서 중국공산당의 봉건적이고 권위적인 통치를 타도할 것이라고 주장했다. 이들은 가두시위를 비롯해 노동자, 가게종사원의 파업이나 학생들의 수업거부 등을 주도하였다.

한편, 중국민주연합의 양중미(楊中美) 이사는 1990년 6월 25일 중국공산당 내에 현 지도부 타도를 목표로 하는 분파조직 '중국공산당혁명위원회'가 결성되었다고 밝혔다.

(3) 곽천(郭泉)의 중국신민당 창당

2007년 초 곽천은 호금도 주석 등 중국 지도자들에게 다당경선제와 군대의 국가귀속 등 민주화를 요구하는 공개서한을 보냈다. 그리고 2007년 12월 17일 중국신민당을 창설했다. 곽천은 다당제 도입 등을 주장하였다. 2009년 10월 강소성 숙천(宿遷) 시 중급인민법원은 '국가전복 선동' 혐의를 적용하여 곽천에게 징역 10년형을 선고하였다.

(4) 중국과도정부(中國過渡政府, chinainterimgov.org)

현 중국공산당(중공) 체제를 해체하고 공산정권 이후 새로운 중국 정부를 준비하는 중국과도정부가 2008년 1월 1일 미국에서 설립되었다.

2008년 10월 13일, 중국과도정부는 인터넷에서 기자회견을 갖고 중국 현황을 분석하면서 중국 인민들에게 실제 행동으로 중국공산당을 해체하라고 격려했다.

(5) 재스민(Jasmine)혁명과 중국

재스민혁명은 북아프리카 중앙부, 지중해에 면한 튀니지에서 2011년 1월 초에 일어났던 시민혁명을 가리킨다. 2010년 12월 노점을 하던 청년이 경찰의 폭력적인 단속에 항의하다 분신자살한 사건이 페이스북(facebook)을 통해 전역으로 확산되었고, 반정부시위로 확대되었다. 그리고 2주 만에 23년간의 독재정권이 무너졌고, 이집트와 요르단 등 중동국가에 영향을 준 시민혁명이다. 튀니지 국화인 재스민에서 이름을 따 '재스민혁명'이라고 부른다. 또 'SNS혁명' 혹은 '모바일혁명'이라고 부른다.

중국에서는 중동지역의 민주화바람이 중국에도 영향이 미칠까 봐 인터넷 관리를 엄중하게 하였다. 왜냐하면, 중국 인터넷에서 2011년 2월 19일 '웨이보(微博)' 등을 중심으로 20일 오후 2시 북경, 상해, 광주 등 13개 주요 도시에서 동시에 '재스민혁명'을 일으키자는 글이 퍼졌기 때문이다.

이러한 글은 미국에 서버를 둔 중국어 웹사이트인 보쉰(Boxun.com)에 처음으로 게시되었다. 중국에서는 미니블로그 등을 통해 몇 차례에 걸쳐 동시적으로 시위를 시도하다가 실패하였다. 이 사건으로 강천용(江天勇)과 이천천(李天天) 등 인권변호사와 민주화 운동가 등 100여명이 체포되거나 가택연금된 것으로 알려졌다.

중국반체제파(中國反體制派) 뉴스 사이트: 박신(博訊, Boxun)
튀니지(Tunisia) 재스민혁명으로 촉발된 전국적 시위가 중국에서는 '중국말리화혁명(中國茉莉花革命)'이란 이름으로 붙여졌다. 2011년 2월 시위집회 내용을 싣기도 하고 성명을 발표하기도 하였다.

중국에서 인터넷 검열은 더욱 심해졌는데, 중국 검색사이트에서는 영어 'Jasmine'과 '말리화(茉莉花)', 혁명 등을 검색하지 못하도록 조치를 취했다. 그리고 호금도가 부른 말리화 노래 동영상도 검색할 수 없게 하였다.

	말리화(茉莉花, 재스민 꽃)
好一朵美麗的茉莉花	한 송이 아름다운 재스민 꽃
好一朵美麗的茉莉花	한 송이 아름다운 재스민 꽃
芬芳美麗滿枝丫	향기로운 매력이 가지마다 가득하고
又香又白人人誇	너의 향기와 순결함을 모두가 칭찬한다
讓我來將你摘下	너의 꽃 한 송이를 꺾어
送給別人家	다른 이에게 보내게 해 다오!
茉莉花, 茉莉花	재스민 꽃아 재스민 꽃아!

강남 민가 ≪말리화(茉莉花)≫는 1997년 7월 1일 홍콩 반환식에서 연주되었다.

호금도는 2011년 2월 19일 북경 중앙당교에서 토론회에서 "중국특색 사회주의의 사회관리체계를 확립해 사회갈등 해소와 사회안정 유지에 주력해야 한다"고 강조했다. 그러면서 8가지 의견을 제시하였는데, 그중 하나가 "정보인터넷망 관리를 한 단계 강화하고 가상사회의 관리수준을 높이면서 인터넷 여론 지도기구를 정비해야 한다"고 강조했다.

5. 주요 지도자의 개혁 발언과 정치개혁[33]

1) 호금도의 정치개혁 발언

2010년 9월 6일 심수 경제특구 성립 30주년 경축대회에서 호금도 국가주석은 "사회주의 정치제도를 발전시켜 인민이 주도권을 갖도록 보장해야 한다. **인민의 알권리, 참여권, 표현권, 감독권을 보장**해야 한다. **사회주의 민주 확대와 사회주의 법치국가 건설, 민주선거, 민주적 정책 결정** 등을 실행해야 한다"며 '4대 권리(민권론)'와 '4개 민주론'을 주장하였다.

여기에서 강조하였던 사회주의 민주는 지난 제17차 전국대표대회부터 강조하기 시작하였던 정치개혁의 주요 목표였다. 또 제4차 사상해방에서 강조했던 정치개혁의 큰 틀이라 할 수 있다. 이는 제2차 사상해방의 '성사성자'와는 성격이 다른 새로운 성사성자라 할 수 있다.

전자가 경제 개혁개방을 가속화하기 위해 언급되었다면, 후자는 사회주의적 민주주의냐 자본주의적 민주주의냐는 정치체제 개혁에 관한 것이라 할 수 있다. 즉, 여기에서 말하는 사회주의 민주는 서구식 민주주의에서 말하는 다당제나 3권분립과는 다른, 사회주의 제도하에 중국 국민의 자유와 권리를 확대하겠다는 개념이다. 따라서 후 국가주석이 강조하는 정치개혁은 중국의 사회주의체제를 유지하면서 4대권리를 보장하겠다는 것이고, 4개의 민주를 실현하겠다는 것이다.

2) 온가보의 정치개혁 주장

온가보 총리는 2010년 6월 2일 **NHK** 인터뷰에서 정치개혁의 성공이 없으면 경제개혁의 성공도 없다고 하면서, 정치체제개혁 4가지를 강조했다. 그 내용을 간략하게 살펴보면, 첫째는 사회주의 민주정치를 건설하여, 공민의 **선거권, 알권리(知情權), 참여권(參與權), 감독권(監督權)을 보장**해야 한다. 둘째, 사회주의법제를 완비하여 법치국에 따라 법치국가를 건설하고, 셋째, 사회의 공평주의를 실현하고, 넷째, 사람들의 자유와 전면적 발전을

실현한다. 온가보는 중국의 개혁은 전면적이어야 한다고 언급하였는데, 특히 경제체제개혁과 정치체제개혁 및 사회관리체제 등이다. 정치체제개혁이 없으면 또 경제체제개혁을 성공할 수 없다고 하였다.

여기에서 온가보는 호금도의 4개 권리와는 약간 다른 '선거권, 알권리, 참여권, 감독권'을 강조하였지만, 인민을 중심으로 하는 정치개혁임을 알 수 있다. 그리고 법치국가, 공평주의, 자유의 실현을 통한 정치체제를 개혁하려는 의도를 엿볼 수 있다.

또 온가보는 심수경제특구 성립 30주년을 앞두고 8월 20일에 심수를 방문하였는데, 이때 "경제체제 개혁뿐 아니라 정치체제 개혁도 추진되어야 한다. 정치체제 개혁이 보장되지 않으면 경제개혁 성과를 다시 상실할 수 있으며 현대화 건설목표도 실현되기 어렵다"고 하였다.

그리고 9월 13일 천진 하계 다보스포럼 개막 연설에서 "중국에서의 정치개혁은 이제 마지막 돌파공격 단계에 접어들었다. 정치개혁이 있어야 사회공평 정의를 통해 인민의 자유와 발전을 도모할 수 있다. 더 큰 결심과 용기로 각 분야의 전면적인 개혁을 추진해야 한다"고 하였다.

온가보는 정치체제 개혁이 이루어져야만 경제 개혁을 성공적으로 완수할 수 있고, 인민의 자유와 발전을 이룰 수 있다고 강조하였는데, 이러한 발언을 두고 중국에서는 온가보를 비판하거나 지지하는 세력이 많이 등장하였다.

3) 08헌장과 09상서

(1) 08헌장(2008.12.10.)

정치개혁의 문제제기로 가장 먼저 거론할 수 있는 것은 2008년 12월 10일에 발표되었던 '08헌장'이다. '08헌장'은 중국 민주주의 표본으로 받아들여지고 있으며, 외신들로부터 1977년 체코 지식인들이 민주화 선언에 빗대 '중국판 77헌장'이라 불린다.

'08헌장'은 변호사, 작가, 지식인, 농부, 기업인을 포함한 국민의 광범한 계층으로 구성된 중국인 303명이 공개서한으로서, 중국의 민주화 개혁과 인권보호를 촉구했다.

'08헌장'의 주요 내용을 살펴보면 다음과 같다.

첫째, 현행 헌법 중에서 주권이 국민에게 있다는 원칙을 위배하는 조항을 삭제하여, 헌법이 인권을 보장하고 공공권력을 허가하여 어떠한 개인과 집단 그리고 당파를 막론하고 결코 위반할 수 없는 실제로 실행 가능한 최상위법으로 만들어서 중국민주화의 법적인 기초를 다진다.

둘째, 입법·사법·행정의 삼권분립을 보장하고, 지방이 충분한 자치를 향유하도록 하여야 한다.

셋째, 인권을 보장하고 인간의 존엄을 지켜야 한다. 국가최고민의기관 산하 인권위원회를 설립하여 정부의 권력 남용으로 인한 인권침해를 방지하여야 한다. 특히 공민의 인신의 자유를 보장하고, 어떤 사람도 불법적인 체포, 구류, 소환 신문, 처벌을 받지 않아야 하며 노동재교육제도를 없애야 한다.

넷째, 도시―농촌이 평등을 이뤄야 한다. 현행의 도시와 농촌을 분리하는 호구제도를 없애고, 도시와 농촌을 막론하고 헌법이 규정한 평등한 권리를 누리도록 하고, 공민의 자유로운 이동권을 보장하여야 한다.

여기에서 국민이 주권을 갖고 있다든가, 인권과 인간의 존엄 강조와 호구제도 철폐 등의 내용은 '08헌장'이 인민민주를 강조하는 정치개혁임을 알 수 있게 한다.

(2) 09상서(上書, 2009.1.20.)

'08헌장' 이후, 2009년에 들어와 정치개혁을 촉구한 것으로는 '09상서(上書)'가 있다. '09상서'는 2009년 1월 20일에 전 신화사부사장이었던 이보(李普)와 전 ≪광명일보≫ 총편집인이었던 두도정(杜導正) 등 원로 지식인 16명의 연대 서명 방식으로 발표한 것으로서 당 중앙의 업무 분위기를 쇄신할 것을 촉구하였다.

주요 내용으로는 "감독기구의 독립성을 증강시키고, 당의 각 급 기율검사위원회는 상하수직적 지도를 진정으로 실행을 하고, 동급 당위원회의 간섭을 받지 않도록 해야 하며, 공정하고 일을 처리할 수 있도록 보장해야 한다. 그리고 이인위본(以人爲本)과 집정위민(執政爲民)으로, 헌법에서 규정하는 공민의 권리를 실현하고 보장해야 한다"고 하였다.

'09상서' 역시 헌법에서 규정하고 있는 '공민의 권리' 실시를 요구하면서 '인민'을 중심으로 한 정치를 해야 함을 강조하였다.

4) 언론검열철폐 서한

'08헌장'과 '09상서'에 이어 2010년에도 여러 지식인과 간부출신들의 서한은 계속되었다. 지난 10월 11일 전인대 상무위원회에 발송되었던 중국공산당 前 간부 출신 원로 및 지식인 23명의 서한은 중요한 의미를 가진다.

서한의 주요 내용은 언론검열철폐에 관한 것이었다. 이들은 "헌법 제 35조에 따라 뉴스 출판 분야에서의 사전검열을 폐지하고 진정한 공민언론출판자유를 실현하라"고 요구했다. 또 지난 1982년 제정되었던 중국헌법 제35조가 28년간 실현되지 않고 있으니 제대로 실현하라고 강조했다. 그리고 가짜 민주주의로 인해 중국이 국제적인 망신을 사고 있다며 언론의 자유를 주장했다. 이들의 주장대로 언론의 자유가 실시되면 중국 국민들의 정치에 대한 관심이 높아질 뿐만 아니라 비판적 글들도 과감하게 실리게 됨으로써 정치개혁 속도는 한층 더 빨라질 것이다.

F. 웨이크만, 『중국민중운동사연구동향』, 오금성, 한울, 1990.

JUDITH F. KORNBERG 지음, 『중국외교정책,』 명인문화사, 2008년 06월.

江本隆三, 『중국혁명대장정』, 김년중 옮김, 평민사, 1987.

강창록 외 지음, 『주덕해』, 실천문학사, 1992년 02월.

경남대학교 극동문제연구소 중소연구실 편, 『중공의 정치개혁』, 1985.

공봉진 외 5명, 『세계변화 속의 갈등과 분쟁』, 세종출판사, 2008. 5.

공봉진 외 6명, 『쟁점으로 본 동아시아 협력과 갈등』, 오름, 2008. 12.

공봉진 외 9명, 『10개의 시선, 하나의 중국, 중국현대사회』, 세종출판사, 2009.9.10.

공봉진, 「‘중화민족’ 용어의 기원과 정체성에 관한 연구」, 『CHINA연구』 제2집, 부산대학교 중국연구소, 2007.2.

공봉진, 「고대 중국의 ‘화하족’과 ‘동이족’ 기억 만들기」, 『사회과학연구』 제22권 1호, 국민대학교 사회과학연구소. 2009.8.31.

공봉진, 「중국 ‘사상해방(思想解放)’ 논쟁에 관한 연구」, 『중국학』 33집, 대한중국학회. 2009.

공봉진, 「중국 소수민족주의와 중화민족주의:티벳족과 위구르족의 민족운동을 중심으로-」, 『국제정치연구』 제12집 1호, 동아시아국제정치학회, 2009.6.

공봉진, 「중국 정치 개혁에 관한 연구: 후진타오 2기 정부를 중심으로」, 『국제지역학논총』 제3권 2호, 국제지역연구학회, 2010.12.

공봉진, 「중국의 개인인권변화에 관한 연구」, 『동북아 문화연구』 Vol.26, 동북아시아문화학회, 2011.

공봉진, 「漢族의 민족정체성에 관한 연구」, 『CHINA연구』 창간호, 부산대학교 중국연구소, 2006.8.31.

공봉진, 『이슈로 풀어본 중국의 어제와 오늘』, 한국학술정보(주), 2009.

공봉진, 『중국민족의 이해와 재해석』, 한국학술정보(주), 2010.

공봉진, 『중국지역연구와 현대중국의 이해』, 오름, 2007.10.

김경호 외 3명, 『하상주단대공정: 중국 고대문명 연구의 허와 실』, 동북아역사재단, 2008.12.31.

김병채 외, 『현대신유학과 중국특색의 사회주의』, 한양대학교출판부, 2008.11.21.

김봉진, 「華夷질서의 재해석」, 『전통과 현대』 겨울호, 1997.

김세웅, 『중국 자본주의인가 사회주의인가』, 해맑음, 1994.

김승환, 『내 관도 준비되어 있다(중국개혁의 기수 주룽지)』, 다인미디어, 2000.1.

김영문, 『등소평과 중국정치: 노선투쟁의 변증법적 발전과정』, 탐구당, 2007.

김영진, 「중국의 정치전략: 정치개혁을 중심으로」, 『한국과 국제정치』 Vol.21 No.1, 경남대학교 극동문제연구소, 2005.

김영화, 『강택민과 중국정치』, 문원출판, 1997.11.

김영화, 『중국정치리더십』, 문원출판, 2000.4.

김유 편, 지음, 『모택동과 중국공산주의』, 인간과사회, 2004.4.

김익도·이대우, 『현대중국의 정치』, 부산대학교출판부, 2003.2.

김재관, 「후진타오 집권기 중국 민주개혁 논쟁에 대한 비판적 검토:중국지식인 내부의 최근 논쟁을 중심으로」, 『亞細亞研究』 Vol.52 No.2, 고려대학교 아세아문제연구소, 2009.

김재기, 「동투르키스탄 분리독립운동과 중국의 대응」, 『한국동북아논총』 제42집, 한국동북아학회, 2007.

김재기, 「티베트의 중국으로부터의 분리독립 운동의 기원과 전개」, 『대한정치학회보』 13집 3호, 대한정치학회, 2006.

김재선, 『모택동과 문화대혁명』, 한국학술정보(주), 2009.

김재철, 『중국의 외교전략과 국제질서』, 폴리테이아, 2007.7.

김정계, 『중국의 권력구조와 파워 엘리트』, 평민사, 1994.

김정계, 『중국의 권력투쟁사(1949-1978)』, 평민사, 2002.

김정계, 『중국의 중앙과 지방 관계론: 집권과 분권의 변증법』, 평민사, 2008.8.

김정계, 『중국정치론』, 평민사, 1997.2.

김정계, 『후진타오 정권: 중국의 권력구조와 파워 엘리트』, 중문출판사, 2008.6.

김종일, 「중국의 민주화와 물권법 제정-경제체제와 정치적 민주화 개혁을 촉진시키는 선순환(善循環) 작용 기대」, 『北韓』 No.426, 북한연구소, 2007.

김진우 외 3명, 『중국의 지역문명 만들기와 역사 고고학자료 이용 사례 분석』, 동북아역사재단, 2008.12.31.

김태호, 『중국외교연구의 새로운 영역』, 나남, 2008.11.

김하룡, 『신중국정치론』, 나무와 숲, 2000.3.

김하룡, 『중국정치론』, 박영사, 1989.1.

김흥규, 『중국의 정책 결정과 중앙 지방 관계』, 폴리테이아, 2007.8.

다케우치 미노루 지음, 『청년 모택동』, 신현승 옮김, 논형, 2005.8.

대기원시보사설, 『9평 공산당』, 대기원출판사, 2005.

데이비드 핑클스틴 외 지음, 『21세기 중국의 리더십 중국 정치의 메커니즘』, 이동철 외 옮김, 문화발전소, 2005.12.

류명종, 『중국근대정치사상』, 이무출판사, 1989.

리핑 지음, 『뜨거운 리더』, 김세영 옮김, 티알씨(TRC), 2006.12.11.

리홍 지음, 『주은래와 등영초』, 이양자·김형열 옮김, 지식산업사, 2006.5.

마리-클레르 베르제르 지음, 『중국현대사』, 박상수 옮김, 심산, 2009.

마링 지음, 『13억 중국의 CEO 후진타오를 알면 중국이 보인다』, 시인의 마을, 2003.7.

마오쩌둥 지음, 『마오쩌둥: 실천론 모순론』, 노승영 옮김, 프레시안북, 2009.1.

莫邦富, 「과격, 확대되는 신강 독립운동」, 『민족연구』 제9호, 한국민족연구원, 2002.

모택동 지음, 『모택동사상과 중국혁명』, 정차근·김정계 옮김, 평민사, 2008.8.

모택동, 『모택동 선집1』, 김승일 옮김, 범우사, 2001.8.

모택동, 『모택동 선집2』, 김승일 옮김, 범우사, 2002.5.

문흥호, 『대만문제와 양안관계』, 폴리테이아, 2007.9.

미야자키 마사히로 지음, 『공산당도 팔아먹는 중국재벌』, 김현영 옮김, 모색, 2004.10.

바이강 지음, 『후진타오시대 중국의 정책 결정』, 김수한 외 옮김, 문화발전소, 2005.8.

박광득, 「중국공산당 제17차 전국대표대회에 대한 분석」, 『대한정치학회보』 15집 3호, 대한정치학회, 2008.

박광종, 『중국혁명론(모택동외)』, 범우문고, 1989.

박광희, 「사영기업주의 포용과 호금도 시대의 사회통합」, 『신아세아』 제10권 제1호, 2003년 봄.

박병석, 『중화제국의 재건과 해체』, 교문사, 1999년 12월.

박선령, 「중화인민공화국의 판도 형성과 신강: 신강의 특수성과 신강생산건설병단의 국내외적 도전」, 『중국사연구』 제44집, 중국사학회, 2006.10.

박양진 외 3명, 『중국 문명탐원공정과 선사고고학 연구현황 분석』, 동북아역사재단, 2008.12.31.

박우서 외, 『중국 지방정부의 이해』, 대영문화사, 2003.7.

박종귀, 『마오쩌둥의 인물평』, 한국학술정보(주), 2007.1.

백승욱, 『중국 노동자의 기억의 정치: 문화대혁명 시기의 기억을 중심으로』, 폴리테이아, 2007.

사경규, 「강택민 시대 중국의 정치발전 전망」, 1997, 겨울.

샨시우파 지음, 『등소평과 21세기 중국의 전략』, 손상하 옮김, 유스북, 2005.4.

서상문 지음, 『혁명러시아와 중국공산당(1917-1923)』, 백산서당, 2008.9.

서진영, 『21세기 중국외교정책』, 폴리테이아, 2006.4.

서진영, 『21세기 중국정치』, 폴리테이아, 2008.

서진영, 『현대중국정치론』, 나남, 1997.10.

소숙양 지음, 『인간 주은래』, 이우희 옮김, 녹두, 1993.9.

송승엽, 『중국개혁개방 30년』, 휴먼비전, 2008.

심혁주, 「"티벳지위"에 관한 중국정부와 달라이 라마의 태도 분석과 전망(1950-2002): "티벳독립" 운동을 중심으로」, 『아시아연구』 Vol.6, No.1, 한국아시아학회, 2003.

안치영, 「1978년 진리표준 토론과 그 정치적 의의」, 『한국정치연구』 Vol.13, No.1, 서울대학교 한국정치연구소, 2004.

야부키 스스무, 『마오쩌둥과 저우언라이』, 신준수 역, 역사넷, 2006.

양중메이 지음, 『후진타오』, 한우덕 옮김, 한국경제신문사, 2002.5.

엄가기, 고고, 『문화대혁명 上・下』, 최경수 역, 삼우당, 1988.

에드가 스노우 지음, 『모택동 자전』, 신복룡 옮김, 평민사, 2006.3.

예쯔청 지음, 『중국의 세계전략』, 이우재 옮김, 21세기북스, 2005.5.

오규열, 『중국군사론』, 지영사, 2000.9.

오용석, 『현대 중국의 대외경제정책』, 나남, 2004.9.

요우궈신, 「현재 신강 반테러투쟁에 대한 인식과 사고」, 『한국경찰학회보』 Vol.8, 한국경찰학회, 2004.

우노 시게아끼, 『중국공산당사』, 김정화 옮김, 일월서각, 1992.

우밍 지음, 『시진핑 평전』, 송삼현 옮김, 지식의 숲, 2009.12.

웨난, 『하상주 단대공정 1, 2』, 심규호 유소영 역, 일빛, 2005.11.23.

유세희, 『현대중국정치론』, 박영사, 2005.9.

윤지혜, 「중국의 일당체제와 민주화: 당의 민주적 요소를 중심으로」, 『한국국제정치학회 학술대회 발표논문집』, 한국국제정치학회, 2008.

윤휘탁, 『新중화주의』, 푸른역사, 2006.

이건우, 『중국을 말하다: 마오쩌둥에서 후진타오까지』, 지상사, 2009.5.

이건일, 『중국공산당의 인민군대 통제론』, 다다미디어, 1998.11.

이건일, 『중국정치 (주제와 이해)』, 다다미디어, 2005.1.

이계희, 「중국의 정치발전과 정치개혁: 직접선거 확대를 중심으로」, 『統一問題硏究』 통권 제60호, 平和問題硏究所, 2008.

이계희, 『중국정치학과 중국정치』, 풀빛, 2002.1.

이도기, 『현대 중국공산당의 이해』, 통일신문사, 2008.6.

이동률, 「중국의 티베트 연구(藏學) 동향과 티베트정책」, 『중소연구』 Vol.29, No.3, 한양대학교 아태지역연구센터, 2005.

이동률, 「소수민족의 분리주의에 대한 중국의 인식과 대응」, 『국가전략』 10권 3호, 세종연구소, 2004.

이동률, 「중국 신장(新疆)의 분리주의 운동: 현황과 영향력」, 『국제정치논총』 제43집 3호, 한국국제정치학회, 2003.

이동률, 「정치학: 중국의 변강 및 소수민족정책의 동북지역 함의」, 『중국학연구』 Vol.42, 중국학연구회, 2007.

이문기, 「중국 중산계층의 성장과 정치민주화 전망」, 『아시아연구』 Vol.13 No.3, 한국아시아학회. 2010.

이민자, 「티베트 (西藏)의 경제, 종교, 역사, 철학과 사회: 티벳독립운동의 경제적 배경」, 『동아연구』 Vol.36, No.0, 서강대학교 동아연구소, 1998.

이장훈, 『홍군 VS 청군(미국과 중국의 21세기 아시아 패권 쟁탈전)』, 삼인, 2004.3.

이정남, 「최근 중국의 민주화 담론에 대한 비판적 고찰: 당내 민주화론을 중심으로」, 『現代中國研究』 제10집 2호, 현대중국학회. 2009.

이정남, 『중국의 기층선거와 정치개혁 그리고 정치변화』, 폴리테이아, 2007.9.

이종화, 「중국의 정치체제개혁과 당내민주의 발전」, 『신아세아』 제16권 1호, 신아시아연구소. 2009.

이태환, 『중국의 국내정치와 대외정책』, 한울아카데미, 2007.2.

이홍규, 「중국식 민주주의와 정치참여: 기층선거의 성과와 한계」, 『世界地域研究論叢』 27집 1호, 한국세계지역학회, 2009.

이희옥, 「중국정치체제 개혁의 성격과 한계」, 『신아세아』 제4권 4호, 신아시아연구소, 1995.

인민출판사 지음, 『주룽지 기자에 답하다』, 강영매·황선영 옮김, 종합출판범우(주), 2010.8.

임상선 외 4명, 『중국과 타이완 홍콩 역사교과서 비교』, 동북아역사재단, 2008.5.16.

자오쯔양 지음, 바오푸 정리, 『국가의 죄수』, 장윤미·이종화 옮김, 에버리치홀딩스, 2010.

장거 지음, 『마오쩌둥어록: 세월이 흐를수록 빛을 발하는 붉은 처세』, 박지민 옮김, 큰나무, 2010.10.

장경섭 편, 『현대중국사회의 이해』, 사회문화연구소, 1993.

장윤미, 「중국식 민주로 구축되는 신국가권위주의 체제: 비교사회주의 관점에서 본 중국의 정치체제전환」, 『世界地域研究論叢』 27집 1호, 한국세계지역학회, 2009.

장진범 주편, 『중국법제사』, 소나무, 2006.7.

張琢, 『중국의 개혁 개방사』, 오재환 편역, 신서원, 1996.

전병곤, 「중국공산당(中國共産黨)의 『범시파(凡是派)』와 『개혁파(改革派)』의 노선비교(路線比較)」, 『중국연구』 Vol.12, 한국외국어대학교 외국학종합연구센터 중국연구소, 1990.

전성흥 외 6명, 『중국의 권력승계과 정책노선: 17차 당대회 이후 중국의 진로』, 나남, 2008.10.

전성흥, 「개혁기 중국의 티벳 정책-분리주의 운동에 대한 중앙의 '개발주의' 전략」, 『동아연구』 Vol.36, 서강대학교 동아연구소, 1998.

전성흥, 「중국 16차 당대회에 대한 서설적 평가: 주요 쟁점과 시각을 중심으로」, 『신아세아』 제10권 제1호, 2003, 봄.

정동근, 『후진타오와 화해사회』, 동아시아, 2007.

정연선, 『중국정치행정사상』, 숭실대학교출판부, 2004.11.

정융녠, 『21세기는 중국의 시대인가』, 송병철 옮김, 문화발전소, 2005.7.

정재호, 『중국의 중앙 지방 관계론』, 나남, 1999.1.

정재호, 『중국정치연구론』, 나남, 2000.6.

정혜중, 『중국의 청사공정 연구』, 동북아역사재단, 2008.10.22.

제임스 왕, 『현대중국정치론』, 금희연 옮김, 그린, 1999.11.

제임스 왕, 『현대중국정치론』, 이문규 옮김, 인간사랑, 1988.

조영남, 「중국 제2기 후진타오 체제의 출범과 정책변화」, 『중소연구』 통권118호 여름, 한양대학교 아태지역연구센터. 2008.

조영남, 「중국의 제16차 당대회와 정치체제의 변화」, 『신아세아』 제10권 제1호, 2003.

조영남, 『중국 의회정치의 발전』, 폴리테이아, 2006.6.

조영남, 『중국 정치개혁과 전국인대』, 나남, 2000.4.

조영남, 『후진타오시대의 중국정치』, 나남, 2008.

조정남, 『현대중국의 민족정책』, 한국학술정보(주), 2006.

존 K. 페어뱅크, 콜래드 브랜트, 벤자민 슈타르, 『중국혁명운동문헌사Ⅰ·Ⅱ』, 김성환 역, 풀빛, 1986.

중국공산당 중앙문헌연구실, 『모택동선집1』, 이희옥 옮김, 도서출판 전인, 1989.

중국공산당 중앙문헌연구실, 『정통중국현대사』, 허원 옮김, 사계절, 1990.

중소연구실 편, 『중공의 개혁정치』, 경남대학교극동문제연구소, 1985.

차이밍연 지음, 『중국 군사력 -현대화의 발전과 도전』, 이두형 옮김, 이십일세기군사연구소, 2006.1.

肖效欽, 이양지, 『중국혁명사 1·2·3』, 최윤수 옮김, 거름, 1989.

최경식, 『무관의 눈으로 본 중국, 중국 사회』, 한올, 2008.

최관장, 「등소평 실용주의 노선의 등장에 관한 연구: 범시파와의 논쟁을 중심으로」, 『중국학연구』 Vol.19, 중국학연구회, 2000.

최춘흠, 『중국의 대북한 정책: 지속과 변화』, 통일연구원, 2006.12.

판웨이, 『중국이라는 새로운 국가모델론』, 김갑수 역, 에버리치홀딩스, 2010.7.12.

편집부 지음, 『모택동여장개석』, 광서, 2008.5.

편집부 지음, 『모택동여주은래』, 중국청년출판사(중국), 2008.1.

편집부 지음, 『중국이냐 미국이냐: 중국의 부상과 한국의 안전보장』, KIDA PRESS, 2008.12.

한광수 편역, 『현대중국의 정치구조』, 온누리, 1988.

한국국제정치학회 중국분과 지음, 『중국 현대국제관계』, 오름, 2008.4.

한병기, 「1950년대 중국의 대 티벳정책 연구」, 『외대사학』 제9집, 한국외국어대학교 외국학종합연구센터 역사문화연구소, 1999.

한석희, 『후진타오 시대의 중국 대외관계』, 폴리테이아, 2007.9.

한홍석 편, 『강택민시대의 중국』, 엘지경제연구원, 1997.

厲　聲, 『中國新疆歷史與現狀』, 新疆人民出版社, 2006.

範文瀾, 「自秦漢以來中國成爲統一國家的原因」, 『歷史研究』 第3期, 1954.

費孝通, 『中華民族多元一體格局』, 北京: 中央民族大學出版社, 1999.

蕭君和, 『中華學』, 民族出版社, 2001.

伍雄武, 『中華民族的形成與凝聚新論』, 雲南人民出版社. 2000.

徐杰舜. 「20世紀中國漢民族研究述略」, 『民族研究動態』 2, 中國民族研究團體聯合會, 1997.

邵靖宇, 『漢族祖源試說』, 浙江省: 浙江大學出版社, 2001.

宋蜀華·陳克進, 『中國民族概論』, 北京: 中央民族大學出版社, 2002.

王　柯, 『中國與國家:中國多民族統一國家思想的系譜』, 北京: 中國社會科學出版社. 2001.

王建民, 『中國民族學史』上卷, 雲南省: 雲南敎育出版社, 1997.

王建民·張海洋·胡鴻保, 『中國民族學史』下卷, 雲南省: 雲南敎育出版社, 1998.

『新疆風物誌』編寫組, 『生産建設兵團(新疆風物誌)』, 新疆人民出版社, 1985.

≪人民日報≫ 27日發表 鄭青原署名文章
　　　　http://www.tianjinwe.com/rollnews/201010/t20101027_2271903.html(검색일: 2010.11.30.)
≪學習時報≫刊文推進政治體制改革是民意所向. 2010年09月14日
　　　　http://news.ifeng.com/mainland/detail_2010_09/14/2506592_0.shtml(검색일: 2010.10.24.)
"實錄：中共十七大開幕 胡錦濤作報告" 中國網
　　　　http://www.china.com.cn/17da/2007-10/15/content_9055491.htm(검색일: 2010.12.10.)
"俞可平: 民主的思想推手"
　　　　http://www.chinainnovations.org/showNews.html?id=84BE8C2A4CF1FCD970C7D333FA9C0EB7(검색
　　　　일: 2010.12.10.)
09公車上書: 關於克服經濟困難開創改革新局面的建議
　　　　http://www.bullogger.com/blogs/zhangdaozheng2/archives/281890.aspx(검색일: 2010.10.21)
23名中共老幹部公開信 籲言論出版自由
　　　　http://www.epochtimes.com/b5/10/10/13/n3053074.htm(검색일: 2010.10.29.)
http://article.joins.com/article/article.asp?Total_ID=3076509 중앙일보, "중국의 60년 지배 실패로 티베트 쌓
　　　　인 분노 터진 것"(검색일: 2008.3.26.)
http://baike.baidu.com/view/2896.htm 下海(검색일: 2009.6.15.)
http://bbs.cenet.org.cn/dispbbs.asp?boardID=92531&ID=401889&page=1 第四次思想解放和改革或從戶籍制度改
　　　　革開始?(검색일: 2009.4.30.)
http://big5.china.com.cn/cpc/2011-04/12/content_22341740.htm 中國共産黨簡史 第一章
http://blog.daum.net/hearo9mars/6203170(검색일: 2008.9.18.)
http://blog.daum.net/m-silkroad-spring/5722022?srchid=BR1http%3A%2F%2Fblog.daum.net%2Fm-silkroad-sprin
　　　　g%2F5722022(검색일: 2008.10.20.)
http://blog.naver.com/misoi33/60022915011(검색일: 2008.6.10.)
http://cafe.daum.net/chinasoju/5Wqy/6?docid=voUD|5Wqy|6|20080616012822&q=%B8%F0%C5%C3%B5%B
　　　　F%C0%BA%20%C6%BC%BA%AA%C0%C7%20%B5%B6%B8%B3%C0%BB%20%B9%AB%C8%BF
　　　　&srchid=CCBvoUD|5Wqy|6|20080616012822(검색일: 2008.10.20.)
http://cafe.daum.net/MyLoveChina/CrlG/452?docid=gD6v|CrlG|452|20080425191553&q=%C1%DF%B1%B9%C0%
　　　　C7%20 C0%A7%B1%B8%B8%A3%20%C1%A4%C3%A5&srchid=CCBgD6v|CrlG|452|20080425191553
　　　　(검색일: 2008.7.30.)
http://cpc.people.com.cn/GB/64093/64099/7225744.html **西藏日報: 實質是分裂和反分裂的主權問題**－揭批
　　　　達賴分裂集團圖謀'西藏問題'國際化系列評論之四"(검색일: 2008.7.30.)
http://cpc.people.com.cn/GB/64093/64099/7225744.html "實質是分裂和反分裂的主權問題" 西藏日報, 2008年05
　　　　月12日08:58
http://cpc.people.com.cn/GB/64093/64387/4964705.html 《大長征》: 1934-1936 中共軍事政治鬪爭始末
http://forum.yidaba.com/viewthread.php?tid=1198908 新中國時期 新疆的分裂與反分裂鬪爭(검색일: 2008.4.30.)
http://forum.yidaba.com/viewthread.php?tid=1198908 新中國時期新疆的分裂與反分裂鬪爭(검색일: 2008.4.30.)
http://issue.media.daum.net/0803_tibet/view.html?issueid=2820&newsid=20080315032206733&cp=chosun 조선
　　　　일보 "중(中), 최루탄 쏘며 진압… 탱크까지 동원"(검색일: 2008.3.18.)
http://issue.media.daum.net/0803_tibet/view.html?issueid=2820&newsid=20080315162308523&cp=yonhap 연합
　　　　뉴스, "티베트 유혈사태. 중국의 역사왜곡도 한 몫"(검색일: 2008.3.18.)

http://kdaq.empas.com/knowhow/view.html?num=1096581&d=0&l=&ps=kl&pq=(검색일: 2008.4.30.)

http://kdaq.empas.com/knowhow/view.html?num=1096583&d=0&l=&ps=kl&pq=(검색일: 2008.4.30.)

http://kdaq.empas.com/knowhow/view.html?num=1096586&d=0&l=&ps=kl&pq=(검색일: 2008.4.30.)

http://kdaq.empas.com/knowhow/view.html?num=1096588&sq=%BA%CF%B9%E6%B0%F8%C1%A4(검색일: 2008.4.30.)

http://kdaq.empas.com/knowhow/view.html?num=1096590&d=0&l=&ps=kl&pq=(검색일: 2008.4.30.)

http://kookbang.dema.mil.kr/kdd/HearTypeView.jsp?kindSeq=8&menuCd=3004&menuCnt=30913&menuSeq=7&writeDate=20070629&writeDateChk=20070627 후진타오, 전례 없는 '사상 해방' 강조(검색일: 2009.2.30.)

http://media.daum.net/foreign/asia/view.html?cateid=1042&newsid=20080314224905513&cp=hankooki 한국일보, "티베트 독립시위 유혈사태"(검색일: 2008.3.18.)

http://media.daum.net/foreign/asia/view.html?cateid=1042&newsid=20080314224905513&cp=hankooki 한국일보, "티베트 독립시위 유혈사태"(검색일: 2008.3.18.)

http://media.daum.net/foreign/asia/view.html?cateid=1042&newsid=20080315013908312&cp=yonhap "中, 올림픽 앞두고 티베트 유혈탄압 '오명'"(검색일: 2008.3.18.)

http://media.daum.net/foreign/asia/view.html?cateid=1042&newsid=20080315013908312&cp=yonhap "中, 올림픽 앞두고 티베트 유혈탄압 '오명'"(검색일: 2008.3.18.)

http://media.daum.net/foreign/asia/view.html?cateid=1042&newsid=20080315083402423&cp=chosun 조선일보, "달라이 라마의 음모 중국, 티베트 사태 공식 확인"(검색일: 2008.3.18.)

http://media.daum.net/foreign/others/view.html?cateid=1046&newsid=20070109184908514&p=hankooki 한국일보, "中, 신장 위구르 테러조직 급습"(검색일: 2008.3.18.)

http://media.daum.net/foreign/others/view.html?cateid=1046&newsid=20070316190410099&p=kukminilbo 중국 물권법 · 기업소득세법 통과… 소득세율 올려 '외국기업 통제' 본격화(검색일: 2009.5.30.)

http://media.daum.net/foreign/others/view.html?cateid=1046&newsid=20080412193610432&cp=yonhap "후진타오 '티베트 사태 인권문제 아니다'(종합)"(검색일: 2008.4.15.)

http://media.paran.com/snews/newsview.php?dir=53&dirnews=653232&year=2008 中, 티베트 사태 관련 인민 전쟁 선언… 베이징올림픽 지장 없을까 2008년 03월 16일 (일) (검색일: 2008.4.30.)

http://mmz.17jzw.com/index_3.asp?xxpxddd=107422&xxpxccc=171101"西藏的戰略地位"(검색일: 2008.9.30.)

http://nabisam.tistory.com/265?srchid=BR1http%3A%2F%2Fnabisam.tistory.com%2F265 박선영, "서북공정 석유 · 석탄 확보 위한 현대전"(검색일: 2008.12.21.)

http://news.chosun.com/site/data/html_dir/2008/03/16/2008031600257.html 연합뉴스, "티베트인의 분노 왜 폭발했나"(검색일: 2008.3.18.)

http://news.media.daum.net/foreign/asia/200703/27/khan/v16194401.html 中 티베트 공정 본격화…180개 프로젝트(검색일: 2008.4.30.)

http://news.sina.com/ch/phoenixtv/102-101-101-110/2008-09-26/23313325254.html　香港商報:改革開放圖令個人開放(검색일: 2009.6.20.)

http://news.sohu.com/20080304/n255498848.shtml 幾年改革開放30周年最新評論 第四次思想大解放風生水起(검색일: 2009.6.20.)

http://news.xinhuanet.com/newscenter/2007-10/24/content_6938568.htm 胡錦濤在黨的十七大上的報告 2007年10月24日 20:58(검색일: 2008.12.30.)

http://news.xinhuanet.com/ziliao/2004-11/24/content_2255749.htm 中国共产党

http://www.21cbh.com/HTML/2008-9-19/HTML_JH7WWEKH2EGM.html 姓"社"姓"資"(검색일: 2009.5.30.)

http://www.ce.cn/xwzx/gnsz/szyw/200706/26/t20070626_11937301.shtml 胡錦濤:做到四個堅定不移對保持黨和國家事業順利發展的大局至關重要2007年06月26日(검색일: 2009.3.20.)

http://www.ce.cn/ztpd/tszt/hgjj/2004/CEdecade/liberation/200410/28/t20041028_2116596.shtml(검색일: 2009.3.20.)

http://www.china.com.cn/aboutchina/zhuanti/dsrw/2008-09/03/content_16383434.htm 華國鋒承認"兩個凡是"錯誤鄧小平終上台(검색일: 2009.3.20.)

http://www.china.com.cn/policy/txt/2007-10/10/content_9024978.htm 解放思想(검색일: 2009.3.20.)

http://www.china.com.cn/review/txt/2006-11/28/content_7419148.htm 民主是個好東西(검색일: 2009.3.20.)

http://www.chinanews.com/gn/2011/07-22/3202848.shtml 中国共产党历史大事记(1979年1月~2011年6月)

http://www.chinavalue.net/Wiki/ShowContent.aspx?titleid=197921 第二次中國改革大爭論(검색일: 2009.2.20.)

http://www.chinaxinjiang.cn/xjgk/xzqh/t20051219_247559.htm 中國新疆(검색일: 2008.4.30.)

http://www.chosun.com/site/data/html_dir/2008/05/02/2008050201021.html "중국은 왜 위구르王을 관광상품 만들었나"(검색일: 2008.6.20.)

http://www.cnic.org/index.php?title=%E4%B8%9C%E7%AA%81%E5%8E%A5%E6%96%AF%E5%9D%A6%E8%A7%A3%E6%94%BE%E7%BB%84%E7%BB%87&variant=zh-cn 東突厥斯坦解放組織(검색일: 2008.5.10)

http://www.dajun.com.cn/xinjwt.htm 蔣兆勇, "民族與外交交織的新疆問題"(검색일: 2008.5.9.)

http://www.dearedu.com/res/2007-6-11/r171335.html 近代中國的思想解放潮流專題復習 嶽麓版(검색일:2009.3.30.)

http://www.gov.cn/zwgk/2005-05/27/content_1463.htm "新疆的歷史與發展"(검색일: 2008. 8.30.)

http://www.hani.co.kr/arti/international/china/302336.html(검색일: 2008.7.30.)

http://www.hinews.cn/news/system/2011/06/28/012823234.shtml 建党90年: 反腐决心从未改变

http://www.hudong.com/ 互動百科

http://www.law-lib.com/law/law_view.asp?id=95544 中華人民共和國土地管理法(1988年)(검색일: 2009.6.15.)

http://www.lunwencn.com/html/wenhua/lishixue/20071125/27512.html 陳崇凱, "簡論西藏近代反分裂鬥爭的內涵和曆史"(검색일: 2008.7.28.)

http://www.lunwentianxia.com/product.free.4325174.1/ 郭永虎, "20世紀中葉聯合國關於"西藏問題"的無效外交嘗試"(검색일: 2008.7.28.)

http://www.my1510.cn/article.php?5c3c61b62b4c77b1 梁文道, "爲西藏問題尋找最大公約數"(검색일: 2008.7.30.)

http://www.nanjing.gov.cn/jfsx/jfsx06/200805/t20080512_237972.htm 四次思想大解放(검색일: 2009.6.15.)

http://www.people.com.cn/GB/shizheng/252/5303/5304/20010626/497655.html 中共黨史上的80句口號 (75) "三個有利於"(검색일: 2009.4.20.)

http://www.people.com.cn/GB/shizheng/252/5351/5359/20010515/465579.html 所謂"西藏問題"(5.15)(검색일: 2008.8.20.)

http://www.sacho.pe.kr/bbs/board.php?bo_table=news&wr_id=468연합뉴스 "중국의 '오락가락' 티베트 정책 변천史", 2008.03.18.(검색일: 2008.7.20.)

http://www.wyzxsx.com/Article/Class22/200906/88265.html 中宣部5.30通知是在糾偏嗎？(검색일:2009.6.15.)

http://www.xinjiang.gov.cn/ 新疆維吾爾自治區人民政府(검색일: 2008.4.30.)

http://www.xizang.gov.cn/getCommonContent.do?contentId=342222 西藏自治區概況(검색일: 2008.4.30.)

http://www.xizang.gov.cn/getCommonContent.do?contentId=342222 西藏自治區人民政府, "西藏自治區概況"(검색일: 2008.4.30.)

http://www.xizang.gov.cn/index.do 西藏自治區人民政府(검색일: 2008.4.30.)

http://www.xschina.org/show.php?id=12645 學術中國 "東方主義, 民族區域自治與尊嚴政治－關於"西藏問題"的一點思考"(검색일: 2008.7.30.)

http://zzb.whpu.edu.cn/ReadNews.asp?NewsID=936&BigClassName=%C8%C8%B5%E3%B9%D8%D7%A2&S

mallClassName＝%C8%C8%B5%E3%B9%D8%D7%A2&SpecialID＝0　關於眞理標準大討論硏究的幾個重要問題 北京日報 王東(검색일: 2009.4.30.)

http://www.lunwentianxia.com/product.free.4325174.1/ 郭永虎, "20世紀中葉聯合國關於"西藏問題"的無效外交嘗試"(검색일: 2008.7.28.)

http://bbs.qstheory.cn/bbs/viewthread.php?tid＝33917&from＝recommend_f 光明日報: 兩種不同性質的民主不可混淆 2010年09月04日(검색일: 2010.10.20.)

http://sunfowl.fyfz. cn/art/719956.htm 南方日報：政治體制改革是未來特區新使命 2010-9-6(검색일: 2010.10.24.)

http://news.163.com/08/0229/08/45RUN67600012I5M.html 董德剛, "所有制問題也要進一步解放思想"(검색일: 2009.5.28.)

http://www.my1510.cn/article.php?5c3c61b62b4c77b1 梁文道, "爲西藏問題尋找最大公約數"(검색일: 2008.7.30)

http://www.brookings-tsinghua.cn/research -and-commentary/2010/cheng-li-ft.aspx 李成, ""中式民主"的啟動"(검색일: 2010.12.10.)

http://www.brookings- tsinghua.cn/research-and-commentary/2010/cheng-li.aspx 李成, "中國的黨內民主：我們應該拿它當真嗎？"(검색일: 2010.12.10.)

http://www.chinareform.org.cn/cirdbbs/dispbbs.asp?boardid＝2&id＝147041&star＝1&page＝1 李樹橋, "姓社姓資問題還是不要爭論"(검색일: 2009.5.28.)

http://www.globalview.cn/ReadNews.asp?NewsID＝251 林昊 "'疆獨'分裂祖國活動及其背景"(검색일: 2008.10.20.)

http://www.china.com.cn/policy/txt/2010-09/07/content_20875462.htm 深圳特區建立30周年慶祝大會擧行 胡錦濤發表講話(검색일: 2010.10. 20.)

http://www.china.com.cn/policy/txt/2008-02/21/content_10353887.htm 俞可平, "解放思想關鍵在於制度創新"(검색일: 2009.5.20.)

http://www.dajun.com.cn/xinjwt.htm 蔣兆勇, "民族與外交交織的新疆問題"(검색일: 2008.5.9.)

http://www.lunw.com/thesis/10/19678_1.html 趙恕, "實踐的效果是檢驗實踐檢驗眞理的唯一標準"(검색일: 2009.4.30.)

http://www.people.com.cn/GB/32306/33232/5938895.html 朱衛華, "胡錦濤爲何重新强調"解放思想"？", 2007年06月29日14:07(검색일: 2009.1.30)

http://www.lunwencn.com/html/wenhua/lishixue/20071125/27512.html 陳崇凱, "簡論西藏近代反分裂鬥爭的內涵和曆史"(검색일: 2008.7.28.)

http://jymdxx.jhjy.net/zhuantixuexi/ShowArticle.asp?ArticleID＝285 崔克亮, "第四次思想解放: 中國改革的新起點"(검색일: 2009.5.20.)

http://www.ce.cn/xwzx/gnsz/gdxw/200805/12/t20080512_15435674.shtml 胡福明, "繼續解放思想 推動改革開放"(검색일: 2009.4.30.)

인물

공봉진

清靜 孔鳳振(孔珉奎로 불림)
부산외국어대학교 중국어과 졸업
부경대학교 국제지역학 박사(중국지역학 전공)
墨兒중국연구소 소장
동아시아국제정치학회 감사(2011)
한국시민윤리학회 총무이사(2011)
부산외국어대학교, 부경대학교 외래교수

『중국지역연구와 현대중국의 이해』(2007)
『세계변화 속의 갈등과 분쟁』(공저, 2008)
『이슈로 풀어본 중국의 어제와 오늘』(2009)
『중국민족의 이해와 재해석』(2010)
『한 권으로 읽는 중국문화』(공저, 2010)
외 다수

「중국의 '民族識別'에 관한 비판적 고찰」
「중국 '사상해방(思想解放)' 논쟁에 관한 연구」
「중국 정치 개혁에 관한 연구: 후진타오 2기 정부를 중심으로」
외 다수

중국공산당
(CCP)
1921~2011

초 판 인 쇄 | 2011년 9월 18일
초 판 발 행 | 2011년 9월 18일

지 은 이 | 공봉진
펴 낸 이 | 채종준
펴 낸 곳 | 한국학술정보㈜
주　　　소 | 경기도 파주시 문발동 파주출판문화정보산업단지 513-5
전　　　화 | 031) 908-3181(대표)
팩　　　스 | 031) 908-3189
홈 페 이 지 | http://ebook.kstudy.com
E - m a i l | 출판사업부 publish@kstudy.com
등　　　록 | 제일산-115호(2000. 6. 19)

ISBN　　　978-89-268-2945-5 93330 (Paper Book)
　　　　　　978-89-268-2946-2 98330 (e-Book)

이담 Books 는 한국학술정보(주)의 지식실용서 브랜드입니다.